2009/10

世界经济统计报告

SHI JIE JING JI
TONG JI BAO GAO

国家统计局国际统计信息中心　编

中国统计出版社
China Statistics Press

(京)新登字 041 号

图书在版编目(CIP)数据

世界经济统计报告.2009~2010/国家统计局国际统计信息中心编.—北京:中国统计出版社,2010.3
ISBN 978-7-5037-5864-5

Ⅰ.①世… Ⅱ.①国… Ⅲ.①经济统计—研究报告—世界
Ⅳ.F222.5

中国版本图书馆 CIP 数据核字(2010)第 042580 号

世界经济统计报告 2009/10

作　　者/国家统计局国际统计信息中心
责任编辑/郭　栋
装帧设计/艺编广告
出版发行/中国统计出版社
通信地址/北京市西城区月坛南街 57 号　邮政编码/100826
办公地址/北京市丰台区西三环南路甲 6 号
网　　址/www.stats.gov.cn/tjshujia
电　　话/邮购(010)63376907　书店(010)68783172
印　　刷/河北天普润印刷厂
经　　销/新华书店
开　　本/787×1092mm　1/16
字　　数/450 千字
印　　张/22.5
印　　数/1-1200 册
版　　别/2010 年 3 月第 1 版
版　　次/2010 年 3 月第 1 次印刷
书　　号/ISBN 978-7-5037-5864-5/F·2902
定　　价/65.00 元

《世界经济统计报告 2009/10》
编委会

编者的话

2009年,世界经济从深度衰退走向艰难复苏,国际金融市场从剧烈波动趋于比较平稳,整个过程跌宕起伏,波澜壮阔,变化深刻,影响深远。面对百年一遇的金融危机的爆发和蔓延,各主要国家采取了力度空前的刺激政策措施,促使国际金融风险逐步降低,发展中国家经济率先开始复苏,全球经济终于触底回升。然而,当前世界经济尚未完全走出衰退,深层矛盾依然存在,潜伏的金融风险依然很大。预计2010年世界经济将继续复苏,但由于存在各种不稳定、不确定因素,世界经济复苏之路将会崎岖不平。2010年我国外部经济环境将有所改善,但十分有限,对此要充分准备,统筹安排,妥善应对。

经济全球化将我国与世界紧紧地联系在一起,它既对我们提出了严峻的挑战,同时也蕴藏着机遇。在国际金融危机背景下,世界经济正在发生深刻而持久的变化,世界经济结构调整过程才刚刚开始,其前景和过程也难以准确预料,必将对我国经济发展产生重大的影响,无论是政府制定宏观调控政策,还是企业进行微观决策,都需要有全球的视角和世界的眼光,及时了解和掌握世界经济发展动向,统筹国际国内两个市场,从容应对挑战,在日趋激烈的国际竞争中占据有利地位。

国际统计信息中心作为国家统计局对外开展国际统计业务交流与合作的窗口,在国家统计局马建堂局长和许宪春副局长的悉心指导和大力支持下,为适应新形势的要求,2009 年加大了对世界经济监测、分析和研究的力度,提高了进度分析的频率,充分发挥专业特长和资源优势,用大量翔实的统计数据描述和分析世界经济发展趋势,并结合当前世界经济发展中的热点以及社会关注的焦点问题,从国际视野进行更深入的专题分析和中外对比研究。《世界经济统计报告 2009/10》汇集了国际统计信息中心一年来的研究成果,期望为党和政府及社会各界提供更好的统计咨询和分析服务,从中获取有益的启示。

本书在每月跟踪分析世界经济形势的基础上,准确刻画了全年世界经济运行的轨迹;全面总结了世界和主要经济体的经济形势,展望了 2010 年基本走势;分析了我国国际地位变化,介绍了全球贸易、外国直接投资、世界 500 强和 1000 家银行等排行榜;并就"退出策略"、全球经济长期趋势、居民消费潜力及国际比较、东欧债务风险、主要经济体房地产市场、世界三大货币汇率变化等热点问题进行了深入的专题研究。本书内容包括世界经济月度监测、世界经济年度分析、国际比较研究、热点问题探索、统计数据等 5 大部分。此外,在部分章节中增加了相关背景性和知识性的专栏文章,以满足读者进一步了解的需要。

本书所引用的数据均来自国际组织、有关国家统计部门及研究咨询机构。由于数据来源和时效不同,汇总方法不同以及数据修订等原因,同一指标在不同的出处可能不一致,望读者注意。特别是有关国际组织公布的中国统计数据与我国官方统计数据有所出入,我们在数据表中均注明数据的来源,尽量保持数据的可比、一致,便于读者正确理解和使用。

本书是有志于拓展国际视野的宏观经济管理部门、企业和教学、科研人员的重要参考资料,每年一本定期出版,敬请关注。受时间和研究水平所限,书中难免存在不足,请批评指正。

编　者

2010 年 2 月

目 录

三、国际比较研究

四、热点问题探索

五、统计数据

六、专栏

一、世界经济月度监测

世界经济继续下滑
金融危机仍在持续

——1月份世界经济形势分析

进入2009年以来,全球金融危机仍在持续,尽管世界经济隐现一些积极变化,但持续下滑的趋势没有改变。今年世界经济可能陷入“负增长、高失业”的困境之中。

一、世界经济继续下滑

各国最近公布的统计数据显示,1月份,世界主要国家和地区生产持续下降,需求持续萎缩,经济继续下滑。预计一季度美国、欧元区、日本以及韩国、新加坡等经济延续去年4季度负增长的态势。

(一)生产加速下滑,需求持续萎缩

1. 工业生产加速下降。截至去年12月,美国工业生产连续7个月同比下降,其中12月份下降7.8%,降幅比上月扩大1.9个百分点;连续2个月环比下降,其中12月下降2.0%,比上月扩大0.7个百分点。欧元区工业生产连续8个月同比下降,其中12月下降12%,比上月扩大3.6个百分点;连续4个月环比下降,其中12月下降2.6%,比上月扩大0.4个百分点。日本工业生产连续5个月同比下降,连续3个月环比下降,降幅逐月扩大。去年11、12月,俄罗斯、巴西、韩国和新加坡工业生产也出现下降趋势,同比降幅在两位数以上。

2. 建筑支出大幅缩减。截至去年12月,美国建筑支出同比连续16个月下降,其中12月份下降3.6%,降幅比上月扩大0.3个百分点;欧元区建筑支出同比连续9个月下降,去年11月下降4.3%,降幅比上月扩大0.3个百分点;日本去年4季度新房开工量同比下降8.3%,降幅扩大了6.7个百分点。

3. 零售额持续下降。截至去年12月,美国零售额连续4个月同比下降,其中12月下降10.8%,降幅比上月扩大1.3个百分点;连续6个月环比下降。欧元区零售额连续7个月同比下降,其中12月下降1.6%;连续3个月环比下降。日本连续4个月同比下降,其中12月份下降2.7%,降幅比上月扩大1.8个百分点。

4. 耐用品和机械品订单减少。按同比计算,去年12月份,美国耐用品订单下降19.7%,降幅比上月扩大1.4个百分点;欧元区制造业订单11月份下降26.2%,降幅比上月扩大11.1个百分点;日本制造业机械订单11月份下降43.7%,降幅比上月扩大25.3个百分点。耐用品和机械品订单是企业投资的先行指标,其大幅下挫预示着近期企业投资减少。

(二)消费者价格(CPI)持续回落

1. 发达国家CPI环比出现连续下降,显露通缩苗头。美国CPI同比从去年7月上涨5.5%转为12月下降0.1%,从去年10月至12月连续3个月环比下降,其中12月下降0.7%。欧元区CPI同比上涨率从去年7月的4.1%回落到12月的1.6%,今年1月预计为1.1%;去年11月和12月环比分别下降0.5%和0.1%。去年12月,日本同比上涨0.4%;环比下降0.4%,从10月至12月连续3个月下降。

2. 发展中国家通胀回落。1月份,受卢布贬值影响,俄罗斯CPI同比上涨13.4%,比上月提高了0.2个百分点;巴西为5.8%,比上月回落0.1个百分点。去年12月,印度CPI同比上涨9.7%,比上月回落0.7个百分点。

3. 全球通胀压力消退。由于国际石油价格大幅下跌,主要国家生产者价格(PPI)大幅回落。去年12月,美国PPI同比下降1.2%;欧元区上涨1.8%,比上月回落1.5个百分点;日本上涨1.1%,回落1.7个百分点。今年以来,国际石油价格继续在低位波动,纽约商品交易所石油期货价格平均为每桶40美元左右。经济下滑、需求减少、石油价格下跌是各国CPI和PPI持续回落、通胀压力消退的主要原因。

(三)失业率持续上升

今年1月,美国失业率为7.6%,连续9个月上升,为1992年9月以来的最高水平;英国失业率为3.8%,连续7个月上升。去年12月,日本失业率为4.4%,接近2006年以来的最高;欧元区失业率为8.0%,连续4

个月上升,为2006年11月以来的最高点。

(四)进出口贸易减少

去年12月,美国出口环比下降6.0%,进口环比下降5.5%,出口和进口均连续5个月下降;贸易逆差为399亿美元,比上月缩小17亿美元,连续5个月缩小。去年11月,欧元区出口环比下降4.7%,进口环比下降2.5%,连续2个月下降;贸易逆差48.9亿欧元,比上月扩大27.7亿欧元。去年12月,日本出口环比下降10.7%,连续7个月下降;进口下降14%,连续2个月降幅在两位数以上。今年1月,韩国出口和进口同比分别下降32.8%和32.1%,连续3个月大幅下降;新加坡分别下降20.4%和16.7%;马来西来分别下降14.9%和23.1%。

二、金融危机仍在继续

与去年9、10月金融危机爆发时期相比,金融市场的恐慌情绪得到平息,短期信贷息差缩小。但是,信贷条件依然紧缩,金融市场的风险和不确定性很大。

(一)商业信贷条件偏紧,信贷需求减弱

一方面,银行惜贷,限制信贷规模和数量,提高信贷标准。另一方面,企业和消费者信心不足,信贷需求减弱。据美联储近期调查,64.2%的银行家认为今年第1季度美国大中型企业的商业贷款条件比较紧张,60.4%的银行家认为今年第一季度大中型企业的商业贷款需求减弱,比例远远高于前几年的调查结果。受失业率上升和预期收入下降等因素影响,美国消费信贷规模减少,储蓄增加。去年12月,美国消费信贷环比折年率下降3.1%,连续3个月下降;居民储蓄率从去年8月的0.8%从上升到12月的3.6%。

(二)房价持续下跌加大金融风险

去年12月,美国现房环比下降2.7%,连续6个月下跌。今年1月,英国住房环比下降1.3%,连续15个月下跌。房价持续下跌导致住房抵押贷款违约率进一步上升,银行不良资产规模继续扩大,一批次级抵押贷款较多的金融机构将面临倒闭的风险。

(三)信贷违约率和拖欠率上升

美联储最近公布的调查数据显示,去年3季度,美国所有贷款和租赁违约率为3.65%,比2季度上升了0.36个百分点,连续9个季度上升。其中,住房抵押贷款违约率为4.84%,上升0.62个百分点,连续10个季度上升;消费信贷违约率为3.69%,上升0.11个百分点,连续7个季度上升。

(四)银行资产减记和损失继续增加

由于抵押贷款证券价格持续下降,银行损失仍在增加,政府注资规模还不足以平衡银行资产负债表,资金缺口较大。据彭博资讯社估计,全球银行资产减记总额达1.1万亿美元,而各大银行现已筹到的资金为9742亿美元。其中,美国银行资产减记总额为7305亿美元,已筹集的资金为5728亿美元。

三、在政策作用下,世界经济隐现积极变化

今年1-2月,全球金融救援政策力度不断加大,各国继续降息、出台新的经济振兴计划。受此影响,世界经济隐约出现一些积极变化。

(一)1月一些预警指标低位回升

去年12月和今年1月,JP摩根全球产业活动指数连续两个月回升;美国非制造业采购经理人指数、密歇根大学消费者信心指数连续两个月上升。1月,美国制造业采购经理人指数低位回升,结束持续5个月的下降趋势;德国Ifo商业景气指数也低位回升。但是,这些信心指数的回升趋势能否持续,有待进一步观察。总体上,全球消费者和投资者信心指数处在历史最低水平,并且远远低于景气临界值,世界经济前景仍十分险峻。

(二)美国房地产市场隐现触底迹象

截至2月12日,美国30年期限抵押贷款固定利率已降至5.16%的历史新低,购房贷款需求有所回升。据美联储调查,多数银行家认为今年1季度住房抵押贷款条件相对比较宽松,而房贷的需求回升。另据美国房地产经纪人协会调查,去年12月美国未定的房屋销售(即合同已签却没有实现交易)在连续两个月下降之后增长2.1%,预示今后几个月现房销售量可能回升。

(执笔:释经组;成文于2009年2月28日)

世界经济衰退加剧
金融危机暗潮涌动

——2月份世界经济形势分析

根据最新国际统计数据分析，尽管各国政府采取了种种措施，但仍然不能阻挡世界经济形势的进一步恶化。世界经济衰退不断加剧、屡创新低，金融危机一波三折、暗潮涌动，发达国家深陷泥潭、自顾不暇，发展中国家资金大量流失，债台高筑、危机四伏。全球经济复苏预期将大幅延后，世界经济衰退对我国经济的冲击日益显著，需要更加密切关注和妥善应对。

一、世界经济衰退不断加剧，屡创新低

发达国家国内生产总值降幅扩大，部分发展中国家和地区经济也出现负增长。美国经济去年第四季度按环比折年率计算下降6.2%，连续两个季度下降，降幅比上季度扩大5.7个百分点，预计今年上半年将继续恶化；欧元区和日本按环比计算分别下降1.5%和3.3%，均为连续第三个季度下降，降幅分别扩大1.3个和2.7个百分点。韩国和中国台湾GDP同比分别下降3.4%和8.4%。

全球工业生产加速下滑。世界工业生产去年12月份同比下降10.6%，连续6个月下降，降幅比上月扩大0.6个百分点。美国、日本、俄罗斯和韩国今年1月份工业生产同比分别下降10%、30%和15.9%和21.2%，欧元区去年12月份同比下降12%。法国今年1月份工业生产环比下降3.1%。

全球就业形势十分严峻。今年2月份美国失业率为8.1%，连续9个月上升，为1983年12月以来的最高水平；欧元区1月份失业率为8.2%，为2006年7月以来的最高值；日本1月份失业率为4.1%，对日本来说处

在较高水平。

全球进出口贸易大幅减少。去年12月份,美国出口和进口同比分别下降8.4%和14.7%,欧元区出口和进口分别下降2.1%和4.8%。今年1月份,日本出口和进口分别大幅下降45.7%和31.7%,印度、韩国、中国香港、中国台湾、马来西亚和印度尼西亚出口同比分别下降15.9%、33.8%、27.1%、44.1%、27.8%和35.5%。

世界初级产品价格再度回落,发达国家CPI在零附近徘徊。在经历了今年1月份的小幅反弹后,2月份国际市场初级产品价格再度滑落,能源和非能源价格环比分别下降5.1%和1.3%。按同比计算,今年1月份,美国消费者价格指数(CPI)和生产者价格指数(PPI)分别下降0.2%和1.3%;2月份欧元区CPI小幅上涨1.3%;1月份日本CPI持平,PPI下降0.2%。

经济运行缺乏活力,不仅金融机构惜贷,而且企业和消费者也惜借。利润下降和营利前景暗淡导致企业削减成本,取消、搁置或延后投资计划,股市和房地产的负财富效应以及即期和预期收入减少迫使消费者减少支出和增加储蓄,商业和消费信贷萎缩。去年12月份美国金融机构贷款额环比下降1.0%,连续5个月下降。美国居民储蓄率从去年8月份的0.8%提高到今年1月份的5%。

二、金融危机一波三折、暗潮涌动

如果说金融危机直接导致了经济衰退,那么现在,经济衰退又反过来促使金融危机进一步深化和扩散。美、欧信贷风险持续上升,东欧债务危机风险极大,金融危机暗潮涌动。

美国各种贷款的违约率持续上升。去年第四季度,美国所有贷款和租赁的违约率为4.59%,比上个季度上升0.87个百分点,连续11个季度上升,其中,房地产贷款违约率和信用卡消费贷款违约率分别为5.78%和5.56%。更严重的是美国次优贷违约率迅速上升。去年四季度,以次优贷为主要组成部分的美国可调整利率优质贷款违约率高达9.7%,比上季度扩大1.5个百分点,预计其上升趋势将会延续。次优贷规模约为1万亿美元,与次贷规模相当,次优贷危机可能造成的损失也相当严重。据分析,违约的主要原因已由原来的抵押贷款保险等制度性因素转为失业率上升和收入下降等实质性因素。

欧洲市场的信贷违约风险迅速上升。2 月份，爱尔兰、意大利和英国反映主权信贷违约风险的信贷违约互换（CDS）利差分别为 317 个、175 个和 143 个基点，均创历史新高。3 月 10 日，反映欧洲债券违约担保成本的五年期 iTraxx 高级和次级金融指数分别为 150 个和 284 个基点，处于金融危机以来的最高点。此外，近期爱尔兰、西班牙、希腊和意大利等国主权信用等级下调，并且正在接受欧洲央行的市场特别审查。

东欧债务危机风险极大。近年东欧国家经济发展严重依赖外债，特别是短期外债，且这些外债大多未采取外汇掉期等手段规避汇兑风险，在资本大量外逃、本币急剧贬值和主权信用等级下调的情况下，对外融资困难陡增，今年偿债负担沉重，发生外债偿还和国际收支危机的可能性很大。由于东欧国家 90% 的海外借款来自西欧，东欧可能发生的债务危机对西欧的冲击最为直接。据估计，当前东欧国家外债总额达到 1.82 万亿美元，其中短期外债达 4212 亿美元，部分国家的债务率已远远超过警戒线。截至 3 月 6 日，匈牙利、波兰、俄罗斯和捷克等国货币对美元已经分别比年初贬值了 28.3%、25.2%、22.1% 和 14.5%。

世界主要股指大幅下挫。截至 3 月 9 日，世界三大股指美国道琼斯指数、日经 225 指数和德国 DAX 指数分别比年初下挫 26.9%、21.6% 和 25.9%。其中，道琼斯指数创 1993 年以来新低，日经 225 指数创 26 年来的新低。一些发展中国家股指下挫幅度也很大。

房地产市场持续萧条。按环比计算，今年 1 月份，美国现房价格下降 3.1%，已连续 7 个月下跌；2 月份，英国平均房价下降 1.8%，已连续 14 个月下跌。

三、复苏预期大幅延后，对我国影响日益显著

鉴于世界经济衰退加剧，金融危机不断加深，最近各权威预测机构对世界经济开始复苏的最乐观预期已经从今年年中推迟到年底或明年初。世界银行 3 月 8 日发表报告称，今年全球经济将陷入二战以来首次萎缩，贸易下滑幅度可能是 80 年来之最。美联储 3 月 5 日发布“褐皮书”称，美国经济在今年底之前复苏无望。IMF 和英国共识公司最近都调低了对今年世界经济增长的预期。

三大经济体先行指数持续下行。今年 1 月,美国经济先行指数为 90. 1,连续 19 个月下降;欧元区为 93. 7,连续 17 个月下降;日本为 91. 0,连续 10 个月下降。

消费者信心指数再创新低。美国和欧元区 2 月份消费者信心指数分别为 25(景气临界值为 50)和 -32. 5(临界值为 0),又创历史最低纪录;日本消费者信心指数去年 12 月为 26. 2(临界值为 50),创 1982 年开始统计以来的最低点,今年 1 月份为 26. 4,略有回升。

企业家信心指数远低于景气临界值。今年 2 月份美国制造业采购经理人指数为 35. 8,从上年 12 月份的历史最低点略有回升,但仍远低于景气临界值(临界值为 50)。今年 2 月欧元区企业家信心指数为 -36. 2(临界值为 0),今年 1 月日本企业家信心指数为 24. 8(临界值为 50),两者均刷新了上月的历史最低纪录。

随着世界经济形势的进一步恶化,贸易保护主义或明或暗将难以禁止,外部需求下滑,外资流入减少,外贸纠纷增加,“中国责任论”与“中国崩溃论”不时出现,所有这些将对我国经济保持平稳较快增长形成更加严峻的挑战。为此,需要更加密切关注外部经济环境的变化,采取更加有效的措施妥善应对。

(执笔:释经组;成文于 2009 年 3 月 12 日)

世界经济在深度衰退中出现积极变化

——3月份世界经济形势分析

根据最新国际统计数据分析,今年一季度,世界经济处于深度衰退之中,金融危机仍在持续,深层次矛盾尚待解决。由于各国政府采取了力度空前的措施,世界经济运行开始出现积极变化,陷入萧条的可能性降低,金融风险亦有所缓解。预计世界经济将于今年底或明年初开始复苏。今年将是近70年来世界经济最为困难的一年。我国经济运行的外部环境仍然十分严峻,应继续采取切实有效措施妥善应对。

一、世界经济处于深度衰退之中

发达国家经济仍在继续下降,发展中国家经济增长率在低位波动。美国去年第四季度经济按环比折年率计算下降6.3%,预计今年一季度下降5.5%,为连续第三个季度下降;欧元区和日本去年四季度环比分别下降1.6%和3.2%,预计今年一季度将分别下降0.8%和2.8%,均为连续第四个季度下降。印度GDP预计一季度同比增长5.6%,韩国同比增长1.0%,中国台湾则下降2.8%。

工业生产持续下滑。今年前三个月,美国工业生产环比分别下降2.1%、1.5%和1.5%。今年前两个月日本分别大幅下降10.2%和9.4%;欧元区分别下降2.4%和2.3%。

就业形势十分严峻。今年3月份美国失业率为8.5%,连续11个月持平或上升,为1983年11月以来的最高水平。欧元区2月份失业率为8.5%,为2006年4月以来的最高水平;日本2月份失业率为4.4%,为2006年1月以来的最高水平。

进出口贸易大幅减少。按同比计算,今年前两个月,美国出口分别下降16.5%和16.9%,进口分别下降22.9%和28.8%;日本出口分别下降45.7%和49.4%,进口分别下降13.9%和22.4%;欧元区出口分别下降24.8%和23.9%,进口分别下降22.8%和21.4%。2月份,韩国、印度、印度尼西亚、马来西亚、中国台湾、新加坡和中国香港出口同比降幅分别达17.1%、21.7%、32.8%、15.9%、28.7%、23.7%和17.5%。

发达国家CPI在零附近徘徊。今年前两个月,美国消费者价格指数(CPI)环比分别下降0.2%和上涨0.1%;日本CPI分别下降0.6%和0.3%;欧元区CPI分别下降0.8%和上涨0.4%。

二、国际金融危机仍在持续

信贷紧缩仍在持续。美国金融机构依然惜贷,而消费者和企业依然惜借。美联储最新数据显示,2009年3月商业银行贷款和租赁余额为70946亿美元,环比下降0.6%,延续了去年10月以来的下降趋势。信贷下降的同时,金融机构的贷款条件依然苛刻。1月份的一项调查显示,美国中小企业普遍认为当前贷款条件为30年来最为苛刻的时期。

处置不良资产困难重重。当前各国处置不良资产主要有三种措施,一是对不良资产提供政府担保;二是成立资产管理公司集中管理不良资产;三是对银行实行国有化。由于不良资产规模巨大,并且很难准确估算,而各种处置办法在政治上和技术上都存在各种各样的不足,实施难度很大,效果难料。

新生金融风险颇具威胁。据估计,东欧各国的外债总额达到1.82万亿美元,其中短期外债达4212亿美元,由于短期资本大量外逃导致本币贬值及外汇储备急剧下降,东欧国家一旦无力偿还来自西欧的贷款,有可能成为世界范围下一批金融机构倒闭的诱因。据国际货币基金组织统计,截至4月2日,俄罗斯、匈牙利和土耳其本币对美元自金融危机以来分别贬值了35.9%、35.4%和34.3%。同时,美国次优贷风险正在上升。据瑞士信贷分析,在实体经济持续不景气的预期下,次优贷违约金额正不断上升,并将于2010年中期达到顶峰。高盛公司分析认为贷款总额1.3万亿美元的“次优”债券的损失可能将达到6000亿美元,与次贷危机的预计损失大体相当。

三、世界经济出现积极变化

金融风险有所缓解。世界主要货币三个月伦敦同业拆借利率（LIBOR）与基准利率、隔夜指数掉期（OIS）及国债（TED）利差在波动中走低；美国公司债券及发展中国家主权债券与美国国债利差先升后降；世界主要股指先降后升，目前已普遍回升到年初水平。种种迹象表明国际金融风险已有所缓解。

实体经济显现积极变化。一是美国实体经济出现企稳的苗头。2 月份耐用商品订单环比上升 3.5%，为去年 7 月份以来首次增长；2 月份工业库存销售比为 1.45，环比降低 0.01，为去年 7 月份以来首次回落。二是美国房地产市场逼近谷底。2 月份现房价格环比回升 0.4%；现房、新房销量分别增长 5.1% 和 4.7%；新房开工环比回升 22.2%；房价收入比已经达到正常年份水平；待售房压力有所减轻；4 月 2 日 30 年固定期限住房抵押贷款利率为 4.78%，再创新低。三是预警指标开始从低位回升。3 月份全球和美国制造业采购经理人指数（PMI）分别为 37.2 和 36.3，均连续 3 个月回升；3 月份欧元区制造业 PMI 为 37.6，环比上升 1.4 个点；2 月份美国消费者信心指数从上月 25.3 的历史低位回升 0.7 个点。

出现积极变化的主要原因在于各国救市措施力度不断加大。一季度各主要经济体继续大幅降息，政策利率均接近于零，美国、日本、英国、加拿大等央行还启动了非传统的"量化宽松"货币政策。2 月份美国总统签署了总额为 7870 亿美元的经济刺激法案，日本近期拟推出 10 万亿日元的第三批经济刺激措施，从而使去年以来的经济刺激计划总额达到 75 万亿日元。4 月 2 日伦敦 20 国集团峰会达成多项全球救市协议，其中最引人注目的是为 IMF 和世界银行等多边金融机构提供总额 1.1 万亿美元的资金，用于支持有关国家的金融及贸易融资等。

这些积极变化只是初步的、局部的和不稳定的，是否能够形成趋势性变化还有待观察。这些积极变化只是近期出现的苗头，而且主要表现在美国，欧元区、日本和众多发展中国家经济依然困难，全球消费者和企业家信心指数仍处于景气临界值以下。另外，这些积极变化中既有前期超跌后的反弹，也有短期不规则因素的影响。

四、预计世界经济有望于今年底明年初开始复苏

三大经济体先行指标显示近期世界经济仍将持续下滑。据经济合作组织(OECD)统计,2月份美国、欧元区和日本先行指标分别为89.8、93.8和89.7,远低于长期趋势值100,分别连续21、22和10个月环比下降。3月份,按汇率法GDP加权计算,世界银行、OECD和英国共识公司分别预测今年世界经济下降1.7%、2.7%和1.6%;按购买力平价法GDP加权计算,国际货币基金组织预测今年世界经济下降0.5%至1%。此外,世界银行、联合国贸发会议和OECD3月份分别预测今年全球贸易量将分别下滑6.1%、9.0%和13.2%。

不过,随着前期已实施的经济刺激方案发挥作用以及新的救市措施不断推出,在今年底或明年初,世界经济将有望开始复苏。

五、外部经济环境仍然十分严峻

外需减少影响我国出口增长并造成就业困难。预计今年世界贸易量降幅在10%左右,无论发达国家或发展中国家均无法避免严重冲击。

巨额外汇储备面临美元通胀和汇兑损失双重风险。美联储资产负债表扩大和启动印钞机导致美国通胀风险上升,而美国经济刺激法案将使得2009财年财政赤字上升到2万亿美元,造成较大的美元贬值风险。

或隐或显的各种保护措施将阻碍我国对外经济关系的发展。保护措施大体可分为贸易保护、金融保护、投资保护和就业保护等四种。去年11月G20峰会以来,G20中有17个国家共采取了47项贸易保护措施,而全球所采取的保护措施共78项,其中67项为贸易保护。

因此,要警惕一些国家喊着反对贸易保护主义的口号,行贸易保护之实;要采取切实有效措施,确保国家巨额外汇储备的安全和保值增值;要密切关注全球长期通胀风险,未雨绸缪。

(执笔:释经组;成文于2009年4月17日)

世界经济仍处于深度衰退
但趋于缓和

——4 月份世界经济形势分析

根据最新统计数据分析,世界经济仍处于深度衰退之中,主要经济指标在底部波动,但衰退趋缓,积极变化逐步显现;金融危机明显缓解,但金融风险仍然较大;突发的甲型流感疫情对世界经济有一定的影响,但影响有限。各国继续采取措施应对经济衰退,但世界经济不确定性仍然很大。

一、世界经济在底部波动,积极迹象逐步显现

(一)生产继续下降,失业率持续攀升

发达国家经济持续下滑。今年第一季度,美国 GDP 环比折年率下降 6.1%,降幅比上季度缩小 0.2 个百分点;同比下降 2.6%,降幅扩大 1.8 个百分点。预计欧元区和日本同比分别下降 4% 和 7.7%,降幅分别扩大 2.6 和 3.4 个百分点。

三大经济体工业和建筑业降幅收窄,发展中国家和地区形势严峻。按环比计算,3 月份美国工业生产下降 1.5%,降幅与上月持平;日本增长 1.6%,而上月为下降 9.4%;2 月份欧元区下降 2.3%,降幅缩小 0.2 个百分点。3 月份美国建筑业支出增长 0.3%,而上月为下降 1%;2 月份欧元区建筑业支出下降 0.9%,而上月为增长 1.8%。按同比计算,3 月份巴西和中国台湾工业生产分别下降 13.3% 和 26.8%,降幅分别缩小 3.7 和 1 个百分点;俄罗斯和韩国分别下降 13.7% 和 10.6%,降幅分别扩大 0.5 和 0.6 个百分点。

失业率持续攀升。4 月份美国失业率为 8.9%,连续 12 个月上升或持平,为 1983 年 9 月以来的最高水平。3 月份欧元区失业率达到 8.9%,为 2005 年 6 月份以来的最高水平;日本失业率为 4.8%,为 2004 年 8 月

以来的最高水平。

(二)需求仍然疲弱,国际贸易大幅下降

三大经济体零售额持续低迷。按环比计算,3 月份美国和日本零售额均下降 1.1%,降幅分别比上月扩大 1 和 0.9 个百分点;3 月份欧元区零售量下降 0.6%,降幅扩大 0.3 个百分点。

投资大幅下跌。今年第一季度,美国私人固定资本形成环比折年率下降 37.9%,单季降幅为 1947 年以来最高纪录。

国际贸易大幅下降。按同比计算,2 月份美国和欧元区进口额分别下降 28.8% 和 21.4%,出口分别下降 16.9% 和 23.9%;3 月份日本进、出口分别下降 36.7% 和 45.6%;4 月份韩国和中国台湾省出口分别下降 19% 和 34.3%;3 月份印度、中国香港、印度尼西亚和马来西亚出口分别下降 29.3%、22.7%、28.2% 和 15.6%。

(三)国际初级产品价格连续两个月回升,发达国家 CPI 继续在零附近徘徊,部分发展中国家通胀压力依然存在

按环比计算,4 月份国际市场能源、非能源初级产品价格分别上涨 4.5% 和 5%。3 月份美国、欧元区和日本 CPI 分别下降 0.1%、上涨 0.4% 和 0.3%。俄罗斯 3 月份 CPI 同比上涨 10.4%,印度 2 月份上涨 9.6%,两国通胀压力仍较大。

(四)积极迹象逐步显现

美国和日本个人消费止跌回升。一季度美国个人消费环比折年率增长 2.2%,为去年下半年以来首次增长;日本 3 月份工人家庭消费支出环比增长 0.5%,为去年 11 月份以来首次增长。

美国建筑业支出 3 月份环比回升 0.3%,为金融危机以来首次回升。

美国和欧元区订单探底企稳。2 月份美国耐用品订单环比增长 2.1%,但 3 月份小幅下降 0.8%。2 月份欧元区制造业订单环比增长 0.5%。

美国和日本的库存有所下降,库存调整取得初步成效,为今后工业生产回升打下较好基础。美国 2、3 月份美国制造业库存销售比分别为 1.451 和 1.458,均低于 1 月份的 1.463,2 月份为金融危机以来首次下降;3 月份日本工业库存销售比为 1.507,环比下降 0.078,为自去年 10 月份以来首次降低。

全球、美国和欧元区制造业采购经理人指数持续回升。4月份分别为41.8、40.1和36.8,分别连续4个月、4个月和2个月回升。

美国、欧元区和日本消费者信心指数回升。4月份美国为39.2,连续2个月回升;欧元区为-31.3,比上月的历史低位有所回升。3月份日本为28.9,连续3个月回升。

二、金融危机趋于缓解,但金融风险仍然较大

(一)金融危机趋于缓解

信贷市场三大利差持续缩小。以美元为例,截至4月底,三个月伦敦同业拆借利率与联邦基金利率利差、与3个月期美国短期国债利差及隔夜指数掉期(OIS)之间的利差分别为90.2、92和85个基点,均回落到或低于金融危机前的水平。

美国公司债券利差走低。4月29日,美国投资级公司债券与相应期限美国国债收益利差为478个基点,高收益级利差1323个基点,3月初以来累计降幅分别为560和240个基点。

发展中国家主权债券利差缩小。年初以来,发展中国家主权债券与相应期限美国国债利差持续降低,5月6日降至760个基点,仅相当于去年10月27日峰值的27%。

(二)股市有所反弹

3月中旬以来全球股市快速回升,至5月7日全球股市累计平均回升30%。

(三)美国房地产市场触底企稳

待售房压力有所减轻。3月份,待售现房折年率为373.7万套,环比下降1.6%;待售新房31.1万套,环比下降5.2%,可供销售的月数为10.7个月,环比下降4.5%。

美国住房抵押贷款利率持续下降。截至4月22日的一周内,30年期抵押贷款利率的平均水平为4.62%,再创历史新低。

(四)东欧债务风险有所下降

外汇储备有所上升。3月底,爱沙尼亚、保加利亚、罗马尼亚、立陶宛和斯洛伐克外汇储备分别比上月增长7.8%、4.1%、2.0%、1.3%和1.0%。

对东欧的国际援助进一步增加。3月份,欧盟将对东欧国家的援助基

金规模扩大至 500 亿欧元；国际货币基金组织同意在去年提供 50 亿欧元的基础上再向匈牙利支付第二笔 25 亿欧元的救助贷款，并在今后还将按协议支付 48 亿欧元贷款。

（五）美国“压力测试”结果好于预期

2009 年 2 月 25 日，美联储出台“监管资本评价项目”，对总资产在超过 1000 亿美元的美国 19 家大型银行进行“压力测试”，以评估各银行资本金是否充足。5 月 7 日，美联储公布的“压力测试”最终结果显示，目前 19 家大型银行资本充足率全部合格；在进一步恶化的假设条件下，即 2009 年 GDP 和房价分别下降 3.3% 和 22%、失业率升至 8.9%，19 家银行中的 10 家需要增资共计 746 亿美元才能满足资本充足率的要求，其他 9 家银行无需增资。由于“压力测试”明显好于预期的部分结果提前披露，5 月初美国银行股价持续大幅上涨。

（六）金融风险仍然较大

一是不良资产和有毒资产规模巨大，处置效果存在很大的不确定性。国际货币基金组织 4 月 21 日指出，全球不良资产规模达 4 万亿美元，其中，美国 3.1 万亿美元，欧洲和亚洲共计 9000 亿美元。不良资产处置面临定价机制和政治压力等不确定性，效果难料。

二是公司债违约率仍在上升。据穆迪公司统计，今年第一季末美国和欧洲投资级公司债的违约率分别为 7.5% 和 4.8%，分别比去年底高出 3 和 2.8 个百分点。

三是信贷条件依然偏紧，信贷余额减少。4 月份美联储调查表明，过去 3 个月内，对大中型企业贷款标准收紧的净百分比（即收紧的百分比减去放松的百分比，下同）为 39.6%，大中型企业 贷款需求净减少的百分比为 60.4%；收紧信用卡贷款标准的净百分比为 58.1%，减少消费贷款需求的净百分比为 17.6%。截至 4 月 22 日，美国商业信贷余额为 70044 亿美元，比 5 个星期前下降 1%。3 月份，美国消费信贷为 25511 亿美元，环比下降 5.2%，降幅比上月扩大 1.4 个百分点，为 1990 年 12 月以来的最高降幅。

三、甲型 H1N1 流感疫情对世界经济有一定影响，但影响有限

最新甲型 H1N1 流感疫情形势仍然十分严峻。据世界卫生组织统

专栏 1

甲型 H1N1 型流感对世界及我国经济的影响分析

自 4 月 13 日墨西哥发现疑似人感染甲型 H1N1 型流感病毒以来，甲型 H1N1 型流感疫情在全球迅速蔓延。此次疫情必将给相关国家造成较大经济损失，并对已陷入深度衰退的世界经济雪上加霜，对我国经济增长产生潜在威胁，需要高度重视和积极应对。

一、甲型 H1N1 型流感疫情的现状和前景

截至 4 月 28 日，据相关国家政府公布的统计信息，全球共有 20 个国家确认和疑似感染甲型 H1N1 型流感的总人数已超过 2000 人，其中 152 人死亡。但据世界卫生组织统计，截至北京时间 4 月 29 日 3 点 15 分，共有 7 个国家确认 105 人感染甲型 H1N1 型流感病毒，分布于美洲、欧洲、大洋洲和亚洲。其中，美国 64 人，墨西哥 26 人，加拿大 6 人，新西兰 3 人，英国 2 人，西班牙 2 人，以色列 2 人。在确认感染甲型 H1N1 型流感病毒的人口中，墨西哥有 7 人死亡。25 日，世界卫生组织宣布当前的甲型 H1N1 型流感疫情为“具有国际影响的公共卫生紧急事态”；29 日将流感警戒级别由四级上调到五级，仅次于最为严重的六级。

为缓解甲型 H1N1 型流感疫情的扩散，各国在第一时间采取了防范措施。美国、墨西哥、阿根廷、哥斯达黎加、智利和萨尔瓦多等国已启动了卫生应急预案，部分国家正申请追加紧急拨款；法国、新西兰、英国、俄罗斯、韩国和日本等国进口猪肉时严把检疫关。国际组织也迅速作出反应。26 日，世界银行宣布，将向墨西哥政府提供超过 2 亿美元的贷款，其中 2500 万美元用于购买相关药品和医疗设备，其余约 1.8 亿美元将用于应对疫情进一步爆发所需的相关医疗开支。

目前，此次墨西哥甲型 H1N1 型流感的前景尚难以预料，但进一步恶化的可能性较大。根据以往大规模流行性病毒的发展规律，未来一段时间甲型 H1N1 型流感疫情的发展趋势不仅取决于病毒基因的变异与毒性、人际传播的速度和范围，更取决于各方面应对措施的力度及其有效性。可以预期，此次墨西哥甲型 H1N1 型流感发展前景大体可分为轻度、中度和重度三种情况。其中，轻度疫情是指仅在北美特别是墨西哥爆发流行，而向其他地区的扩散则得到有效控制；中度疫情指发展到全球大流行，但影响程度较轻，类似于 1957 年和 1968 年全球性流感；重度疫情

指不仅全球大流行，而且发病率和病死率相当高，类似于1918年的“西班牙”流感大爆发。目前看，三种前景发生的可能性，以轻度为最大，中度次之，而重度疫情几乎不可能。估计此次疫情将大体持续三个月至半年。一旦各国采取的措施有纰漏，甲型H1N1型流感疫情全球大流行的可能性会增加，持续时间会延长，危害程度也会加深。

二、甲型H1N1型流感疫情有可能对世界经济造成较大影响

从影响的地区来看，无论是何种前景，墨西哥都将是重灾区，其第三产业占国内生产总值的67%，考虑到目前首都墨西哥城的服务行业已部分陷于停顿，全国的社会活动已受到严重冲击，估计全国的损失将超过2003年禽流感对越南和泰国所造成的损失，大大超过GDP的0.5%。其次是美国和加拿大及部分拉丁美洲国家，这些国家和墨西哥经济联系密切、人员往来频繁，此次疫情将对这些国家造成较大损失，但损失占GDP比重很可能明显小于墨西哥。最后是上述地区以外的其他国家和地区，它们所遭受的损失将比较小。不过，由于发展中国家的公共卫生系统相对落后，在发生相同疫情的情况下，发展中国家遭受的损失可能更加严重。

从影响途径来看，可分为直接损失和间接损失。其中直接损失包括生猪隔离、屠宰和免疫给畜牧业生产带来的损失，以及疾病诊治和人口死亡所造成的损失。间接损失则体现在多个方面，主要是旅游、交通、餐饮、零售等服务行业的损失，有可能导致猪肉消费量和价格下降并引起整体CPI下行，影响投资者和消费者信心，影响国际贸易和人员往来，并对整体经济产生下行压力。

从影响的行业来看，首先，影响较为直接的和较重的行业为旅游、交通、餐饮、零售以及涉及人与人面对面交流的其他服务行业。其次，通过消费者和投资者信心对股市和房市造成负面影响。再次，通过国际贸易和服务输出影响到国际收支平衡。最后，引致失业率上升，并通过职工出勤率等影响全员劳动生产率，从而使得整个经济的生产效率降低。当然，疫情必然也会大大刺激制药行业和医疗产业的发展以及相关科研活动的开展。

从对整体经济的影响来看，基于全球历次流感大爆发、2003年SARS和始于2003年的禽流感的影响分析判断，2006年世界银行曾对中度和重度人类流感疫情给全球经济造成的损失作出估计。其中，重度疫情损失可能将高达全球国内生产总值(GDP)的3.1%(约为1.25万亿美元)，具体包括三部分：一是旅游、交通和其他服务业损失为1.8%；二是预计人口死亡率达1%，全球7000万人死亡，从而导致的损失为0.4%；三是因不正常社会秩序所导致的损失为0.9%。中度疫情损失可能不到GDP的1%，而全球将有100万人口死亡。借鉴世界银行的研究成果，结合当前的甲型H1N1型流感疫情，我们估计，如果是轻度疫情，其造成的损失占全球GDP的比重不会超过0.5%；如果是中度疫情，其损失将不会超过全球GDP的1%；

如果是重度疫情，其损失将有可能达全球GDP的3%左右。

此次甲型H1N1型流感疫情很有可能被控制在轻度范围之内，其造成的损失很有可能被控制在占全球GDP的0.5%以下。不过，由于当前全球经济处于深度衰退之中，国际贸易正在大幅下滑，世界各国刺激经济手段大都集中在扩大内需，此次疫情必将在一定时间内打压消费者和投资者信心，影响刺激经济政策发挥预期效果，从而延缓世界经济复苏。

三、甲型H1N1型流感对我国经济的影响

目前来看，墨西哥甲型H1N1型流感对我国经济的影响主要体现在心理层面和对猪肉市场的影响，而对整体经济活动影响较小。但如果疫情进一步扩散，影响的国家和范围不断扩大，可能使猪肉相关产品的贸易保护主义抬头。一旦疫情传至国内，将对我国旅游、交通运输、住宿和餐饮等服务业和居民消费产生负面影响，加上外需进一步减少和全球经济复苏迟缓所带来的冲击，将对我国经济增速造成一定程度的下行压力。

进出口贸易方面。2008年我国与墨西哥进出口贸易额仅占我国进出口总额的0.69%，因此墨西哥甲型H1N1型流感通过贸易对我国的影响微乎其微。但是，美国是我国第二大贸易伙伴，2008年我国与美国进出口贸易额占我国进出口总额的13%，一旦美国甲型H1N1型流感泛滥，将会明显影响我国进出口贸易，拖累经济增长。

对猪肉生产和消费可能造成较大冲击。目前疫情集中在美国和墨西哥，我国已经禁止从墨西哥和美国进口生猪及猪肉产品，该措施可以有效地抵御疫情传入我国。但是，如果疫情严重扩散，作为世界头号猪肉生产和消费大国，我国的生猪生产以及猪肉消费必将受到较大冲击。考虑到目前国内猪肉价格已降至生猪饲养盈亏临界点，新的冲击将导致生猪饲养进一步亏损，养殖户可能自发大批屠宰母猪，不仅造成当期猪肉供应下降，还将导致未来猪肉价格上涨。

心理影响较大。尽管目前有证据表明食用熟猪肉不会感染流感病毒，但消费者仍不可避免地存在恐慌心理，选择减少猪肉消费。但如果疫情控制得当，猪肉生产和加工受到的影响将是短期的，人们的信心仍会得到迅速恢复。反之，如果疫情进一步扩散，则对整体经济活动以及各行各业都有较大影响。

四、几点建议

一要认真落实党中央、国务院的部署，高度重视，加强宣传。要认真落实国务院八条应对措施，加强监测和防控工作；加强对公众防控人感染甲型H1N1型流感病毒的健康知识宣传，有效化解公众的恐慌心理；做好各种应对预案，储备必要的医疗物资。

二要密切跟踪境外疫情发展情况，加强国际合作及与港澳台地区的合作，做好疫情研判和对我国发生疫情的风险评估工作。

三是针对猪肉产业可能受到的冲击,研究和采取必要的补救措施。加强甲型H1N1型流感疫情监测,严格活猪及其产品的检疫监管。对近期有活猪及其产品进口地区、生猪养殖密集区和养猪场、屠宰场、活猪交易市场等地,集中开展甲型H1N1型流感疫情监测和调查,及时发现问题,彻底排除隐患。建立生猪突发事件储备基金,提前做好准备,以应对可能产生的变化。

四要密切关注事态发展对整体经济的影响。要加强对全球疫情的跟踪分析,对于全球金融危机和世界经济衰退的大背景下甲型H1N1型流感疫情可能对我国经济进一步产生冲击早做准备,必要时出台进一步的经济刺激措施,确保我国经济平稳较快发展。

(执笔:释经组;成文于:2009年5月)

计,截至北京时间5月11日14时,全球共有30个国家官方报告确诊病例4694例,死亡53例。4月25日,世界卫生组织宣布流感疫情为"具有国际影响的公共卫生紧急事态";29日将流感警戒级别由四级上调到五级,仅次于最为严重的六级。

此次流感疫情所造成的损失很有可能被控制在占全球GDP的0.5%以内。不过,由于当前全球经济处于深度衰退之中,国际贸易正在大幅下滑,世界各国刺激经济手段大都集中在扩大内需,此次疫情将在一定时间内打压消费者和投资者信心,影响刺激经济政策发挥预期效果。

四、各国继续采取措施应对衰退,但世界经济不确定性仍然很大

(一)货币政策措施大力推进

主要经济体政策利率处于历史低位。最近,美国、日本和英国分别决定维持基准利率零至0.25%、0.1%和0.5%的历史最低水平不变。欧洲央行5月7日决定将基准利率下调25个基点至历史最低水平的1%。

主要经济体量化宽松政策力度加大。继美国、英国和日本的央行之后,欧洲央行也开始实行量化宽松的货币政策,5月7日宣布计划购买总额达600亿欧元的资产担保债券。英国央行5月7日决定将其资产收购计划规模提高500亿英镑至1250亿英镑。4月7日,日本央行决定,扩大流动性操作中可接受抵押品的范围。

(二)财政刺激政策继续加强

美国财政刺激力度很大。在实施了7870亿美元刺激计划后，2009财年美国联邦财政赤字将达创纪录的1.7万亿美元,2010财年将达1.2万亿美元。

日本通过新预算案。4月27日,日本政府通过总额达13.9万亿日元(约合1436亿美元)的有史以来最大规模的补充预算案,2009财年预算规模将达102.5万亿日元,远远超过曾两度推出经济刺激计划的1998财年的总预算89万亿日元。

(三)全球加强政策协同

4月26日闭幕的世界银行和国际货币基金组织春季会议取得了一定成果。一是各国承诺采取进一步的必要行动来确保经济复苏,尤其是持续加大必要的财政扩张规模以刺激经济复苏。二是要设计可信的退出方案,保证当危机平息的时候,政府大规模的宽松政策和干预措施得以有序退出。三是IMF将通过发行债券融资,用于帮助需要救援的国家。

(四)世界经济的不确定性仍较大

世界经济和金融的积极变化还只是初步的和局部的,要从根本上扭转经济深度衰退还受到很多因素制约,比如发达国家房地产市场何时真正触底回升以及信贷违约率何时回落、不良资产处置能否取得预期效果等。此外,全球失业率持续大幅攀升以及近期石油价格大幅回升也对世界经济复苏造成了一定的负面影响。

(执笔:释经组;成文于2009年5月13日)

世界经济衰退减缓
外部环境依然严峻

——5 月份世界经济形势分析

根据最新国际统计数据分析,5 月份,世界经济仍然处于深度衰退之中,但衰退程度减缓,积极变化迹象增多。不过,由于国际金融危机的核心问题尚未解决,全球实体经济的基本面仍很脆弱,国际贸易、国际投资继续萎缩,使我国的外部经济环境依然十分严峻,特别是石油等初级产品价格在真实需求尚未复苏条件下的大幅回升,将会对我国经济的持续平稳回暖带来很大影响。

一、世界经济仍处于深度衰退之中,但衰退程度趋缓

(一)世界经济仍处于深度衰退之中

发达国家和多数发展中国家和地区 GDP 继续下降。今年第一季度发达国家整体 GDP 环比下降 2.1%,与上季度 2% 的降幅大体持平,其中美国环比折年率下降 5.7%,降幅比上季度缩小 0.6 个百分点;欧元区和日本环比分别下降 2.5% 和 4%,降幅分别扩大 0.7 和 0.2 个百分点。俄罗斯、南非、韩国、墨西哥、中国香港、中国台湾和马来西亚同比分别下降 9.5%、1.3%、4.3%、8.2%、7.8%、10.2% 和 6.2%,降幅比上季度扩大或由上季度的增长转为下降;印度增长 5.8%,增速持平;印度尼西亚增长 4.4%,回落 0.8 个百分点。

全球失业率持续攀升。5 月份,美国失业率为 9.4%,为 1983 年 8 月以来的新高;4 月份,欧元区和日本失业率分别为 9.2% 和 5.0%,分别为 1999 年 9 月和 2003 年 12 日以来的最高水平。

当前世界经济为深度衰退。国际货币基金组织 4 月 22 日分析指出,除石油消费以外,当前全球人均 GDP、消费、投资以及进出口、工业生产、

就业和国际资本流动等主要经济指标降幅均超过1975年以来的历次经济衰退。见表1。

表1　当前全球经济衰退与历次经济衰退比较　　　　单位:%

	1975年	1982年	1991年	1975年、1982年和1991年平均	2009年(预测值)
产出增长率					
人均GDP(按PPP[1]法加权)	-0.13	-0.89	-0.18	-0.40	-2.50
人均GDP(按汇率法加权)	-0.33	-1.08	-1.45	-0.95	-3.68
人均消费	0.41	-0.18	0.62	0.28	-1.11
人均投资	-2.04	-4.72	-0.15	-2.3	-8.74
其它经济指标变化率					
工业生产	-1.60	-4.33	-0.09	-2.01	-6.23
贸易量	-1.87	-0.69	4.01	0.48	-11.75
资本流动[2]	0.56	-0.76	-2.07	-0.76	-6.18
石油消费	-0.90	-2.87	0.01	-1.25	-1.50
失业率变化	1.19	1.61	0.72	1.18	2.56

注:1. 购买力平价。

2. 指资本流动率(流入与流出之和与GDP的比率)与上年相比的变化。

资料来源:IMF,世界经济展望,2009年4月22日。

截至目前,本轮美国经济衰退除衰退面为轻度以外,衰退的持续时间和衰退深度均超过1920年以来的历次深度经济衰退,但从总体上看,尚未达到萧条程度(即GDP累计降幅超过10%或衰退持续时间达3年及以上)。

(二)世界经济衰退程度趋缓

全球、美国和欧元区工业生产降幅缩小。3月份世界工业生产同比下降14.2%,欧元区环比下降2%,降幅分别比上月缩小3.4个和0.5个百分点;4月份美国工业生产环比下降0.5%,降幅比上月缩小1.2个百分点。

美国零售降幅趋缓。4月份美国零售额环比下降0.4%,降幅比上月缩小0.7个百分点。

表 2　当前美国经济衰退与 1920 年以来历次衰退程度比较

衰　退	持续时间（月）	衰退深度（%）					衰退面（%）
		实际 GDP（GNP）	工业生产指数	非农雇员人数	失业率		
					峰值	升幅	
2008 年衰退	18	-3.3	-15.8	-4.5	9.4	4.5	77
1929 年大萧条	43	-33	-53	-32	25	22	100
1920 年和 1937 年萧条	16	-13	-32	-11	16	10	97
1923 年、1948 年、1953 年、1957 年、1973 年、1981 年深度衰退	13	-3	-13	-4	7	4	90
1927 年、1945 年、1961 年、1970 年、1980 年、1990 年和 2001 年轻度衰退	10	-2	-8	-2	6	3	78

注：衰退以起始年份为标识；持续时间是经济景气周期中“高峰”与“低谷”的时间间隔；衰退面指雇员人数减少的行业所占比重。本次经济衰退始于 2007 年 12 月，所列数据为截至 6 月 6 日美国官方数据所显示的结果。

欧元区制造业订单企稳。继 2 月份环比增长 1.7% 之后，3 月份虽然下降 1.1%，但降幅远低于去年 8 月至今年 1 月的 -2.2% 至 -13.9%。

美国进出口降幅收窄。3 月份美国进、出口额环比分别收缩 1% 和 2.4%，降幅明显收窄。

美日欧三大经济体的 CPI 趋于稳定。4 月份美国、欧元区和日本 CPI 环比分别为零增长、上涨 0.4% 和 0.1%。

二、积极变化的迹象增多

（一）实体经济部分回暖

部分国家工业和建筑业回升。按环比计算，3 月和 4 月份，日本工业生产分别上升 1.6% 和 5.2%，连续两个月回升；美国建筑业支出分别增长 0.3% 和 0.8%，连续两个月回升。3 月份欧元区建筑业生产增长 0.3%。

美国和日本制造业去库存化取得进展，2 月至 4 月，美国制造业库存分别下降1.3%、1.2%和1.0%，日本分别下降4.2%、3.6%和2.7%。

部分国家和地区零售回升。三大经济体汽车销售环比止跌回升：5月份美国汽车销售增长6.5%；4月份欧元区和日本新车登记数分别增长3.5%和3%。4月份欧元区和日本零售环比分别增长0.2%和0.6%。

部分国家设备投资有望止跌回升。4月份美国耐用品订单环比增长1.7%，3月份日本机械订单增长13.2%。

欧元区和日本进出口回升。3月份欧元区进口和出口环比分别增长0.6%和1.4%；4月份日本进口和出口均增长1.9%。欧元区出口和日本进出口均连续两个月回升。

（二）金融市场逐步回稳

货币市场逐步恢复正常。三个月伦敦同业拆借利率（LIBOR）与政策利率、国债（TED）和隔夜指数掉期（OIS）利差持续缩小：5月29日，美元TED利差为52个基点，回落到2007年8月以来的最低水平；美元OIS利差为45个基点，回落到2008年3月以来的最低水平。公司债券利差走低：6月1日，美国投资级公司债与相应期限国债利差为382个基点，3月底以来已收窄217个基点；高收益债券利差为1136个基点，自3月初以来收窄800个基点。发展中国家主权债券利差缩小：6月4日为664个基点，比去年10月27日峰值回落377个基点。

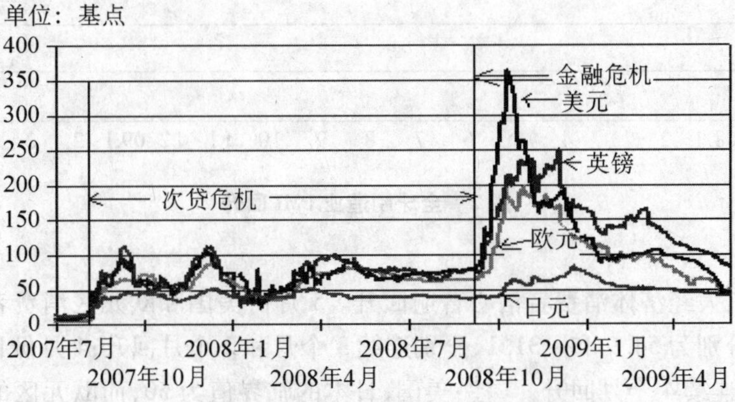

图1 世界主要货币LIBOR－OIS利差缩小

股市有所回升。发达国家股指回升。截至5月底，道琼斯指数、纳斯达克指数、德国DAX指数和日经指数分别比3月上旬的年内低位回升

22.7%、39.9%、34.8%和35%，5月份当月累计分别回升4.1%、3.3%、3.6%和7.9%。发展中国家股指加速回升。截至6月5日，印度和巴西股指分别比年初回升51.7%和28.5%，其中最近一个月就分别上涨了37.3%和12.8%。

美国房地产市场正在触底。4月份，新房和现房价格环比分别回升3.7%和0.2%，其中现房价格已连续3个月回升；新房价格大体回落到2003年底水平，进一步下跌空间很小；现房、新房的销售量分别回升0.3%和2.9%。

（三）预警指标持续回升

采购经理人指数（PMI）回升。5月份全球、美国和欧元区制造业PMI分别为45.3、42.8和40.7，虽然仍低于警戒线，但已经分别连续5个月、5个月和7个月回升。见图2。

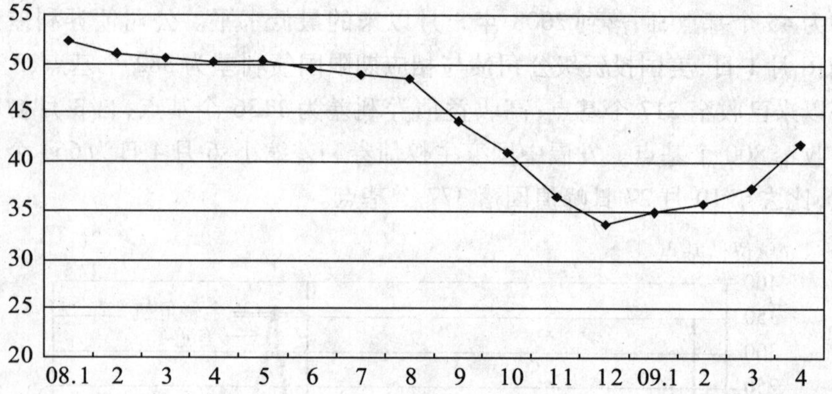

图2　全球制造业PMI回升

三大经济体消费者信心普遍回升。5月份美国和欧元区消费者信心指数分别为54.9和-31.1，分别连续3个月和2个月回升；4月份日本为32.4，连续4个月回升。（注：美国、日本的临界值为50，而欧元区的临界值为0）见图3。

欧元区和日本企业家信心均持续回升。5月份欧元区企业家信心指数为-33.5，连续2个月回升；4月份日本为28.9，连续4个月回升。

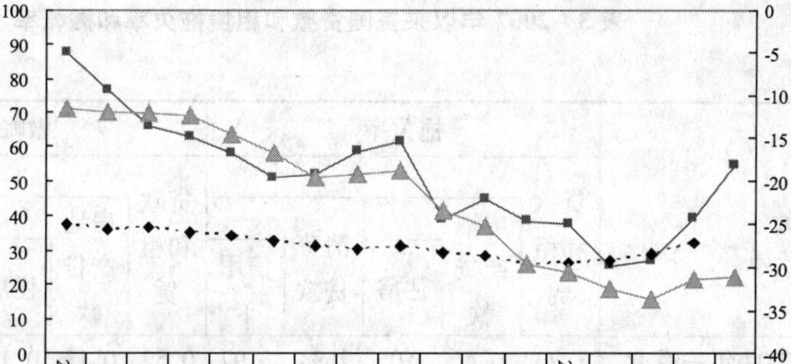

	2008年1月	2月	3月	4月	5月	6月	7月	8月	9月	10月	11月	12月	2009年1月	2月	3月	4月	5月
美国(左轴)	87.3	76.4	65.9	62.8	58.1	51.0	51.9	58.5	61.4	38.8	44.9	38.6	37.4	25.3	26.9	39.2	54.9
日本(左轴)	37.5	36.1	36.7	35.2	33.9	32.6	31.4	30.1	31.4	29.4	28.4	26.2	26.4	26.7	28.9	32.4	
欧元区(右轴)	-11.5	-12.0	-12.1	-12.4	-14.6	-16.7	-19.7	-19.2	-18.8	-23.5	-25.1	-29.7	-30.5	-32.5	-33.7	-31.3	-31.1

图3　三大经济体消费者信心指数有所回升

三、核心问题尚未解决，基本面仍很脆弱

尽管出现了不少积极迹象，但国际金融危机的核心问题尚未解决，全球实体经济的基本面仍很脆弱。

（一）国际金融危机的核心问题尚未解决

不良资产规模巨大，处置效果难以预料。国际货币基金组织4月21日估计美国不良资产规模为3.1万亿美元。4月份德国官方估计其金融系统持有的有毒资产高达8000亿欧元，是其1月份估计数的一倍以上。近期美国拖欠和撇帐（即已基本确认无法收回的贷款）增加，使得不良资产规模持续上升。今年第一季度，美国商业银行贷款和租赁的拖欠率为5.6%，比上季度上升0.96个百分点；撇帐率为2.04%，上升0.14个百分点。由于存在定价机制等不确定因素，不良资产的处置效果至今难以预料。见表3。

信贷仍在紧缩。由于金融机构需要冲减巨额不良资产，企业营利前景不明，消费者预防性储蓄上升等因素导致银行继续惜贷，企业和消费者继续惜借。信贷标准仍然较高，信贷余额仍在下降。5月27日，美国商业银行信贷余额为7.11万亿美元，比去年底减少0.5%。

表 3　2007 年以来美国贷款和租赁拖欠率和撇帐率

单位:%

	拖欠率					撇帐率				
	贷款和租赁	房地产贷款	住房	消费贷款	信用卡	贷款和租赁	房地产贷款	住房	消费贷款	信用卡
2007 年一季度	1.73	1.77	2.05	2.94	3.97	0.52	0.13	0.15	2.34	3.86
2007 年二季度	1.88	2.01	2.31	3.01	4.01	0.55	0.20	0.20	2.37	3.83
2007 年三季度	2.15	2.41	2.78	3.19	4.41	0.62	0.22	0.26	2.57	4.14
2007 年四季度	2.45	2.88	3.02	3.38	4.61	0.73	0.36	0.44	2.66	4.18
2008 年一季度	2.86	3.55	3.73	3.51	4.76	1.00	0.69	0.85	2.94	4.59
2008 年二季度	3.36	4.23	4.42	3.58	4.89	1.29	1.09	1.19	3.35	5.46
2008 年三季度	3.74	4.91	5.25	3.71	4.80	1.51	1.29	1.49	3.63	5.70
2008 年四季度	4.64	5.87	6.34	4.22	5.66	1.90	1.74	1.58	4.11	6.33
2009 年一季度	5.60	7.13	7.91	4.70	6.50	2.04	1.57	1.80	4.75	7.49

注:经季节调整后的数据。

资料来源:美联储。

过剩流动性正在逐步积累。金融危机导致货币乘数降低,各国央行通过降息和量化宽松货币政策投入的基础货币未能有效扩大货币供应,这些被掩藏的过剩流动性正在逐步积累,并将成为长期通胀的巨大隐患。去年第三季度到今年第一季度美国货币供应量 M1 与名义 GDP 环比折年率增速之差分别为 8 个、43.1 个和 12.5 个百分点,欧元区分别为 0.2 个、16.3 个和 21.3 个百分点,均呈扩大之势。反映通胀预期的美国 10 年期国债名义收益与保值国债(TIPs)收益利差已从去年底的接近零持续上升到 6 月初的 200 个基点。

(二)全球实体经济的基本面仍很脆弱

一是就业形势持续恶化。预计今年三大经济体失业率仍将维持升势,其中美国和欧元区可能在今后数月升至 10% 以上。

二是负财富效应仍持续发挥作用。尽管近期股市有所回升和房地产市场企稳,但前期股市缩水较多,目前房价则大体跌落到四至五年前的水平。截至目前,与三年前相比,美国房地产市值已蒸发约 6 万亿美元。两市的负财富效应制约着消费和投资的增长。

三是设备利用率低下影响企业设备投资增长。4 月份美国工业生产能力利用率为 69.1%,为 1967 年有记录以来的最低水平。

四是房地产市场低迷导致居民住宅投资下降。4 月份美国现房和新房存量分别可供 10.2 个和 10.1 个月销售,远高于正常年份的 6 个月。据美国抵押银行家协会 5 月份预测,今年第二季度和第三季度,美国居民住房投资环比折年率将分别大幅下降 27.7% 和 18.1%。

五是近期以石油为代表的国际市场初级产品价格再度大幅上升,加重了消费者和企业负担。在前两个月上涨的基础上,5 月份能源类产品环比大幅上涨 13.3%,非能源类产品上涨 4.5%,其中食用油和油脂上涨 13.2%。5 月份当月石油价格累计上涨 30%,与年内低点相比上涨超过 100%,单月涨幅创 10 年之最。

表 4 2008 年 9 月以来国际市场初级产品价格环比上涨率

单位:%

	2008 年				2009 年				
	9 月	10 月	11 月	12 月	1 月	2 月	3 月	4 月	5 月
能源	-11.6	-24.8	-22.2	-20.3	3.0	-6.6	6.9	4.6	13.3
非能源	-5.1	-17.9	-9.5	-7.7	5.2	-1.2	0.6	5.0	4.5
农产品	-5.0	-17.1	-6.2	-4.5	8.2	-0.7	-1.3	4.9	6.3
饮料	-3.8	-14.9	-6.6	5.9	8.5	0.6	-3.8	4.5	2.0
食品	-6.6	-17.6	-6.8	-4.2	8.9	-0.7	-0.4	5.1	8.0
食用油和油脂	-8.9	-23.2	-8.1	-4.6	13.4	-1.1	-2.8	12.7	13.2
谷物	-3.6	-17.5	-8.7	-3.6	8.9	-2.8	0.8	-1.5	4.1
其他食品	-6.4	-7.5	-2.3	-4.5	2.3	2.6	1.7	1.8	3.9
原材料	-0.7	-16.7	-4.4	-10.9	5.8	-1.4	-2.1	4.8	4.1
木材	1.7	-0.8	1.8	-1.5	-2.2	-1.6	-1.9	-0.5	4.4
其他原材料	-2.1	-26.4	-9.5	-19.7	14.9	-1.1	-2.3	9.7	3.9
肥料	-3.1	-18.6	-16.2	-17.3	-3.0	-9.6	-2.1	-12.2	-4.5
金属和矿产	-5.8	-18.9	-12.7	-10.2	2.1	-0.4	4.5	8.4	2.9

资料来源:世界银行数据库。

值得注意的是这次价格的上升缺乏真实需求的支撑,是因流动性增加引致的通胀预期下形成的。我国是世界主要资源进口国和制成品出口国,国际初级产品价格上升,一方面会抑制国际需求,进而延缓世界经济复苏。另一方面拉高我国同类产品的价格,影响我国产品的需求,进而压缩了我国工业的利润空间,加重了消费者的能源支出负担。

(执笔:释经组;成文于 2009 年 6 月 9 日)

经济衰退逼近谷底
复苏之路曲折漫长

——6月份及上半年世界经济形势分析

今年上半年,世界经济处于深度衰退之中,在力度空前的经济刺激措施作用下,经济衰退逼近谷底,积极变化迹象逐渐增多,但衰退尚未结束;金融危机的表层问题明显缓解,但深层问题尚未解决。预期世界经济将在波动中缓慢复苏,外部经济环境依然严峻,必须妥善应对。

一、世界经济衰退正逼近谷底

今年上半年,世界经济处于深度衰退之中,经济衰退逼近谷底,趋于稳定。据国际货币基金组织(IMF)最新统计和估计,发达国家今年第一季度GDP环比折年率下降7.8%,降幅与去年第四季度的8%大体持续持平,今年第二季度预计下降1%,降幅明显缩小;发展中国家今年第一季度GDP环比折年率下降4.2%,降幅大于去年第四季度的3.9%;预计今年第二季度GDP止跌回升,增长5.1%。IMF预测结果表明,发达国家第三季度和第四季度GDP将由下降转为微弱增长,环比折年率分别为0%和0.3%;发展中国家分别增长6.4%和5.1%。

(一)主要经济体GDP降幅收窄

第一季度美国环比折年率下降5.5%,降幅比上季度缩小0.8个百分点;估计第二季度下降2%,降幅继续缩小。今年第一季度欧元区和日本环比分别下降2.5%和3.8%,降幅分别扩大0.7和0.2个百分点;估计第二季度分别为下降0.5%和增长0.5%。韩国、中国香港、中国台湾和马来西亚第一季度同比分别下降4.3%、7.8%、10.2%和6.2%,估计第二季度降幅分别缩小到3.4%、6%、7.4%和4.9%。此外,第一季度印度和印尼同比分别增长5.8%和4.4%,估计第二季度增幅分别放缓至

5.2%和3.4%。

(二)全球 CPI 趋于稳定

美欧日三大经济体的 CPI 环比趋于稳定。美国 CPI 环比涨幅在波动中从 1 月的 0.3% 回落到 5 月份的 0.1%;欧元区从 1 月份的下降 0.8% 转为 5 月份的上涨 0.1%;日本降幅从 0.6% 缩小到 0.2%。

发展中国家通胀明显缓解。俄罗斯、印度、印尼、南非、巴西墨西哥和韩国 CPI 同比涨幅分别从 1 月份的 13.4%、10.4%、9.2%、8.1%、5.8%、6.3%和3.4%回落到 6 月份的 11.9%、8.6%(5 月份)、3.7%、8%(5 月份)、4.8%、5.7%和2%。

(三)全球失业率升势趋缓

6 月份,美国失业率为 9.5%,为 1983 年 8 月以来的新高,升幅从 1 月份的 0.4 个百分点缩小到 0.1 个百分点。5 月份,欧元区失业率为 9.5%,为 1999 年 5 月以来的最高水平,升幅从 1 月份的 0.4 个百分点下降至 0.2 个百分点;日本失业率为 5.2%,为 2003 年 9 月以来的最高点,升幅从 2、3 月份的 0.3 个百分点缩小到 4、5 月份的 0.2 个百分点。俄罗斯失业率从 1 月份的 8.7% 回落到 5 月份的 8.5%;巴西、韩国、墨西哥分别从 8.2%、3.3%和5%上升到 8.8%、3.9%和5.3%,升幅逐渐缩小。

(四)世界贸易下降速度放慢

美国和欧元区进出口降幅收窄。美国 1 月份进、出口额环比分别大幅下降 7.6%和6%,此后降幅收窄,4 月份分别下降 1.4%和2.3%。欧元区 1 月份进、出口额环比分别大幅下降 7.9%和12.1%,4 月份分别降幅收窄为2.7%和1.3%。日本进出口呈“大幅下降 - 小幅回升 - 小幅下降”之势,1 月份进、出口额环比分别大幅下降 5.3%和10.7%,5 月份分别下降 3.6%和0.3%。韩国、印度、印尼和中国台湾出口同比降幅分别从 1 月份的 34.2%、29.3%(3 月份)、35.5%和44.1%缩小到 6 月份的 11.4%、5 月份的 20.8%、28.3%和31.5%。

二、金融危机的表层问题明显缓解,但深层问题尚未解决

(一)表层问题明显缓解

货币市场逐步恢复正常。三个月伦敦同业拆借利率(LIBOR)与政策利率、国债(TED)和隔夜指数掉期(OIS)利差持续缩小:7 月 5 日,美元

TED 利差为 41 个基点，比去年 10 月份的峰值大幅回落了 423 个基点，回落到 2007 年 8 月以来的最低水平；7 月 9 日，美元 OIS 利差为 31 个基点，回落到 2007 年 12 月以来的最低水平。公司债券利差走低：7 月 6 日，美国公司投资级债券利差为 331 个基点，高收益债券利差为 1061 个基点，维持了今年以来走低之势，与前期峰值相比，降幅均超过一半。发展中国家主权债券利差缩小，7 月 2 日为 645 个基点，比去年 12 月份的峰值 1319 个基点下降一半以上。

全球股市回升。发达国家股指先降后升，上半年纳斯达克、日经指数分别上涨 13% 和 10%；英国和德国分别下跌 4% 和 2%。发展中国家股指普遍大幅回升，俄罗斯和印度上半年股市分别上涨 49% 和 48%，巴西上涨 24%。

美国房地产市场正在触底。新房价格环比 2－5 月连续回升，现房价格 4－5 月连续回升。2－5 月现房和新房销量环比分别呈企稳和回升之势。新房开工量走稳，2－5 月已签约而未完成交易的未决销售环比连续回升。

（二）深层问题尚未解决

不良资产规模巨大，处置效果难料。违约率和撇帐率仍在上升，4 月份美国信用卡撇帐率为 9.97%，预计明年上半年可能达到 12%；银行 CDS 利差虽有回落，但仍维持在高位；不良资产处置方案面临诸多困难，效果难料。信贷紧缩仍在持续，信贷条件偏紧，借、贷意愿低下，贷款余额仍在下降。6 月 24 日，美国商业银行贷款及租赁余额为 70032 亿美元，比去年 10 月份的近期高点下降 3.9%。发达国家房地产整体形势不容乐观，多数国家房价仍在下跌，且进一步下跌的空间依然存在。美国住房抵押贷款违约率和止赎率仍在上升；止赎品充斥市场，美国现房和新房存量分别相当于 9.6 个和 10.2 个月的销量，远高于正常年份的 6 个月。一些新生金融风险不断积累：部分发达国家财政赤字货币化和公共债务上升，甚至导致主权信用等级下调；东欧债务危机风险尽管近期有所缓解，但风险依然较大。

三、世界经济将在波动中缓慢复苏

（一）预警指标显示世界经济将在年底前开始复苏

先行指标预示经济将开始复苏。5 月份，美国先行指标为 100.2

(2004 年为 100),月环比和 3 个月变化率均连续两个月上升,说明美国经济在年内复苏的可能性很大;欧元区和日本先行指标分别为 96.5(长期趋势为 100)和 77(2005 年为 100),分别连续 4 个月和 3 个月环比回升。

采购经理人指数(PMI)呈现上升势头。6 月份,全球、美国和欧元区制造业 PMI 分别为 46.9、44.8 和 42.6,虽然还低于景气临界值 50,但已分别连续 6 个月、6 个月和 4 个月回升;全球服务业产业活动指数去年 12 月以来在波动中上升,6 月份升至 47.4。

企业家和消费者信心指数有所回升。经过 4 月份和 5 月份环比上升之后,6 月份美国消费者信心指数(2004 年为 100)出现回调,降至 49.3;6 月份欧元区消费者信心指数(临界值为 0)为 -25.1,连续 3 个月回升;5 月份日本消费者信心指数(临界值为 50)为 35.7,连续 5 个月回升。6 月份欧元区企业家信心指数(临界值为 0)为 -31.9,连续 3 个月回升;5 月份日本企业家信心指数为 35.8,连续 4 个月回升。

(二)经济基本面脆弱决定了即将出现的复苏缓慢乏力

私人消费支出增长乏力。失业率持续上升和负财富效应使得私人消费支出增长乏力。今年第一季度,美国家庭财富缩水 1.33 万亿美元。美国 5 月份个人储蓄率升至 6.7%,达到近 15 年来新高;美国新实施的信用卡法案使得本来严格的消费信贷条件更加趋紧。

企业投资持续下降。客观方面,设备利用率低下和信贷条件趋紧制约着投资增长:5 月份美国工业生产能力利用率为 68.3%,为有记录以来的新低。主观方面,利润率低下和赢利前景不明导致投资意愿低下。

外需疲弱。国际贸易量持续下降,外需近期很难对经济增长形成支撑。

外国直接投资(FDI)迅速下降。据联合国贸发会议(UNCTAD)统计,今年第一季度,全球 FDI 为 1360 亿美元,同比下降 54%;而作为 FDI 主体的跨国并购一季度大幅下降 77%。

石油等初级产品价格上升。6 月份 OPEC 一揽子原油价格 68.63 美元/桶,环比上涨 20.4%,比去年 12 月最低值上涨 77.8%。但最近,石油价格有所回落。金属和矿产价格 3-6 月连续 4 个月上涨;农产品价格 4-6月连续 3 个月上涨,6 月份上涨幅度有所放缓。

（三）近期主要国际组织和预测机构对于经济前景的判断趋向谨慎乐观

6 月份以来，世界银行、经合组织（OECD）、国际货币基金组织和英国共识公司陆续更新了对于今明两年世界经济的预测结果。与其今年早些时候的预测相比，除 OECD 上调了今年世界经济增长率预测值外，其余三家机构的预测值均有所下调。但是，关于明年世界经济增长率的预测结果，除世界银行所下调外，其他四家机构均有所上调，表明各方面对于世界经济中期前景的判断总体上趋向谨慎乐观。

主要国际组织和预测公司最近两次对于世界经济增长率的预测

单位：%

机 构	最新预测日期	上次预测日期	2007 年	2008 年	2009 年		2010 年	
					预测值	与上次预测值的差别（百分点）	预测值	与上次预测值的差别（百分点）
国际货币基金组织	7 月	4 月	5.1	3.1	−1.4	−0.1	2.5	0.6
世界银行	6 月	3 月	3.8	1.9	−2.9	−1.2	2.0	−0.3
OECD	6 月	3 月	4.5	2.4	−2.2	0.5	2.3	1.1
英国共识公司	6 月	5 月	3.9	2.0	−2.6	−0.3	2.0	0.1

注：国际货币基金组织世界经济增长率按购买力平价法汇总，其他国际组织和预测公司按汇率法汇总。

预测判断的上、下行风险趋于平衡。国际组织在进行中期预测时，通常会给出围绕基准预测值的上、下置信区间，分别表示经济上行和下行的风险。与金融危机以来的前几次预测时下行风险明显超过上行风险不同，最新预测判断的上、下行风险趋于平衡，表明其对于经济前景的预测更有把握，也表明经济下行的风险已有所缩小。

四、外部经济环境对我国的影响

尽管世界经济正在逼近谷底，年内有望开始复苏，但即将出现的复苏势将缓慢乏力，且复苏之路将曲折漫长，其中还有很多不确定因素，也不能排除再度下行的可能。就国际贸易和投资这两个我国外部经济环境的最主要方面而言，全球贸易和资本流动的恢复还将滞后于经济复苏，因此，中期内我国外部经济环境即便有所改善，改善程度也十分有限，近期外部经济环境依然严峻，必须妥善应对。

（一）外部需求继续减少，贸易保护措施增加

主要国际组织对于今年世界贸易量增长率的最新预测值为下降9.7%至16%，平均降幅为12%。近期各种打着刺激本国经济和环境保护旗号的贸易保护主义抬头，影响我国出口增长。今年1至4月，共有13个国家和地区对中国发起38起“两反两保”调查，案件数同比上升26.7%。2008年11月G20峰会以来，截至今年5月，共有5个G20成员国采取了6种新的钢铁贸易保护措施。

（二）FDI流入持续减少，投资保护措施增多

联合国贸发会议预测今年发达国家FDI将下降60%，发展中国家下降25%，经济转轨国家下降40%。此外，近期各国关于运用行政审批措施限制FDI流入和以技术壁垒限制本国企业对外投资进行投资保护的措施均有所增加。

（三）初级产品价格上升导致我国贸易条件恶化

今年3月份以来的国际初级产品价格上升缺乏真实需求的支撑，是因流动性增加引致的通胀预期下形成的，预期近期级产品价格还将在波动中小幅上升。国际初级产品价格上升会拉高我国同类产品的价格，影响我国产品的需求，进而压缩我国工业的利润空间，加重消费者的能源支出负担。

（四）发达国家通缩未除，全球通胀预期压力已经上升

5月份美国CPI和PPI同比分别下降1%和4.7%，降幅分别为1950年4月和1949年10月以来之最；6月份欧元区CPI同比下降0.1%，且年内将继续下降；5月份日本CPI和PPI同比分别下降1.1%和5.4%，降幅分别为2002年5月和1987年4月以来之最。在陆续启动量化宽松货币政策和央行扩大购买金融资产之后，主要发达经济体央行资产负债表迅速扩大，加上财政赤字扩大和公共债务上升，以及财政赤字货币化等因素的作用，潜在通胀压力有所加大，反映通胀预期的5年期美国国债收益率与同期限保值国债（TIPs）利差扩大。7月6日，美国5年期通胀预期为

2.1%,比近期高点回落23个基点,但30天移动平均今年以来一直维持升势。通缩压力和通胀预期这一看似矛盾的现象背后都有各自的原因,它关系到各国现行宏观刺激措施的可持续性、进一步刺激措施的必要性与力度以及将来退出机制的安排等,需要综合考虑各方面因素加以平衡。就目前形势而言,两方面的压力都不大,且经济远未稳定回升,因此,现行刺激措施还要坚持和优化。但是,这两方面的变化需要密切关注。

(五)美元贬值和美国通胀预期对我国外汇储备安全造成威胁

我国外汇储备高达近2万亿美元,同时又是美国国债第一大持有国,而美元近期存在贬值趋势,通胀预期也维持升势。

(六)国际游资可能对我国股市、房市造成冲击

今年上半年,我国上证综指上涨幅度达到62.5%,位居世界前列。同时,近期楼市再度上涨,全球很多游资盯住我国的股市和楼市。

因此,我们要做好较长时期内面对外部经济环境形势严峻的准备,坚持“保增长”和“扩内需”政策,更加关注中长期内如何“调结构”和“保民生”;要妥善应对各种形式的贸易保护主义和投资保护措施;要高度警惕国际游资对我国股市和楼市可能造成的冲击;要扩大对外投资,特别是能源和资源投资,千方百计确保长期资源安全;要采取有效措施,确保外汇储备安全和保值;未雨绸缪,密切关注全球通胀预期上升和国际初级产品价格上升;加强国际合作,有效化解外来经济风险。

(执笔:释经组;成文于2009年6月9日)

经济衰退隐约见底
局部复苏初现端倪

——7月份世界经济形势分析

根据最新国际统计数据分析，世界经济衰退隐约见底，局部复苏初现端倪，经济运行状况冷热不均。经济复苏的基础还不牢固，还存在很多不确定、不稳定因素，而贸易保护正在不断增强。我国外部经济环境仍然十分严峻，需要妥善应对。

一、经济衰退隐约见底，局部复苏初现端倪

（一）工业生产开始复苏

全球工业生产环比4－5月连续两个月回升，其中5月份增长1.2%，加快1个百分点。6月份，美国工业生产环比下降0.4%，降幅缩小0.8个百分点；在5月份增长0.6%之后，欧元区工业生产再度下降，降幅为0.6%，明显低于3、4月份平均1.4%的降幅；日本工业增长2.4%，连续4个月增长。

今年第二季度，美国GDP环比折年率下降1%，降幅比上季度缩小5.4个百分点；欧元区GDP环比下降0.1%，降幅缩小2.4个百分点；英国下降0.8%，降幅缩小1.6个百分点。

（二）美国房地产市场已触底

6月份，美国现房价格环比上升4.1%，连续2个月回升；新房和现房销售分别增长11%和3.6%，连续5个和3个月回升；新房存量房可供销售月数为8.8个月，连续3个月下降；未决销售指数为94.6点，连续5个月回升；新房实际开工量和许可开工量环比分别增长3.6%和8.7%，均连续2个月回升。

(三)金融市场继续好转

主要利差持续缩小。7 月 30 日,三个月伦敦同业拆借利率与美国国债利差(TED)为 30 个基点,为美国次贷危机以来最低水平;美元和欧元 OIS(隔夜指数掉期)利差分别为 28 个和 45 个基点,均回落到金融危机前的水平。

3 月份以来全球股指总体上呈波动上涨之势。与 2 月份相比,截至 7 月 21 日,全球股指上涨 35.6%。

(四)预警指标显示经济前景改善

全球制造业 PMI 回升到景气区间。7 月全球制造业 PMI 为 50.0,为金融危机以来首次回升到景气区间;全球订单存货比处于历史高位,预示着下半年库存回补将推动全球工业生产复苏。发达国家工业订单环比回升。6 月份,美国工厂订单增长 0.4%,连续 3 个月回升;日本机械订单增长 2.3%,连续 2 个月回升;德国工业订单回升 4.5%,连续 4 个月回升。先行指标显示经济前景改善。据 OECD 统计,6 月份 OECD 合成先行指数为 95.7 点(长期趋势为 100),环比上升 1.2 点,连续 4 个月回升。

二、经济复苏不牢固、不稳定、不确定

(一)消费增长乏力

收入下降、失业率趋高、消费者增加储蓄以及负财富效应等因素导致消费增长乏力。6 月份,美国个人收入环比下降 1.3%。7 月份,美国失业率达到 9.4%;6 月份,欧元区和日本失业率分别为 9.4% 和 5.4%,分别比上月上升 0.1 个和 0.2 个百分点。

(二)投资近期难以恢复增长

6 月份,美国工业生产能力利用率为 68%,比上月下降 0.2 个百分点,连续 8 个月下降,为 1967 年有记录以来的最低水平;一季度欧元区制造业生产能力利用率为 72.6%,比上季度下降 5.5 个百分点。

第二季度,美国住宅投资环比折年率下降 29.3%,降幅比上季度缩小 8.9 个百分点。美国抵押贷款银行家协会 7 月预测,今年第三季度和第四季度美国住宅投资还将继续下降。

(三)初级产品价格维持升势

7 月份,国际市场大宗商品价格比上月有所下降,但与年初相比,能

源和非能源分别上涨了29.1%和5.8%。8月6日，纽约期货市场轻质原油期货价格达到71.94美元/桶，比年初上涨了55.2%，比本轮经济衰退的最低点上涨了112.4%。

（四）金融风险依然较大

坏帐规模庞大，破产银行数增加。美国穆迪投资服务公司最新调查显示，6月份美国信用卡撤帐率达到10.76%，比上月上升0.14个百分点，比一季度平均水平上升3.13个百分点。据国际货币基金组织最新估计，目前美国消费信贷中的14%、欧元区消费信贷的7%将分别成为坏帐，坏帐总额将会将分别增加2660亿和1729亿美元。截至7月17日，今年美国倒闭银行增至57家，比去年全年还多出32家。

东欧国家债务规模庞大。据世界银行统计，一季度爱沙尼亚、拉脱维亚、白俄罗斯、斯洛伐克、捷克和斯洛文尼亚外债总额分别达到244.2亿、379.9亿、163.2亿、532.6亿、734.4亿和499.0亿美元，其中短期外债占比分别达到36.1%、27.6%、46.1%、45.3%、31.1%和25.5%，均高于国际公认的25%的安全线。

（五）国际资本流动减少

据世界银行统计，今年上半年，全球国际资本流动同比下降60%，其中，亚太下降40%，拉美下降44%；全球银行对外贷款下降76%。联合国贸发会议7月调查显示，在接受调查的241家大型跨国公司中，认为全球经济衰退和金融危机对其投资计划造成负面影响的占85%，计划在今年减少对外直接投资的约占58%，其中近三分之一的公司计划将大幅减少对外投资。

三、全球经济运行状况冷热不均

（一）工业生产有起色，最终需求仍低迷

全球工业生产4－5月环比连续两个月回升。而消费、投资和外需仍然低迷。零售额增长波动不稳，尚未出现明显好转迹象；投资需求仍在下降；国际贸易依然低迷。

（二）部分地区已回暖，部分地区仍然冷

中国和印度GDP增速较快，美国复苏在望，而日本和欧元区经济依然十分困难，东欧依然寒冷。拉脱维亚第二季度GDP同比下降22.4%。

预计乌克兰经济今年可能下降15%,立陶宛可能下降18%。

(三)既有通缩忧虑,也有通胀风险

产能过剩和失业上升导致对通缩的忧虑。近期美国、日本和德国制造业生产能力利用率均比正常年份低10个百分点左右,部分发展中国家差距更大。发达国家CPI同比持续下跌。同时,由注资、降息形成的流动性不断积累,加上财政赤字剧增,导致对通胀的忧虑。

(四)实体经济尚在谷底,部分资产已有泡沫

第二季度全球资本市场的上涨速度过快,既有前期超跌反弹的因素,也不乏泡沫成份。自3月9日达到年内低点以来,截至7月底,美国道指反弹幅度已经超过了30%,纳斯达克指数反弹幅度更是超过了40%。最近两个月左右,印度、巴西、俄罗斯股市上涨了50%以上,泡沫成份相对较多。

四、我国外部经济环境依然严峻

(一)贸易保护主义对我国外贸形势雪上加霜

今年上半年美国新实施反倾销和反补贴案例7起,均涉及我国。截至7月1日,美国生效的反倾销和反补贴案例所针对的产品有121种,其中针对我国的有77种,占63.6%。上半年,欧盟发起两起反倾销调查,均涉及我国;实施临时性关税措施四起,其中三起涉及我国;截至7月3日,生效的131项最终裁决反倾销措施中,我国占三分之一。

(二)初级产品价格上升导致我国贸易条件恶化

尽管近期国际市场初级产品价格7月份有所下降,但其回升之势不改,预期随着经济开始复苏还会在波动中继续上涨。我国是世界主要制成品出口国和能源、原材料进口大国,初级产品价格上涨将使我国贸易条件恶化。

(三)美元贬值和美国通胀预期对我国外汇储备安全造成威胁

我国外汇储备高达2.1万多亿美元,同时又是美国国债第一大持有国。据美国财政部统计,5月份我国持有美国国债8015亿美元,比上月增持380亿美元。但随着国际金融形势的逐步缓和,美元的避险功能明显弱化。与2月17日的年内高点相比,8月5日美元对欧元贬值12.6%。

（四）国际游资可能对我国股市、房市造成冲击

截至7月底，上证综合指数今年来已上涨87.4%，远高于道指5.8%、德国DAX 10.8%和日经16.9%的涨幅；近期我国股指波动性远高于发达国家。目前，很多国际游资盯住我国的股市和房市。

面对这些挑战，要高举反对贸易保护主义的旗帜，采取坚决有效的措施，创造良好的国际经济环境；高度关注国家能源和资源安全；高度警惕国际游资对我国股市和房市的冲击，加强对国际资本流入流出的监测；高度关注国家外汇储备安全，要有战略规划，也要有短期安排。

（执笔：释经组；成文于2009年7月14日）

世界经济见底企稳
刺激政策应当坚持

——8月份世界经济形势分析

在力度空前的经济政策措施刺激下,国际金融风险持续缓解,世界经济见底企稳,复苏迹象逐步增多,部分国家和地区已开始恢复增长。世界经济局部复苏主要由政策推动,内在动力不足,前景的不确定性很大,复苏势头的延续仍取决于能否保持经济刺激措施的力度,否则,世界经济有可能二次探底,后果将会十分严重。总体上看,我国面临的外部经济环境虽有好转,但仍然严峻。

一、世界经济见底企稳,部分国家和地区开始恢复增长

(一)主要国家和地区经济见底企稳

据 OECD 统计,第一季度发达国家 GDP 环比下降 2.1%,第二季度降幅收窄至 0.002%。美国第二季度环比折年率下降 1%,降幅比第一季度缩小 5.4 个百分点;欧元区环比下降 0.1%,降幅缩小 2.4 个百分点。

一些经济体已开始恢复增长。日本、德国、法国 GDP 第二季度实现去年第一季度以来首次环比增长,分别增长 0.9%、0.3% 和 0.3%。亚洲部分国家和地区第二季度 GDP 环比也由降转升,马来西亚增长 4.7%,新加坡增长 4.8%,韩国增长 2.3%,中国香港增长 3.3%。

全球工业生产开始增长。美国 7 月份工业生产环比增长 0.5%,为今年以来的首次增长;日本 7 月份工业生产环比增长 1.9%,为连续第 5 个月增长。

三大经济体个人消费开始增长。7 月份,美国个人消费支出环比增长 0.2%,上月为持平;日本工人家庭个人消费支出环比增长 2.8%,上月为下降 2.3%;欧元区第二季度个人消费支出环比增长 0.2%,为国际金

融危机以来首次增长。

(二)世界经济复苏迹象逐步增多

全球采购经理人指数(PMI)国际金融危机以来首度回升到景气区间。8月份,全球全部行业整体PMI为52.1,比上月提高3.9点,为2007年12月以来新高;制造业PMI为53.1,比上月提高3.1点,创26个月以来新高;服务业产业活动指数为50.5,上升4点,为15个月以来新高。

工业订单稳定增长。8月份全球制造业订单指数为58.2,连续两个月高于50的临界值。7月份,美国工厂订单环比增长1.3%,连续4个月环比增长;6月份,欧元区制造业生产订单环比增长3.1%,为2007年11月以来单月最大涨幅。

库存调整接近尾声。库存投资近期有望成为推动经济增长的因素。7月份美国制造业库存销售比为1.4,为9个月来新低。

汽车销售增长。8月份美国汽车销售量环比大幅增长24.6%,已连续两个月增长;日本7月份新车登记数环比增长2.3%,为国际金融危机以来首次增长;欧元区6月份乘用车登记数环比增长2.3%,连续5个月增长。

企业投资有望企稳回升。一是预示投资趋势的投资品订单回升:美国7月份耐用品订单环比大幅上升5.1%,涨幅为4年来最高;6月份日本机械订单环比增长2.3%,连续2个月增长。二是公司利润增长,部分提高了投资意愿:第二季度美国公司利润环比增加676亿美元,比第一季度多增85亿美元;第二季度日本非金融行业税前利润一年以来首次环比增长。

消费者和企业家信心指数回升。8月份美国消费者信心指数为54.1,比上月上升7.4点。日本消费者信心指数连续7个月回升,7月份为39.4;企业家信心指数连续6个月上升,7月份达39.2。

先行指标持续上升。美国7月份为101.6,连续4个月回升;欧元区6月份为98.7,连续5个月回升;日本6月份为79.8,连续4个月回升。

发达国家第三季度整体经济将可能出现增长。据OECD9月3日预测,美国、日本、欧元区第三季度GDP环比折年率将分别增长1.6%、1.1%和0.3%,其中美国为去年第二季度以来首次增长,欧元区为去年第一季度以来首次环比增长,日本为连续2个季度增长;七国集团总体增长1.2%,而上季度下降0.1%。

二、国际金融风险持续缓解

(一)货币市场利差持续回落

货币市场利差回落到国际金融危机以前水平。9月3日,美元三个月伦敦同业拆借利率(Libor)与美国国债利差为31个基点,回落到次贷危机以前的水平;8月底Libor与隔夜指数掉期(OIS)利差为17个基点,为国际金融危机以来最低水平;公司利差持续缩小,但仍高于国际金融危机以前的水平。

(二)资本市场在波动中有所回升

8月份全球股市上涨3%,升幅低于上月的8%。其中,美国道琼斯指数上涨1%,日经指数上涨1.8%。

(三)美国房地产市场已经见底

住房价格在波动中上升,销售大幅上升,待售住房明显减少。7月份新房和现房可供销售月数分别7.5个和9.4个月,是今年以来的最低值。未决销售指数持续上升,7月为97.6,环比上升3.2%。

三、国际金融危机的深层问题尚未解决,经济增长的内在动力仍然不足

(一)国际金融危机的深层问题尚未解决

拖欠率和撇帐率持续上升,不良资产仍在积累。据美联储调查,今年第二季度美国全部贷款的拖欠率为6.49%,比上季度上升0.91个百分点,其中,房地产贷款为8.27%,上升1.17个百分点;全部贷款的撇账率为2.65%,上升0.62个百分点,其中,消费贷款为5.66%,上升0.87个百分点。破产银行仍在增加。截至9月1日,今年美国有84家银行破产,其中很多与不动产及商业贷款坏帐有关。第二季度问题银行达416家,比上季度增长37%。

美国和欧元区信贷标准继续收紧。美联储调查结果显示,7月份银行对大企业放贷标准净收紧比例(即收紧减去放松的比例)为32%,中小企业为34%。欧洲央行调查结果表明,第三季度对大企业净收紧的比例为25%,中小企业为21%。

三大经济体商业信贷余额仍在减少。美国商业信贷余额 8 月 17 日为6.9 万亿美元，比 1 月平均值减少 4.2%，比去年 7 月平均值减少 1.1%；日本 7 月末为 429 万亿日元，比 1 月末减少 1.1%，比去年 7 月末减少 2.5%；欧元区 7 月末为 10.8 万亿欧元，比 1 月末减少 1.0%。

(二)经济增长的内在动力仍然不足

个人收入略有降低。7 月份美国个人可支配收入环比下降 0.02%，同比下降 2.4%；日本工人家庭人均现金收入同比下降 4.8%。

生产能力利用率低下。7 月份，美国工业生产能力利用率为 68.5%，仅比上月的历史最低位回升 0.4 个百分点；欧元区生产能力利用率为 69.5%，比去年第三季度降低 12.7 个百分点，为有纪录以来的最低点。

失业率持续上升。8 月份美国失业率为 9.7%，为 1983 年 7 月份以来最高；7 月份欧元区为 9.5%，为 1995 年 5 月份以来最高；7 月份日本为 5.7%，为战后最高。

(三)发达国家价格总水平继续下降

价格指数同比降幅扩大，环比由升转降。据 OECD 统计，7 月份 OECD 整体 CPI 同比下降 0.6%，降幅比 6 月份扩大 0.5 个百分点；环比下降 0.2%，而上月为上涨 0.4%。7 月份，美国、欧元区和日本 PPI 同比分别下降 6.4%、8.5% 和 8.5%；美国和欧元区环比分别下降 0.9% 和 0.8%，而上月分别上涨 1.8% 和 0.4%。

(四)初级产品价格明显回升

尽管初级产品需求仍低迷，但价格再度上升。今年 7 月份，国际市场能源和非能源初级产品价格环比一度分别下降 6.4% 和 1.6%，但 8 月份分别上涨 9.9% 和 6.6%，今年的累计涨幅已经分别达 46.2% 和 17.2%。

四、应当保持经济刺激措施的力度，直到真正复苏

当前，世界经济已经见底企稳，但仍面临着诸多风险，国际金融危机的深层问题尚未解决，经济增长的内在动力不足。如果过早实施退出机制，很有可能引发世界经济的二次探底，后果将十分严重。因此建议：

一是呼吁各国政府进一步明确保持经济刺激措施的力度，直到经济

真正复苏。对于已经或即将到期的经济刺激措施,需明确后续政策。

二是旗帜鲜明地反对贸易保护主义,特别警惕披着经济刺激或环保外衣的贸易保护主义。

三是积极推动国际组织改革,加强金融监管。

四是进一步加强国际合作,推进全球贸易自由化进程。

(执笔:释经组;成文于2009年9月14日)

世界经济趋于走出衰退 开始缓慢复苏

——9 月份世界经济形势分析

在政策刺激等短期因素的作用下,世界经济趋于走出衰退,开始缓慢复苏;由于自主增长动力不足,经济刺激政策对持续复苏仍十分关键;国际金融市场风险继续降低,但危机阴影尚未摆脱。预计明年世界经济将低速增长,我国面临的外部经济环境依然比较复杂、严峻。

一、世界经济趋于走出衰退

在全球力度空前的经济刺激措施作用下,主要发达国家 GDP 结束连续 4 个季度的下降趋势,陆续出现增长;主要发展中国家经济增速逐渐回升。据 IMF 预计,今年第四季度,世界经济将同比增长 0.7%,结束连续 4 个季度的收缩趋势。初步预计,美国 GDP 环比折年率在前 4 个季度连续收缩 2.7%、5.4%、6.4% 和 0.7% 之后,从今年三季度开始增长;德国、法国、日本等国家 GDP 环比从二季度开始已由收缩转为增长,预计三季度继续增长。今年以来,各国主要经济指标的恶化趋势有所遏制,逐步好转。

(一)工业生产由持续下降转为增长

7、8 月份,美国工业生产环比分别增长 1.4% 和 0.6%,结束持续 8 个月之久的下滑趋势;在外需增加驱动下,3 至 8 月份,日本工业生产连续 6 个月环比增长,结束前 5 个月持续大幅下降趋势;1-7 月份,欧元区工业生产持续下降,但是降幅明显缩小。

(二)居民消费支出降幅缩小,开始增长

今年 5 至 8 月份,美国居民消费支出保持连续 4 个月环比增长势头,前期低迷不振的状况有所改进;在前 9 个月中,有 5 个月的零售额出现环

比增长，其中4－8月份汽车销售额连续5个月增长。今年以来，欧元区、日本零售额（量）环比降幅明显收窄，新车登记出现较大幅度的环比增长趋势。

（三）全球贸易活动逐步活跃，出口止跌回升

今年以来，外需持续萎缩的局面出现改观。据荷兰经济政策研究局统计，7月份全球贸易量环比上升3.5%，为2003年12月以来最大单月涨幅，连续两个月增长；5－8月份，美国出口连续4个月环比增长，扭转了持续下滑趋势；6、7月份，欧元区出口环比连续两个月增长0.9%和4.1%；主要新兴市场国家出口也由年初的下降趋势转而开始回升。

（四）美国、英国房地产市场继续好转

1－8月份，美国住房销售量缓慢增加，待售房规模逐渐趋减，房屋开工量从1月份的48.8万套增加到8月份的59.8万套，从而推动住宅建筑投资止降回升。预计三季度美国住宅建筑投资出现近两年来首次增长。3－9月份，英国房价连续上涨。

（五）预警指标持续上升，从收缩区间进入到景气区间

JP摩根全球制造业采购经理人指数（PMI）从1月份的35上升到7月份的50，7月至9月份连续3个月处于景气区间；服务业PMI从1月份的43上升到8月份的50.5，8月至9月连续两个月处于景气区间。其中，美国制造业PMI在8、9月份升到50以上，非制造业PMI也于9月份升到50.9，是从2007年12月份以来首次回升到景气区间。9月份，欧元区PMI也从去年5月以来首次回升到景气区间。

（六）全球主要股市在波动中回升

全球主要股市在经过年初震荡之后，从3月初到9月底逐步趋向稳定回升。其中，道琼斯30种股票平均价格上涨了37.5%，纳斯达克指数上涨了54%，德国DAX指数上涨了47.6%，日经股票价格上涨了33.8%，摩根斯坦利发展中国家股票指数上涨了65%。

二、当前世界经济趋于复苏主要由政策刺激等短期因素所推动

因素分析表明，当前世界经济复苏主要由政策刺激、存货回补和出口增加等短期因素所推动，而由居民消费和企业投资带动的自主复苏能力较弱。初步预计，今年三季度美国GDP环比折年率增长3%左右，其中仅

存货变化将贡献近 2 个百分点，贡献率为 60% 以上。近几个月以来，美国居民消费支出持续增加，也是受汽车以旧换新、扩大失业保险福利和各种减免税等政策刺激的结果。今年二季度日本 GDP 环比增长 0.6%，其中净出口贡献了 1.6 个百分点，而固定资本形成仍是拉动 GDP 下降的主要因素。当前主要发达国家居民消费和企业投资增长乏力，经济自主复苏能力明显不足，主要原因是：

一是失业率持续上升，收入减少，制约居民消费支出。6 至 8 月份美国实际个人可支配收入连续三个月环比下降；失业率从 1 月份的 7.6% 提高到 9 月份的 9.8%，预计到年底将升至 10%。欧元区失业率从 1 月份的 8.5% 升上 8 月份的 9.6%；日本从 1 月份的 4.1% 升到 7 月份的 5.7%，尽管 8 月份回落到 5.5%，但失业率仍较高。

二是产能利用率低下，制约企业投资支出。8 月份美国工业生产能力利用率为 69.9%，7 月份欧元区制造业生产能力利用率为 69.5%，均接近历史最低水平。

三是金融危机的阴影还没有完全摆脱，信贷规模继续减少。2－8 月份，美国消费信贷连续七个月大幅下降，8 月份工商企业信贷环比下降 2.3%，降幅为 50 年之最。欧洲央行和日本央行公布的数据显示，今年以来金融机构向企业和家庭发放的贷款增速缓慢，信贷需求明显不足。由于信贷违约率仍在上升，为规避风险，金融机构对居民和中小企业的信贷条件依然偏紧，信贷额度减少，个人以及小中企业、银行申请破产的数量不断增加。根据 IMF 估计，目前全球需要减记的不良资产达 2.8 万亿美元，尚有 50% 的资金没有着落。

四是房地产市场还没有完全恢复。由于抵押住房贷款违约率较高，止赎房大量入市，导致美国住房价格继续低迷，住房财富负效应对居民消费支出的制约仍在持续。美国新房销售价格中位数 8 月份为每套 19.52 万美元，比今年 5 月的年内最高价格下降 12.2%；现房价格为 17.77 美元，比今年 6 月份的年内最高点下降 2.4%。

三、世界经济复苏趋势尚不稳固

尽管世界经济形势开始好转，但是影响持续复苏的风险较大，政策因素对稳固世界经济复苏趋势仍十分关键。

(一)过早实施“退出策略”可能中断世界经济复苏进程

当前,一些国家的货币政策取向发生变化,以色列和澳大利亚分别于8月24日和10月6日将其基准利率上调25个基点,挪威、瑞典和韩国也可能于近期开始加息。但总体上,各国货币政策仍以宽松为主,美联储、欧洲央行和日本央行继续维持低利率不变;8月份以来,印尼、南非、土耳其、匈牙利、丹麦、阿联酋和俄罗斯等国家继续下调利率。如果时机选择不当,过早实施“退出策略”有可能使前期经济刺激的成果前功尽弃。

(二)贸易保护主义进一步加剧,贸易竞争更加激烈

自去年11月份二十国集团峰会以来,各国纷纷谴责贸易保护主义措施,表示要加强合作共同应对国际金融危机,但实际上贸易保护主义呈愈演愈烈之势。各种传统的和非传统的贸易保护措施纷纷出台,严重阻碍国际贸易市场的恢复和发展。今年9月14日WTO、OECD和UNCTAD联合发布的《G20贸易和投资措施》报告显示,今年前7个月,20国集团共发起贸易保护措施调查16起,是去年同期的8倍;共发起反倾销调查86起,其中,阿根廷和印度分别发起19起和15起,为G20中发起反倾销调查最多的国家。

(三)美元贬值和潜在通胀风险是世界经济复苏的不确定因素

今年以来,美元在波动中不断贬值。10月13日,一美元兑换0.673欧元,与2月初相比,美元对欧元贬值了14.8%;美元对巴西、印尼、智利、捷克、韩国和印度等新兴市场国家的货币都呈现不同程度的贬值趋势。美元贬值不仅挤压了货币升值国家的货币政策调节空间,还推高了国际市场大宗商品价格。10月14日,纽约商品交易所原油价格达到每桶75美元,比年初上涨了近60%。

各国财政赤字和公共债务规模扩大,潜在的通胀风险不断积累。截至今年9月30日的上一财年,美国政府财政赤字预计达到1.4万亿美元,占GDP的9.9%;截至7月31日的财年,法国政府财政赤字达到1090亿欧元,比上一财年增加112%。据IMF10月份预测,今年世界各国财政赤字占GDP比重平均为6.7%,比去年提高了4.7个百分点,其中发达国家平均为8.9%,提高了5.4个百分点;世界各国公共债务占GDP比重平均为68.1%,比去年提高了7.9个百分点,其中发达国家平均为91.9%,提高了13.1个百分点。

四、预计明年世界经济将低速增长

由于当前世界经济形势变化好于预期,各大机构纷纷上调对世界经济的预测结果,但因经济自主复苏的动力不足,预计明年世界经济增速仍将缓慢,不排除主要发达国家 GDP 在个别季度重新出现负增长的可能。据 IMF10 月份预测,按购买力平价法汇总,今年世界经济将下降 1.1%,与 7 月份预测值相比上调了 0.3 个百分点,但仍为二战以来最大降幅;明年世界经济将增长 3.1%,上调了 0.6 个百分点,略高于 2.5% 的衰退临界值。英国共识预测公司 9 月份预测,今年世界经济下降 2.3%,明年将增长 2.6%,比 8 月份的预测值分别上调了 0.2 个和 0.3 个百分点。

随着经济开始缓慢复苏,明年全球通货膨胀率将小幅回升。IMF10 月份预测,明年全球 CPI 上涨 2.9%,涨幅扩大 0.4 个百分点。英国共识预测公司 9 月份预测,明年全球 CPI 将上涨 2.4%,涨幅扩大 1.0 个百分点。

预计国际市场原油价格出现明显上涨的趋势。据 IMF 预测,今年国际石油平均价格每桶为 60.5 美元,下跌 37.6%;而明年将提高到 74.5 美元,上涨 23.1%。预计其他初级产品价格保持基本稳定。

全球贸易在今年大幅下降之后,预计明年小幅增长。据 IMF 预测,今年全球贸易量下降 11.9%,明年将增长 2.5%。其中,今年发达国家和发展中国家出口分别下降 13.6% 和 7.2%,而明年则增长 2.0% 和 3.6%;今年进口分别下降 13.7% 和 9.5%,而明年则分别增长 1.2% 和 4.6%。

总体上,世界经济开始缓慢复苏,我国外部经济环境逐步得以改善。但是,由于美国、欧元区、日本等主要发达国家内需乏力,加上人民币升值压力加大,贸易保护主义进一步加剧,我国对外贸易形势仍比较复杂、严峻。对内,应继续扩大内需,注重实施“调结构”和“保民生”战略。对外,应加强国际合作和政策协调,积极推动全球贸易自由化进程,促成明年多哈回合谈判;积极参与全球“退出策略”的磋商和协调;妥善应对针对我国的贸易保护措施,维护我国利益。

(执笔:释经组;成文于 2009 年 10 月 20 日)

世界经济开始复苏
复苏之路缓慢曲折

——10月份世界经济形势分析

在刺激政策和库存调整的带动下,当前世界经济已开始复苏,复苏面在地域上和领域上陆续扩大,国际金融市场持续好转。但世界经济的自主增长动力依然不足,复苏之路缓慢曲折,同时,贸易保护措施愈演愈烈,我国深受其害,面临的外部经济环境依然严峻。

一、世界经济开始复苏

第三季度,世界主要经济体和主要经济领域陆续开始复苏。世界经济复苏始于亚太发展中国家和地区,现已向主要发达经济体和其他发展中国家扩展;始于制造业和个人消费,正在向服务业以及贸易扩展。从已公布的第三季度数据看,美国 GDP 环比折年率增长 3.5%,日本环比增长 1.2%,欧元区增长 0.4%,俄罗斯环比增长 0.6%,立陶宛环比增长 6%,均止跌回升;韩国环比增长 2.9%,加快 0.3 个百分点;新加坡环比年率增长 14.2%,增幅回落 7.5 个百分点。澳大利亚从第二季度开始复苏,第三季度有望继续增长。只有英国第三季度 GDP 仍在下降,但降幅也在缩小。在世界经济版图上,经济复苏的国家已开始占多数。种种迹象表明,第三季度世界经济已开始复苏。

(一)工业持续复苏,服务业开始回暖

9 月份美国工业生产环比增长 0.7%,连续 3 个月增长;8 月份欧元区工业生产环比增长 1%,自 4 月份以来连续 4 个月增长;9 月份日本工业生产环比增长 1.4%,连续 4 个月增长。

10 月份全球制造业和服务业 PMI 分别为 54.4 和 53.0,分别连续 4 个月和 3 个月超过景气临界点。其中欧元区制造业 PMI 为 50.7,达 22

个月来新高,一年半以来首次超过临界点。

(二) 个人消费继续增长,全球贸易波动回升

9 月份美国实际个人消费支出环比下降 0.6%,但部分剔除了短期波动、较好反映变化趋势的三个月变化率为增长 0.6%,连续 4 个月增长;日本实际家庭支出环比增长 0.1%,连续两个月增长。

全球贸易在波动中增长。据荷兰经济政策研究局统计,8 月份全球贸易量环比在连续两个月增长之后环比下降 2%,但较好反映变化趋势的三个月变化率为增长 2.6%,连续两个月增长。

(三) 发达国家价格平稳,发展中国家价格涨幅有所回落

发达国家价格平稳。9 月份美国 CPI 环比上升 0.2%,欧元区与日本均与上月持平;美国和欧元区核心 CPI 环比均上涨 0.2%,日本上涨 0.1%,大体稳定。

发展中国家价格涨幅有所回落。9 月份巴西和印度 CPI 同比分别上涨 4.3% 和 11.6%,均比上月回落 0.1 个百分点,其中巴西连续 7 个月回落;10 月份俄罗斯同比上涨 9.7%,比上月回落 1 个百分点。

(四) 景气指标继续回升

先行指标显示主要经济体经济将持续复苏。据 OECD 统计和分析,9 月份欧元区、法国、意大利、英国、加拿大、德国和印度先行指标分别为 102.7、104.6、105.6、103.9、101.8、101.9 和 100.1,均高于长期趋势 100;美国、日本、俄罗斯和巴西分别为 99.2、98.8、95.8 和 98.6,均处于复苏区间。

发达国家消费者信心和企业家信心在波动中有所增强。9 月份日本消费者信心指数为 40.5,企业家信心指数为 44.7,均连续 9 个月回升;截至 10 月份,欧元区消费者信心和企业家信心均连续 7 个月回升;但 10 月份美国消费者信心指数为 47.7,连续两个月有所回落。

(五) 金融市场和房地产市场继续好转

公司债券利差缩小。11 月初,美国高收益公司债券、发展中国家主权债券与相应期限美国国债收益率的利差分别为 636 个基点和 336 个基点,分别比 9 月 12 日缩小 97 和 21 个基点,延续了今年一季度以来缩小之势。

股市在波动中回升。与 2 月底相比,10 月底全球股指上涨 51%,道琼斯工业股指上涨37.5%,德国DAX指数上涨40.9%,日经指数上涨32.6%。

国际资本流动开始回升,流入发展中国家的资本迅速回升。9月份,流入发展中国家的资本环比止跌回升,大幅增长207.1%,其中债券增长225%,股票增长425%,银行贷款增长50%。

美国房地产市场触底回升。9月份现房销售环比增长9.4%,过去7个月除8月份回落外,其余6个月均有所增长。9月份现房存量房可供销售月数为7.8个月,连续5个月下降。新房存量房可供销售月数为7.5个月,连续5个月下降后首度持平;9月份新房开工量环比增长0.5%,连续两个月增长。

二、当前世界经济发展面临的主要问题及原因

(一)世界经济自主增长的动力不足

当前世界经济复苏主要是政策刺激和库存调整等所致,自主增长动力不足。以美国为例:美国第三季度GDP环比折年率增长3.5%,从各支出项对经济增长的贡献来看,耐用消费品、住房投资和库存变动分别对GDP增长率贡献了1.47、0.53和0.94个百分点,三者贡献率合计为84%,而上个季度分别为负贡献0.41、0.67和1.42个百分点。在三大贡献因素中,耐用消费品增长主要是"旧车换现金"政策作用的结果,初次申请购房减税8000美元政策对于住房投资增长发挥了重要作用;而库存变动则是临时性变动,尽管未来数月还可能对经济增长产生拉动作用。相比之下,第三季度普通消费品和服务环比折年率仅分别增长2%和1.2%,企业投资则下降2.5%。可见,第三季度美国经济回升,在很大程度上得益于政府出台的各项刺激措施和库存调整的临时性因素,企业投资和个人消费的自主增长动力依然不足。

经济自主增长动力不足的主要原因有:

一是失业率上升、收入下降制约消费增长。10月份,美国失业率升至10.2%,比上月提高0.4个百分点,为1983年4月份以来最高点。9月份欧元区失业率为9.7%,创1999年1月以来最高。9月份日本失业率为5.3%,虽比上月下降0.2个百分点,但其中一个重要原因是由于部分失业人口退出劳动力大军所致。9月份,美国经季节调整后的个人实

际可支配收入比上月下降0.1%，连续4个月下降。9月份，日本家庭可支配收入同比下降2.6%，连续4个月下降。

二是设备利用率低下制约企业投资增长。9月份，美国工业生产能力利用率为70.5%，虽比上月小幅上升0.6个百分点，仍远低于长期趋势80.9%（1972年至2008年平均水平）。7月份欧元区制造业生产能力利用率为69.5%，远低于81.6%的长期趋势（1985年至2009年平均水平）。

三是消费信贷和商业信贷减少制约投资和消费增长。据美联储统计，9月份，美国消费信贷余额环比折年率下降7.2%，降幅比上月扩大2.8个百分点，为1951年6月以来最大降幅。据美国抵押贷款银行家协会统计，第三季度美国商用房和多户型住房的抵押贷款发放额环比下降12%，同比下降54%。9月份，欧元区对私人部门贷款同比下降0.3%，其中：对非金融企业贷款下降0.1%，而上月为增长0.7%；对家庭贷款下降0.3%，降幅比上月扩大0.1个百分点。8月份，日本商业银行贷款余额为426.5万亿日元，环比下降0.6%。

四是止赎房继续增加，房价低迷和住房负财富效应继续拖累消费增长。第三季度，美国新增丧失房屋赎回权的房屋93.8万套，比上个季度增加5%，比去年同期增加23%。止赎房继续充斥市场，将对房价上升形成压力。据美国住房抵押贷款银行家协会最新预测，美国新房和现房价格近期将维持低位，今年平均价格将可能比去年分别下降8%和13%左右。

五是破产银行继续增加。受不良贷款上升的影响，仅10月22日一天，美国就有6家银行宣告破产。今年以来美国破产的银行数已达116家，比去年全年破产数还多出3.5倍。11月1日，由于政府救助及债务重组失败，拥有百年历史的、为美国中小企业提供信贷的CIT集团正式申请破产保护，将成为美国历史上仅次于雷曼兄弟、华盛顿互助银行、世界通讯及通用汽车的第五大破产案。CIT的破产不仅不利于中小企业获得银行贷款，更加重了市场对美国经济复苏前景的担忧。

六是石油等初级产品价格在波动中呈上升趋势。据世界银行统计，10月份国际市场能源和非能源初级产品价格环比分别上涨7.7%和2.6%，虽然上月分别下降4.4%和0.5%。近期纽约轻质原油期货价格两次超越 80 美元/桶。

（二）阻碍世界经济复苏的深层问题仍未解决

金融危机以来，美元的国际储备地位有所下降，但远未调整到位。据IMF 统计，第二季度国际储备货币中 63% 为美元，比今年第一季度下降了2 个百分点。美元在国际货币体系中的霸权地位是这次金融危机的深层原因，但这种格局的调整将会是一个长期过程。

主要经济体国际收支不平衡现象尚未明显改善。前一时期，全球主要国际收支顺差国的顺差有所缩小，逆差国的逆差也有所缩小，但目前这一调整有停滞甚至逆转的趋势。

加强国际金融监管进展十分迟缓。本次金融危机凸显加强全球金融统一监管的必要性，但到目前为止，各国尽管有加强共同监管的愿望，但主要政策首要关注的目标仍是推动经济复苏，加强国际金融监管的意愿尚未落到实处。

（三）全球合作应对经济危机面临新的挑战

贸易保护措施愈演愈烈。去年 11 月份 G20 峰会结束后不到一年时间，已有 56 个国家和地区实施了 99 项保护措施，还准备实施 134 项，合计达 233 项。世界银行统计，全球申请贸易保护案例在去年大幅增长36. 4% 的基础上，今年 1 - 9 月份同比增长 30. 3%，其中第三季度同比增长 52. 6%。在今年第三季度贸易保护申请中，印度、阿根廷、美国和欧盟提出的申请位居前四位，合计占 56. 8%。

美元大幅贬值影响广泛。10 月份，美元实际有效汇率指数为 81. 11（1980 年 1 月为 100），与上月相比贬值了 2. 4%，与年初相比贬值了9. 2%。美元大幅贬值不仅导致日元、欧元以及广大发展中国家本币升值，影响出口导向型国家的经济复苏，还导致初级产品价格上涨，加重其他国家的外债负担，影响到固定汇率制度国家的货币政策效果和政策空间。导致近期美元贬值的主要因素有：一是金融危机前期美国国债的避险作用消失；二是美国财政赤字、政府债务剧增，国外净购买美国国债减少，美国国债收益率上升；三是通胀预期上升，黄金价格已超过 1100 美元/盎司。

各国货币政策取向开始出现分歧。尽管实施“退出战略”为时尚早，但筹划设计已提上议事日程，退出的时机和路径选择十分微妙，国际协作十分重要，但目前各国货币政策取向已经开始出现分歧，处置不当可能成为国际金融动荡的潜在风险。第一类是货币政策紧缩：11 月 3 日，澳大利亚在上月上调基准利率 25 个基点的基础上，再度上调基准利率 25 个基点至 3.5%；10 月 28 日，挪威央行上调基准利率 25 个基点至 1.25% –2.25% 的区间；11 月 4 日，美联储决定将原来计划购买资产抵押证券规模从 2000 亿美元减少到 1750 亿美元，迈出了具有紧缩象征意义的一步；10 月 27 日，印度央行将法定流动性比例从 24% 提高到 25%，成为实施紧缩货币政策的第一个发展中国家。第二类是货币政策宽松：英国央行 11 月 5 日宣布维持利率于 0.5% 不变，将量化宽松的债券购买计划的规模扩大 250 亿至 2000 亿英镑。第三类是维持现行货币政策：11 月 5 日，欧洲央行宣布维持基准利率于历史低点 1.0% 不变。10 月 30 日，日本央行决定维持 0.1% 的政策利率不变。

三、我国面临的外部经济环境依然严峻

当前世界经济由二战后最严重的经济衰退走向复苏既为我国经济发展提供了重要机遇，也提出了严峻的挑战。金融危机以来，我国的国际经济地位不断提高，影响力进一步扩大，但更应看到我们面临的外部挑战：

一是外需增长仍然缓慢。尽管世界经济已开始复苏，但当前全球贸易远未恢复到金融危机以前的水平。据荷兰经济政策研究局统计，今年 8 月份，经季节调整，全球贸易量指数为 133.1（2000 年为 100），仅仅相当于去年 4 月份（金融危机前峰值）的 81.9%。据预测，明年全球贸易仍将增长缓慢。据国际货币基金组织 10 月份预测，明年全球出口量和进口量仅分别增长 2.4% 和 2.6%，分别比 2001 年至 2008 年的年均增长速度低 4.5 和 4.4 个百分点。

二是我国深受贸易保护主义之害。近一年来，G20 已实施的 99 项保护措施和准备实施的 134 项措施中，首要目标均为中国，其后是美国和德国。世界银行统计，今年第三季度全球新提出贸易保护申请案例中，针对中国的申请占 60%。今年以来，截至 9 月 17 日，美国新实施反倾销和反补贴措施 17 起，其中针对中国的 15 起，占 88.2%；延长措施期限 7 起，其中针对中国的 4 起，占 57.1%；截至 10 月 29 日，欧盟今年新实施反倾销和反补贴调查 21 起，其中针对中国的 6 起，居首位，占 28.6%；今年前三

个季度,印度发起23起对我国的反倾销和反补贴调查,比美国还多7起。

三是美元贬值对我国影响重大。一是造成人民币升值压力加大,削弱我国出口竞争力。欧洲、日本和周边国家要求人民币升值压力增大。二是造成我国巨额外汇储备的损失。截至9月底,我国外汇储备总额2.3万亿美元,继续居世界首位。据美国财政部统计,8月份我国持有美国国债7971亿美元,仅比上月减持35亿美元,同比增持2234亿美元。三是影响我国货币政策的自主性,影响我国货币政策的效果,并制约货币政策空间。四是吸引国际游资大量流入我国,不利于我国股市和房市的稳定。

四是国际初级产品价格上涨对我国不利。我国是世界主要资源进口国和制成品出口国,国际初级产品价格上升,而制成品价格维持低位,导致我国贸易条件恶化。国际初级产品价格中长期呈现升势将强化资源瓶颈对我国经济发展的制约作用。我国处于重化工业化过程之中,资源消耗大,加上环境保护压力,依靠国际市场解决资源问题的困难越来越大。

当前国际经济环境正在发生深刻而持久的变化,由金融危机引发的全球经济格局调整才刚刚开始,总体上看,今后一段时期我国面临的外部经济环境仍将十分严峻。为此,有必要考虑制定相应的中长期战略措施,有计划有步骤地逐步减轻对外需的依赖,同时,提升内需对经济发展的贡献,加快社会基础设施建设,健全社会保障、医疗保险,加快发展教育事业,完善住房保障制度。要旗帜鲜明地反对贸易保护主义,坚定地推动全球贸易自由化,促进世贸组织多哈回合谈判成功,有效应对针对我国的各种贸易保护措施,争取更多贸易伙伴承认我国自由市场经济地位。要加强关于国际金融监管和全球"退出战略"的国际合作与协调,共同推动世界经济平稳复苏。要继续维持人民币汇率基本稳定,避免大起大落,为经济平稳较快发展创造良好的外部环境。

(执笔:释经组;成文于2009年11月17日)

世界经济正在曲折复苏

——11 月份世界经济形势分析

在各国刺激政策的作用下，世界经济正处于曲折复苏的阶段，主要经济指标正企稳回升，部分发展中国家增长较快，全球金融风险继续缩小。但发达国家回升的内在动力不足，发展中国家的增长步履艰难，金融危机的深层矛盾仍在积累，并不时暴露。未来一段时期，世界经济复苏的道路将会波动起伏，曲折漫长。刺激政策全面退出的时机远未到来。我国外部经济环境仍然十分严峻。

一、世界经济继续保持复苏的势头

(一) 复苏经济体继续增多

第二季度，在亚太发展中国家的带动下，日本、德国、法国 GDP 环比分别增长 0.7%、0.4% 和 0.3%，第三季度继续增长 0.3%、0.7% 和 0.3%；第三季度，美国 GDP 环比折年率增长 2.8%，欧元区、加拿大、南非环比分别增长 0.4%、0.4% 和 0.9%，与上季度相比，均止跌回升；此外，一些发展中国家增速较快，如韩国和新加坡，环比分别增长 3.2% 和 3.4%，印度同比增长 7.9%。

(二) 美国和日本个人收入和消费恢复增长

美国和日本因短期退税和旧车换现金计划到期而一度下降的个人收入和消费支出恢复增长。10 月份，美国个人实际可支配收入环比增长 0.2%，增幅扩大 0.1 个百分点；美国实际个人消费支出环比增长 0.4%，上月为下降 0.7%。10 月份，日本工人家庭实际可支配收入环比增长 0.8%，而上月为下降 0.6%；工人家庭实际消费支出环比增长 0.7%，增幅扩大 0.6 个百分点。

(三)公司利润增长有所加快

第三季度美国公司利润环比增长10.6%,增幅比第二季度扩大6.9个百分点,已经连续3个季度环比增长。第三季度日本公司利润环比增长26.8%,增幅比上季度扩大8.4个百分点,连续两个季度增长。

(四)工业生产维持上升势头

10月份美国工业生产环比增长0.1%,连续4个月增长;9月份欧元区工业生产环比增长0.2%,连续5个月增长;10月份日本工业生产环比增长0.5%,连续8个月增长。

(五)除日本以外,发达国家CPI止跌回升

10月份OECD国家CPI同比上涨0.2%,为5月份以来CPI同比首次由负转正。其中:美国CPI环比上涨0.3%,连续7个月上涨;欧元区CPI环比上涨0.2%,连续3个月上涨。此外,据初步估计,11月份欧元区CPI同比上涨0.6%,为今年5月份以来首次同比上涨。

(六)全球贸易在波动中回升

全球贸易量9月份环比增长5.3%,而上月为下降1.5%。9月份美国出口环比增长2.9%,连续5个月增长;9月份欧元区出口环比增长5.5%,上月为下降4.1%;10月份日本出口环比增长2.5%,连续3个月增长。

(七)景气指标显示经济将继续回升

11月份,全球制造业PMI指数为53.6,连续5个月处于景气区间;全球服务业PMI为50.1,连续4个月处于景气区间。

二、世界经济持续复苏面临挑战

(一)推动经济复苏的短期因素能否持续尚待观察

在目前推动发达国家经济复苏的因素中,刺激政策是首要因素,库存调整发挥了重要作用,发展中国家复苏所带来的外需增长也是重要支撑因素,这些因素能否持续还有待观察。

美国第三季度经济环比折年率增长2.8%,主要是耐用消费品、库存调整和住房投资推动的,三者的贡献分别为1.34、0.87和0.45个百分点,合计贡献率为95%。其中耐用消费品增长为"旧车换现金"计划刺激的结果,住房投资增长则为初次申请购房退税8000美元政策推动的结果。

欧元区第三季度 GDP 环比增长 0.3%，库存调整对 GDP 增长贡献 0.34 个百分点，净出口贡献 0.13 个百分点，最终消费支出和固定资本形成总额分别负贡献 0.01 和 0.07 个百分点。

日本第三季度 GDP 环比增长 0.3%，净出口和库存调整对 GDP 增长贡献分别为 0.4 和 0.1 个百分点，最终消费支出贡献 0.6 个百分点，固定资本形成总额为负贡献 0.7 个百分点。

(二)一些经济指标存在反复

三大经济体就业形势短期内难以改善。10 月份，欧元区失业率为 9.8%，与上月持平，同为 1998 年 12 月以来最高水平；10 月份，日本失业率为 5.1%，比上月降低 0.2 个百分点，但经济活动人口减少 0.6%；11 月份，美国失业率为 10.0%，比上月降低 0.2 个百分点，但非农雇员人数减少 1.1 万人。

产能利用率仍然低下制约投资增长。10 月份，美国工业产能利用率为 70.7%，比上月回升 0.2 个百分点，但仍分别比金融危机前水平(去年 9 月)和长期趋势(1972 年 1 月至 2009 年 9 月)低 3.8 和 10 个百分点。第三季度，欧元区制造业生产能力利用率为 69.6%，远低于 81.6% 的长期趋势(1985 年至 2009 年平均水平)。发展中国家产能利用率有所回升，但依然偏低。

三大经济体建筑业生产依然低迷。10 月份，美国建筑业支出与上月持平；9 月份，欧元区建筑业生产环比下降 1%，上月为零增长。

欧元区和日本零售下降。9 月份，欧元区零售量环比下降 0.5%，而上月为零增长；10 月份，日本零售额环比下降 0.9%，此前 3 个月连续增长。

日本通缩加剧。10 月份，日本消费者价格指数环比下降 0.4%，为连续两个月上涨和持平后再度下降；同比下降 2.5%，为 1971 年 1 月开始按月统计该指标以来最大降幅，已连续 9 个月下降。

(三)一些不确定因素对经济复苏产生不利影响

石油和其他初级产品价格可能震荡上行。11 月份，国际市场能源和非能源初级产品价格环比分别上涨 4.6% 和 3.1%，均已连续两个月上涨。

甲流疫情存在扩大的趋势。据世界卫生组织不完全统计，截至 2009 年 11 月 22 日，全球感染甲流案例超过 62 万人，至少 7826 人死亡。其中，美国和欧洲部分地区疫情有加重的趋势。

此外，企业和家庭还贷压力增加可能制约消费和投资，金融市场的延迟恢复等不确定因素也会拖累经济复苏。

三、金融危机的深层矛盾仍在积累，并不时暴露

近期，全球金融风险状况继续改善，反映短期信贷风险的主要利差已经回落到金融危机前甚至次贷危机前的水平，但是，金融危机的深层矛盾仍在积累，并不时暴露。

（一）不良资产仍在上升

美国房贷机构房地美（Freddie Mac）统计，10 月份美国单户型住房抵押贷款逾期 90 天以上的违约率达到 3.54%，比上月上升 0.21 个百分点，比去年同期上升 2.2 个百分点。美国惠誉国际评级机构数据显示，11 月份美国逾期 60 天以上的信用卡违约率达到 4.41%，比上月上升 19 个基点。截至 12 月 4 日，美国今年因全球金融危机而倒闭的美国银行数量已累计增加至 130 家，远高于去年全年的 25 家。国际货币基金组织（IMF）11 月 24 日指出，全球银行业尚有一半损失没有暴露，而是隐藏在各国的资产负债平衡表中，其中欧洲的损失占比高于美国。

（二）发达国家信贷仍然停滞甚至收缩

10 月份，美国消费信贷余额为 24829 亿美元，环比下降 0.1 %，连续两个月下降；同比下降 3.7%。10 月份，英国消费信贷余额为 2280 亿英镑，环比下降 0.4%，连续 5 个月下降；同比下降 2.5%。10 月份，欧元区和日本信贷余额环比分别下降 0.3% 和 15.9%。

（三）部分国家主权债务危机风险较大，热钱对于一些国家房市、股市的冲击加剧

在金融危机背景下，过分依赖对外融资的经济体的主权债务风险扩大。先是冰岛，然后是东欧国家，现在是迪拜。希腊、爱尔兰和匈牙利目前的风险也比较大。

热钱对于一些国家的冲击加剧，是导致部分国家股市和房市快速上涨的重要因素。发展中经济体股指今年累计升幅达 72%，其中俄罗斯和

阿根廷涨幅高达123.3%和105%。这主要是经济形势好转所致,但热钱加速涌入也是重要因素。此外,澳大利亚和新西兰房价上涨较快。截至11月的一年中,澳大利亚的墨尔本房价上涨了15%。11月底,新西兰的奥克兰平均房价创下23个月来的新高,达到55万新西兰元。

(四)迪拜债务危机表明金融危机尚未完全过去

11月25日迪拜爆发了债务危机,阿联酋最大的企业集团迪拜世界宣布延期6个月至2010年5月30日偿付即将到期的约40亿美元的伊斯兰债券,并在政府的援助下进行总共590亿美元的债务重组。危机爆发后,一度造成国际资本纷纷涌向美国和德国国债市场避险,导致全球利差扩大和股市下挫。但总体来说,迪拜债务危机的影响有限,还只是金融危机这场“地震”后的“余震”。迪拜债务危机的主要教训:一是本轮金融危机影响深远,今后继续在全球金融板块的薄弱环节突然爆发地区性小型危机的可能性较大;二是举债应量力而为;三是以泡沫刺激经济的发展方式不可持续。

四、全球合作应对危机面临重大挑战

(一)美元快速贬值影响重大

截至12月4日,美元兑主要货币贬值幅度较大,相对3月份的高点,美元兑英镑、欧元和日元分别贬值18.8%、16.9%和12.9%;3月初以来,巴西、南非、韩国、俄罗斯和印度的货币对美元分别升值约38%、34%、31%、24%和10%。

美元快速贬值具有重大影响:一是助推了国际市场初级产品价格上涨;二是造成日元、欧元和发展中国家货币升值,影响这些国家的出口,削弱其出口竞争力,进而影响到这些经济体尚且脆弱的经济复苏;三是加剧了日本的通缩形势。

(二)“退出策略”协调面临挑战

“退出策略”的制订和实施需把握好几个方面:一是时机,过早退出影响目前尚且脆弱的经济复苏;过晚退出可能加大公共债务风险、道德风险和通胀风险。二是在具体实施过程中,力度、节奏、顺序的把握十分重要。三是国际协调十分重要,退出策略对于他国的“溢出效应”明显,一些措施只有在各国协调一致的情况下才能实施。

目前全球实际生效的刺激性政策有:传统的货币政策,包括注资、存贷款担保和量化宽松在内的非传统货币政策,扩张性财政政策和金融救援政策。全面退出这些刺激性政策需等到经济稳定复苏、失业率开始下降之后。

(三)贸易保护措施不断增加

据世贸组织(WTO)统计,截至10月28日:今年WTO成员共发起171起反倾销调查,其中第三季度发起的反倾销调查数量较去年同期增长23%以上;今年WTO成员共发起了28项反补贴调查,其中第三季度发起的调查数量较去年同期相比增加了115%。

商务部11月28日报告指出,我国已处于国际贸易摩擦的中心地带。截至目前,今年共有19个国家(地区)对我国发起102起贸易救济调查,涉案总额约有116.8亿美元;涉案金额1亿美元以上的贸易救济调查有17起。

总之,我国外部经济环境仍然十分严峻。因此,要更好地统筹国际国内两个市场,进一步扩大内需对经济增长的贡献,逐步减轻对于外需的依赖;采取有效措施,坚决反对贸易保护主义,努力推进全球贸易自由化;保持人民币汇率基本稳定,一方面在汇率政策方面保持出口竞争力,另一方面缓和游资豪赌人民币升值大量涌入我国而造成的冲击;保持股市,特别是房地产市场稳定,未雨绸缪,防范和化解金融风险;加强与有关各方在“退出策略”上的协调和配合,共同推动世界经济稳定复苏,努力为我国经济平稳较快发展创造良好的外部环境。

(执笔:释经组;成文于2009年12月10日)

世界经济从深度衰退走向艰难复苏

——12月份及全年世界经济形势分析

2009年,世界经济从深度衰退走向艰难复苏,国际金融市场从剧烈波动趋于比较平稳,整个过程跌宕起伏,波澜壮阔,变化深刻,影响深远。面对百年一遇金融危机的爆发和蔓延,各主要国家采取了力度空前的刺激政策措施,促使国际金融风险逐步降低,发展中国家经济率先开始复苏,全球经济终于触底回升。然而,当前世界经济尚未完全走出衰退,深层矛盾依然存在,潜伏的金融风险依然很大。

一、从深度衰退走向艰难复苏

2009年世界经济,一季度急剧下滑,二季度逼近谷底,三季度触底回升,四季度艰难复苏。从JP Morgan全球产出指数来看,2月份是37.4,为全年最低,之后逐月攀升,8月份首度突破50这一景气临界点,10月份达到全年最高点54.2,最后两个月有所反复,但仍在50以上。

(一)世界经济从第三季度开始触底回升,全年为负增长

2009年第一季度三大经济体GDP大幅下降,延续了2008年第四季度加速下滑之势,美国、日本、欧元区环比分别为下降6.4%(折年率)、3.1%和2.5%;第二季度,亚太发展中国家以及澳大利亚、日本、德国、法国GDP环比出现增长;第三季度,美国、欧元区、加拿大、南非、巴西GDP环比止跌回升;英国第四季度GDP止跌回升,至此,G20所有经济体均开始复苏。

截至第二季度,美国、欧元区和日本GDP累计降幅分别达到3.9%、5.2%和8.9%,英国截至第三季度,GDP累计降幅达到6%,衰退程度超过二战以来的历次衰退。

预计全年全球 GDP 仍然为负增长。据 IMF 估计，按购买力平价加权计算，2009 年全球 GDP 下降 1.1%，其中美国、欧元区和日本分别下降 2.7%、4.2% 和 5.4%；印度增长 5.4%，巴西略降 0.7%，俄罗斯下降 7.5%。

（二）各国工业生产分批由降转升

美国上半年工业生产环比持续萎缩，7 月份触底反弹，至 11 月份连续 5 个月环比增长；欧元区前 4 个月工业生产环比连续下降，2 月份降幅高达 4.1%，5－9 月份连续 5 个月增长，10 月份小幅下降 0.6%，11 月份增长 1%；日本 1 月份工业生产大幅下跌 10.1%，创历史最大跌幅，但 3－11 月环比连续 9 个月增长。

发展中国家工业生产同比逐步止降回升：印度 1 月份仅增长 1.1%，2、3 月份连续两个月下降，4 月份转正，11 月份增长 11.7%；巴西 1 月份大幅下降 15.2%，此后降幅在波动中缩小，11 月份首次转正，增长 4%。

（三）CPI 发达国家稳中略升，发展中国家有所回落

除 3 月份外，美国 CPI 环比持续上涨；欧元区 CPI 除 1 月份和 7 月份外，均上涨；从同比来看，两大经济体 CPI 均从 11 月份开始由降转升，美国和欧元区 12 月份分别上涨 2.7% 和 0.9%。

日本的情况比较特殊，CPI 环比前 11 个月中有 7 个月下降；同比除 1 月份持平外，其余月份均下降，其中 10 月份下降 2.5%，创 1970 年 1 月有纪录以来最大降幅。

除印度外，其他主要发展中国家 CPI 同比在波动中回落。从 1 月份到 11 月份，巴西 CPI 从 5.9% 回落到 4.3%；俄罗斯从 13.4% 回落到 9.2%；印度尼西亚从 9.3% 回落到 2.5%；印度则从 10.6% 经历下降之后又回升至 13.5%。

（四）发达国家失业率逐月攀升

美国失业率 1 月份为 7.7%，逐月攀升，10 月份达到 10.1%，11 月和 12 月仍保持 10% 的水平；欧元区从 1 月份的 8.5% 持续上升到 11 月份的 10%；日本从 1 月份的 4.1% 持续攀升到 7 月份的 5.7%，此后有所回落，11 月份为 5.2%。

（五）全球贸易在大幅下挫后逐步回升

1 月份，全球贸易量环比大幅下降 6.9%，2 月份开始在波动中回升；

10 月份环比增长 0.8%，连续两个月增长。从同比看，年内各月均为下滑，但降幅趋于缩小。

美国和日本出口环比从大幅下降转为稳定增长，11 月份分别增长 0.9% 和 4.9%，分别连续 7 个月和 4 个月增长；欧元区出口在波动中呈缓慢回升之势。

（六）发达国家个人消费在波动中恢复增长

前三季度，在退税和"旧车换现金"计划作用下，美国和日本个人消费支出环比有升有降。但在这些政策到期之后，10 月份和 11 月份美国个人消费环比分别增长 0.4% 和 0.2%，连续两个月增长；8－11 月，日本连续 4 个月实现增长，10 月份和 11 月份增长率分别为 0.7% 和 0.1%。

（七）三大经济体固定资本形成降幅持续缩小

美国私人固定资本形成环比降幅（折年率）从第一季度的 39% 收窄至第三季度的 1.3%；欧元区固定资本形成环比降幅从 4.9% 收窄到 0.8%；日本固定资本形成环比降幅从 6% 收窄到 3.2%。

（八）发达国家公司利润由降转升

前三季度，美国公司利润摆脱了 2008 年第四季度大幅下降的泥潭，连续 3 个季度环比增长，分别增长了 5.3%、3.7% 和 10.6%。日本公司利润第一季度环比下降 21.4%，降幅比上季度大幅收窄 22.7 个百分点；第二、三季度环比分别增长 18.4% 和 26.8%。

（九）景气指标陆续回升到景气区间

据经济合作与发展组织（OECD）统计，西方七国的景气指标陆续回升到 100 的长期趋势之上，其中，加拿大为 6 月；英国为 7 月；欧元区为 8 月；日本和美国为 11 月。

全球制造业 PMI 从 7 月份回升到景气区间，12 月份创 44 个月以来新高，制造业复苏基础有所巩固；服务业 PMI 从 8 月份回升到景气区间。美国、欧元区和日本三大经济体企业家和消费者信心指数全年在波动中上升。

二、国际金融市场从剧烈波动趋于比较平稳

（一）国际金融市场主要利差趋于回落

金融市场主要利差在波动中不断回落，回归到国际金融危机甚至美

国次贷危机以前的水平。反映信贷市场资金短缺程度的美元三个月伦敦同业拆借利率（Libor）与隔夜指数掉期（OIS）的利差从2008年底的121.15个基点大幅下降至去年底的8.86个基点；美元三个月Libor与同期限美国国债收益率的利差则从134.89个基点降至20.3个基点，两者均回落到美国次贷危机以前的水平；今年初，全球发展中国家平均借贷利率为7.56%，回落到2008年6月份的水平。

金融危机最近的余波发生在12月份，因迪拜债务危机，墨西哥、希腊、葡萄牙和西班牙主权信用等级下调而使得Libor－OIS利差一度小幅上升，随后又快速回落。

然而，值得关注的是，截至目前，发达国家贷款违约率仍在上升，信贷持续收缩，不良资产还在扩大，国际金融监管迟迟不能落实，潜伏的金融风险仍然很大，金融市场的恢复还有很长的路要走。

（二）主要发达国家房地产市场触底回稳

美国住房销售止降回升，销售价格和开工量在波动中有所上升，住宅投资逐渐由经济增长的拖累因素转变为推动因素。1－11月份，现房价格中位数从16.48万美元/套回升至17.26万美元/套，新房价格从20.86万美元/套回升到21.74万美元/套；待售现房可供销售月数从9.7个月回落到6.5个月，待售新房可供销售的月数从12.4个月的历史高点回落到7.9个月，两者基本回到6－8个月的历史平均水平。第三季度住宅建筑投资环比折年率增长19.5%，结束了2006年第一季度以来持续14个季度的下降趋势，成为推动经济复苏的重要力量。

从2009年3月份起，英国房价环比持续上涨，从9月份开始同比上涨，从而结束了持续近两年的下跌趋势。住房销量也开始增加，其中6月份，住房交易量比1月份增长了84%。

德国第三季度房价环比上涨0.8%，结束了前两个季度持续下跌趋势。

三、各国力度空前的刺激措施发挥了重要作用

（一）各国财政刺激措施力度空前

根据联合国估算，自国际金融危机爆发以来，各国政府宣布的财政、货币和金融政策所涉及的金额已高达16万亿美元，其中仅G20就达10

万亿美元。据国际清算银行统计,2009 年美国、匈牙利、日本、欧盟、智利、印度、德国和法国财政刺激规模占其 GDP 的比重分别为 6.0%、5.5%、2.0%、1.5%、1.5%、1.5%、1.3%和 1.3%。

除了年初集中推出的措施外,各国还不断出台新措施,继续增加支出或延长政策的执行期限。比如,美国近期将原定总额为 7000 亿美元的 TARP(问题资产救助计划)延长至 2010 年 10 月,将领取失业救济时间再延长 14 到 20 周,将首次购房的 8000 美元退税额延长到 2010 年 4 月 30 日;日本近期则宣布了第四轮总额为 810 亿美元的财政刺激计划;巴西宣布了规模近 500 亿美元的新刺激计划;印度财政部则正在寻求国会批准新的刺激计划。

(二)在采取传统货币政策的同时,一些国家不惜采取非传统货币政策

为应对金融危机,各国中央银行迅速大幅度地降低利率,实行宽松货币政策,2009 年欧元区和英国央行分别累计减息 150 个基点;印度和瑞典累计减息 175 个基点;泰国累计减息幅度最大,达到 275 个基点;累计减息最少的澳大利亚和韩国为 100 基点。除此以外,不少经济体还采取了注资、存贷款担保等非传统货币政策,美国和欧洲央行还进行了银行业压力测试。

(三)各国政策效果十分明显

财政政策效果显著。以美国为例,退税和旧车换现金计划对于提升美国个人收入和消费支出,特别是耐用品消费支出发挥了重要作用;初次购房者退税政策是第三季度居民住房投资由降转升的主要推动力量。

传统的和非传统的货币政策对于稳定和逐步恢复金融市场发挥了重要作用。银行业压力测试对于稳定金融和提升信心发挥了重要作用。

四、三大经济体经济复苏的因素分析

三大经济体第三季度 GDP 增长的因素分析揭示了政策因素、库存调整和外需对发达国家经济复苏的重大贡献。

美国第三季度 GDP 环比折年率增长 2.2%,主要是耐用消费品、库存调整和住房投资推动的,三者的贡献分别为 1.36、0.69 和 0.43 个百分点,合计贡献率超过 100%。其中耐用消费品增长为"旧车换现金"计划刺激的结果,住房投资增长则为初次申请购房退税 8000 美元政策推动的结果。

欧元区第三季度 GDP 环比增长 0.4%，库存调整对 GDP 增长贡献 0.5 个百分点，净出口贡献 0.06 个百分点，最终消费支出贡献 0.04 个百分点；固定资本形成总额负贡献 0.17 个百分点。

日本第三季度 GDP 环比增长 0.3%，净出口和库存调整对 GDP 增长贡献分别为 0.4 和 0.1 个百分点，最终消费支出贡献 0.6 个百分点；而固定资本形成总额为负贡献 0.7 个百分点。

库存的回补加上销售回暖使得美国和日本制造业存销比持续下降：美国从 1 月份的 1.46 逐步下降到 11 月份的 1.32，下降了 0.14 个点；日本从 1 月份的 1.41 下降到 11 月份的 1.04，大幅下降了 0.37 个点。

（执笔：释经组；成文于 2010 年 1 月 20 日）

二、世界经济年度分析

走出深度衰退　开始艰难复苏

——2009 年世界经济回顾及 2010 年展望

在各国规模空前的刺激政策作用下，2009 年世界经济从深度衰退走向艰难复苏，国际金融市场从剧烈波动趋于比较平稳。预计 2010 年世界经济形势将好于上年，但经济增长速度仍会低于长期趋势。由于发达国家经济回升的内在动力不足，发展中国家经济持续增长的困难很大，金融危机的深层问题难以解决，刺激政策的效用弱化，复苏之路将崎岖不平。我国外部经济环境将有所改善，但十分有限。

一、2009 年世界经济从深度衰退走向艰难复苏

2009 年世界经济经历了从深度衰退到艰难复苏的过程：第一季度急剧下滑，第二季度逼近谷底，第三季度触底回升，第四季度艰难复苏。从 JP Morgan 全球产出指数来看，2 月份是 37.4，为全年最低，之后逐月攀升，8 月份首度突破 50 这一景气临界点，10 月份达到全年最高点 54.2，最后两个月有所反复，但仍在 50 以上。

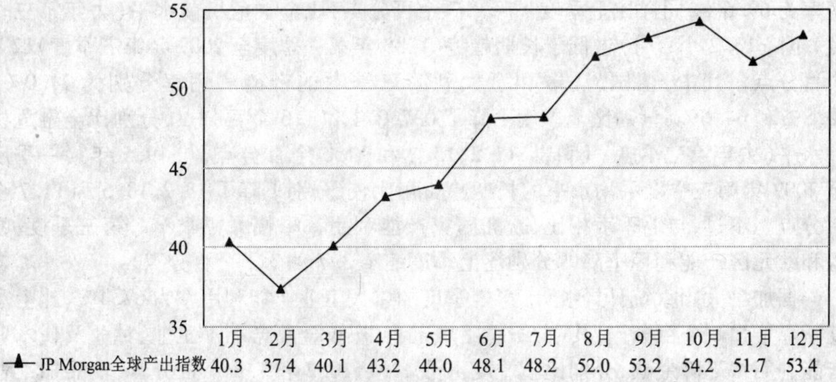

图 1　2009 年 JP Morgan 全球产出指数在波动中上升，8 月份升至景气区间

专栏 2

当前世界各国产能利用率仍处于较低水平

最新统计数据显示，随着世界经济开始复苏，各国工业产能利用率大幅下降趋势得到遏制，正在缓慢回升。但是，总体来看，当前世界各国产能利用率仍然较低，不仅大大低于金融危机前水平，而且远远低于历史平均水平。

一、美国和日本产能利用率有所回升，但仍在正常水平以下

据美联储统计，9 月份美国工业和制造业产能利用率分别为 70.5% 和 67.5%，分别比上月回升 0.5 和 0.7 个百分点，均连续 3 个月回升，但仍分别比金融危机前水平（去年 9 月）低 4.0 和 5.0 个百分点，也分别比长期趋势（1972 年 1 月至 2009 年 9 月）低 10.2 和 11.8 个百分点。其中，原油和天然气开采业以及原油和煤炭加工业的产能利用率最高，分别达到 96.4% 和 86.5%；木材加工和采矿辅助性生产活动的产能利用率最低，分别为 49.6% 和 50.9%。

据日本央行统计，8 月份日本制造业开工率指数（2005 年 = 100）为 79.0，环比回升 2.3%，为连续 6 个月回升，比金融危机前（去年 9 月）下降了 20.4%，低于长期趋势（1989 至 2008 年）19.4%。

二、欧元区和加拿大产能利用率继续下降，但降幅收窄

2009 年第三季度，欧盟 27 国制造业产能利用率为 70.2%，比上季度下降 0.7 个百分点，比金融危机前水平（去年第三季度）下降 12.6 个百分点，低于长期趋势（1985 年第一季度至 2009 年第三季度）11.3 个百分点；欧元区 16 国制造业产能利用率为 69.6%，同样比上季度下降 0.7 个百分点，比金融危机前水平（去年第三季度）下降 13.2 个百分点，低于长期趋势（1985 年第一季度至 2009 年第三季度）12.0 个百分点。其中，德国、法国和意大利第三季度的产能利用率分别为 71.0%、70.8% 和 64.6%，分别比上季度下降了 0.7、0.4 和 1.6 个百分点，分别比金融危机前水平（去年第三季度）下降了 15.2、15.1 和 11.0 个百分点；与 1985 年第一季度至 2009 年第三季度平均水平的长期趋势相比较，分别下降了 13.2、13.6 和 11.7 个百分点。不过，与上季度相比，欧洲国家产能利用率降幅大幅收窄。第三季度，欧盟和欧元区产能利用率降幅分别比上季度缩窄 3.7 和 3.1 个百分点。

据加拿大国家统计局统计，第二季度加拿大工业产能利用率为 67.4%，比上季度下降了 2.8 个百分点，其中，纺织品加工业、初级金属产品加工业、林业及伐木业产能利用率下降最快，分别比上季度下降 11.1、10.2 和 7.8 个百分点；食品加工业产能利用率为 81.5%，为唯一产能利用率没有下降的行业。

三、发展中国家产能利用率有所回升，但依然偏低

据泰国央行统计，9月份泰国制造业产能利用率为64.7%，比上月回升4.3个百分点，连续2个月回升，但比金融危机前水平（去年9月）下降2.0个百分点，比长期趋势（1995年1月至2009年9月）低4.3个百分点。据土耳其统计协会统计，9月份土耳其4865家制造企业的平均产能利用率为70.1%，比上月回升0.4个百分点，但比金融危机前（去年9月）下降9.7个百分点，比长期趋势（1984年至2008年）低5.9个百分点。据立陶宛国家统计局统计，10月份立陶宛工业产能利用率为62.0%，与上月持平，连续7个月回升或持平，比金融危机前（去年9月）下降9.0个百分点，比长期趋势（2003年4月至2009年10月）低7.8个百分点。

四、当前我国产能利用率高于世界各国水平

我国第三季度大中型企业产能利用率为79.9%，比上季度回升4.1个百分点，回升势头强劲，在所能监测到的各经济体中，我国产能利用率不仅高于发展中国家水平，也高于发达国家水平。我国产能利用率分别比泰国、土耳其和立陶宛高出15.2、9.8和17.9个百分点，比美国、欧元区、德国、法国、意大利和加拿大高出9.4、10.3、8.9、9.1、15.3和12.5个百分点。

部分国家工业产能利用率　　　　单位：%

	当前水平	长期趋势	当前水平减长期趋势（百分点）	金融危机前水平	当前水平减金融危机前水平（百分点）
美国	70.5（9月）	80.7（1972年1月至2009年9月）	-10.2	74.5（去年9月）	-4.0
欧元区	69.6（第三季度）	81.6（1985年第一季度至2009年第三季度）	-12.0	82.8（去年第三季度）	-13.2
德国	71.0（第三季度）	84.2（1985年第一季度至2009年第三季度）	-13.2	86.2（去年第三季度）	-15.2
法国	70.8（第三季度）	84.4（1985年第一季度至2009年第三季度）	-13.6	85.9（去年第三季度）	-15.1
意大利	64.6（第三季度）	76.3（1985年第一季度至2009年第三季度）	-11.7	75.6（去年第三季度）	-11.0
泰国	64.7（9月）	69.0（1995年1月至2009年9月）	-4.3	66.7（去年9月）	-2.0
立陶宛	62.0（10月）	69.8（2003年4月至2009年10月）	-7.8	71.0（去年9月）	-9.0

注：欧元区、德国、法国、意大利和泰国为制造业产能利用率。

资料来源：各经济体官方网站。

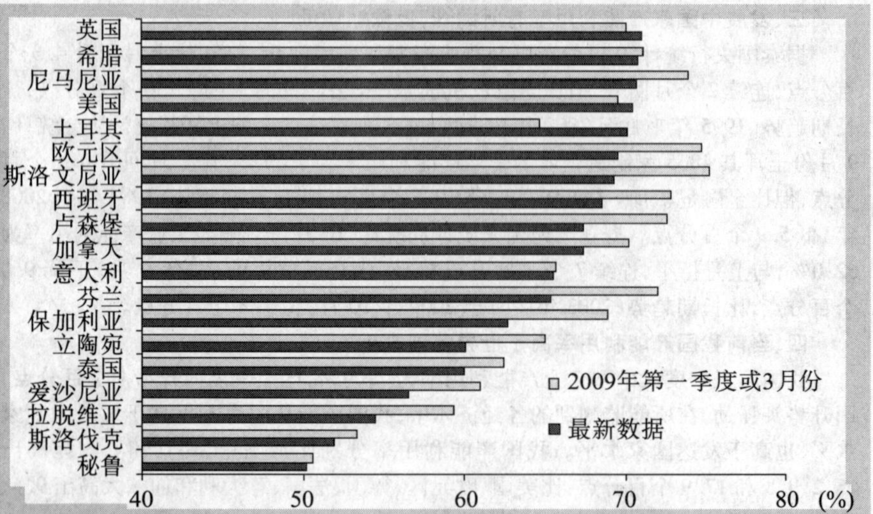

产能利用率

资料来源:世界银行。

(执笔:王金萍)

(一)世界经济从第三季度开始触底回升,全年为负增长

2009 年第一季度三大经济体 GDP 大幅下降,延续了 2008 年第四季度加速下滑之势,美国、日本、欧元区环比分别为下降 6.4%(折年率)、3.1% 和 2.5%;第二季度,亚太发展中国家以及澳大利亚、日本、德国、法国 GDP 环比出现增长;第三季度,美国、欧元区、加拿大、南非、巴西 GDP 环比止跌回升;英国第四季度 GDP 止跌回升,至此,G20 所有经济体均开始复苏。

截至第二季度,美国、欧元区和日本 GDP 累计降幅分别达到 3.9%、5.2% 和 8.9%,截至第三季度,英国 GDP 累计降幅达到 6%,衰退程度超过二战以来的历次衰退。

2009 年全球 GDP 为负增长。据 IMF 估计,按购买力平价加权计算,2009 年全球 GDP 下降 0.8%。其中,美国、欧元区和日本分别下降 2.4%、4.0% 和 5.0%;印度增长 5.6%(预计数),巴西略降 0.24%,俄罗斯下降 7.9%。

表1 2008年以来西方发达经济体季度GDP增长速度(%)

		2008年				2009年			
		Q1	Q2	Q3	Q4	Q1	Q2	Q3	Q4
OECD	环比	0.5	-0.2	-0.6	-1.9	-2.2	0.1	0.6	0.8
	同比	2.4	1.5	0.3	-2.1	-4.8	-4.5	-3.4	-0.7
美国	环比折年率	-0.7	1.5	-2.7	-5.4	-6.4	-0.7	2.2	5.7
	同比	2.0	1.6	0.0	-1.9	-3.3	-3.8	-2.6	0.1
日本	环比	0.9	-1.3	-1.1	-3.0	-3.2	1.3	0.0	1.1
	同比	1.3	-0.3	-1.4	-4.1	-8.8	-5.7	-5.2	-0.4
欧元区	环比	0.8	-0.3	-0.4	-1.8	-2.5	-0.1	0.4	0.1
	同比	2.2	1.4	0.4	-1.8	-4.9	-4.8	-4.0	-2.1
德国	环比	1.6	-0.6	-0.3	-2.4	-3.5	0.4	0.7	0.0
	同比	2.1	3.4	1.4	-1.8	-6.7	-5.8	-4.8	-2.4
法国	环比	0.5	-0.4	-0.2	-1.5	-1.4	0.3	0.2	0.6
	同比	1.9	1.0	0.1	-1.7	-3.5	-2.7	-2.3	-0.3
意大利	环比	0.5	-0.6	-0.8	-2.1	-2.7	-0.5	0.6	-0.2
	同比	0.3	-0.4	-1.3	-2.9	-6.0	-5.9	-4.6	-2.8
英国	环比	0.7	-0.1	-0.9	-1.8	-2.5	-0.7	-0.2	0.1
	同比	2.4	1.7	0.2	-2.1	-5.2	-5.8	-5.1	-3.2
加拿大	环比	-0.2	0.1	0.1	-0.9	-1.6	-0.8	0.1	
	同比	1.7	0.7	0.3	-1.0	-2.3	-3.2	-3.2	

资料来源:各经济体统计网站。

(二)各国工业生产相继由降转升

美国、欧元区和日本2009年工业生产分别比上年大幅下降9.7%、14.9%和22.4%。分月环比看,美国上半年工业生产环比持续萎缩,7月份触底反弹,至12月份连续6个月环比增长;欧元区前4个月工业生产环比连续下降,2月份降幅高达4.5%,5-9月份连续5个月增长,第四季度有所反复,10月份下降0.7%,11月份增长1.4%,12月份下降1.7%;

日本1月份工业生产大幅下跌10.1%，创历史最大跌幅，3－12月环比连续10个月增长，11月和12月份均环比增长2.2%。

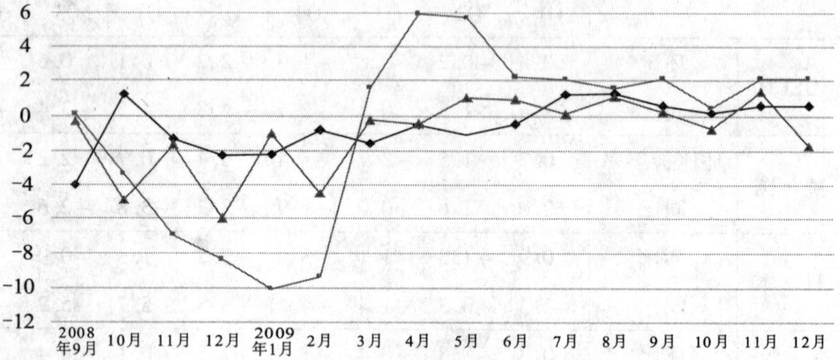

	2008年9月	10月	11月	12月	2009年1月	2月	3月	4月	5月	6月	7月	8月	9月	10月	11月	12月
美国	-4.0	1.3	-1.3	-2.3	-2.2	-0.8	-1.6	-0.5	-1.1	-0.5	1.2	1.3	0.6	0.2	0.6	0.6
日本	0.1	-3.4	-7.0	-8.4	-10.1	-9.4	1.6	5.9	5.7	2.3	2.1	1.6	2.1	0.5	2.2	2.2
欧元区	-0.3	-4.9	-1.7	-6.0	-1.0	-4.5	-0.3	-0.5	1.1	1.0	0.1	1.1	0.3	-0.7	1.4	-1.7

图2　三大经济体工业生产环比增长率(%)

发展中国家和地区工业生产同比逐步止降回升：印度1月份仅增长1.1%，2、3月份连续两个月下降，4月份转正，12月份增长16.8%；巴西1月份大幅下降15.2%，此后降幅在波动中缩小，11月份首次转正，增长4%，12月份增速进一步提高到18.5%；韩国和中国台湾由年初的大幅下降转为年底的快速增长，12月份分别增长33.9%和47.3%；墨西哥从1月份的下降10.5%转为12月份的增长1.6%。

表2　其他主要国家和地区工业生产同比增长速度(%)

	巴　西	印　度	韩　国	墨西哥	中国台湾	马来西亚
2008年1月	8.0	6.4	11.7	2.8	12.9	9.6
2月	6.8	9.5	10.7	6.3	17.6	9.7
3月	6.2	5.1	10.5	-4.9	10.2	2.7
4月	6.5	6.2	10.8	6.5	10.8	4.5
5月	3.8	4.2	8.9	-0.7	6.4	2.6
6月	6.9	5.3	7.0	-0.6	6.0	2.3
7月	7.2	6.4	8.6	0.1	3.2	5.0
8月	3.9	1.7	1.8	-1.8	1.3	1.2
9月	7.5	6.1	6.3	-1.7	-0.9	-2.0

续表

	巴　西	印　度	韩　国	墨西哥	中国台湾	马来西亚
10 月	1.1	0.3	-1.9	-2.1	-13.3	-3.1
11 月	-4.1	2.6	-13.8	-4.7	-28.9	-7.9
12 月	-16.2	-0.2	-18.7	-6.0	-33.1	-15.9
2009 年 1 月	-15.1	1.1	-25.5	-10.5	-44.9	-17.9
2 月	-13.1	-0.7	-10.0	-12.7	-27.2	-12.7
3 月	-12.7	-0.8	-10.5	-6.0	-25.8	-13.0
4 月	-12.0	1.2	-8.2	-12.7	-20.0	-11.8
5 月	-9.6	2.2	-9.0	-11.5	-18.4	-11.0
6 月	-12.1	8.2	-1.1	-10.2	-11.3	-9.7
7 月	-10.3	7.2	0.7	-6.4	-7.9	-7.8
8 月	-7.9	10.9	1.0	-7.7	-9.5	-7.0
9 月	-7.8	9.1	11.0	-5.6	1.7	-6.2
10 月	-2.9	10.3	0.3	-5.5	7.1	0.9
11 月	4.1	11.7	17.9	-1.0	31.4	-0.8
12 月	18.5	16.8	33.9	1.6	47.3	8.9

资料来源：各经济体统计网站。

（三）CPI 发达国家稳中略升，发展中国家有所回落

除 3 月份外，美国 CPI 环比持续上涨；欧元区 CPI 除 1 月份和 7 月份外，均上涨；从同比来看，两大经济体 CPI 均从 11 月份开始由降转升，美国和欧元区 12 月份分别上涨 2.7% 和 0.9%。美国全年微降 0.4%，欧元区微升 0.3%。

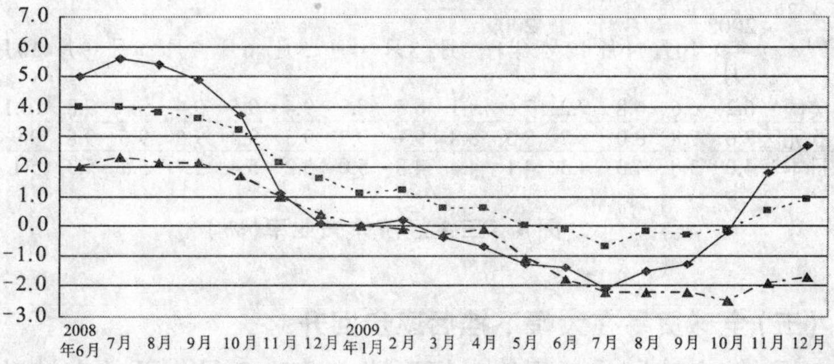

	2008 年6月	7月	8月	9月	10月	11月	12月	2009 年1月	2月	3月	4月	5月	6月	7月	8月	9月	10月	11月	12月
美国	5.0	5.6	5.4	4.9	3.7	1.1	0.1	0.0	0.2	-0.4	-0.7	-1.3	-1.4	-2.1	-1.5	-1.3	-0.2	1.8	2.7
欧元区	4.0	4.0	3.8	3.6	3.2	2.1	1.6	1.1	1.2	0.6	0.6	0.0	-0.1	-0.7	-0.2	-0.3	-0.1	0.5	0.9
日本	2.0	2.3	2.1	2.1	1.7	1.0	0.4	0.0	-0.1	-0.3	-0.1	-1.1	-1.8	-2.2	-2.2	-2.2	-2.5	-1.9	-1.7

图 3　三大经济体 CPI 同比上涨率（%）

日本的情况比较特殊,CPI 环比全年有 8 个月下降;同比除 1 月份持平外,其余月份均下降,其中 10 月份下降 2.5%,创 1970 年 1 月有纪录以来最大降幅。全年整体 CPI 下降 1.4%,核心 CPI 下降 0.7%。整体 CPI,特别是核心 CPI 环比持续下降,说明通货紧缩形势十分严峻。

除印度外,其他主要发展中国家 CPI 同比在波动中回落。从 1 月份到 12 月份,巴西 CPI 从 5.8% 回落到 4.3%;俄罗斯从 13.4% 回落到 8.8%;印度尼西亚从 9.2% 回落到 2.8%;印度则从 10.4% 经历下降之后又回升至 15%。

(四)发达国家失业率逐步攀升

美国失业率 1 月份为 7.7%,逐月攀升,10 月份达到 10.1%,11 月和 12 月仍保持 10% 的水平;欧元区从 1 月份的 8.5% 持续上升到 12 月份的 10%;日本从 1 月份的 4.1% 持续攀升到 7 月份的 5.7%,此后有所回落,12 月份为 5.1%。2009 年,美国、欧元区和日本失业率分别为 9.3%、9.4% 和 5.1%,分别比上年提高 3.5 个、1.9 个和 1.1 个百分点。

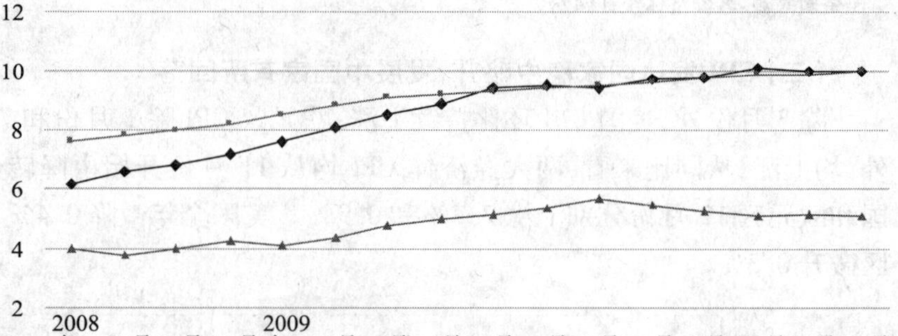

	2008年9月	10月	11月	12月	2009年1月	2月	3月	4月	5月	6月	7月	8月	9月	10月	11月	12月
◆ 美国	6.2	6.6	6.8	7.2	7.6	8.1	8.5	8.9	9.4	9.5	9.4	9.7	9.8	10.1	10.0	10.0
■ 欧元区	7.6	7.8	8.0	8.2	8.5	8.8	9.1	9.2	9.3	9.4	9.5	9.6	9.8	9.9	9.9	10.0
▲ 日本	4.0	3.8	4.0	4.3	4.1	4.4	4.8	5.0	5.2	5.4	5.7	5.5	5.3	5.1	5.2	5.1

图 4 三大经济体失业率(%)

(五)全球贸易在大幅下挫后逐步回升

1 月份,全球贸易量环比大幅下降 6.9%,2 月份开始在波动中回升;11 月份环比增长 1.1%,连续 3 个月增长。从同比看,年内各月均为下滑,但降幅趋于缩小,11 月份微降 1%。

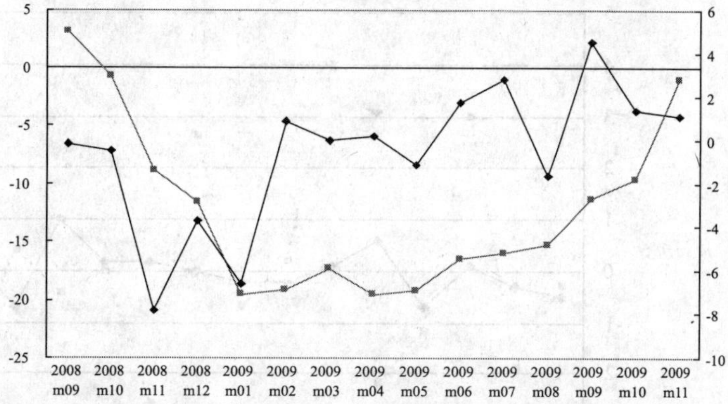

	2008 m09	2008 m10	2008 m11	2008 m12	2009 m01	2009 m02	2009 m03	2009 m04	2009 m05	2009 m06	2009 m07	2009 m08	2009 m09	2009 m10	2009 m11
同比(左轴)	3.08	-0.71	-8.85	-11.60	-19.52	-19.12	-17.28	-19.56	-19.20	-16.55	-16.02	-15.36	-11.38	-9.69	-0.98
环比(右轴)	-0.17	-0.50	-7.80	-3.74	-6.61	0.92	-0.03	0.21	-1.14	1.73	2.80	-1.63	4.52	1.40	1.09

图5　国际金融危机以来全球贸易量分月变化趋势(%)

美国和日本出口环比从大幅下降转为稳定增长,11 月份分别增长 0.9% 和 4.9%,分别连续 7 个月和 4 个月增长;欧元区出口在波动中呈缓慢回升之势。

(六)发达国家个人消费在波动中恢复增长

前三季度,在退税和"旧车换现金"计划作用下,美国和日本个人消费支出环比有升有降;计划到期之后,第四季度美国和日本个人消费分别连续 3 个月和 2 个月增长,趋于较为稳定的增长。分月看,全年美国个人消费有 9 个月环比增长,其中下半年除 9 月下降 0.7% 外,大体维持增长势头; 11 月至 12 月,日本工人家庭消费支出分别增长 0.9% 和 0.7%。

(七)三大经济体固定资本形成降幅持续缩小

美国私人固定资本形成环比降幅(折年率)从第一季度的 39% 收窄至第三季度的 1.3%,第四季度增长 3.5%,为 2007 年第二季度以来首次增长;欧元区固定资本形成环比降幅从第一季度的 5.4% 收窄到第三季度的 0.8%;日本降幅从第一季度的 6% 收窄到第四季度的 0.2%。

(八)发达国家公司利润由降转升

前三季度,美国公司利润摆脱了 2008 年第四季度大幅下降的泥潭,连续 3 个季度环比增长,分别增长了 5.3%、3.7% 和 10.6%。日本公司利润第一季度环比下降 21.4%,降幅比上季度大幅收窄 22.7 个百分点;第二、三季度环比分别增长 18.4% 和 26.8%。

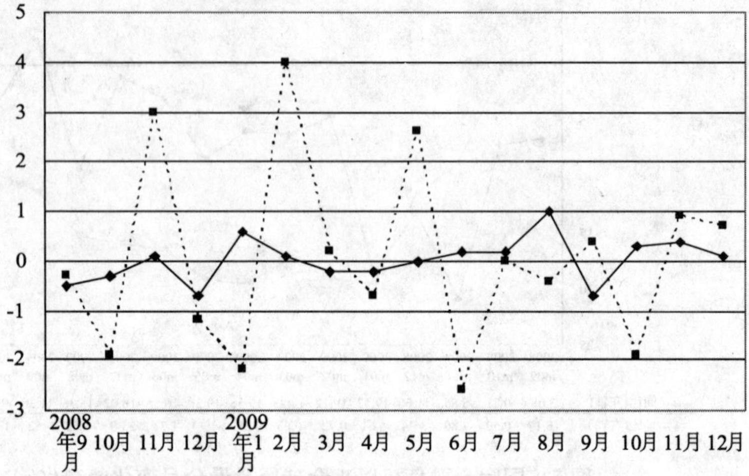

	2008年9月	10月	11月	12月	2009年1月	2月	3月	4月	5月	6月	7月	8月	9月	10月	11月	12月
美国	-0.5	-0.3	0.1	-0.7	0.6	0.1	-0.2	-0.2	0.0	0.2	0.2	1.0	-0.7	0.3	0.4	0.1
日本工人家庭	-0.3	-1.9	3.0	-1.2	-2.2	4.0	0.2	-0.7	2.6	-2.6	0.0	-0.4	0.4	-1.9	0.9	0.7

图6　美国和日本消费支出环比增长率(%)

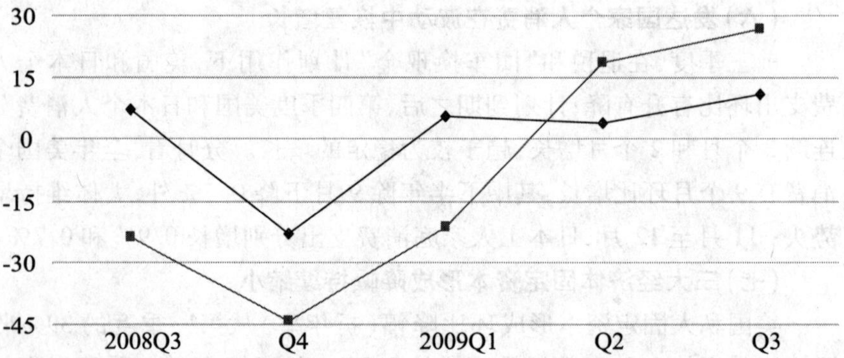

	2008Q3	Q4	2009Q1	Q2	Q3
美国	6.9	-22.8	5.3	3.7	10.6
日本	-23.5	-44.1	-21.4	18.4	26.8

图7　美国和日本公司利润环比增长率(%)

(九)景气指标陆续回升到景气区间

据经济合作与发展组织(OECD)统计,西方七国的景气指标陆续回升到100的长期趋势之上,其中,意大利为6月;法国为7月;英国和欧元区为8月;加拿大和德国为9月;日本和美国为11月。

表3　2009年G7和金砖四国先行指标(长期趋势为100)

	1月	2月	3月	4月	5月	6月	7月	8月	9月	10月	11月	12月	超越100的月份
美　国	91.4	91.0	91.2	92.0	93.2	94.6	96.0	97.3	98.5	99.6	100.5	101.5	11月
日　本	92.6	91.7	91.6	92.1	93.1	94.4	95.8	97.1	98.4	99.6	100.9	102.1	11月
欧元区	92.5	92.7	93.4	94.5	95.9	97.5	99.0	100.5	101.8	103.0	104.0	104.9	8月
法　国	94.4	95.0	95.9	97.0	98.2	99.6	100.9	102.2	103.5	104.7	105.8	106.7	7月
德　国	88.9	88.8	89.6	90.9	92.8	94.8	96.9	98.9	100.6	102.1	103.4	104.6	9月
意大利	93.4	94.2	95.4	97.0	98.8	100.6	102.2	103.6	104.9	106.0	107.0	107.7	6月
加拿大	92.2	92.0	92.4	93.3	94.6	96.2	97.8	99.4	100.8	102.1	103.2	104.3	9月
英　国	94.1	94.2	94.7	95.5	96.7	98.0	99.6	101.1	102.6	103.8	104.9	105.8	8月
巴　西	84.4	84.8	86.2	88.3	90.7	93.0	95.0	96.6	97.7	98.5	99.0	99.1	—
印　度	94.1	94.3	95.0	95.9	96.9	97.8	98.5	99.0	99.2	99.3	99.3	99.2	—
俄罗斯	86.6	87.6	89.2	91.2	93.2	95.0	96.6	98.0	99.2	100.1	100.8	101.0	10月
中　国	94.8	96.4	98.0	99.5	100.8	101.8	102.5	103.0	103.2	103.2	103.2	103.1	5月

资料来源:OECD数据库。

全球制造业PMI从7月份回升到景气区间,12月份创44个月以来新高,制造业复苏基础有所巩固;服务业PMI从8月份回升到景气区间。美国、欧元区和日本三大经济体企业家和消费者信心指数全年在波动中上升。

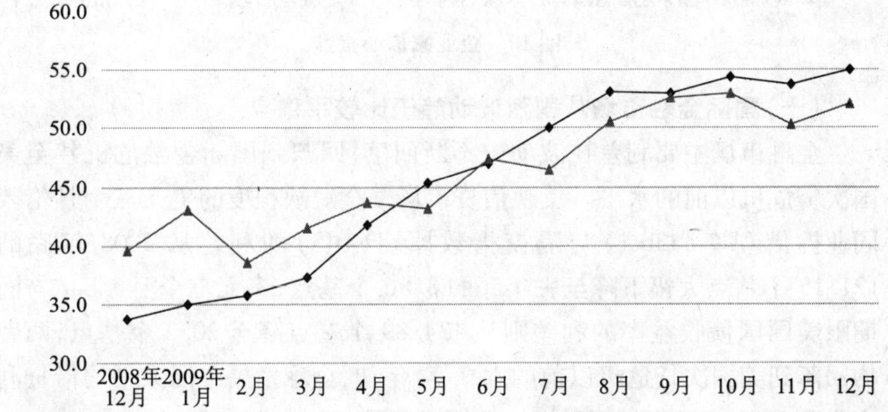

	2008年12月	2009年1月	2月	3月	4月	5月	6月	7月	8月	9月	10月	11月	12月
制造业	33.7	35.0	35.8	37.3	41.8	45.3	47.0	50.0	53.1	53.0	54.4	53.7	55.0
服务业	39.6	43.0	38.6	41.5	43.7	43.2	47.4	46.5	50.5	52.6	53.0	50.3	52.1

图8　JP摩根全球制造业和服务业PMI

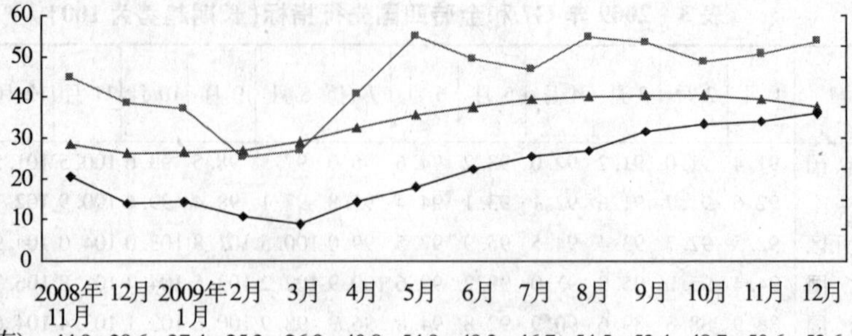

	2008年11月	12月	2009年1月	2月	3月	4月	5月	6月	7月	8月	9月	10月	11月	12月
美国(左)	44.9	38.6	37.4	25.3	26.9	40.8	54.9	49.3	46.7	54.5	53.4	48.7	50.6	53.6
日本(左)	28.4	26.2	26.4	26.7	28.9	32.4	35.7	37.6	39.4	40.1	40.5	40.5	39.5	37.5
欧元区(右)	-26.3	-30.7	-30.5	-32.9	-34.2	-30.5	-28.1	-25.1	-23.0	-22.0	-19.0	-17.7	-17.3	-16.1

图 9　消费者信心指数

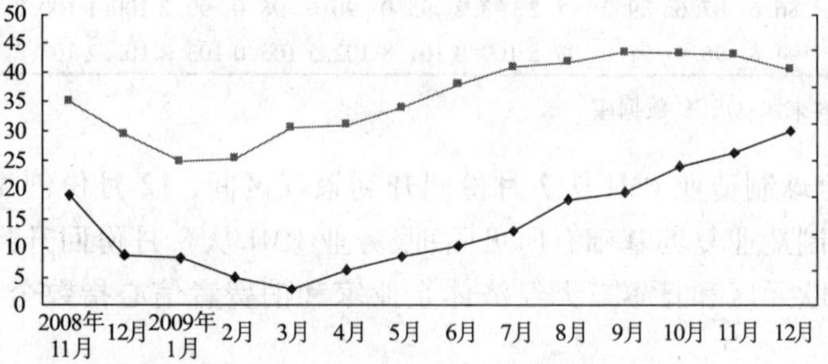

	2008年11月	12月	2009年1月	2月	3月	4月	5月	6月	7月	8月	9月	10月	11月	12月
日本(左)	35.1	29.4	24.8	25.3	30.4	30.8	34.1	38.0	41.1	41.8	43.5	43.4	43.0	40.4
欧元区(右)	-24.8	-33.0	-33.4	-36.1	-37.8	-35.0	-33.2	-31.7	-29.6	-25.4	-24.4	-20.9	-18.9	-16.0

图 10　企业家信心指数

(十)国际金融市场从剧烈波动趋于比较平稳

金融市场主要利差在波动中不断回落,回归到国际金融危机甚至美国次贷危机以前的水平。反映信贷市场资金短缺程度的美元三个月伦敦同业拆借利率(Libor)与隔夜指数掉期(OIS)的利差从 2008 年底的 121.15 个基点大幅下降至去年底的 8.86 个基点;美元三个月 Libor 与同期限美国国债收益率的利差则从 134.89 个基点降至 20.3 个基点,两者均回落到美国次贷危机以前的水平;今年初,全球发展中国家平均借贷利率为 7.56%,回落到 2008 年 6 月份的水平。

金融危机最近的余波发生在 12 月份,因迪拜债务危机,墨西哥、希腊、葡萄牙和西班牙主权信用等级下调而使得 Libor－OIS 利差一度小幅上升,随后又有所回落。

然而,值得关注的是,截至目前,发达国家贷款违约率仍在上升,信贷持续收缩,不良资产还在扩大,国际金融监管迟迟不能落实,潜伏的金融风险仍然很大,金融市场的恢复还有很长的路要走。

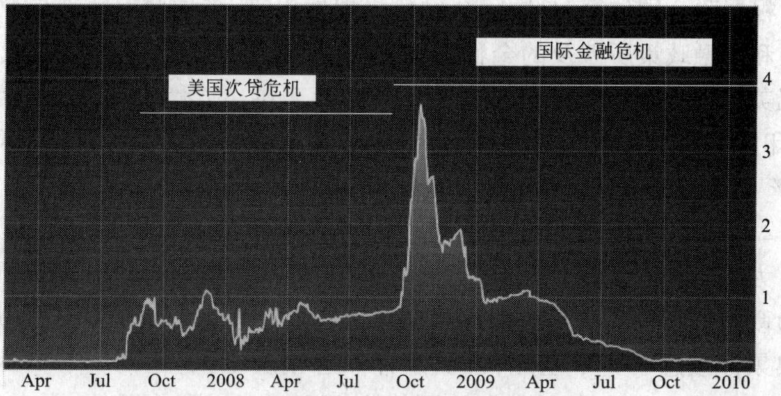

图 11　三个月期限美元伦敦同业拆借利率与隔夜指数掉期(OIS)利差(百分点)

(十一)主要发达国家房地产市场触底回稳

美国住房销售止降回升,销售价格和开工量在波动中有所上升,住宅投资逐渐由经济增长的拖累因素转变为推动因素。1－12 月份,现房价格中位数从 16.48 万美元/套回升至 17.83 万美元/套,新房价格从 20.86 万美元/套回升到 22.13 万美元/套;待售现房可供销售月数从 9.7 个月波动回落到 7.2 个月,待售新房可供销售的月数从 12.4 个月的历史高点波动回落到 8.1 个月,两者越来越接近 6 个月的历史平均水平。第三、四季度住宅投资环比折年率增长 18.9% 和 5.7%,结束了 2006 年第一季度以来持续 14 个季度的下降趋势,转而成为推动经济复苏的重要力量。

从 2009 年 3 月份起,英国房价环比持续上涨,从 9 月份开始同比上涨,从而结束了持续近两年的下跌趋势。住房销量也开始增加,其中 6 月份,住房交易量比 1 月份增长了 84%。

德国第三季度房价环比上涨 0.8%,结束了前两个季度持续下跌趋势。

二、世界经济开始复苏的推动因素

(一)各国力度空前的刺激措施发挥了重要作用

1. 各国财政刺激措施力度空前

根据联合国估算,自国际金融危机爆发以来,各国政府宣布的财政、货币和金融政策所涉及的金额已高达 16 万亿美元,其中仅 G20 就达 10 万亿美元。据国际清算银行统计,2009 年美国、匈牙利、日本、欧盟、智利、印度、德国和法国财政刺激规模占其 GDP 的比重分别为 6.0%、5.5%、2.0%、1.5%、1.5%、1.5%、1.3%和 1.3%。

2. 在采取传统货币政策的同时,一些国家不惜采取非传统货币政策

为应对金融危机,各国中央银行迅速大幅度地降低利率,实行宽松货币政策,2009 年欧元区和英国央行分别累计减息 150 个基点;印度和瑞典累计减息 175 个基点;泰国累计减息幅度最大,达到 275 个基点;累计减息最少的澳大利亚和韩国均为 100 基点。除此以外,不少经济体还采取了注资、存贷款担保等非传统货币政策,美国、欧元区、英国和加拿大启动了量化宽松的货币政策,美国和欧洲央行还进行了银行业压力测试。

表 4 2009 年部分经济体减息幅度

	累计减息基点	2009 年年末基准利率(%)	目前利率(%)
欧元区	150	1.00	1.00
英 国	150	0.50	0.50
澳大利亚	100	3.25	3.75
加拿大	125	0.25	0.25
瑞 典	175	0.25	0.25
挪 威	125	1.75	1.75
韩 国	100	2.00	2.00
泰 国	150	1.25	1.25
印 尼	275	6.50	6.50
印 度	175	4.75	4.75

注:目前利率为截至 2010 年 2 月 11 日的数据。

资料来源:各经济体央行网站。

3. 各国政策效果十分明显

财政政策效果显著。以美国为例，退税和旧车换现金计划对于提升美国个人收入和消费支出，特别是耐用品消费支出发挥了重要作用；初次购房者退税政策是第三、第四季度居民住房投资由降转升的主要推动力量。

传统的和非传统的货币政策对于稳定和逐步恢复金融市场发挥了重要作用。美国和欧洲央行的银行业压力测试对于稳定金融和提升信心发挥了重要作用。

（二）政策因素、库存变动和外需对发达国家经济复苏的贡献重大

从各支出项对美国第四季度 GDP 增长的贡献大小来看，依次为：私人库存变动拉动 3.39 个百分点，比上季度急剧扩大 2.7 个百分点，贡献率达 59.5%；个人消费拉动 1.44 个百分点，比上季度回落 0.52 个百分点，其中以汽车为主体的耐用消费品由上季度的正拉动 1.36 个百分点变为负拉动 0.06 个百分点；净出口拉动 0.50 个百分点，而上季度为负拉动 0.81 个百分点，主要原因是国际经济环境改善导致美国出口加速增长，而美国内需较弱使得进口增速回落；私人固定资本形成拉动 0.43 个百分

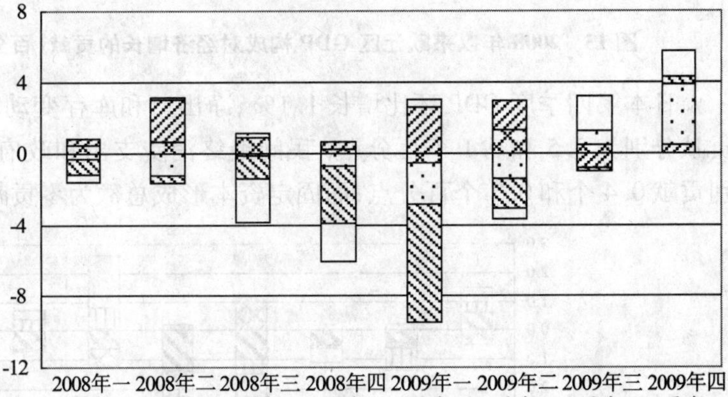

	2008年一季度	2008年二季度	2008年三季度	2008年四季度	2009年一季度	2009年二季度	2009年三季度	2009年四季度
个人消费	-0.39	0.06	-2.49	-2.15	0.44	-0.62	1.96	1.44
私人固定资本形成总额	-0.99	-0.41	-1.30	-3.28	-6.62	-1.68	-0.15	0.43
私人库存变动	-0.21	-1.25	0.26	-0.64	-2.36	-1.42	0.69	3.39
净出口	0.36	2.35	-0.10	0.45	2.64	1.65	-0.81	0.50
政府支出	0.51	0.71	0.95	0.24	-0.52	1.33	0.55	-0.02

图 12　2008 年以来美国各季度支出构成对 GDP 环比增长的贡献

（折年率，百分点）

点，上季度为负拉动0.15个百分点，其中私人住房投资贡献从上季度的0.43个百分点回落到0.14个百分点。尽管“旧车换现金”计划到期使得耐用消费品对经济增长的贡献不复存在，但初次申请购房退税8000美元政策仍继续推动住房投资增长，而库存变动则一跃成为拉动经济增长的首要因素。

欧元区第三季度GDP环比增长0.4%，库存变动对GDP增长贡献0.5个百分点，净出口贡献0.06个百分点，最终消费支出贡献0.04个百分点；固定资本形成总额负贡献0.17个百分点。

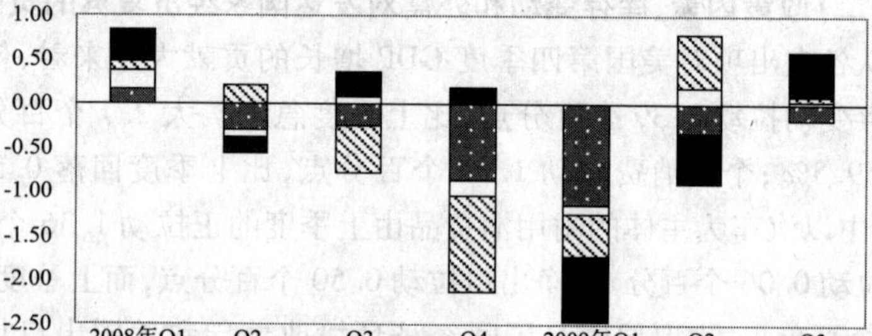

	2008年Q1	Q2	Q3	Q4	2009年Q1	Q2	Q3
■库存变动	0.35	-0.18	0.28	0.19	-0.76	-0.57	0.49
净出口	0.10	0.22	-0.54	-1.09	-0.47	0.61	0.06
□最终消费支出	0.22	-0.07	0.09	-0.16	-0.10	0.18	0.04
固定资本形成	0.16	-0.30	-0.25	-0.87	-1.14	-0.33	-0.17

图13　2008年以来欧元区GDP构成对经济增长的贡献(百分点)

日本第四季度GDP环比增长1.1%，净出口和库存变动对GDP增长贡献分别为0.5和0.1个百分点，民间最终消费支出和政府消费支出分别贡献0.4个和0.2个百分点；而固定资本形成总额为零贡献。

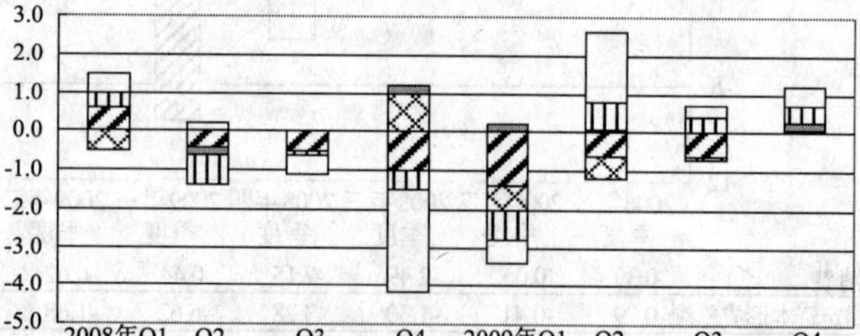

	2008年Q1	Q2	Q3	Q4	2009年Q1	Q2	Q3	Q4
□净出口	0.5	0.2	-0.5	-2.7	-0.6	1.8	0.3	0.5
民间最终消费支出	0.4	-0.8	-0.1	-0.5	-0.8	0.7	0.4	0.4
政府消费支出	0.0	-0.2	0.0	0.2	0.2	0.1	0.0	0.2
库存调整	-0.5	0.0	0.0	1.0	-0.6	-0.6	-0.1	0.1
固定资本形成总额	0.6	-0.4	-0.5	-1.0	-1.4	-0.6	-0.6	0

图14　2008年以来日本GDP构成对经济增长的贡献(百分点)

库存的回补加上销售回暖使得美国和日本制造业存销比持续下降：美国从1月份的1.46逐步下降到12月份的1.29，下降了0.17个点；日本从1月份的1.503下降到12月份的1.079，大幅下降了0.424个点。

世界经济复苏很大程度上由短期因素或外生因素所推动，主要包括财政和货币政策刺激、库存变动以及出口拉动效应等原因。

三、2010年世界经济将恢复增长，但难以达到长期平均水平

2010年，支撑世界经济复苏的部分有利因素还将继续发挥作用，世界经济将延续去年下半年以来的复苏势头，但在失业率高企、产能利用率低迷、信贷紧缩等条件的制约下，增速难以回升至长期平均水平。

（一）今年世界经济形势将继续好转

2008年9月爆发的全球金融危机引发的世界经济衰退在去年下半年得到初步遏制。2010年，支撑世界经济复苏的部分因素还将继续发挥作用，全年世界经济增速将由负转正。

1. 各国宏观刺激政策仍将发挥作用

各国先期推出的应对金融危机的财政刺激计划将在今后两年继续执行，比如美国7870亿美元的财政刺激计划、日本前后三轮总额达75万亿日元的经济刺激计划、德国500亿欧元的经济刺激计划、我国总额为4万亿元的刺激计划等。以美国为例，目前其7870亿美元的财政刺激计划中已支出2420亿美元，还剩约三分之二将在今明两年继续支出。

此外，近期各国还推出了一些新举措，继续增加支出或延长政策的执行期限：美国将原定总额为7000亿美元的TARP（问题资产救助计划）延长至今年10月，将领取失业救济时间再延长14到20周，将首次购房的8000美元退税额延长到今年4月30日；日本宣布了第四轮、总额为810亿美元的财政刺激计划；巴西宣布了规模近500亿美元的新刺激计划；印度财政部则正在寻求国会批准新的刺激计划。

2. 发达国家库存变动还将在今年上半年发挥效用

目前发达国家仍在加速回补库存，库存变动仍将在短期内继续拉动经济增长。去年第三季度和第四季度，美国库存变动分别拉动经济增长了0.69和3.39个百分点，据美国穆迪投资者服务公司今年1月预测，今

年第一季度库存变动对GDP的贡献尽管将有所下降，但仍将贡献1.45个百分点，预计今年第二季度和第三季度将分别对GDP增长贡献0.31和0.21个百分点。

3. 在政策刺激作用下，发达国家私人消费和企业投资将有所改善，经济自主增长动力有所增强

英国共识公司今年1月预测，今年美国私人消费将增长1.9%，去年为下降0.6%；企业投资将下降0.7%，降幅比去年大幅收窄17.5个百分点。欧元区私人消费和固定资本投资将分别增长0.2%和与上年持平，而去年分别下降0.9%和10.3%。日本的私人消费和企业投资将分别为增长1.2%和下降1.6%，去年分别下降0.9%和19.3%。

（二）今年世界经济复苏仍面临诸多问题

尽管今年世界经济增速将由负转正，但世界经济复苏仍面临复苏动力不足、深层次金融风险仍然存在、各国"退出策略"难以预期、贸易保护措施不断增加、国际市场初级产品价格上涨过快以及美元中长期贬值危害深重等诸多问题。

1. 世界经济复苏动力不足

一是失业率高位徘徊制约消费增长。今年1月份美国失业率为9.7%，虽比上月下降0.3个百分点，但主要是新年临时增聘人手所致；去年12月份欧元区和日本失业率分别为10.0%和5.1%。预计今年三大经济体失业率仍将在高位徘徊。

二是产能利用率低迷制约投资增长。去年12月份美国工业产能利用率为72.0%，比上月回升0.5个百分点，但仍比长期趋势低8.7个百分点；去年第四季度欧元区制造业产能利用率为70.7%，比上季度上升0.6个百分点，但仍比长期趋势低10.9个百分点。

三是负财富效应制约投资和消费增长。据美联储统计，截至去年第三季度，美国家庭部门（包括非盈利机构）的净财富总额为53.4万亿美元，仅仅恢复了2006年以来缩水金额的30.8%，非农非金融企业部门净财富为13.2万亿美元，仍在持续下降，比2007年的近期高点减少18%。

四是主要发达国家家庭储蓄率上升，边际消费倾向继续降低。次贷危机以来，由于还贷压力巨大，美国家庭储蓄率有所提高。去年12月份，

美国家庭储蓄率达到4.8%,比上月上升0.3个百分点,去年全年储蓄率为4.6%,比上年上升1.9个百分点,比2005年的历史最低点上升3.2个百分点。去年第二季度欧元区家庭储蓄率为16.2%,比第一季度增高了0.5个百分点,比上年同期高2.4个百分点,创1999年第一季度此指标编制以来的最高值。第三季度小幅回落到15.8%,仍比2008年高出1.8个百分点。

2. 金融危机余波未平

一是利差存在波动。2009年,金融市场主要利差在波动中不断回落,达到了金融危机前的水平,但今年1月份,因迪拜债务危机,墨西哥、希腊、葡萄牙和西班牙主权信用等级下调而一度小幅上升。

二是不良资产仍在上升,金融危机的深层次问题没有解决。据美联储最新统计,2009年第三季度,美国房地产抵押贷款和消费信贷的撇帐率分别达到2.44%和5.86%,分别比上季度上升0.25和0.16个百分点,分别为连续2个和5个季度上升;房地产抵押贷款的拖欠率为9.12%,比上季度上升0.91个百分点;消费信贷的拖欠率为4.76%,下降0.1个百分点。

三是信贷仍然停滞甚至收缩。今年1月份,日本银行贷款余额同比下降1.7%,降幅比上月扩大0.5个百分点。去年12月份,经季节因素调整,美国消费信贷余额环比折年率下降0.8%,连续11个月下降;英国消费信贷余额环比下降0.1%,同比下降4.5%;欧元区1年期消费信贷余额环比增长1.7%,同比下降3.5%。

3. 各国"退出策略"难以预期

"退出策略"的决策十分敏感。一方面,当前疲弱的经济复苏很大程度上由刺激政策所推动,过早退出必将影响目前脆弱的经济复苏;另一方面,各种政策造成了大量财政赤字,导致公共债务规模迅速扩大,在金融系统内积累了大量过剩流动性,潜在通胀风险将逐步积累,发达国家援助大银行还可能造成道德风险,现行政策拖延过久增加了长期滞胀的风险。

"退出策略"的国际协调十分重要。考虑到一国的退出可能产生巨大的溢出效应,以及中止金融救援措施可能削弱国内银行业的国际竞争力,退出策略的国际协调十分重要。

"退出策略"的谋划与协调刻不容缓。目前包括澳大利亚、以色列在内的部分国家已开始升息,包括美国在内的一些国家也开始调减部分货币政策工具的规模,而诸如俄罗斯等国还在降息。各国货币政策取向存在差别,这虽然是各国经济形势所决定的,但同时也说明"退出策略"的谋划与协调已刻不容缓,而各国具体时机、顺序、力度、节奏的把握也十分重要。相关问题处理不当,可能导致汇率、国际资本流动、主权信用等级等急剧变化,造成新的国际经济金融不稳定因素,影响世界经济稳定复苏。

4. 各国贸易保护措施不断增加

随着世界经济逐步复苏,贸易保护主义压力再次上升,成为世界经济复苏的一大障碍。去年第三季度,全球新发起反倾销、反补贴调查案例同比分别增长23%和115%。我国商务部去年12月12日指出,截至11月初,全球共有19个国家和地区对中国出口产品发起了101起贸易救济调查,涉案总额超过116亿美元。这是2002年以来我国年度遭受贸易调查首次突破100起大关。自2008年到2009年9月,国外对中国出口产品启动了20起反补贴调查。此外,我国还遭受了7起特保调查,我国连续三年成为全球遭受反补贴调查最多的国家,是贸易保护主义最大受害国。

5. 国际市场初级产品价格上涨过快

去年10月至今年1月份,国际市场大部分大宗商品价格连续上涨,通胀预期上升。其中,世界食品以及金属和矿产品价格均连续3个月上涨。纽约原油期货价格今年1月6日达到每桶83.18美元,创国际金融危机以来新高。

6. 美元中长期贬值趋势危害深重

金融危机仍将不可避免地削弱美元的国际地位,至于美元币值何时调整到位以及如何调整到位,将对世界经济金融形势产生重大影响。一旦美元快速贬值,将产生重大负面影响:一是助推了国际市场初级产品价格上涨;二是造成日元、欧元和发展中国家货币升值,影响这些国家的出口,削弱其出口竞争力,进而影响到这些经济体尚且脆弱的经济复苏;三是加剧日本的通缩形势;四是造成相关国家所拥有的美元资产明显缩水;五是制约实施联系汇率制度国家的货币政策空间。

(三)2010 年世界经济预测

2010 年,世界经济将止降转升,但增速低于长期趋势,通胀处于可控区间,初级产品价格温和上涨,发达国家失业率还将在高位徘徊,国际贸易和投资缓慢恢复,我国经济将较快增长。

1. 全球 GDP 将预计将止降转升,但低于长期趋势

按购买力平价法(PPP)GDP 加权汇总,世界银行、IMF 和联合国今年1 月份分别预测今年全球 GDP 将增长 3.5%、3.9% 和 3.2%;按汇率法加权,英国共识公司今年2 月份预测将增长3.1%。综合五大国际机构的预测结果,按 PPP 加权,今年全球 GDP 将由去年的下降 1.0% 转为增长3.7%,但比长期趋势(1999 年至 2008 年的平均增速)低 0.3 个百分点;美国、欧元区和日本将分别增长 2.6%、0.9% 和 1.4%,分别与长期趋势持平、比长期趋势低 1.1 个百分点和高 0.2 个百分点。

表 5 四大国际机构关于今年世界及三大经济体经济增长率的预测

单位:%

	世 界	美 国	欧元区	日 本
长期趋势(1999 至 2008 年平均增长率)	4.0	2.6	2.0	1.2
联合国(2010 年 1 月)	3.2	2.1	0.4	0.9
国际货币基金组织(2010 年 1 月)	3.9	2.7	1.0	1.7
英国共识公司(2010 年 2 月)	3.1	3.1	1.3	1.5
世界银行(2010 年 1 月)	3.5	2.5	1.0	1.3
四大国际组织预测结果的简单平均值	3.7	2.6	0.9	1.4
比 2009 年高(百分点)	4.7	5.0	4.9	6.7
比长期趋势低(百分点)	0.3	0.0	1.1	-0.2

注:关于世界经济增长率的预测结果,英国共识公司按汇率法 GDP 加权汇总,其他按购买力平价法加权。在计算四大国际组织平均预测结果时,将英国共识公司预测值加上 1 个百分点估算出按购买力平价法的结果。

2. 通胀处于可控区间,初级产品价格温和上涨

据 IMF 今年 1 月预测,今年全球 CPI 将继续上涨,发达国家和发展中国家将分别上涨 1.3% 和 6.2%,分别比去年加快 1.2 个和 1.0 个百分点。据联合国最新预测,今年国际市场大宗商品价格还将延续去年下半

年以来的上涨趋势，日均原油供给量和需求量将分别达到8540万桶和8570万桶，供不应求继续推动原油价格上涨，预计今年OPEC一揽子原油现货价格和北海布伦特原油现货价格将分别达到每桶69.6美元和72美元，分别比去年上涨18.6%和18.0%。据世界银行最新预测，今年国际市场非能源初级产品价格将上涨5.3%，而上年为下降21.6%。

3. 发达国家失业率将在高位徘徊

英国共识公司今年2月预测，今年美国、欧元区和日本失业率将分别为9.8%、10.4%和5.3%，分别比去年上升0.5、1.0和0.2个百分点；OECD预测将分别达到9.9%、10.6%和5.6%，分别比去年上升0.6、1.2和0.5个百分点。

4. 国际贸易和投资缓慢恢复

据世界银行、IMF和联合国预测，今年世界贸易量将增长4.3%、5.8%和5.4%，将三者简单平均，今年世界贸易量将增长5.2%，但低于长期趋势1.3个百分点，而去年估计为下降13.1%。

据联合国贸发会议2009年9月份报告，今年全球FDI将逐渐恢复到1.4万亿美元，比去年增长近40.0%，但远低于2007年创纪录的2万亿美元。

5. 我国经济将较快增长

英国共识公司今年1月预测，今年我国GDP将增长9.7%，比去年上升1.0个百分点，比世界平均增速高出6.7个百分点；世界银行、IMF和联合国分别预测我国经济增长9.0%、10.0%和8.8%，分别比去年上升0.3、1.3和0.1个百分点，分别比世界平均增速高6.3、7.6和5.8个百分点。

四、确保我国经济持续较快增长的几点建议

今年世界经济将继续复苏，使得我国一度十分严峻的外部经济环境逐渐有所好转，一定程度上有利于我国经济进一步平稳较快增长。同时，我们更应该看到，中短期内世界经济复苏的前景还充满不稳定、不确定因素，复苏之路崎岖不平。刚刚开始的世界经济结构深刻而持久的变化，前景和过程也难以准确预料，必将对我国经济发展产生重大的影响，对此我们应早作准备，妥善应对。要密切监测国际金融市场的变化，未雨绸缪，

制定有效措施,防范和化解外来金融风险;要密切追踪和预测各国货币、财政政策的变化及其效应,妥善应对;要尽快研究制定反对贸易保护主义战略,采取统一有效的措施,坚决维护我国的国家利益;国际市场初级产品价格很有可能过快上升,对此,务必高度重视,做好充分准备,加以应对;要统筹考虑,研究制定应对美元贬值的中长期战略,确保国家重大利益免受损害。

(执笔:释经组)

从深度衰退走向曲折复苏

——2009 年美国经济回顾及 2010 年展望

在美国政府大规模经济刺激计划作用下,2009 年美国金融市场不断改善,实体经济积极变化在领域上持续扩大,已于第三季度出现复苏,但全年经济降幅仍为 1946 年以来的最大降幅。由于经济自主增长动力依然不足,美国经济复苏之路将缓慢而曲折。

一、美国经济从衰退走向复苏

(一)美国经济 2009 年下半年开始复苏

2009 年美国经济下降 2.4%,是 1991 年以来首次负增长,降幅为 1946 年以来最大降幅。分季度看,美国经济总体呈现"降幅缩小 - 加速回升"的运行态势。按季节调整后的环比折年率计算:一季度大幅下降 6.4%,二季度降幅收窄为 1.0 个百分点,三季度增长 2.2%,四季度增幅进一步提高至 5.7%。从 GDP 支出构成来看,个人消费、投资和出口在第三季度开始恢复增长,第四季度继续上升。

从各支出项对第四季度 GDP 增长的贡献大小来看,依次为:私人库存变化拉动 3.39 个百分点,比上季度急剧扩大 2.7 个百分点;个人消费拉动 1.44 个百分点,比上季度回落 0.52 个百分点;净出口拉动 0.50 个百分点,而上季度为负贡献 0.81 个百分点,主要原因是国际经济环境改善导致美国出口加速增长,而美国内需较弱使得进口增速回落;私人固定资本形成拉动 0.43 个百分点,上季度为负拉动 0.15 个百分点;政府支出负拉动 0.02 个百分点,上季度为拉动 0.55 个百分点。

总体看,美国经济在 2009 年下半年开始好转,特别是私人固定资本形成从第四季度开始止跌回升,个人消费支出保持增长,表明美国经济复苏的基础有所巩固。

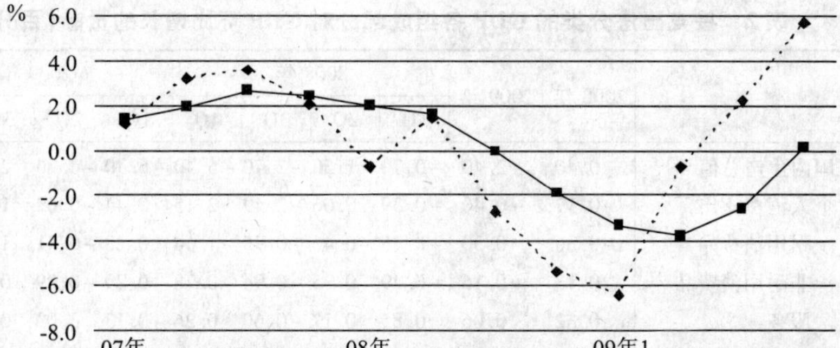

	07年1季度	2季度	3季度	4季度	08年1季度	2季度	3季度	4季度	09年1季度	2季度	3季度	4季度
环比折年率	1.2	3.2	3.6	2.1	-0.7	1.5	-2.7	-5.4	-6.4	-0.7	2.2	5.7
同比	1.4	1.9	2.7	2.5	2.0	1.6	0.0	-1.9	-3.3	-3.8	-2.6	0.1

图1　美国国内生产总值增长率(%)

表1　美国 GDP 支出构成环比折年率增长率(%)

	2008 年	2009 年	2008 年				2009 年			
			1Q	2Q	3Q	4Q	1Q	2Q	3Q	4Q
国内生产总值	0.4	-2.4	-0.7	1.5	-2.7	-5.4	-6.4	-0.7	2.2	5.7
个人消费支出	-0.2	-0.6	-0.6	0.1	-3.5	-3.1	0.6	-0.9	2.8	2.0
耐用消费品	-4.5	-4.0	-8.9	-5.7	-11.7	-20.3	3.9	-5.6	20.4	-0.9
非耐用消费品	-0.8	-1.0	-3.0	2.2	-5.6	-4.9	1.9	-1.9	1.5	4.3
服务	0.7	0.1	1.8	0.4	-1.3	0.5	-0.3	0.2	0.8	1.7
私人投资总额	-7.3	-23.5	-7.4	-10.4	-6.9	-24.2	-50.5	-23.7	5.0	39.3
固定资产投资	-5.1	-18.4	-6.3	-2.7	-8.3	-20.2	-39.0	-12.5	-1.3	3.5
非住宅投资	1.6	-17.9	1.9	1.4	-6.1	-19.5	-39.2	-9.6	-5.9	2.9
建筑	10.3	-19.7	6.8	14.5	-0.1	-7.2	-43.6	-17.3	-18.4	-15.4
设备和软件	-2.6	-16.9	-0.5	-5.0	-9.4	-25.9	-36.4	-4.9	1.5	13.3
住宅投资	-22.9	-20.4	-28.2	-15.8	-15.9	-23.2	-38.2	-23.3	18.9	5.7
库存变动										
净出口										
出口	5.4	-9.9	-0.1	12.1	-3.6	-19.5	-29.9	-4.1	17.8	18.1
货物	5.9	-12.5	4.2	14.1	-1.8	-25.5	-36.9	-6.3	24.6	28.1
服务	4.2	-4.2	-9.0	7.8	-7.7	-4.3	-13.6	0.1	5.6	0.0
进口	-3.2	-14.2	-2.5	-5.0	-2.2	-16.7	-36.4	-14.7	21.3	10.5
货物	-3.9	-16.3	-3.5	-4.6	-3.7	-19.6	-41.0	-16.5	25.1	14.5
服务	0.7	-3.8	3.0	-7.1	6.1	-0.9	-11.5	-7.5	7.0	-5.2
政府支出	3.1	1.9	2.6	3.6	4.8	1.2	-2.6	6.7	2.6	-0.2
联邦政府	7.7	5.2	8.1	7.8	13.2	6.5	-4.3	11.4	8.0	0.1
国防	7.8	5.4	8.2	7.0	19.8	3.8	-5.1	14.0	8.4	-3.5
其他	7.3	4.7	8.1	9.6	0.1	12.7	-2.5	6.1	7.0	8.1
州及地方政府	0.5	-0.1	-0.5	1.2	0.1	-2.0	-1.5	3.9	-0.6	-0.3

注:经季节调整。

表2　按支出法分类的 GDP 各组成部分对 GDP 环比增长的贡献(百分点)

	2008 年	2009 年	2008 年				2009 年			
			1Q	2Q	3Q	4Q	1Q	2Q	3Q	4Q
国内生产总值	0.40	−2.40	−0.70	1.50	−2.70	−5.40	−6.40	−0.70	2.20	5.70
个人消费支出	−0.17	−0.40	−0.39	0.06	−2.49	−2.15	0.44	−0.62	1.96	1.44
耐用消费品	−0.36	−0.30	−0.75	−0.46	−0.95	−1.64	0.28	−0.41	1.36	−0.06
非耐用消费品	−0.13	−0.16	−0.49	0.35	−0.94	−0.78	0.29	−0.29	0.23	0.67
服务	0.32	0.06	0.85	0.17	−0.60	0.26	−0.13	0.09	0.37	0.83
私人投资总额	−1.18	−3.49	−1.20	−1.66	−1.04	−3.91	−8.98	−3.10	0.54	3.82
固定资产投资	−0.81	−2.75	−0.99	−0.41	−1.30	−3.28	−6.62	−1.68	−0.15	0.43
非住宅投资	0.19	−2.09	0.25	0.19	−0.73	−2.47	−5.29	−1.01	−0.59	0.29
建筑	0.39	−0.83	0.27	0.56	0.00	−0.31	−2.28	−0.69	−0.68	−0.52
设备和软件	−0.20	−1.27	−0.02	−0.38	−0.73	−2.15	−3.01	−0.32	0.10	0.81
住宅投资	−1.00	−0.65	−1.24	−0.60	−0.57	−0.81	−1.33	−0.67	0.43	0.14
库存变动	−0.37	−0.74	−0.21	−1.25	0.26	−0.64	−2.36	−1.42	0.69	3.39
净出口	1.20	1.08	0.36	2.35	−0.10	0.45	2.64	1.65	−0.81	0.50
出口	0.64	−1.21	−0.02	1.47	−0.48	−2.67	−3.95	−0.45	1.78	1.90
货物	0.48	−1.04	0.34	1.17	−0.17	−2.50	−3.41	−0.45	1.58	1.90
服务	0.16	−0.16	−0.36	0.30	−0.31	−0.17	−0.54	0.00	0.20	0.00
进口	0.56	2.28	0.38	0.88	0.38	3.12	6.58	2.09	−2.59	−1.41
货物	0.58	2.18	0.46	0.67	0.55	3.09	6.25	1.89	−2.41	−1.55
服务	−0.02	0.10	−0.08	0.21	−0.17	0.03	0.34	0.21	−0.18	0.14
政府支出	0.59	0.38	0.51	0.71	0.95	0.24	−0.52	1.33	0.55	−0.02
联邦政府	0.53	0.39	0.56	0.55	0.93	0.49	−0.33	0.85	0.62	0.02
国防	0.37	0.28	0.39	0.34	0.93	0.20	−0.27	0.70	0.45	−0.19
其他	0.16	0.11	0.17	0.21	0.00	0.29	−0.06	0.15	0.17	0.21
州及地方政府	0.06	−0.01	−0.05	0.15	0.01	−0.25	−0.19	0.48	−0.08	−0.04

注:季度数据为经季节调整后折合年率的环比贡献。

(二)消费者价格(CPI)温和上涨

2009 年,美国总体 CPI 下降 0.4%,而 2008 年则为上涨 3.8%。分月看,除 3 月环比小幅下降 0.1% 外,其余月份均保持上涨态势,上涨幅度大体在 0.1% −0.5% 之间波动。总体 CPI 环比上涨的主要原因是能源价格加快上涨,而 2009 年美国核心 CPI 上涨幅度不大。由于美国劳动力市场依然疲弱,不存在工资上涨的压力,因此短期内美国总体 CPI 上涨压力不大。但从长期来看,由于大规模的货币宽松政策和财政刺激计划,造成市场流动性不断积累，美国在经济复苏的同时存在潜在的通胀问题。

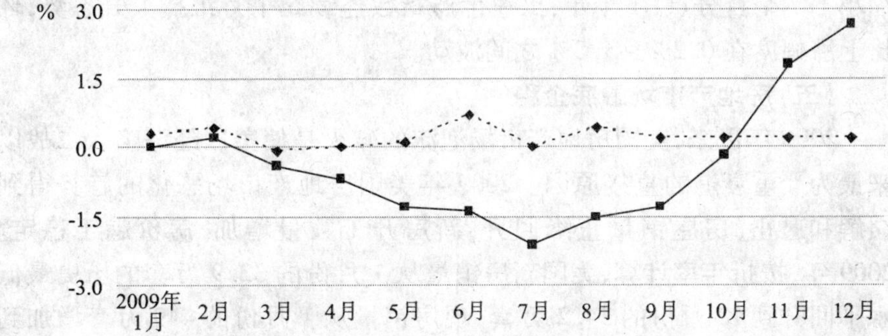

	2009年1月	2月	3月	4月	5月	6月	7月	8月	9月	10月	11月	12月
环比	0.3	0.4	-0.1	0.0	0.1	0.7	0.0	0.4	0.2	0.2	0.2	0.2
同比	0.0	0.2	-0.4	-0.7	-1.3	-1.4	-2.1	-1.5	-1.3	-0.2	1.8	2.7

图 2　美国 2009 年 CPI 增长率（%）

（三）贸易逆差有所缩小

2009 年，美国货物和服务出口额 15530. 6 亿美元，同比下降 15. 0%；进口 19337. 2 亿美元，同比下降 23. 3%；贸易逆差总额为 3806. 6 亿美元，比去年同期的 6959. 3 亿美元大幅下降了 45. 3%。分月看，受外需回升的影响，美国出口额环比从 4 月份开始逐月回升；受美国内需逐步改善影响，美国进口额从 6 月份开始逐月回升。

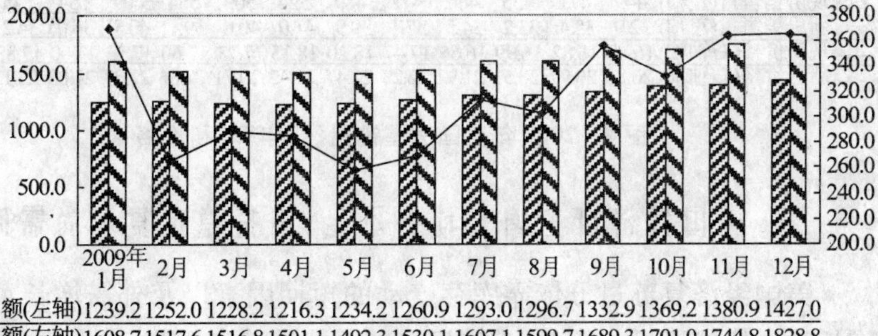

	2009年1月	2月	3月	4月	5月	6月	7月	8月	9月	10月	11月	12月
出口额(左轴)	1239.2	1252.0	1228.2	1216.3	1234.2	1260.9	1293.0	1296.7	1332.9	1369.2	1380.9	1427.0
进口额(左轴)	1608.7	1517.6	1516.8	1501.1	1492.3	1530.1	1607.1	1599.7	1689.3	1701.0	1744.8	1828.8
逆差(右轴)	369.6	265.7	288.8	284.9	258.2	269.3	314.2	303.1	356.5	331.9	364.0	365.0

图 3　2009 年美国进出口额和贸易逆差（亿美元）

（四）工业生产止跌回升

2009 年下半年，美国工业生产逐步回升，结束了 2008 年以来持续下滑的局面，但全年仍大幅下降 9. 7%。2009 年上半年，工业生产指数环比降幅在波动中趋缓:1 月份下降 2.2% ,6 月份下降 0.5% ,降幅比 1 月份缩小 1.7 个百分点;下半年,工业生产指数连续 6 个月维持上升态势,环比上涨幅度在 0.2% -1.3% 之间波动。

(五)房地产市场触底企稳

2006 年以来,美国房地产市场泡沫的破灭是使美国经济陷入二战以来最为严重衰退的直接原因。2009 年美国房地产市场恶化的趋势得到缓解和遏止,房屋销量止降回升,新房开工数量增加,房价趋于稳定。2009 年,按折年率计算,美国新房销量从 1 月份的 32.9 万套的历史最低水平回升到 12 月份的 34.2 万套,现房销量从 1 月份的 449 万套增加到 12 月份的 545 万套;新房实际开工数量从 1 月份的 48.8 万套增加到 12 月份的 55.7 万套。房价环比止降回升:新房中位数价格从 1 月份的每套 20.9 万美元回升到 12 月份的 22.1 万美元;现房价格从每套 16.5 万美元回升到 12 月份的 17.8 万美元。

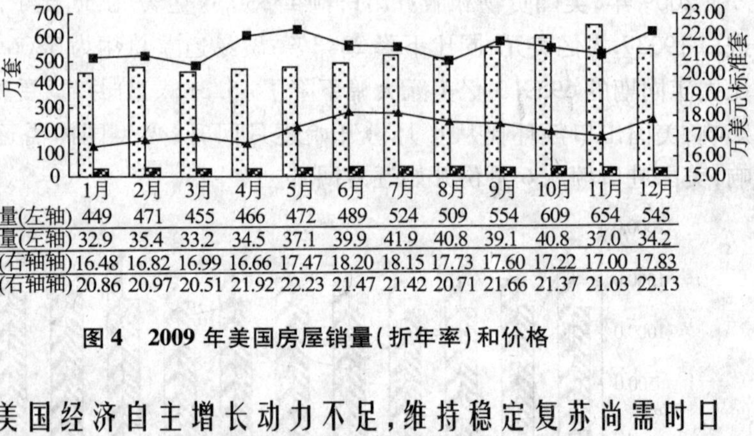

	1月	2月	3月	4月	5月	6月	7月	8月	9月	10月	11月	12月
现房销售量(左轴)	449	471	455	466	472	489	524	509	554	609	654	545
新房销售量(左轴)	32.9	35.4	33.2	34.5	37.1	39.9	41.9	40.8	39.1	40.8	37.0	34.2
现房价格(右轴轴)	16.48	16.82	16.99	16.66	17.47	18.20	18.15	17.73	17.60	17.22	17.00	17.83
新房价格(右轴轴)	20.86	20.97	20.51	21.92	22.23	21.47	21.42	20.71	21.66	21.37	21.03	22.13

图 4　2009 年美国房屋销量(折年率)和价格

二、美国经济自主增长动力不足,维持稳定复苏尚需时日

美国经济复苏过分依靠库存变动的短期因素以及外需增长,而自主增长动力依然不足。因此,美国经济能否持续稳定复苏,很大程度上还取决于政府刺激计划能否持续有效发挥作用以及世界经济的根本好转。真正实现经济的持续稳定复苏尚需时日。

(一)房地产市场未完全恢复

美国全国不动产经纪商协会最新数据显示,2009 年第三季度美国有 93.78 万起丧失住房抵押品赎回权案例,为 2005 年第一季度以来的最高值,同比增长22.5%。房地产市场触底回升主要靠政策拉动,将部分中短期需求转化为即期需求,但初次购房者8000美元退税政策及居住现有房满5年的二次购房者6500美元退税政策将在2010年4月30日到期,此后房地产市场能否继续回升尚需观察,预计房地产市场的完全恢复还有很长的距离。

(二)金融市场尚不稳固

2009年,美国共有140家银行倒闭,创下了自1992年以来的最高纪录,是2008年破产银行数的6倍。由于美国联邦存款保险公司清单上的"问题银行"仍有约500家,预计2010年美国至少还将有60-70家银行倒闭。另据美国联邦储蓄委员会统计,美国银行2009第三季度房地产货款拖欠率和撤帐率分别为9.12%和2.44%,比一季度上升了2.05个百分点和0.88个百分点。美国惠誉国际评级机构数据显示,美国12月份信用卡拖欠率达到12.56%,比上月上升1.22个百分点。由于就业市场低迷,预计信用卡拖欠率在2010年上半年仍将保持较高水平。

(三)就业市场依然严峻

2009年,美国失业率一路飙升,从1月份的7.6%升至10月份的10.1%,创下了1983年5月份以来的最高水平。尽管11月、12月份小幅回落到10%,但12月份非农雇员人数同比减少了416.4万人,自2007年12月美国进入经济衰退以来累计减少724.2万人。就业市场疲弱影响工资收入稳定增长,使得居民消费信心不足,还导致信用卡违约风险。由于就业市场恢复滞后于经济复苏,时滞大约为半年左右,因此至少今年前几个月失业率仍将在高位徘徊。

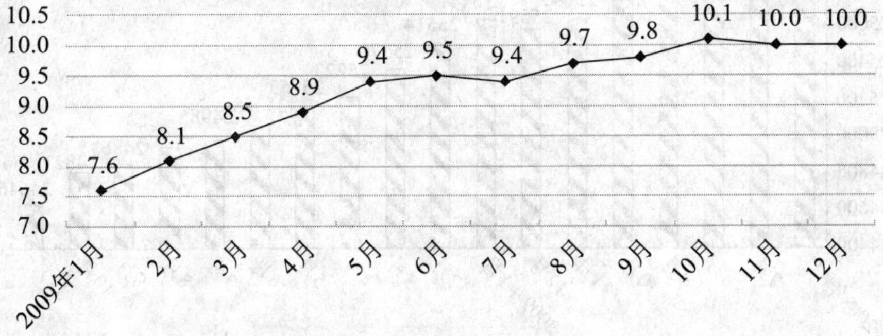

图5 美国2009年失业率(%)

(四)设备利用率依然低下

2009 年,美国产能利用率有所回升,但仍低于正常水平。据美联储统计,12 月份美国工业和制造业产能利用率分别为 72.0% 和 68.6%,均为连续第 6 个月回升,但仍分别低于 1987 - 2008 年平均水平 8.3 和 10.4 个百分点。生产能力利用率低下说明美国存在一定规模的过剩生产能力,并将制约投资的增长。

(五)负财富效应的后遗症依然存在

据美联储统计,美国家庭部门(包括非盈利机构)2009 年第三季度的净财富总额为 53.4 万美元,比前期低点(2009 年第一季度)上升了 10.2%,但仅仅恢复了 2006 年以来缩水金额的 30.8%;美国家庭房屋净资产占全部不动产的比例第三季度为 37.6%,比衰退以前(2007 年)下降了 12.4 个百分点。

(六)消费信贷持续下降,个人储蓄率上升

2009 年消费信贷余额持续下降,一方面是由于银行还未彻底摆脱金融危机影响,大幅缩减放贷规模;另一方面是由于家庭财富缩水尤其是房价下降,加上失业率持续攀升,消费者出于还贷的考虑,增加储蓄,借贷意愿下降。自 2009 年 1 月份达到 2.56 万亿美元以来,美国消费者信贷余额逐月下降,至 11 月份累计下降了 3.9%。与此同时,美国个人储蓄率在波动中上升,从 1 月份的 4.4% 上升至 12 月份的 4.8%,高于 2008 年 2.7% 的平均水平。

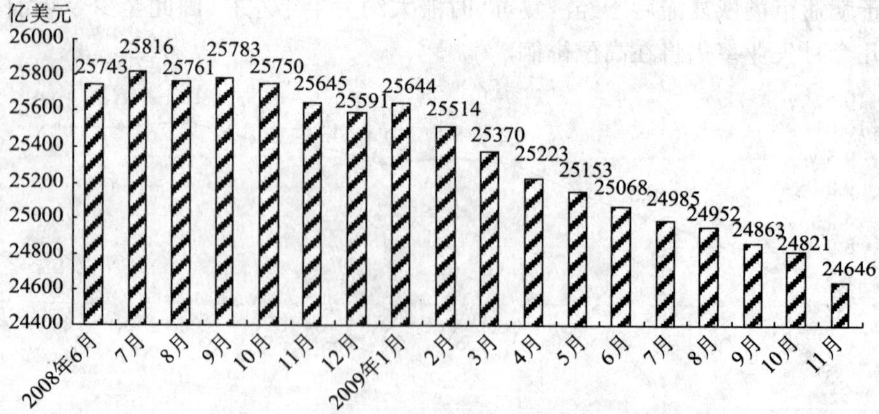

图 6　2008 年 6 月份以来美国消费信贷额

(七)财政赤字屡创新高

2009年财年(2008年10月至2009年9月),美国政府财政赤字高达1.42万亿美元,是二战以来的最高水平,占GDP比重高达9.9%。财政赤字大幅度增加主要是为刺激经济增长,美国政府大幅扩大财政支出,税收减免又导致财政收入明显下降。2009财年,财政收入为2.1万亿美元,比上一财年下降了16.6%;财政支出为3.5万亿美元。比上一财年增加了18.2%。

三、美国经济2010年将继续复苏

2009年美国实施了力度空前的金融救援计划和经济刺激措施。据国际清算银行统计,2009年美国财政刺激规模占其GDP的比重为6.0%。继2008年10月3日美国国会通过了《2008经济稳定紧急法案》(Emergency Economic Stabilization Act of 2008,简称EESA)后,2009年2月17日,美国总统奥巴马签署了《2009美国复苏与再投资法案》(American Recovery and Reinvestment Act of 2009,简称ARRA),也就是通常所说的美国经济刺激计划。这一计划包括7872亿美元的政府拨款,其中大部分款项用于增加就业机会和提供失业补助。据美国经济顾问委员会于今年1月13日的报道称,自刺激计划实施以来,美国已经创造了约200万的就业岗位。美国经济刺激计划的另一项重大措施是加大社会福利支出力度,其中税收减免与地方财政援助占据了此项措施过半份额。税收减免的具体方案包括直接减免个人所得税、初次购房者享受8000美元的抵押贷款抵扣税和汽车“以旧换新”等等。此外,该计划在教育、医疗、基础设施(包括能源部门)建设等方面也有相当比重的投资。截至2009年12月9日,此项财政刺激计划中已支出2420亿美元,还剩约三分之二将继续发挥刺激经济增长的作用。总体来看,美国政府的经济刺激计划开始显现成效,金融市场和实体经济均有所好转。在此背景下,各国际组织纷纷调高对美国2010年经济增长率的预期。

(一)先行指标连续回升预示2010年美国经济将保持增长

2009年4月份,美国先行指标为98.9,比3月份上升了1个点,结束了长达11个月的下跌趋势。此后连续9个月逐月上升至2009年12月的106.4,高于最近一次的波峰(2007年6月)。由此判断,美国经济将在2010年将继续复苏。从先行指标的构成来看,先行指标的上升主要由金融状况的改善、劳动市场和房屋许可指数的上升所带动，而这些改善主要由刺激政策所致，因此 2010 年美国经济能否持续增长还取决于经济刺激方案的力度和退出机制的合理性。

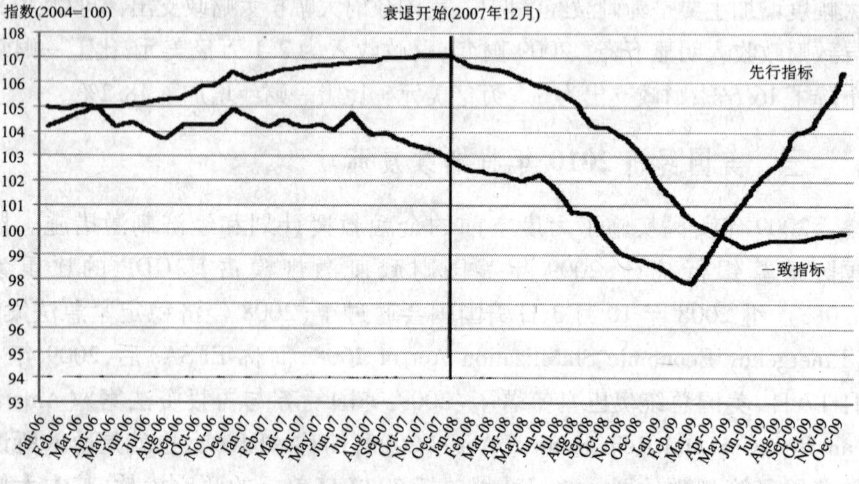

图 7　2009 年美国先行指标和一致指标

（二）国际组织预测美国经济 2010 年将继续复苏，但经济增速低于长期趋势

国际货币基金组织在今年 1 月份预计今年美国经济将增长 2.7%；英国共识公司在今年 1 月份预计今年美国经济将增长 2.7%；经合组织在去年 11 月份预计今年美国经济将增长 2.5%；联合国在去年 12 月预计今年美国经济将增长 2.1%；世界银行在今年 1 月预计今年美国经济将增长 2.5%。各国际组织对今年美国经济增长率平均预测值为 2.5%，低于 1999 年至 2008 年的年平均增长率 2.6%。

表 3　主要国际组织对于美国 GDP 增长率的预测（%）

时间 / 机构	2006 年	2007 年	2008 年	2009 年	2010 年预测值
英国共识公司（2010 年 1 月）	2.7	2.1	0.4	-2.4	2.7
国际货币基金组织（2010 年 1 月）	2.7	2.1	0.4	-2.4	2.7
世界银行（2010 年 1 月）	2.7	2.1	0.4	-2.4	2.5
OECD（2009 年 11 月）	2.7	2.1	0.4	-2.4	2.5
联合国（2009 年 12 月）	2.7	2.1	0.4	-2.4	2.1

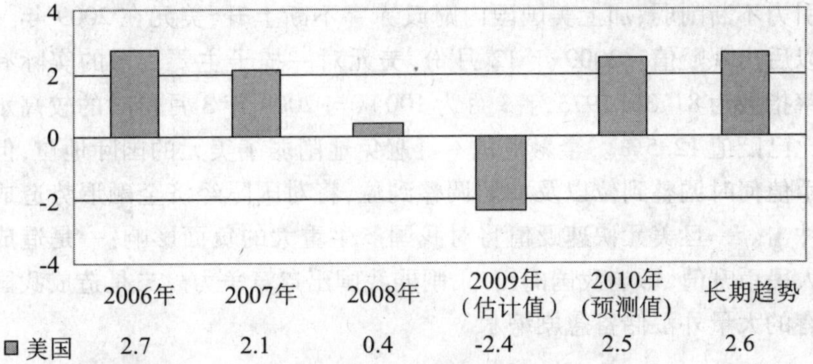

图 8　预计 2010 年美国经济增长率低于长期趋势(%)

注:长期趋势为 1999 - 2008 年的年平均增长率;2009 年和 2010 年 GDP 增长率为各国际组织预测数的平均数。

四、美国经济发展对我国的影响

美国经济已于 2009 年开始复苏,并对我国产生一些有利影响。从国际贸易和投资来看,美国进口需求和对外投资的恢复还将滞后于经济复苏,因此,中期内对我国外部经济环境的改善作用十分有限;从我国巨额外汇储备的安全和人民币汇率来看,负面影响仍是主导因素。

(一)美国进口需求回升有利于我国扩大对美出口

2009 年,美国仍为我国第二大贸易伙伴,中美双边贸易总值为 2982.6 亿美元,下降 10.6%,占我国同期进出口总值的 13.5%。其中,我国对美国出口 2208.2 亿美元,比上年下降 12.5%,降幅低于我国全部出口降幅 3.5 个百分点;自美国进口 774.4 亿美元,比上年下降 4.8%,降幅低于我国全部进口降幅 6.4 个百分点;对美贸易顺差 1433.8 亿美元,比 2008 年减少 16.2%。可见,2009 年我国对美国贸易在一定程度上减缓了我国对外贸易的下降势头。预计 2010 年美国国内需求进一步回升,将有利于我国扩大对美出口。

(二)美元贬值造成人民币升值压力,削弱了我国出口竞争力,造成我国巨额外汇储备资产缩水

2009 年第一季度,国际资本出于避险本能而大量涌入美国国债市场,造成美元升值。但随着国际金融形势的好转,美国国债对国际资本的

吸引力不断削弱,加上美国国内财政赤字不断上升,美元在 2009 年一季度以后出现贬值。2009 年 12 月份,美元对一揽子主要货币的实际有效汇率指数为 81.36(1973 年 3 月为 100),与 2009 年 3 月份时的较高水平相比已贬值 12.5%。金融危机不可避免地削弱了美元的国际地位,但美元币值何时调整到位以及如何调整到位,将对国际经济金融形势造成巨大冲击。一旦美元快速贬值将对我国产生重大的负面影响:一是造成我国人民币升值,影响我国的出口,削弱我国出口竞争力。二是造成我国所拥有的大量外汇储备急剧缩水。

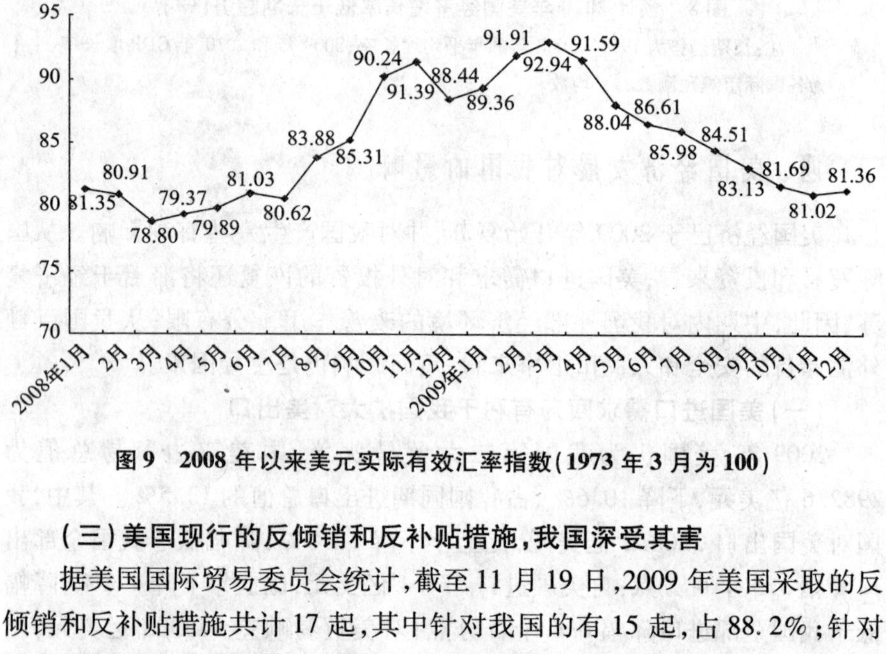

图 9 2008 年以来美元实际有效汇率指数(1973 年 3 月为 100)

(三)美国现行的反倾销和反补贴措施,我国深受其害

据美国国际贸易委员会统计,截至 11 月 19 日,2009 年美国采取的反倾销和反补贴措施共计 17 起,其中针对我国的有 15 起,占 88.2%;针对的产品主要为不锈钢管产品、水质稳定剂、草地维护设备和厨房用具。截至 11 月 19 日,美国延长期限的反倾销和反补贴措施共计 7 起,其中针对我国的 4 起,占 57.1%。尽管 2009 年美国采取反倾销和反补贴措施比 2008 年减少了 10 起,但与美国经济衰退以前相比还是大大增加了。我国已成为美国贸易保护主义抬头的最大受害者。

(四)影响我国外商直接投资(FDI)增长

2009 年我国吸收外商直接投资额为 900.33 亿美元,同比下降

2.6%，其中来自美国的投资为25.55亿美元，同比下降13.2%，降幅远超于总体降幅。但随着美国经济复苏，预计2010年来自美国的投资将有所增加。

（执笔：吕璐）

欧元区结束经济衰退开始艰难复苏

——2009年欧元区经济回顾及2010年展望

2009年上半年欧元区经济继续处于深度衰退，第三季度开始艰难复苏。鉴于内需疲弱、投资信心低下、金融矛盾层出不穷，2010年欧元区经济复苏乏力。中欧贸易争端和新型环境壁垒对我国出口提出新的挑战，需要妥善应对。

一、2009年上半年欧元区经济深陷衰退，下半年开始复苏

2008年第二季度以来，欧元区经济陷入深度衰退，连续5个季度收缩。2009年第三季度，欧元区经济开始微弱复苏。工业生产环比由降转升，通缩压力大大减轻，失业率持续攀升，对外贸易由降转升，外国直接投资（FDI）流入大幅增长。

（一）2009年第一季度经济急剧下滑，第三季度GDP环比开始增长

自2008年第二季度以来，欧元区经济连续5个季度收缩。2009年第一季度GDP大幅下滑，环比大幅下降2.4%；第二季度明显好转，环比下降0.2%；第三季度欧元区触底回升，环比增长0.4%。前三季度同比分别下降5.0%、4.8%和4.0%，降幅逐季收窄。

（二）工业生产环比由降转升，同比仍明显下降

2009年1－4月份，全球金融危机对实体经济的影响仍在继续，欧元区工业生产连续下滑，3、4月份降幅收窄。5－9月份连续5个月环比增长，虽10月份下降0.3%，但11月份再度增长1.1%。从同比看，4月份下降21.4%，处于年内最低点；此后降幅不断收窄，11月份下降6.8%。

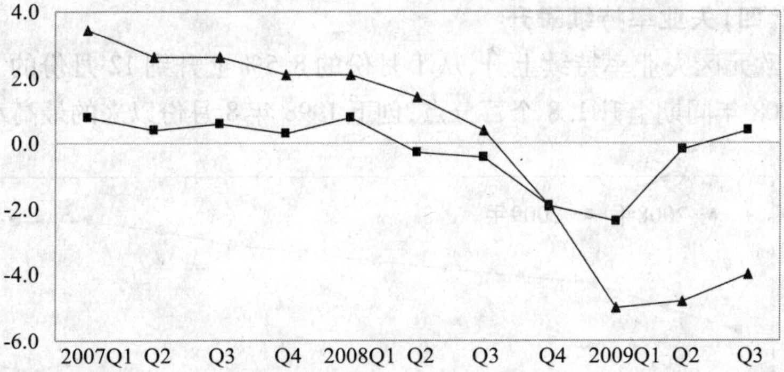

	2007Q1	Q2	Q3	Q4	2008Q1	Q2	Q3	Q4	2009Q1	Q2	Q3
—■— 环比	0.8	0.4	0.6	0.3	0.8	-0.3	-0.4	-1.9	-2.4	-0.2	0.4
—▲— 同比	3.4	2.6	2.6	2.1	2.1	1.4	0.4	-1.9	-5.0	-4.8	-4.0

图 1　2007－2009 年欧元区经济增长率（%）

（三）通缩压力逐步减轻，11 月份价格由降转升

受能源价格同比大幅下降以及交通、住房和食品价格同比涨幅持续回落的影响，2009 年 1－5 月份总体 CPI 同比涨幅明显回落；6－10 月份 CPI 连续 5 个月下降，其中 7 月份 CPI 同比大幅下降 0.7%，创 1996 年初该数据编制以来的最大降幅。从 11 月份开始，CPI 同比由负转正，2010 年 1 月份上升 1.0%，主要是由酒类和烟草价格上涨拉动。虽然欧元区 CPI 同比转正，但通胀压力微弱。不包括能源和未加工食品在内的核心 CPI 从 4 月份以来涨幅不断收窄，10－12 月份维持在 1.0%。能源类价格波动幅度较大，2－7 月份同比降幅不断扩大，7 月份大幅下降 14.4%，12 月份降幅收窄至 1.8%。

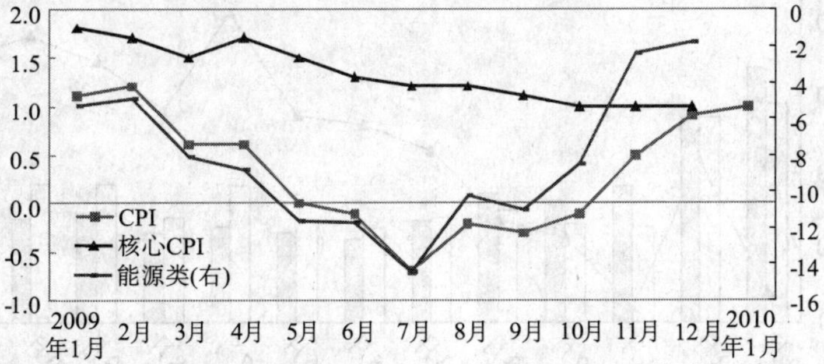

	2009 年1月	2月	3月	4月	5月	6月	7月	8月	9月	10月	11月	12月	2010 年1月
CPI	1.1	1.2	0.6	0.6	0.0	-0.1	-0.7	-0.2	-0.3	-0.1	0.5	0.9	1.0
核心CPI	1.8	1.7	1.5	1.7	1.5	1.3	1.2	1.2	1.1	1.0	1.0	1.0	
能源类(右)	-5.3	-4.9	-8.1	-8.8	-11.6	-11.7	-14.4	-10.2	-11	-8.5	-2.4	-1.8	

图 2　2009 年以来欧元区消费者价格同比上涨率（%）

(四)失业率持续攀升

欧元区失业率持续上升,从 1 月份的 8.5% 上升到 12 月份的 10.0%,比 2008 年同期上升 1.8 个百分点,创下 1998 年 8 月份以来的最高水平。

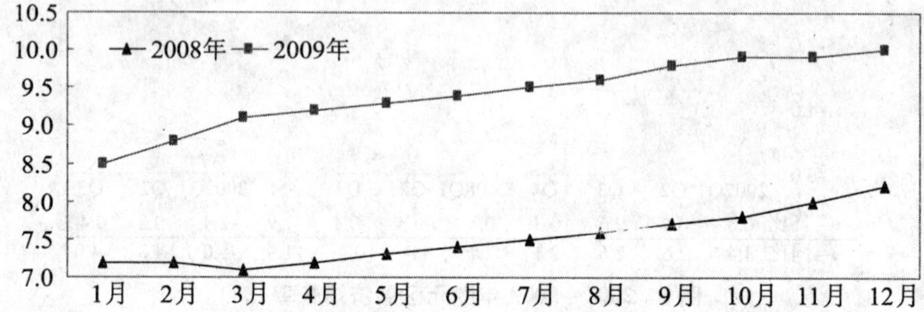

	1月	2月	3月	4月	5月	6月	7月	8月	9月	10月	11月	12月
2008年	7.2	7.2	7.1	7.2	7.3	7.4	7.5	7.6	7.7	7.8	8.0	8.2
2009年	8.5	8.8	9.1	9.2	9.3	9.4	9.5	9.6	9.8	9.9	9.9	10.0

图 3　2008－2009 年欧元区失业率(%)

(五)对外贸易由降转升,FDI 流入大幅增长

第一季度欧元区出口急剧下滑,第二季度降幅收窄,第三季度恢复增长。相比之下,进口恢复滞后于出口。从 4 月份开始,欧元区商品贸易维持顺差。2009 年前 11 个月,欧元区实现贸易顺差 131 亿欧元,而 2008 年同期则实现贸易逆差 432 亿欧元。

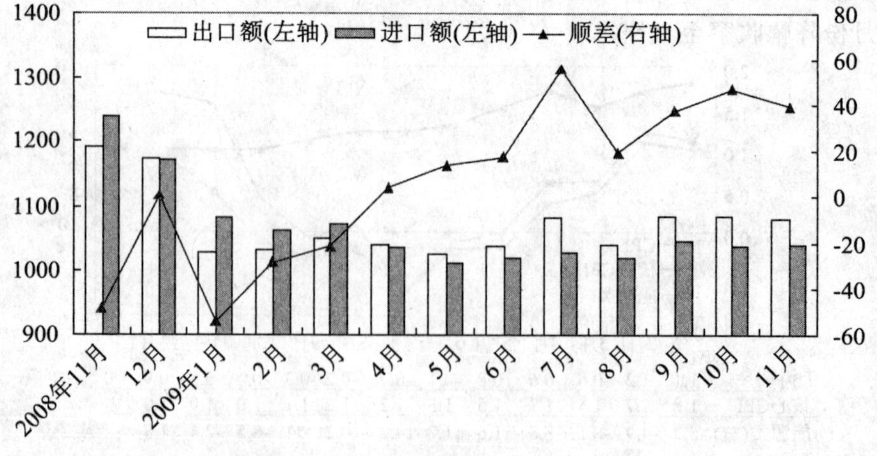

图 4　2008 年 11 月以来欧元区进出口贸易(亿欧元)

2009 年 1－10 月，欧元区吸引国外直接投资 2048 亿欧元，同比增长 52.9%；对外直接投资 2944 亿欧元，同比下降 8.4%；净流出 758 亿欧元，同比下降 52.1%。

二、欧元区经济复苏的主要原因

在全球力度空前的经济刺激政策下，各国需求回升。从第二季度开始，在外需回暖的支撑下，欧元区出口强劲增长，加上工业持续回升，企业也加速回补库存，这些因素逐渐拉动欧元区经济由降转升。

（一）经济刺激政策对经济复苏发挥了至关重要的作用

力度空前的经济刺激政策是推动欧元区经济复苏的首要因素。据国际清算银行统计，2009 年欧盟财政刺激规模占其 GDP 的比重为 1.5%，其中德国和法国均为 1.3%；欧元区应对金融危机和经济衰退提供的财政刺激资金总额约为 2560 亿美元，其中德国为 500 亿欧元。欧元区很多国家实行了“旧车换现金计划”，即为购买环保型汽车和旧车换新车的购买车提供现金补贴。货币政策和金融政策方面，欧元区各国中央银行迅速大幅度地降低利率，实行宽松货币政策。2009 年欧洲央行累计减息 150 个基点，2010 年 1 月 14 日，将基准利率维持在历史低点 1.00% 不变。2009 年 7 月，欧洲央行启动规模为 600 亿欧元的量化宽松货币政策。此外，欧洲央行还进行了银行业压力测试，对于恢复金融市场稳定，提升市场信心发挥了重要作用。

（二）库存调整和出口是支撑经济复苏的两大因素

欧元区第三季度 GDP 环比增长 0.4%，主要得益于库存调整的拉动和净出口的继续增长。库存调整对 GDP 增长贡献 0.49 个百分点，前两个季度分别负贡献 0.76 和 0.57 个百分点；净出口贡献 0.06 个百分点，其中出口大幅拉动 GDP 增长 1.15 个百分点，而前两个季度出口分别负贡献 3.42 和 0.44 个百分点；第三季度固定资本形成拖累 GDP 下降 0.17 个百分点，前两个季度分别拖累 GDP 下滑 1.14 和 0.33 个百分点，拖累效应持续减弱。

（三）从产业结构看，工业是推动经济复苏的主要产业

第三季度工业大幅拉动经济增长 0.36 个百分点，是推动经济复苏的主要产业，而第一、二季度分别负贡献 1.42 和 0.25 个百分点；其次是商

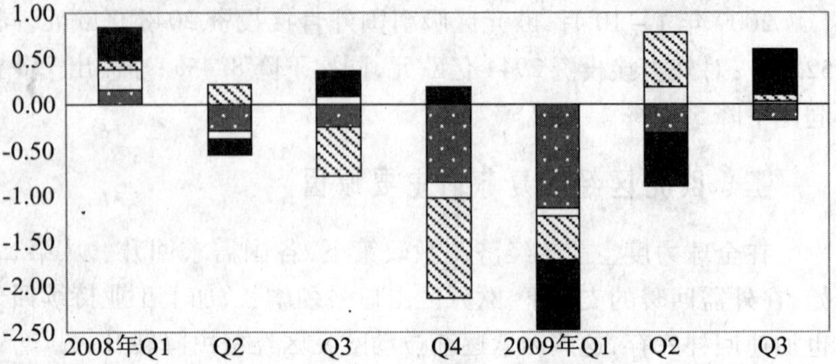

	2008年Q1	Q2	Q3	Q4	2009年Q1	Q2	Q3
■库存调整	0.35	-0.18	0.28	0.19	-0.76	-0.57	0.49
▧净出口	0.10	0.22	-0.54	-1.09	-0.47	0.61	0.06
□最终消费支出	0.22	-0.07	0.09	-0.16	-0.10	0.18	0.04
▪固定资本形成	0.16	-0.30	-0.25	-0.87	-1.14	-0.33	-0.17

图 5　2008 年以来欧元区 GDP 构成对经济增长的贡献(百分点)

业、住宿、餐饮业,拉动 GDP 增长 0.03 个百分点,前两个季度分别负贡献 0.52 和 0.02 个百分点。其他产业的正、负贡献均不明显。

(四)从国别看,德国和法国在第二季度率先复苏

德国和法国两大国家是欧元区经济复苏的两驾马车,第二季度就领先其他国家进入复苏,分别环比增长 0.4% 和 0.3%;第三季度两国经济维持升势,环比分别增长 0.7% 和 0.3%。德国经济增速加快主要由工业生产加速带动,第三季度工业环比增幅为 3.5%,出口加快至 5.4%;而法国经济增长动力主要来自出口领域。

三、2010 年欧元区经济发展初步展望

虽然第三季度欧元区经济实现复苏,但是其复苏之路崎岖漫长。因为其经济复苏主要由刺激政策和外需所拉动,经济复苏的内在动力依然不足,国内消费低迷,产能利用率低下,金融问题层出不穷。预计 2010 年欧元区经济复苏乏力,复苏的稳定性和可持续性难以保证。

(一)欧元区发展存在的主要问题

1. 实体经济严重依赖外需,国内消费依然低迷

欧元区实体经济增长严重依赖外需,出口是 GDP 增长的主要推动力,而其国内消费依旧低迷,2009 年第二、三季度外需对 GDP 环比增长均

为正贡献,分别贡献了0. 61和0. 06个百分点。第二季度居民最终消费环比小幅增长0. 1%,在一定程度上是政府的"旧车换购新车"计划刺激了汽车消费。而此计划短期内起到积极作用实际是以提前透支居民购买力为前提。第三季度居民最终消费环比下降0. 1%,12月份零售仍没起色,与上月持平,居民消费再度成为经济增长的拖累因素。

此外,在巨大还贷压力下,欧元区家庭储蓄率呈上升趋势。第二季度欧元区家庭储蓄率为16. 2%,比第一季度增高了0. 5个百分点,比上年同期高2. 4个百分点,创1999年第一季度此指标编制以来的最高值。第三季度小幅回落到15. 8 %,仍比2008年高出1. 8个百分点。

2. 产能利用率仍较低下,制约着投资增长

欧元区内需不足导致产能过剩,制约投资增长,这成为困扰欧元区经济进一步增长的又一因素。2009年前三个季度欧元区制造业生产能力利用率分别为72. 5%、70. 0%和70. 1%,10月份最新数据为70. 7%,虽然有小幅回升,但仍比金融危机前(2008年9月)低12. 1个百分点,比长期趋势(1972年1月至2009年9月)低10. 9个百分点。欧元区大量闲置产能未得到充分利用,导致投资需求依然疲弱,前三季度固定资产投资环比分别下降5. 4%、1. 6%和0. 8%。

3. 金融危机的深层次矛盾尚待解决

欧元区金融危机深层次矛盾尚未解决,新问题层出不穷。信贷仍然紧缩,主权债务危机阴影重重,财政赤字大幅攀升,显示欧元区金融市场潜在风险很大。2009年欧元区消费信贷呈下降之势,除1月份环比上涨1. 4%外,其他月份都接近停滞甚至收缩。最新数据显示,12月份,欧元区消费信贷余额为6309亿欧元,环比仅增长0. 2%,同比下降0. 1%。其次,欧盟诸多经济体如冰岛、西班牙、意大利、葡萄牙和爱尔兰主权债务风险也不容忽视,欧元区近邻东欧地区的债务风险尤其巨大。另外,金额庞大的刺激计划、居高不下的社会福利成本令原本沉重不堪的欧洲政府财政状况进一步恶化。除非这些西欧高负债国家采取有效措施增收节支,否则财政赤字和国家债务还将继续上升。

4. 欧元持续走强危及经济复苏

欧元持续走强是欧元区经济面临的第四个威胁。自2009年3月份以来,欧元持续走强,欧元兑美元、日元和英镑的汇率都大幅走强。2009

年3至11月,欧元兑美元累计上涨了17.7%,12月份环比下降2.2%。欧元持续走强对于依赖出口拉动经济增长的欧元区来说,无疑是个隐患,容易危及脆弱的经济复苏。特别是对于受主权债务危机威胁的一些国家,如爱尔兰、希腊和西班牙等,更是雪上加霜,其国际临竞争力也有可能被进一步削弱。

5. 劳动力市场相对僵化,失业率升势短期内难以逆转

相对于美国,欧洲工会势力强大,劳动体制比较僵化。为了遏止经济下滑,欧元区各国普遍采取了鼓励短期就业的措施,虽然在一定程度上延缓了失业率的上升,但同样掩盖了一些矛盾,使得经济复苏之后,必然延缓企业增加雇员的速度,失业率的回落更加滞后,从而影响到工资收入的回升和居民消费的稳定增长。

6. "退出策略"难度很大

随着金融危机逐步缓解,全球经济企稳回升,国际社会关于经济刺激政策"退出策略"的讨论也日益激烈。把握"退出政策"的时机至关重要,过早退出会损害经济复苏,过迟则会为下次危机埋下隐患。欧元区许多国家均向银行存款提供担保,一旦取消担保,可能会削弱国内银行业的国际竞争力,退出难度很大。到目前为止,欧洲央行的"退出策略"已经逐步启动,该行向商业银行的贷款金额已经比危机时期明显减少。

(二)主要经济指标预测

1. 经济缓慢增长

根据英国共识公司(Consensus Forecast)2009年12月预计,欧元区第四季度GDP环比增长0.6%,比上季度增幅加快0.2个百分点。共识公司1月份最新数据显示,2009年GDP下降3.9%,2010年将增长1.3%,是最为乐观的预测值。在国际各大机构中,联合国的预测最为悲观,预计2010年欧元区GDP仅增长0.4%。再加上IMF、世界银行和OECD在内的5家国际机构对于2010年欧元区GDP增长率的平均预测值为0.9%,远远低于1996－2008年GDP年平均增长率(2.1%)。另外,共识公司预计2009年欧元区居民消费下降0.9%,2010年小幅增长0.2%;2009年固定资产投资都大幅下降10.3%,2010年趋于稳定。

表 1　各机构对欧元区 GDP 年度预测数据(%)

机　　构	2006 年	2007 年	2008 年	2009 年估计值	2010 年预测值
英国共识公司(2010 年 1 月)	3.0	2.7	0.6	-3.9	1.3
IMF(2010 年 1 月)	3.0	2.7	0.6	-3.9	1.0
世界银行(2010 年 1 月)	3.0	2.7	0.6	-3.9	1.0
OECD(2009 年 11 月)	3.0	2.7	0.6	-4.0	0.9
联合国(2009 年 12 月)	3.0	2.7	0.6	-4.1	0.4

2. 价格保持较低水平

短期内,在能源和食品价格的推动下,欧元区 CPI 会继续升高。但是,从中长期来看,由于欧元区需求复苏缓慢,工资等成本上行动力不足,加之信贷增长缓慢增长,预计物价会维持在政策控制目标范围,中长期内通胀压力较低。根据英国共识公司 1 月预计,2009 年消费者价格指数上涨 0.3%,2010 年通胀率为 1.2%,低于欧洲央行控制的 2% 通胀目标水平。

表 2　各机构对欧元区 CPI 年度预测数据(%)

机　　构	2007 年	2008 年	2009 年	2008 年预测值	2009 年预测值
英国共识公司(2010 年 1 月)	2.1	3.3	0.3	1.2	1.5
IMF(2009 年 10 月)	2.1	3.3	0.3	0.8	
OECD(2009 年 11 月)	2.1	3.3	0.3	0.9	

3. 失业率中短期将上升

就业的恢复明显滞后于经济回升,因此,虽然欧元区经济正在艰难复苏,但就业形势并没有改善。预计失业率中短期内将上升,2009 年失业率估计值为 9.4%,预测 2010 年进一步提高到 10.4%。

表 3　欧元区主要经济指标年度预测结果(%)

	居民消费支出	固定资本形成	出口	CPI	失业率	工业生产
2007	1.6	4.7	6.3	2.1	7.5	3.7
2008	0.3	-0.5	0.8	3.3	7.6	-1.7
2009	-0.9	-10.3	-13.8	0.3	9.4	-14.5
2010	0.2	0.0	4.9	1.2	10.4	3.0

资料来源:英国共识公司(Consensus Forecast)2010 年 1 月。

4. 国际收支经常项目逆差收窄

当前世界贸易的反弹和国外需求的增长,多是由短期因素引起(如财政刺激和库存调整),随着这些因素的淡化,预期外需难以较快反弹,加上欧元升值的影响,2010 年难改经常项目逆差局面,预计规模为 196 亿欧元,明显低于去年的 610 亿欧元。

5. 财政赤字和公共债务将上升

巨额经济刺激计划使得欧元区财政赤字和公共债务飙升,欧元区预算赤字占 GDP 的比例从 2008 年的 2% 膨胀到 2009 年的 6.4%,2010 年将会扩大到 7%。据英国共识公司 1 月份预计,2009 年欧元区财政赤字为 5580 亿欧元,是 2008 年的 3 倍多,而 2010 年将赤字继续扩大为 6350 亿欧元。欧元区公共债务占 GDP 比重也不断提高,2008 年为 69.3%,欧洲央行预计 2009 年和 2010 年分别为 78.2% 和 84.0%,大大超出"欧盟稳定与增长公约"规定的 60% 上限。

四、欧元区经济新形势对我国经济的影响

欧元区经济从深度衰退走向艰难复苏,会有助于我国出口贸易及外国直接投资流入增长。但是,欧洲贸易保护主义和新型环境壁垒不断增加对我国提出了新的挑战,我国应加快经济发展方式的转变,大力提高我国出口企业技术水平,积极有效应对挑战。

(一)欧元区内需拖累我国出口贸易效应有望缓解

2009 年欧盟(欧元区是构成欧盟的主要组成部分)仍然是我国第一大贸易伙伴和第一大出口市场,但是表现均比美国和日本逊色。2009 年中欧双边贸易总值 3640.9 亿美元,占我国进出口总值的 16.5%;中欧双边贸易总值下降 14.5%,降幅分别比美国和日本高 3.9 个和 0.3 个百分点;中国对欧盟出口 2362.9 亿美元,下降 19.4%,降幅高于整体出口 3.4 个百分点。2009 年 1-11 月份,我国出口欧盟钢材 129.6 万吨,同比下降 82.4%。但随着欧元区经济回暖,我国外贸形势也有所改善,2009 年 12 月份,我国外贸进出口呈现恢复性强劲反弹,出口 1307.3 亿美元,为历史上月度出口值的第四高位,同比增长 17.7%,环比增长 15%。其中,我对欧盟出口 244.6 亿美元,同比分别增长 10.4%,环比增长 10.8%。

(二)欧元区对我国外商直接投资流入减少

2009年,欧盟二十七国对华投资新设立企业1578家,同比下降23.21%,占我国新设外商投资企业总数的6.7%;实际投入外资金额59.52亿美元,同比下降8.76%,占总额的6.6%。作为传统的全球FDI来源地,出于弥补国内资本不足的需求,欧盟资本输出能力大大减小。2009年1-11月份FDI流出2944亿欧元,比上年同期减少8.4%,预计2010年难以恢复到2007年创纪录的水平。

(三)中欧贸易争端对我国出口发展提出新的挑战

据欧盟委员会统计,2009年,欧盟新发起反倾销和反补贴调查15起,其中针对中国的5起,占33.3%,居各受害对象首位;针对的主要产品主要是化学制品及金属制品。裁决生效措施11项,其中针对中国的有6项,占54.5%。例如,10月6日,欧盟部长理事会决定对中国出口无缝钢管征收最高17.7%-39.2%的反倾销税。12月17日,又对中国玻璃纤维制造商展开反倾销调查,如果成功,中国生产商可能会面临高达40%-75%的反倾销关税。

近来,西方发达国家高举"绿色保护主义"旗帜,设置环境壁垒,对发展中国家实行新型的环境贸易制裁,欧盟在这方面扮演着倡导者和先行者的角色。2009年12月份的哥本哈根会议上,"碳排放"问题又将我国推上风口浪尖。而早在2009年8月22日,欧盟就宣布,2012年将全球2000多家航空公司纳入欧盟排放交易体系(ETS),其中包括33家中国航空公司(包括港澳台地区)。从2012年起,凡是进出欧盟机场的航空公司将被分配一定的温室气体排放限额,遵循"剩余可出售、超标必购买"原则,从而加大各大航空公司的运营成本。

(执笔:邹丽婷)

日本经济复苏面临严峻挑战

——2009 年日本经济回顾及 2010 年展望

受全球经济危机影响,2009 年全年日本经济仍为负增长,但从第二季度开始缓慢复苏。新旧矛盾相交织,日本经济复苏面临严峻挑战,预计 2010 年经济增长率仅为 1.7% 左右。中日经贸关系在危机中仍得到发展和加强。

一、2009 年日本经济艰难复苏,全年仍为负增长

日本经济 2009 年第二季度开始艰难复苏,但全年仍延续 2008 年以来的下降趋势;消费增长回落,贸易顺差略有回升;失业率居高不下;工业生产在金融危机后增长缓慢;通货紧缩形势趋于严峻。

(一)日本经济艰难复苏

2009 年日本经济回升艰难:第一季度环比大幅下降 3.1%,第二、三两个季度分别微弱增长 0.7% 和 0.3%。尤其是三季度数据说明回升困难,第三季度日本 GDP 环比增长 0.3%,比第一次发布的 1.2% 下调了 0.9 个百分点,比上一季度回落了 0.4 个百分点。其中出口是主要动力,增长 6.5%,与上季度持平。但民间最终消费支出增长 0.9%,比上个季度回落 0.3 个百分点;固定资本形成总额下降 3.2%,与上季度持平,是日本经济增长的主要拖累因素。

(二)消费和贸易增长乏力

1. 个人消费同比下降。2009 年,日本零售额下降 2.3%。分月看,同比降幅在波动中走低,最大降幅为 2 月份的 5.7%,12 月份收窄至 0.3%;环比波动更大,全年有 5 个月增长,7 个月下降或持平,12 月份环比下降 1.2%,为年内最大降幅。

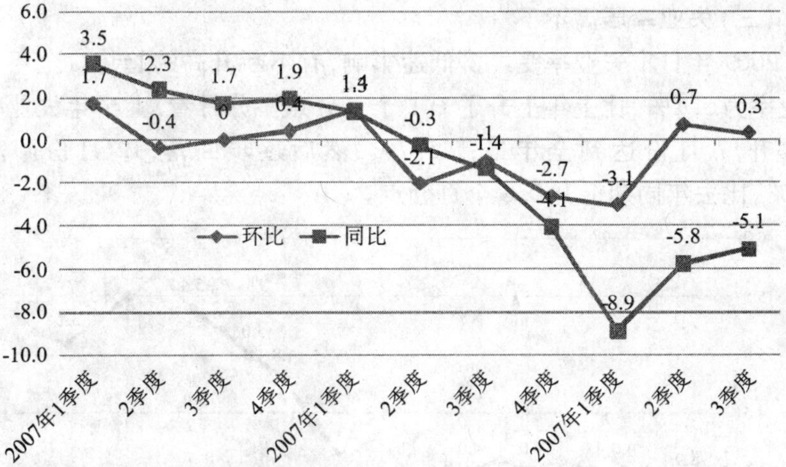

图1　2007－2009 年日本各季度 GDP 增速(%)

2. 贸易顺差略有回升。2009 年日本出口总额为 54. 18 万亿日元,减少 33. 1%,降幅比上年扩大 29. 7 个百分点;进口总额为 51. 37 万亿日元,减少 34. 9%,上年为增长 7. 9%;贸易顺差为 2. 8 万亿日元,增长 36. 1%,上年为大幅下降 80. 9%。从 1 月份到 12 月份日本出口逐渐好转,尤其是 12 月份日本出口为 5. 4128 万亿日元,同比增长 12. 1%,是 2008 年 9 月份之后 15 个月来的首次同比增长;进口为 4. 8675 万亿日元,同比减少 5. 5%,为连续 14 个月减少;进出口相抵,贸易顺差为 5453 亿日元,连续 11 个月保持顺差。

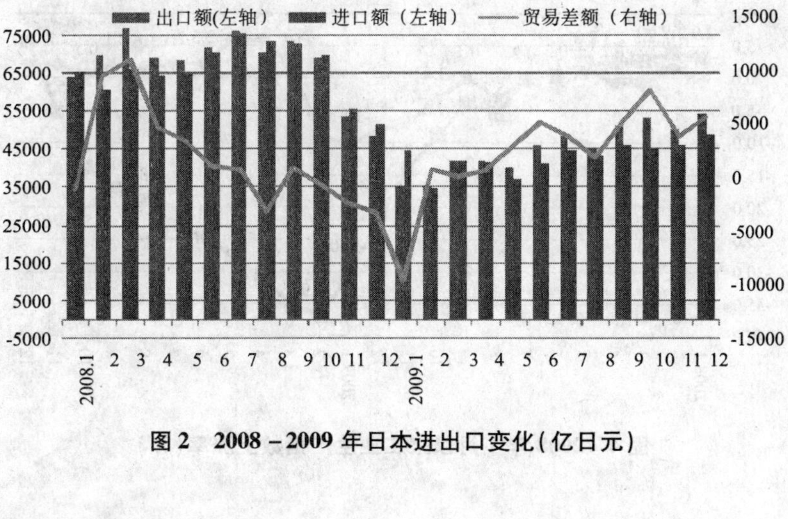

图2　2008－2009 年日本进出口变化(亿日元)

（三）失业率居高不下

2009 年日本失业率受经济低迷影响，有不断升高的趋势。全年日本失业率为 5.1%，比上年上升了 1.1 个百分点。分月看，上半年失业率不断攀升，7 月份达到全年最高 5.7%，然后逐步回落，12 月份回落到 5.1%，比去年同期上升 0.8 个百分点。

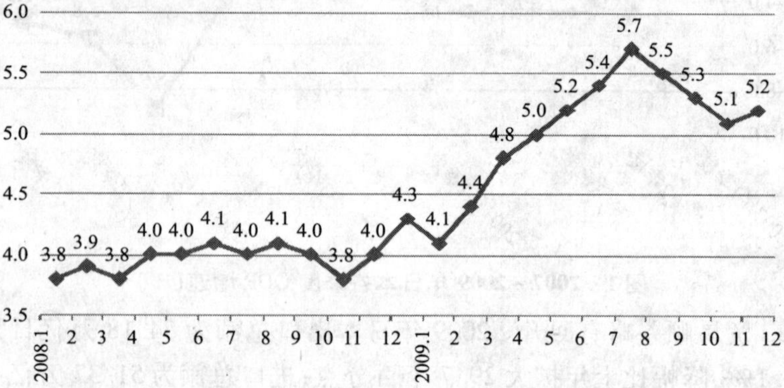

图 3　2008－2009 年日本失业率不断攀升（%）

（四）工业生产环比止跌回升，全年大幅下降 22.4%

2009 年日本工业生产下降 22.4%，上年为下降 3.4%。分月看，2 月份同比下降幅度最大，为 36.9%，前 11 个月都为负增长，但 12 月份增长 5.4%；1 月份环比下降 10.1%，创下历史最大降幅，随后逐月上升，同比 4 月份增长最快，为 5.9%，11 月份和 12 月份均增长 2.2%，增速在波动中有所回落。

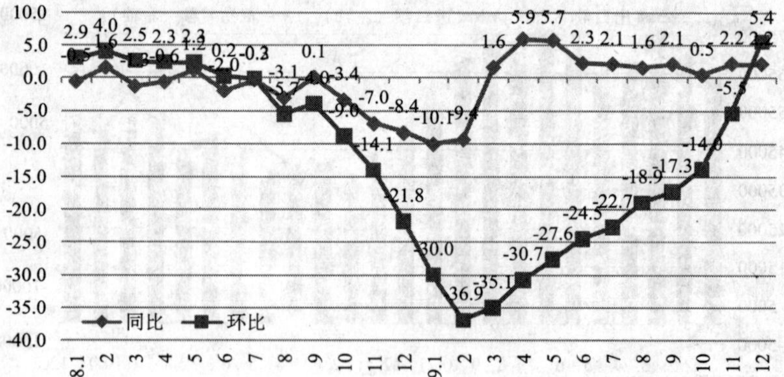

图 4　2008 年 1 月以来工业生产指数上涨率（%）

（五）通货紧缩形势更加严峻

2009 年日本消费者价格指数（CPI）总体呈下降的走势。全年整体 CPI 下降 1.4%，核心 CPI 下降 0.7%。整体 CPI，特别是核心 CPI 环比持续下降，说明通货紧缩形势依然严峻。从整体消费者价格指数的环比变化来看，3 月份和 8 月份均上涨 0.3%，是全年的最高涨幅，4 月份微涨 0.1%，其他月份均为负增长或零增长。同比降幅在波动中有所扩大，10 月份下降 2.5%，是全年最高降幅。12 月份，日本消费者价格指数环比下降 0.2%，连续 3 个月下降；同比下降 1.7%，连续 11 个月下降。

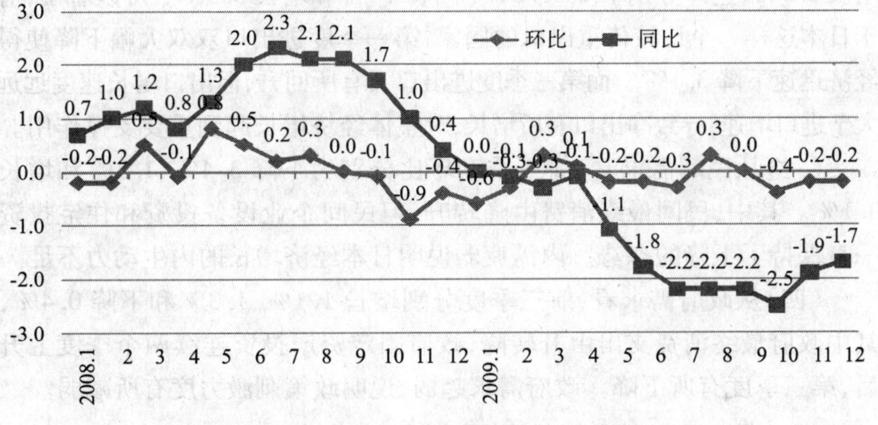

图 5　2008 年 1 月以来日本消费者价格上涨率（%）

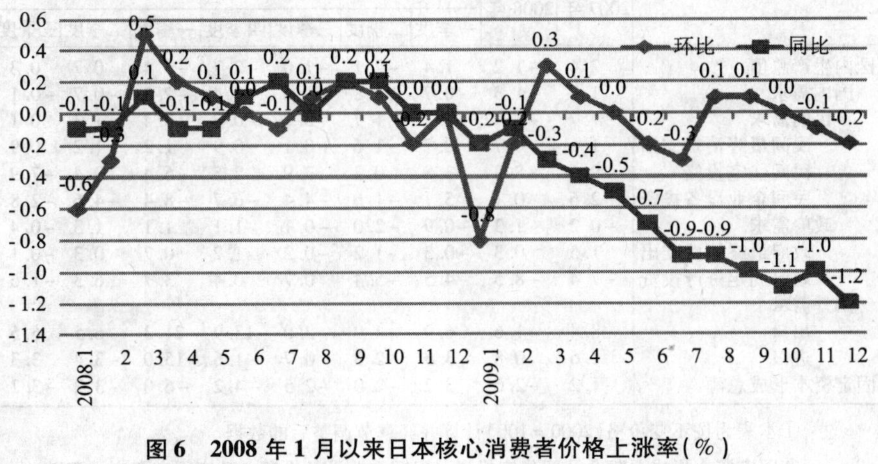

图 6　2008 年 1 月以来日本核心消费者价格上涨率（%）

二、2009年日本经济衰退的需求结构分析

日本自从2008年第二季度开始经济衰退,一直持续到2009年一季度,连续四个季度负增长,已经构成深度衰退。虽然2009年第二、三两个季度有所增长,但增长缓慢。

(一)从国内需求看,前三季度分别环比下降2.3%、0.7%和0.1%,是日本经济增长的主要拖累因素。

(二)从国外需求看,前三季度出口分别为下降21.3%、增长6.5%和增长6.5%;进口分别下降15.0%、下降3.4%和增长3.3%。可以看出,对于日本这样一个比较倚重出口的国家,第一季度进出口双双大幅下降使得经济迅速下降3.1%。而第三季度进出口又有所回升,但出口增长速度远远大于进口增速,导致净出口有所增长,对整体经济增长起到重要支撑作用。

(三)从民间需求看,前三季度环比分别为下降3.4%、1.3%和增长0.1%。其中,民间最终消费由降转升,但民间企业设备投资和住宅投资一直保持了下降的态势。内需疲弱说明日本经济增长的内生动力不足。

(四)从政府需求看,前三季度分别增长1.1%,1.3%和下降0.4%,其中政府最终消费支出由升转降,政府固定资产投资连续两个季度上升后,第三季度有所下降。政府需求趋弱,说明政策刺激力度有所减弱。

表1　2006-2009年日本季度GDP及构成增速(环比:%)

	2007年	2008年	2008年				2009年		
			一季度	二季度	三季度	四季度	一季度	二季度	三季度
国内生产总值	2.4	-1.2	1.4	-2.1	-1.0	-2.7	-3.1	0.7	0.3
国内需求	1.3	-1.3	0.7	-1.8	-0.6	-0.4	-2.3	-0.7	-0.1
民间需求	1.7	-1.4	1.2	-1.7	-0.7	-0.8	-3.4	-1.3	0.1
民间最终消费支出	1.6	-0.7	0.7	-1.6	-0.1	-0.9	-1.2	1.2	0.9
民间住宅投资	-9.6	-8.2	3.8	0.2	3.9	2.5	-6.4	-9.4	-7.9
民间企业设备投资	2.6	0.1	5.1	-1.6	-4.4	-6.7	-8.4	-4.6	-2.8
政府需求	-0.2	-1.3	-0.9	-2.0	-0.1	1.1	1.1	1.3	-0.4
政府最终消费支出	1.5	0.3	-0.3	-1.2	-0.2	1.2	0.7	0.3	-0.1
政府固定资产投资	-7.4	-8.5	-4.5	-5.4	0.7	0.4	3.7	6.3	-1.6
国外需求									
出口	8.4	1.6	6.9	-4.0	-2.0	-13.9	-21.3	6.5	6.5
进口	1.6	0.8	3.5	-2.3	0.7	-1.6	-15.0	-3.4	3.3
固定资本形成总额	-1.2	-2.6	3.2	-2.0	-2.5	-4.2	-6.0	-3.2	-3.2

注:①本表为按不变价格(2000=100)计算并经季节调整后的数据。

②固定资本形成总额=民间住宅投资+民间企业设备投资+政府固定资产投资。

综合起来看，在2009年前三季度日本国内生产总值下降3.1%，增长0.7%和0.3%中，国内需求贡献分别为负2.4，负0.7和负0.1个百分点；国外需求分别为负0.7，1.4和0.4个百分点。其中在国内需求中，民间需求贡献分别为负2.6，负1.0和零个百分点，政府需求分别为贡献0.3，0.3和负0.1个百分点。从贡献图分布来看，在第一季度GDP下降中，国内需求下降是主要原因；在第二、三季度GDP增长中，净出口是主要贡献。

表2　2006－2009年日本GDP各项构成对GDP增长的贡献（百分点）

	2007年	2008年	2008年				2009年		
			一季度	二季度	三季度	四季度	一季度	二季度	三季度
国内生产总值	2.4	－1.2	1.4	－2.1	－1.0	－2.7	－3.1	0.7	0.3
国内需求	1.2	－1.3	0.7	－1.7	－0.5	－0.4	－2.4	－0.7	－0.1
民间需求	1.3	－1.1	0.9	－1.3	－0.5	－0.6	－2.6	－1.0	0.0
民间最终消费支出	0.9	－0.4	0.4	－0.9	－0.1	－0.5	－0.7	0.7	0.6
民间住宅投资	－0.4	－0.3	0.1	0.0	0.1	0.1	－0.2	－0.3	－0.2
民间企业设备投资	0.4	0.0	0.8	－0.3	－0.7	－1.0	－1.3	－0.7	－0.4
政府需求	0.0	－0.3	－0.2	－0.4	0.0	0.2	0.3	0.3	－0.1
政府最终消费支出	0.3	0.0	－0.1	－0.2	0.0	0.2	0.1	0.1	0.0
政府固定资产投资	－0.3	－0.3	－0.2	－0.2	0.0	0.0	0.1	0.3	－0.1
国外需求									
净出口	1.1	0.2	0.7	－0.4	－0.5	－2.3	－0.7	1.4	0.4
出口	1.4	0.3	1.2	－0.8	－0.4	－2.6	－3.4	0.8	0.9
进口	－0.2	－0.1	－0.6	0.4	－0.1	0.3	2.6	0.5	－0.5
固定资本形成总额	－0.3	－0.6	0.7	－0.5	－0.6	－0.9	－1.4	－0.7	－0.7

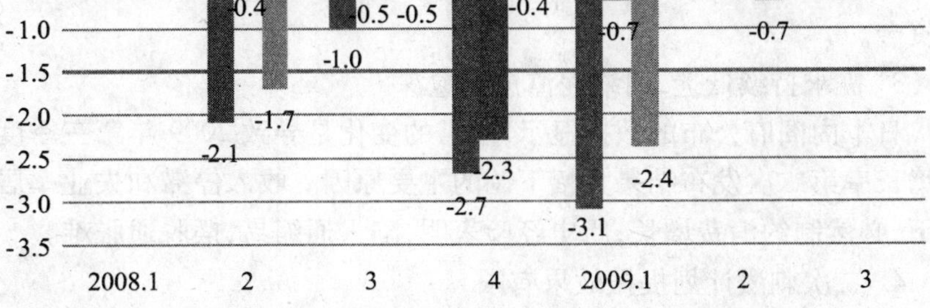

图7　2008－2009年日本GDP各项构成对GDP增长的贡献（百分点）

三、2010年日本经济走势分析

(一)日本经济复苏面临严峻挑战

1. 日本经济复苏前景堪忧

日本经济复苏至少需要三个方面的条件。一是出口环境明显改善;二是生产的快速增长和新一轮的库存回补;三是刺激经济对策效果的进一步显现。尽管上述三个方面的条件在去年均有所显现,但缺乏应有的后劲,加上企业调整过剩供给能力的影响,2010年景气复苏的态势有可能进一步放缓,经济真正步入复苏轨道恐怕要留待2011年下半年以后。从出口环境看,日本对外部市场的依赖比较严重,经济能否好转主要取决于国际市场。如果美国经济复苏乏力,日本的出口将很难扩大,难以拉动国内经济增长,失业率仍将居高不下。从生产看,近来日元持续升值,这对出口企业极为不利。企业业绩恶化必将影响就业、工资和设备投资等诸多方面,进而影响国民消费,最终拖累经济复苏。与此同时,日本经济真正步入自主复苏轨道,需要国内新一轮的库存回补,但归根到底,库存回补仅仅是短期因素,长期难以为继。从经济对策的效果看,在失业率居高不下、国民收入停滞的背景下,如果日本政府没有针对性较强的进一步政策措施出台,内需对日本经济的拉动效果将会消失。

2. 债务负担不断加重

预计日本政府债务余额在2009财政年度末将首次突破900万亿日元关口,达到900.14万亿日元;2010财政年度末将进一步增至973.16万亿日元,相当于人均负债763万日元。政府债务余额上升主要是因为发债规模达到创纪录水平。日本政府提高债务发行主要是为了弥补税收下降,并为截至2011年3月31日的2010财政年度97.30万亿日元预算筹集资金。

3. 需求持续低迷,通缩泥潭愈陷愈深

日本内阁府公布的数据显示,内需的变化是导致2009年第三季度经济增长率第二次发布结果大幅下调的主要原因。收入停滞和失业率居高不下,必然制约消费增长;历史经验表明,陷入通缩易,摆脱通胀难。

4. 二次刺激计划提振效果有限

日本政府为了刺激内需,接连出台了一系列经济刺激计划,主要涉及就业、环保、中小企业融资、支持地方政府和民生等领域。新计划将重点改善就业、帮助中小企业融资和促销环保类商品。在这项总额相当于日本国内生产总值1.5%的经济刺激计划中,3.5万亿日元(约392亿美元)将用于缓解衰退对日本区域经济的影响。但二次刺激计划不会给日本经济带来大幅度提振。

5. 日本央行预期短期经济走势缓慢

日本央行1月份再度维持对整体经济的评估不变,称经济形势正在好转。日本央行认为日本经济状况有望继续好转,但短期内经济的复苏步伐仍将平缓。出口、工业生产和私人消费都呈上升态势,但出口和工业生产的增速或将逐步减缓。日本央行还称,受油价上涨影响,预计消费者价格指数降幅将较上年同期收窄。

(二)日本政府采取的主要措施

1. 不断扩大追加预算刺激经济

日本国会最近通过了新的追加预算,授权政府实施总额7.2万亿日元的经济刺激计划,以保护经济复苏不受通货紧缩顽疾和内需不振等因素的影响。据估计,最新的追加预算会使日本一年内的国内生产总值增幅提高0.7个百分点。但经济刺激计划的实际作用恐怕有限,因为在7.2万亿日元的总额中,有3万亿日元仅仅是用来弥补地方政府税收损失的。

2. 货币政策相机而动为经济增长创造良好环境

日本央行认为,由于对日元走强和通货紧缩可能导致刚刚起步的日本经济复苏夭折,有必要立即采取新的货币政策举措。日本央行在去年12月初的一次紧急会议上宣布了一项新计划,将以0.1%的固定利率提供约10万亿日元3个月期贷款。该行在12月18日的会议上将隔夜拆借利率维持在0.1%不变,并进一步强化了应对通货紧缩的立场,宣布不会容忍消费者价格不断下跌。

(三)2010年主要经济指标预测

1. 经济增长缓慢。根据目前日本经济发展情况及趋势,2010年日本经济将缓慢增长。国际货币基金组织在2010年1月份预测2009年下降5.3%,2010年将增长1.7%。CONSENSUS FORECASTS 2010年1月份预测2009年将下降5.4%,2010年将增长1.3%。

2. 通缩仍将持续。2009年日本消费者价格指数下降1.4%,预计

2010 年增长持续下降。国际货币基金组织在 2010 年 1 月份预测 2010 年下跌 0.8%。CONSENSUS FORECASTS 2010 年 1 月份预测 2010 年将下跌 1.0%。

3. 贸易顺差有所增加。据 CONSENSUS FORECASTS 2010 年 1 月份预测,2010 年日本经常账户顺差将为 16.2 万亿日元,比上年增长 20% 左右,2011 年将为 17.1 万亿日元。

四、中日经贸关系在经济危机中进一步发展和加强

虽然中日贸易和 FDI 总量受到金融危机和经济危机的影响,但 2009 年总体还是保持了较为稳定的发展,由于存在较强的互补关系,中日经贸关系还有进一步加强和发展的空间。

(一)双边贸易总量减少,但贸易地位更加重要

受世界经济衰退影响,全球贸易也明显萎缩,我国与日本贸易额也大幅下降。2009 年,全国进出口总值为 22072.7 亿美元,同比下降 13.9%,其中:出口 12016.6 亿美元,下降 16%;进口 10056 亿美元,下降 11.2%。2009 年日中双边贸易额为 2288.5 亿美元,比上年下降 14.2%。其中:出口 979.1 亿美元,下降 15.7%;进口 1309.4 亿美元,下降 13.1%。2009 年日本是我国第三大出口国,第一大进口国,贸易地位非常重要。中日贸易的重要性突出体现在于比较成本因素的互补和地理位置紧密相连。中日贸易的重要性在后危机时代还会进一步加强,在日益加强的亚洲经济合作中,中日双边贸易关系处于核心地位。

(二)日本对我国直接投资继续增长

2009 年我国实际使用外资金额 900.33 亿美元,同比下降 2.56%,其中来自日本的 FDI 却逆势增长了 12.8%。从排名来看,日本以 41.17 亿美元超越新加坡而位居第三位。可以看出,2009 年来自日本的 FDI 增长有效缓解了我国整体 FDI 下降趋势。

(执笔:马岩)

政策刺激与外需推动下的经济复苏

——2009 年“金砖四国”经济回顾及2010 年展望

2009 年,在本国大规模的经济刺激措施和外需的推动下,“金砖四国”(指中国、印度、俄罗斯和巴西,下同)经济逐步好转,中印加快增长,俄罗斯和巴西降幅收窄。展望2010 年,“金砖四国”经济虽延续上年经济好转的走势,但仍难以达到金融危机前的较高增速。其他金砖国家(除中国以外的三国,即印度、俄罗斯和巴西,下同)经济环境有所变化对我国经济带来影响,我国应采取各种措施有效应对。

一、2009 年“金砖四国”主要经济指标好转,但比上年差

(一)中国和印度 GDP 加快增长,俄罗斯和巴西降幅收窄

受工业生产和消费持续改善的影响,2009 年,中印两国 GDP 增速逐季加快,中国第四季度 GDP 同比增长 10.7%,比上季度加快 1.6 个百分点,连续 3 个季度加速增长,全年增长 8.7%,圆满完成保“八”的目标,但比上年 9.6% 的增速放慢 0.9 个百分点;第三季度印度 GDP 同比增长 7.9%,比上季度加快 1.8 个百分点,连续 2 个季度加速增长,预计 2009 财年(2009 年 4 月 1 日至 2010 年 3 月 31 日)增长 6.8%(英国共识预测公司今年 1 月预计),比上财年加快 0.1 个百分点。

俄罗斯和巴西第三季度 GDP 同比分别下降 8.9% 和 1.2%,降幅分别比上季度收窄 2.0 和 0.4 个百分点,其中,巴西连续 2 个季度降幅有所收窄。预计全年两国 GDP 分别为下降 7.0% 和与上年持平(联合国今年 1 月预计),而上年两国分别增长 5.6% 和 5.1%。

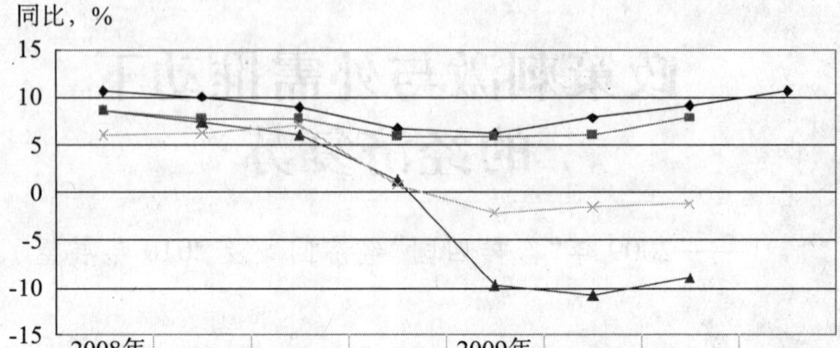

	2008年1季度	2季度	3季度	4季度	2009年1季度	2季度	3季度	4季度
中国	10.6	10.1	9.0	6.8	6.2	7.9	9.1	10.7
印度	8.6	7.8	7.7	5.8	5.8	6.1	7.9	
俄罗斯	8.7	7.5	6.0	1.2	-9.8	-10.9	-8.9	
巴西	6.1	6.2	7.1	0.8	-2.1	-1.6	-1.2	

图1　2008 年以来“金砖四国”各季度 GDP 增长率

(二)中国和印度工业生产增长逐渐加快，俄罗斯和巴西降幅收窄

以三个月移动平均数来看，2009 年中印两国工业生产呈现加快增长的态势，俄罗斯和巴西降幅有所收窄。1 至 4 月份，中国工业生产略有波动，但从 5 月份开始连续 7 个月加快增长，全年增长 11.0%，比上年放慢 1.9 个百分点；印度工业生产呈现持续加快增长态势。11 月份，印度工业生产同比增长 11.0%，连续 10 个月加快增长，前 11 个月同比增长 5.7%，比上年同期加快 0.8 个百分点。

11 月份，俄罗斯和巴西工业生产同比分别下降 4.9% 和 2.0%，降幅分别比上月收窄 1.5 和 1.8 个百分点，分别比年初收窄 8.3 和 14.1 个百分点；前 11 个月，两国同比分别下降 12.0% 和 10.0%，而上年同期分别增长 3.8% 和 4.9%。

(三)中国和巴西零售增速由放慢转为加快

2009 年，中国和巴西零售增速均呈现“放慢 - 加快”的走势，中国社会消费品零售额全年增长 15.5%，比上年回落 6.1 个百分点；前 11 个月，巴西零售量同比增长 5.5%，比上年回落 4.9 个百分点。12 月份，中国社会消费品零售总额同比增长 15.8%，增速与上月持平，连续 8 个月增速高

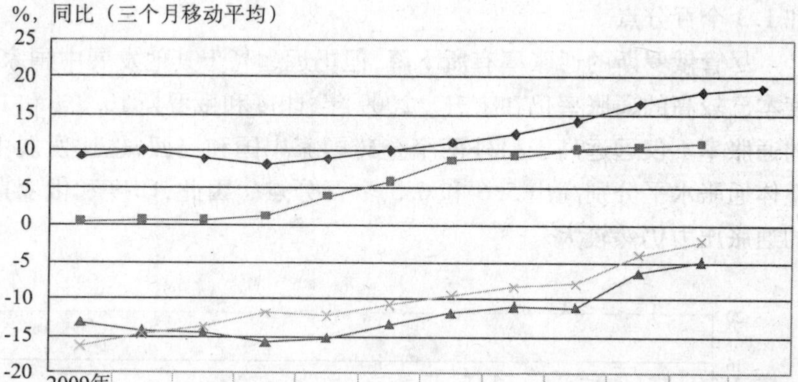

	2009年1月	2月	3月	4月	5月	6月	7月	8月	9月	10月	11月	12月
中国	9.2	10.1	8.9	8.2	9.0	10.1	11.3	12.3	14.1	16.4	17.9	18.5
印度	0.3	0.5	0.6	1.2	3.8	5.9	8.8	9.3	10.3	10.6	11.0	
俄罗斯	-13.2	-14.3	-14.6	-15.9	-15.4	-13.3	-11.8	-11.0	-11.1	-6.4	-4.9	
巴西	-16.3	-14.7	-13.8	-11.9	-12.3	-10.7	-9.3	-8.3	-7.9	-3.8	-2.0	

图2　2009 年以来“金砖四国”工业生产增长率

于15%；11 月份，巴西零售量同比增长 8.7%，比上月加快 0.1 个百分点，连续 3 个月加快增长。

（四）中印通货膨胀率转为回升，俄罗斯和巴西由回升转为回落，印度和俄罗斯通胀压力仍然较大

2009 年，中国 CPI 上涨率经历“下降－回升”的过程。7 月份，中国 CPI 同比下降 1.8%，降幅比上月扩大 0.1 个百分点，达到年内最大降幅。8 月份以后，中国 CPI 降幅逐步收窄，至 11 月份 CPI 上涨率由负转正，同比上涨 0.6%，12 月份涨幅扩大到 1.9%。全年中国 CPI 下降 0.7%，而上年为上涨 5.9%。2009 年，印度 CPI 呈现“回落－回升”态势。3 月份，印度 CPI 同比上涨 8.0%，连续 2 个月回落，达到年内最低涨幅，12 月份 CPI 同比上涨 15.0%，连续 2 个月回升，比年初回升 4.6 个百分点，全年上涨 10.8%，比上年加快 2.7 个百分点。

俄罗斯和巴西 CPI 上涨率由回升转为回落。俄罗斯和巴西分别于 3 月份和 2 月份达到年内最高通胀率，CPI 同比上涨率分别为 14.0% 和 5.9%，随后逐渐回落。到 12 月份，两国 CPI 上涨率分别为 8.8% 和 4.3%，其中，俄罗斯连续 5 个月回落，巴西则为连续回落 9 个月后的小幅反弹。俄罗斯和巴西全年分别上涨 11.7% 和 4.9%，分别比上年回落 1.6 和 1.3 个百分点。

尽管俄罗斯的通胀率有所下降，但仍远远高于其他发展中国家，而印度本已较高的通胀率仍在上升。2009 年，印度和俄罗斯 10.8% 和 11.7% 的通胀率不仅远远高于另外两个金砖国家中国和巴西，也比发展中国家整体通胀水平分别高出 5.6 和 6.5 个百分点。因此，印度和俄罗斯两国的通胀压力仍然较大。

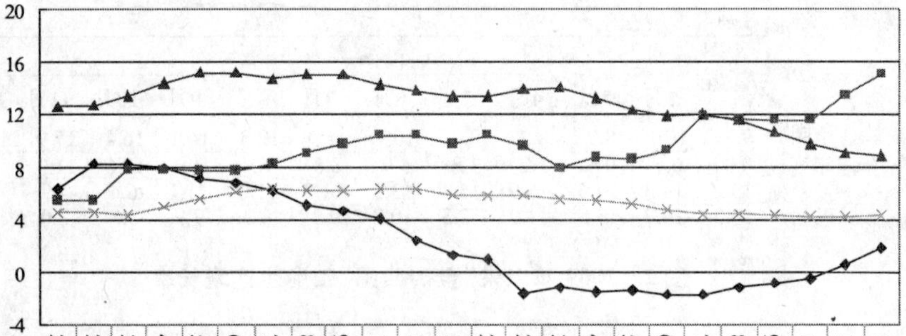

	2008年1月	2月	3月	4月	5月	6月	7月	8月	9月	10月	11月	12月	2009年1月	2月	3月	4月	5月	6月	7月	8月	9月	10月	11月	12月
中国	6.4	8.3	8.3	7.9	7.1	6.8	6.3	5.1	4.7	4.1	2.4	1.3	1	-1.6	-1.2	-1.5	-1.4	-1.7	-1.8	-1.2	-0.8	-0.5	0.6	1.9
印度	5.5	5.5	7.9	7.8	7.8	7.7	8.3	9.0	9.8	10.4	10.4	9.7	10.4	9.6	8.0	8.7	8.6	9.3	11.9	11.7	11.6	11.5	13.5	15
俄罗斯	12.6	12.7	13.3	14.3	15.1	15.2	14.7	15.0	15.1	14.2	13.8	13.3	13.4	13.9	14.0	13.2	12.3	11.9	12.0	11.6	10.7	9.7	9.1	8.8
巴西	4.6	4.6	4.3	5.0	5.6	6.1	6.4	6.2	6.3	6.4	6.4	5.9	5.8	5.9	5.6	5.5	5.2	4.8	4.5	4.4	4.3	4.2	4.2	4.3

图 3　2008 年以来“金砖四国”CPI 走势

(五)俄罗斯失业率呈“升－降－升”走势，巴西呈“升－降”走势

2009 年，俄罗斯失业率经历了“升－降－升”的过程，2 月份 9.5% 的失业率为年内最高水平，比上月上升 0.8 个百分点，之后持续下降 7 个月至 9 月份的 7.6%，到 12 月份俄罗斯失业率再次上升至 8.2%，连续 3 个月上升。全年俄罗斯失业率为 8.4%，比上年上升 2.1 个百分点。2009 年巴西失业率呈“升－降”走势。3 月份，巴西失业率为 9.0%，连续 2 个月回升，达到年内最高水平，之后持续下降。12 月份巴西失业率降至 6.8%，比上月下降 0.6 个百分点，连续 4 个月下降，全年失业率为 8.1%，比上年高出 0.2 个百分点。

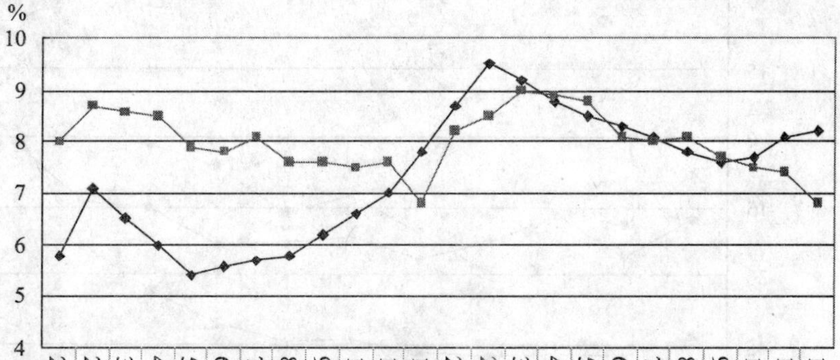

	2008年1月	2月	3月	4月	5月	6月	7月	8月	9月	10月	11月	12月	2008年1月	2月	3月	4月	5月	6月	7月	8月	9月	10月	11月	12月
—◆—俄罗斯	5.8	7.1	6.5	6.0	5.4	5.6	5.7	5.8	6.2	6.6	7.0	7.8	8.7	9.5	9.2	8.8	8.5	8.3	8.1	7.8	7.6	7.7	8.1	8.2
—■—巴西	8.0	8.7	8.6	8.5	7.9	7.8	8.1	7.6	7.6	7.5	7.6	6.8	8.2	8.5	9.0	8.9	8.8	8.1	8.0	8.1	7.7	7.5	7.4	6.8

图 4　2008 年以来俄罗斯和巴西失业率

(六)中印进出口由降转升,俄罗斯和巴西尚未完全恢复增长

2009 年,“金砖四国”在世界经济向好以及本国经济刺激政策的带动下,货物进口和出口总体呈上升趋势。全年来看,中国和巴西出口分别为 12016. 6 亿和 1522. 5 亿美元,分别比上年下降 16. 0% 和 23. 1%;进口分别为 10056. 0 亿和 1275. 5 亿美元,分别下降 11. 2% 和 26. 4%。前 11 个月,印度和俄罗斯出口分别为 1382. 9 亿和 2720. 9 亿美元,分别比上年同期下降 11. 1% 和 38. 6%;进口分别为 2103. 2 亿和 1700. 3 亿美元,分别比上年同期下降 19. 9% 和 36. 6%。

12 月份,中国出口同比增长 17. 7%,为 13 个月来的首次同比增长;11 月份,印度和俄罗斯出口同比分别增长 14. 7% 和 2. 1%,其中,印度已连续 2 个月增长,而俄罗斯则结束了连续 24 个月的下降趋势;巴西各月出口同比均有所下降。进口方面,12 月份,中国进口同比增长 55. 9%,比上月回升 29. 2 个百分点,连续 2 个月回升;巴西进口同比增长 6. 7%,为连续 11 个月下降后的首次增长;11 月份,印度进口同比增长 6. 1%,为连续 11 个月下降后的首次回升;但俄罗斯尚未恢复增长,11 月份进口同比下降 10. 4%,连续 13 个月有所下降。

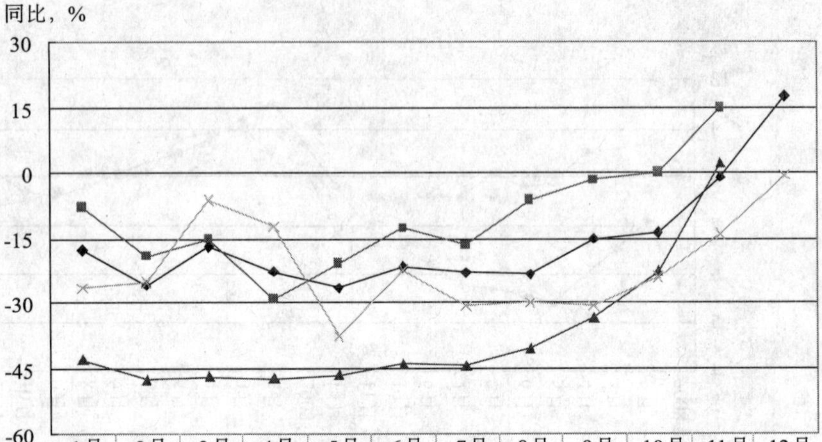

	1月	2月	3月	4月	5月	6月	7月	8月	9月	10月	11月	12月
中国	-17.5	-25.7	-17.1	-22.6	-26.4	-21.4	-23.0	-23.4	-15.2	-13.8	-1.2	17.7
印度	-7.7	-18.9	-15.3	-29.0	-20.8	-12.7	-16.7	-6.5	-1.9	0.1	14.7	
俄罗斯	-43.0	-47.5	-47.0	-47.1	-46.6	-44.1	-44.5	-40.7	-33.5	-22.5	2.1	
巴西	-26.3	-25.1	-6.4	-12.4	-37.9	-22.2	-30.9	-29.9	-30.8	-23.9	-14.3	-0.7

图 5　2009 年各月“金砖四国”货物出口增长率

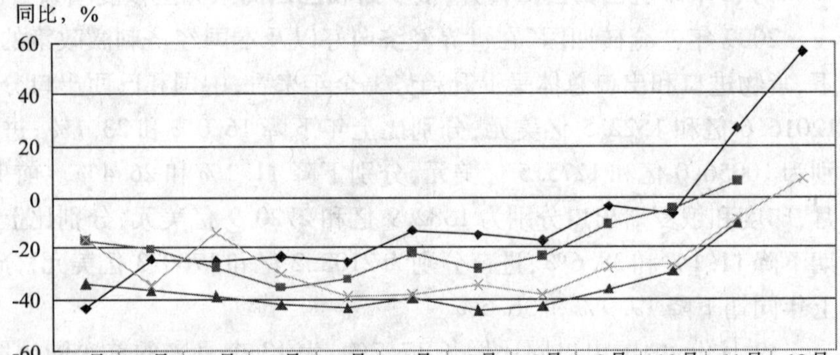

	1月	2月	3月	4月	5月	6月	7月	8月	9月	10月	11月	12月
中国	-43.1	-24.1	-25.1	-23.0	-25.2	-13.2	-14.9	-17.0	-3.5	-6.4	26.7	55.9
印度	-16.9	-20.5	-27.4	-35.2	-31.8	-21.9	-28.2	-23.0	-11.1	-4.8	6.1	
俄罗斯	-34.0	-36.4	-38.6	-42.4	-43.1	-39.1	-44.6	-42.9	-36.2	-29.1	-10.4	
巴西	-16.6	-34.6	-13.6	-30.1	-38.7	-38.0	-34.5	-38.3	-27.5	-26.3	-8.4	6.7

图 6　2009 年各月“金砖四国”货物进口增长率

从贸易余额来看，2009 年中国、巴西和俄罗斯货物贸易顺差总体上有所缩小，印度贸易逆差额有所缩小。中国和巴西全年外贸顺差分别为 1960.6 亿和 247.0 亿美元，分别比上年下降 34.2% 和 0.2%；前 11 个月，俄罗斯顺差额为1020.6亿美元,比上年同期缩小41.7%;前11个月,印度逆差额为720.2亿美元,比上年同期缩小32.7%。

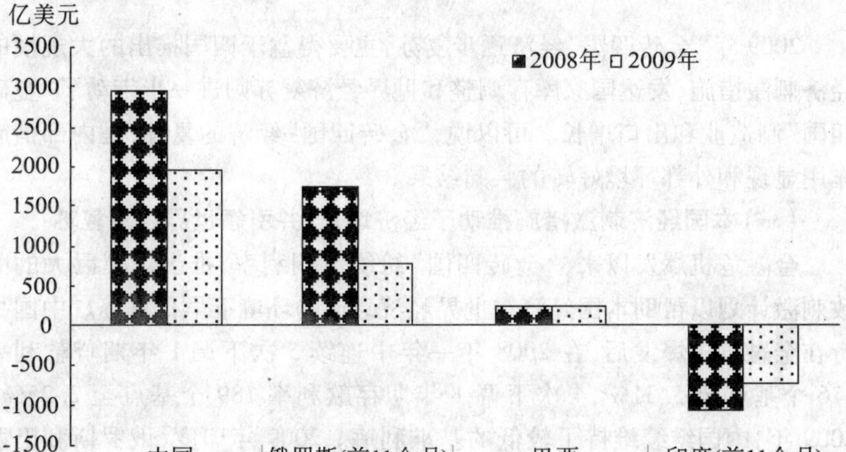

	中国	俄罗斯(前11个月)	巴西	印度(前11个月)
2008年	2954.6	1751.9	247.5	-1070.8
2009年	1961.0	781.6	247.0	-720.2

图7 2008年和2009年"金砖四国"外贸顺差比较

(七)股指在波动中走快速上涨,本币对美元升贬不一

2009年12月31日,MSCI(摩根斯坦利综合指数)"金砖四国"股指达到332.3(1994年12月30日为100),比2009年1月1日上涨了88.1%,达到2008年8月8日以来的最高值,分别比MSCI新兴市场指数和MSCI世界指数同期涨幅高15.5和64.3个百分点。从各国情况看,2009年12月31日,中国上海证交所综合指数、印度孟买敏感30指数、俄罗斯RTS指数和巴西圣保罗指数分别达到3277.1(1990年12月19日为100)、17464.8(1978至1979年平均值为100)、1444.6(1995年9月1日为100)和68588.4(1935年7月1日为100),与年初相比,分别上涨了74.2%、76.4%、130.5%和62.1%。

汇率方面,2009年巴西雷亚尔和印度卢比对美元升值,俄罗斯卢布对美元贬值,中国人民币对美元基本稳定。2009年12月31日,1美元分别兑换1.74巴西雷亚尔和46.4印度卢比,与2009年年初相比,巴西雷亚尔和印度卢比对美元分别升值了24.9%和3.9%;2009年12月31日,1美元兑换30.3俄罗斯卢布,俄罗斯卢布比年初贬值3.1%;中国人民币汇率在1美元兑换6.847至6.818人民币窄小区间波动。

二、“金砖四国”经济回升的原因

2009年“金砖四国”经济逐步复苏，主要得益于四国推出的大规模的经济刺激措施，发达国家库存调整和世界经济复苏则进一步带动了“金砖四国”制造业和出口增长。可以说，“金砖四国”经济的复苏，是内部措施作用显现和外部环境好转的共同结果。

（一）本国经济刺激措施推动了经济增长，并引领世界经济复苏

金融危机爆发以来，“金砖四国”纷纷下调利率，推出规模巨大的财政刺激计划以帮助本国经济在世界经济衰退的环境下早日复苏。中国央行在金融危机爆发后，在2008年一年中连续5次下调1年期贷款利率216个基点至5.31%，4次下调1年期存款利率189个基点至2.25%；2009年，中国继续维持了较低的基准利率。2009年印度、俄罗斯和巴西央行分别连续3次、10次和5次下调基准利率至4.75%、8.75%和8.75%，分别累计下调175、425和500个基点。据联合国去年12月份统计，金融危机爆发以来，“金砖四国”公布的财政刺激方案共计6573亿美元，占全球各国财政刺激计划总金额的四分之一。其中，中国财政刺激计划金额最高，达到5853亿美元，占本国GDP的13.3%，比全球财政刺激计划金额占世界产出的比重高出9.0个百分点；印度、俄罗斯和巴西分别为384亿、200亿和36亿美元，分别占本国GDP的3.2%、1.2%和0.2%。

在本国经济刺激措施作用下，“金砖四国”进口和工业生产率先复苏，成为延缓世界经济衰退和拉动世界经济复苏的重要力量。据荷兰经济政策分析局统计，2009年2月，以中国和印度为主体的亚洲发展中国家进口量由降转升，环比增长4.7%，比世界和发展中国家平均增幅分别高出3.8和1.3个百分点；除进口强劲回升，以中印为主体的亚洲发展中国家工业生产先于世界整体复苏。2009年2月，以中印为主体的亚洲发展中国家工业生产环比增长3.4%，结束了连续7个月下降的态势，比发展中国家整体增幅高出1.1个百分点，而此时世界工业生产仍在下降，环比降幅为0.2%，以中印为主体的亚洲发展中国家工业生产比世界工业生产领先2个月复苏。

（二）发达国家库存调整进一步推动了“金砖四国”工业和制造业增长

国际金融危机爆发后，世界经济深度衰退迫使发达国家大力压缩库存。随着发展中国家内需回升以及世界经济好转，2009 年下半年以来发达国家加快库存回补，由此推动了对来自包括金砖国家在内的发展中国家需求进一步上升。2009 年第三季度美国、欧元区和日本 GDP 环比分别增长 2.2%（折年率）、0.4% 和 0.3%，仅库存调整一项就分别贡献了 0.69、0.49 和 0.1 个百分点，美国第四季度的贡献进一步提高到 3.39 个百分点。受此影响，2009 年“金砖四国”制造业持续好转，中国和印度工业生产加快增长，俄罗斯和巴西由降转升。中国和印度工业生产同比增速分别于 5 月份和 10 月份由回落转为回升；俄罗斯和巴西均于 12 月份由降转升。

（三）世界经济复苏推动了“金砖四国”出口增长

2009 年第二季度起，在经济周期以及规模巨大的经济刺激措施的共同作用下，世界经济持续改善，并于第三季度开始复苏。全球进口量环比于 2009 年 2 月份由降转升。世界经济复苏带动了“金砖四国”外需增长。从三个月移动平均数来看，中国、俄罗斯和巴西贸易顺差分别从 2009 年 7 月份、4 月份和 3 月份开始由降转升，外需从原来的拖累经济下降转为拉动经济增长。

三、2010 年“金砖四国”复苏之路依然曲折

2010 年，“金砖四国”将延续去年的复苏势头，中印经济加快增长，俄罗斯和印度由负转正。但由于世界经济复苏仍存在不确定性，国际市场大宗商品价格仍将继续上涨，发达国家内需依然疲弱，“金砖四国”经济的复苏之路将依然曲折，经济增速难以达到金融危机前的水平。

（一）诸多因素制约 2010 年“金砖四国”经济持续、稳定复苏

今年金砖国家经济复苏之路依然曲折的原因主要有：一是世界经济复苏仍存在不确定性。当前的世界经济复苏主要由全球各国规模庞大的经济刺激计划以及发达国家库存调整带动，世界经济增长的自主动力不足。由于发达国家的失业率已处于历史高位并将在今年上半年内依然保持较高水平，产能利用率仍然低于长期趋势和金融危机前水平，加上政策刺激效应淡化，发达国家的消费和投资难以稳定增长，世界经济复苏还存在不确定性。二是国际市场大宗商品价格仍将继续上涨。2009 年国际

市场能源和非能源初级产品价格分别上涨50.7%和21.3%，随着世界经济持续复苏，各国对大宗商品的需求将增加，由此推动世界商品价格上涨。据世界银行今年1月预测，今年国际市场原油价格和非能源价格将分别比去年上涨23.1%和5.3%，而预计去年分别下降36.3%和21.6%。大宗商品价格上涨对于俄罗斯和巴西两个资源出口大国有利，但对于中国和印度而言，则会增加企业生产成本，不利于经济稳定复苏。三是发达国家内需依然疲弱，而金砖国家经济对外依存度仍然较高。今年发达国家消费和投资需求依然疲弱。而"金砖四国"中，中国和印度高度依赖工业制成品出口，俄罗斯和巴西依赖外部的石油、天然气和金属矿产品市场。2008年，中国、印度、俄罗斯和巴西出口依存度(货物出口额占本国GDP的比重)分别为33.0%、15.0%、29.3%和12.6%，其中，中国和俄罗斯分别比世界平均水平高出7.1和3.4个百分点。

(二)2010年"金砖四国"经济继续好转，通货膨胀率有所回落

今年中印两国经济将加快增长，俄罗斯和巴西由负转正，但四国均难以回升至金融危机前的较高增速。据IMF2010年1月预测，今年中国和印度GDP分别增长10.0%和7.7%，分别比去年回升1.3和2.1个百分点，但分别比金融危机爆发前的2007年增速低3.0和1.7个百分点；俄罗斯和巴西由上年的下降转为增长，分别增长3.6%和4.7%，分别比2007年低4.5和1.0个百分点(世界银行和联合国预测结果见下表)。

今年中国通货膨胀率将有所回升，印度、俄罗斯和巴西通货膨胀率回落。据联合国2010年1月预测，今年中国CPI上涨率达到2.3%，去年为下降0.7%；印度、俄罗斯和巴西CPI分别上涨9.8%、7.3%和4.1%，分别比去年回落0.5、5.4和0.7个百分点。

表1 "金砖四国"GDP增长率 单位:%

	2007年	2008年	2009年			2010年			1993至2008年平均增速	2000至2008年平均增速
			IMF	世界银行	联合国	IMF	世界银行	联合国		
中国	13.0	9.6	8.7	8.7	8.7	10.0	9.0	8.8	10.2	10.0
印度	9.4	7.3	5.6	6.0	5.9	7.7	7.5	6.5	6.7	7.2
俄罗斯	8.1	5.6	-9.0	-8.7	-7.0	3.6	3.2	1.5	2.0	6.9
巴西	5.7	5.1	-0.4	0.1	0.0	4.7	3.6	4.5	3.3	3.7

注:除中国外的2009年数据为估计数,2010年为预测数。各国际组织的估计时间和预算为2010年1月。

四、其他金砖国家经济环境的变化对我国经济的影响及我国的对策

国际金融危机的爆发导致金砖国家经济增长速度放慢，对我国经济产生了一定影响。面对变化了的外部经济环境，我国应利用好各种平台，积极与其他三国沟通，为我国经济持续较快增长提供支持。

其他金砖国家经济增长速度放慢对我国经济的影响体现在两方面：一是在实体经济领域，金砖三国针对我国贸易保护措施增多。去年印度在提高部分种类豆油进口关税和钢铁产品关税后又对自中国进口的玩具实行长达6个月的禁令，印度财政部从去年12月8日开始宣布将对我国产的同步数字传输设备征收临时反倾销税；俄罗斯针对我国不锈钢管采取反倾销调查并提高汽车进口关税；巴西去年对进口自中国的7个税号的合成纤维布进行反倾销调查后又于今年1月11日对原产于中国的手动拉钉枪启动反倾销调查。金砖国家发起的保护措施影响到我国出口企业的生存环境，不利于我国经济持续稳定复苏。二是在金融领域，金砖国家汇率普遍升值造成我国人民币相对于这些国家本币来说有所贬值。2009年印度和巴西本币对美元分别升值了3.9%和24.9%，我国人民币相对于印度卢比和巴西雷亚尔来说实际上是贬值的，这虽然使得我国出口竞争力相对于其他金砖国家有所增强，但不利于我国扩大到这些发展中大国的直接投资，同时这些国家要求人民币升值呼声提高。

为此，我国可从以下几方面积极应对：一是以“金砖四国”首脑峰会为基础，积极推动我国与其他金砖国家的合作，提升发展中大国在世界经济事务中的发言权；二是提倡以财政刺激手段缓解各国内需下降的压力，避免采取以邻为壑贸易保护措施；三是继续鼓励我国有条件的企业到这些国家投资设厂以绕开贸易壁垒，减少贸易摩擦。

（执笔：王金萍；成文于2010年2月5日）

全球经济衰退基本结束
但复苏之路仍很艰巨

——主要国际组织对2010年世界经济预测

金融危机以来，世界经济跌宕起伏、惊心动魄。世界大多数国家经济或多或少都受到冲击，发达国家经济经历了严重的衰退，金融体系受损严重。发展中国家经济由于外部需求的减弱，实体经济也受到了冲击。各国经济运行困难重重，世界经济跌入低谷。岁末年初，联合国、国际货币基金组织、世界银行等国际机构，纷纷推出了2010年的全球经济展望报告。报告普遍认为，由于各国广泛的采用了刺激性财政政策、央行普遍的降低利率并降低了金融市场的不确定性和系统性风险，2010年，世界经济将结束衰退。经济增长将由负转正，世界贸易缓慢恢复，通货膨胀水平适中。但由于主要经济体失业情况严峻，将导致需求艰难恢复，这一方面影响了发达经济体复苏的进程，也抑制了发展中经济体外部需求的刺激。因此，2010年，虽然世界经济衰退会结束，但复苏的道路会很艰难。

一、联合国世界经济展望

世界经济在各主要经济体大规模财政刺激政策支持之下开始反弹。但各经济体经济复苏的步伐不一致，世界经济不平衡现状还将持续。贸易保护主义的抬头、失业率的居高不下、消费和私人投资的不振，使2010年实现可持续的经济增长困难重重。

(一)2010年世界经济缓慢复苏

根据联合国的基准预测，2010年世界经济的增速将会从2009年下降2.2%上升到2.4%，实现温和增长。发展中国家经济增长率将从2009

年的1.9%上升到5.3%，发达经济体增长率将从2009年下降3.5%上升到2010年的1.3%。转轨经济体2009年经济下降了6.5%，2010年将实现1.6%的低速增长。

经济回升主要因素为：首先是各国采取的及时、果断的财政政策，遏制了危机的进一步扩大。其次是全球库存周期的变化。受到金融市场好转的影响，生产者信心回升，企业发展的主线也由危机初期的“去库存化”转为新一轮“加库存”，库存周期出现反向转折。第三，是前两个因素对世界经济产生的溢出效应。

（二）国际贸易恢复增长

2008年末和2009年初，国际贸易大幅缩水。但从2009年第二季度开始好转，贸易反弹主要是由于库存周期变化的拉动。尽管走势整体向好，但2009年全年贸易流量仍比上年下降了12.5个百分点。2010年，全球总需求预计将小幅回升，世界贸易量预计比上年提高5.4个百分点。但自金融危机后，贸易保护主义有所抬头，为脆弱的经济复苏蒙上阴影。

（三）通货膨胀压力不大

2009年，全球通货膨胀率总体走低，个别国家出现了通缩。2010年，尽管大规模信贷投放政策依然持续，但失业率的不断升高、产出缺口的存在、以及社会总需求的不振都将成为制约通胀上行的因素。对大多数政府来说，2010年政策的侧重点应将放在预防通缩而非通胀上。2010年，发达国家居民消费价格将上涨1.3%。其中，美国将上涨1.4%，欧元区将上涨1.1%，日本将上涨0.3%。

（四）失业率将继续攀升

截止到2009年10月，美国的失业率达到10.2%，为近26年来的历史最高。欧元区的失业率2009年也上升了2个百分点，达到9.7%。发展中国家出口部门的就业受经济危机影响较大。2010年，全球劳动力市场前景依然黯淡。发达国家失业率将达到9.4%。其中美国将达到10.1%，欧元区为10.9%，日本为5.9%。

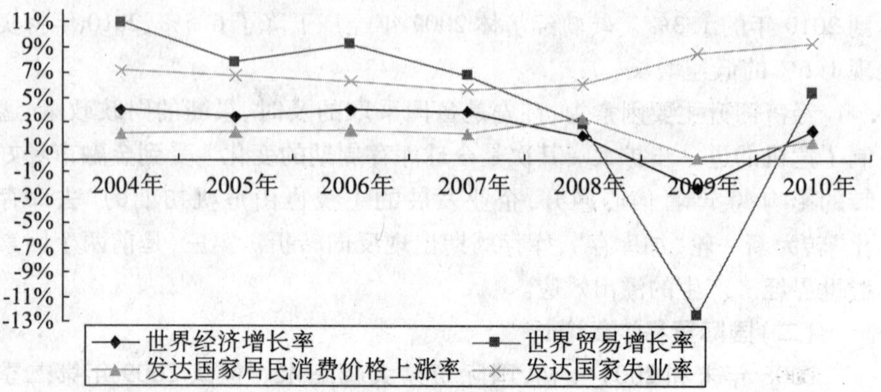

图 1　世界主要经济指标

二、国际货币基金组织(以下简称 IMF)世界经济展望

(一)世界经济衰退已经结束,但未来复苏势头疲弱

世界经济的此次反弹,一个主要因素是发达经济体和许多新兴经济体所采取的强有力的公共政策。各国央行迅速采取应对措施,大幅度地降低利率,并采取非常规手段注入流动性并维持信贷。政府也启动了重大的财政刺激计划,同时以担保和注入资本的形式向银行提供支持。这些政策不仅降低了不确定性、使金融状况得以改善,也提升了信心。

在发达经济体,2009 年下半年以来,经济活动已经稳定,经济也恢复了适度增长。2010 年,美国将实现正增长,比 2009 年上升 1.5%。欧元区经济复苏强度将比美国弱很多,预计 2010 年经济将微幅上升 0.3%。日本经济的复苏情况将好于前两大经济体,将强力扭转 2009 年下降 5.4% 的局势,全年上升 1.7%。

新兴和发展中经济体复苏步伐快于发达经济体。2010 年将增长 5.1%,比发达经济体快 3.8 个百分点。其中,中国和印度两大经济体起了主要推动作用,2010 年,两国将分别增长 9% 和 6.4%。

初步预计,2009 年世界经济仍将下滑 1.1%,2010 年将达到 3.1%。

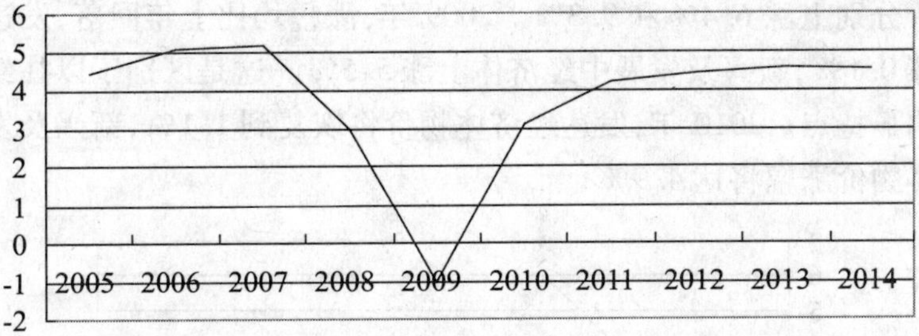

图 2　世界 GDP 增长率

(二)世界贸易将开始好转

金融危机以来,世界贸易领域受到的冲击非常严重,贸易环境恶化。从进口来看,2009 年,发达经济体货物和服务贸易量比上年下降 13.7%,新兴和发展中经济体下降 9.5%。从出口来看,前者下降 13.6%,后者下降 7.2%。同时,各国贸易保护加剧,贸易纷争增多,全球需求格局被打破,特别是出口导向型经济体的外部需求大幅下降。为了平衡供需关系,为了维持经济的复苏,各国都在多方面采取措施,包括修复金融体系、改善公司治理和金融中介、支持政府投资、改革社会安全网以便降低预防性储蓄等。虽然这些改革对重新平衡全球需求是缓漫的,但这些措施仍收到了成效,世界贸易局势正在改善。初步预计,2010 年,世界贸易总量将增长 2.5%,扭转 2009 年下降 11.9% 的局势。

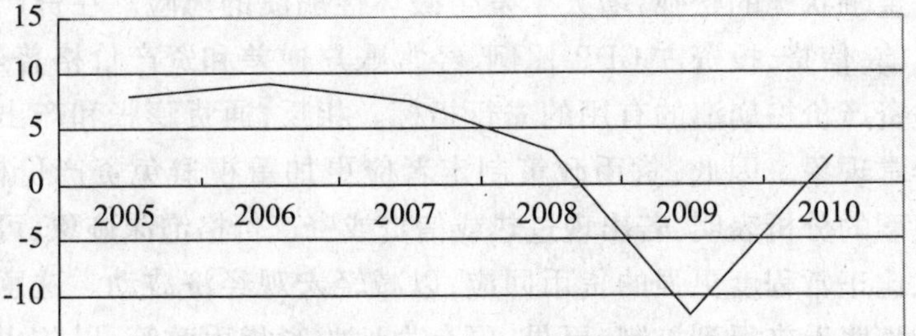

图 3　世界商品与服务贸易量 增长率

(三)消费物价保持适度水平

这次金融危机爆发以前,各经济体消费物价上涨幅度不大,通货膨胀在较窄的幅度内变动。2008 年,发达经济体和新兴及发展中经济体的消费物价分别上涨6.4%和9.3%。2009年,涨幅均比上年回落,发达经济体上涨0.1%,新兴及发展中经济体上涨5.5%。这是区别于以往经济危机的明显特点。2010年,发达经济体物价将恢复到1.1%,新兴及发展中经济体物价涨幅将达4.9%。

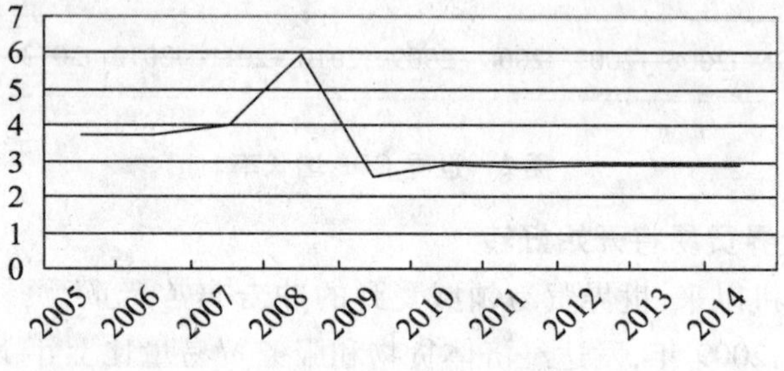

图4　世界通货膨胀率

(四)从金融危机中吸取的货币政策教训

IMF认为,货币政策不是当前危机的确凿起因。这次危机爆发之前的若干年里,货币政策宽松,但这不太可能是世界经济高涨和随后崩溃的主要系统性原因。各国货币政策环境的不同与房价和股价增长的差异之间不存在很强的相关性。然而,在这次危机发生之前存在货币政策制定者本来可以注意到的警示信号。中央银行履行了它们的使命——这次危机发生前,先进经济体的通货膨胀保持在较窄的范围内。但是,中央银行包容了金融状况的松弛,增大了发生破坏性崩溃的风险。在资产价格崩溃发生前,信贷、投资占GDP比例、经常账户逆差和资产价格普遍上升,这些是资产价格崩溃的有用的先行指标。相反,通货膨胀和产出却未表现出异常现象。因此,货币政策制定者应更加重视避免资产价格崩溃。基于模型的分析表明,若出现过热或信贷或资产价格泡沫迹象,可能有必要采取比正常程度更强的货币回应,以减轻宏观经济波动。这意味着即使通货膨胀看来得到控制,更早、更有力地收紧货币政策,以防止危险积累的过剩。

三、世界银行世界经济展望

(一)金融危机最困难阶段已经度过,经济复苏或后劲不足

世行最新预测,金融危机最困难的阶段虽然已经度过,但世界经济复

苏仍显脆弱。2010 年,世界经济仍面临许多不确定因素,首先金融市场依然没有完全恢复,其次失业率居高不下,另外各国政府经济刺激计划将逐步退出,世界经济的增长势头在下半年可能会后劲不足。初步预测,世界经济在经历 2009 年 2.2% 的衰退后,2010 年前半年将会迅速恢复,全年将增长 2.7% 。

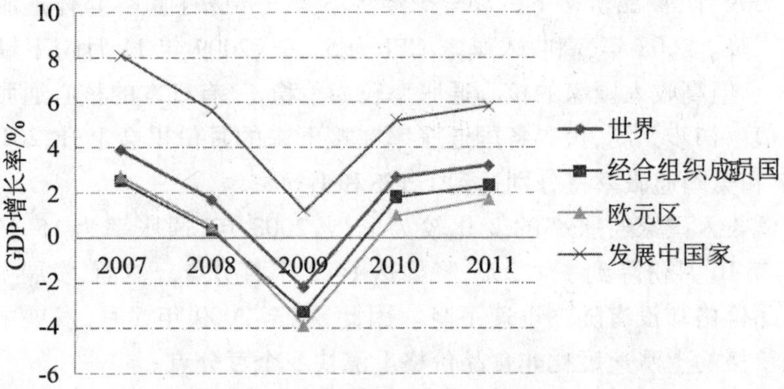

图 5 2007 – 2011 年世界和主要地区 GDP 增长率

世界经济增长的主要阻力来自于高收入国家。初步预测,2010 年,高收入国家 GDP 将增长 1.8% ,其中经合组织成员国将增长 1.8% ,欧元区将增长 1% ,日本和美国将分别增长 1.3% 和 2.5% 。

发展中国家经济复苏势头较为强劲。世行初步预测,2009 年发展中国家 GDP 将增长 1.2% ,2010 年将达 5.2% 。但也面临后劲不足的问题,东亚和太平洋地区受到存货周期的影响比较明显。由于地区工业生产和进口增长减速,表明中国财政刺激措施对经济的影响在减弱。欧洲和中亚地区发展中国家经济复苏将最为疲弱,主要是由于这两个地区的金融体系在危机中受到了很大的冲击和危机前需求过旺。

世行报告显示,2010 年世界经济运行有两种可能性,一是会超预期增长,二是可能爆发二度危机。如果各国政府过早退出经济刺激计划,则经济复苏可能停滞。如果退出过晚,过于充沛的贷款将会阻碍私人投资的增长,过于宽松的货币政策也有可能引发通胀加速。

(二)世界贸易将缓慢恢复

世界经济的复苏促进了各国贸易活动的恢复。据世行初步预测,全球贸易额在经历了 2009 年 14.4% 的严重收缩之后将会在 2010 年增长 4.3%，2011 年将增长 6.2%。由于金融危机对全球贸易影响巨大，加之 2010 年下半年后全球经济恢复力度不够强劲，在经过 2 年的复苏后，预计货物和服务贸易总量依然比 2008 年峰值时低 5%。

（三）通胀压力较轻

2009 年，商品价格下跌和全球经济不景气带来了世界整体通胀率的急剧下降。2008 年，高收入国家 CPI 为 5.2%，2009 年 11 月份下跌到了 0.6%。但高收入国家的核心通胀率较为平稳，只有日本的核心通胀率出现负值。初步预测，世界各国通胀率在接下来的月份里会上升，2010 年，G－7 和美国通胀率将分别达到 1.1% 和 1.6%。

低收入国家通胀率的变化较为剧烈，2008 年，通胀率为 15.4%，到 2009 年 10 月份降到了 1.2%，降幅达 14.2 个百分点。然而，发展中国家的食品价格却没有随之迅速下降。因此，截至 2009 年 5 月，发展中国家食品价格的上涨速度比非食品价格上涨快 8 个百分点。

（四）失业率居高不下，贫困人口明显增加

金融危机使世界经济受到重创，同时金融危机对金融体系的冲击仍未消失，虽然经济开始复苏，但仍无法抵消世界经济衰退造成的损失。2010 年，许多国家失业率仍在两位数以上并将持续攀升，全球范围内每天依靠低于 1.25 美元生活的人口将会增加 6400 万左右。在发展中国家，由于经济增长缓慢，失业率会继续上升，到 2010 年底，又会有九千万人进入贫困线（低于每天 1 美元），死于营养不良的儿童将会增加 3 到 5 万。

四、经济合作与发展组织（以下简称 OECD）世界经济展望

2009 年 11 月份，OECD 发布了最新的经济展望报告。报告显示，受益于政府经济刺激政策和对金融市场的有效监管，以及国际需求的反弹，OECD 成员国经济均已从经济危机中复苏。但复苏的基础仍不稳固，还存在着较大的不确定性。失业率仍然不断上升。

（一）世界经济缓慢复苏，“危”、“机”并存

2010 年，世界经济预计实现正增长，世界 GDP 增长率将由 2009 年下降 1.7% 增至 2010 年的 3.4%。2010 年，美国 GDP 将增长 2.5%，日本将

增长 1.8%，欧元区将增长 0.9%。中国经济发展态势良好。OECD 预测，在经济刺激计划的拉动下，2010 年，中国经济将以超过 10% 的速度增长。

经济增长的上行动力主要有：政府的大规模经济刺激计划、全球金融市场状况好转、出口反弹和库存周期变化。但居民消费依然不振，失业率的持续走高、低通胀率的风险，将成为制约经济好转的负面因素。

在经济回暖的大背景下，各国政府如何逐步消减财政赤字，合理的退出经济刺激计划，将是世界经济面临的一大挑战。

(二)世界贸易企稳反弹

亚洲非 OECD 经济体贸易额大幅反弹，对 OECD 贸易伙伴国家产生了溢出效应，带动 OECD 地区贸易增长，并推动了全球贸易增长。报告显示，金融市场好转可带动世界贸易 2010 年增长 1.9%，2011 年增长 1.6%。一系列贸易先行指标如出口订单、国际航运和高科技产品业务量等回暖向好，预示着短期内贸易将持续增长。2009 年，全球贸易量预计下降 12.5%。2010 年，全球贸易量将摆脱负增长，增长 6%。其中，美国出口将增长 6.8%，进口增长 6.2%；德国出口增长 7.2%，进口增长 5.1%；日本出口增长 10.8%，进口增长 5.9%。

(三)核心通胀率进一步下跌

2009 年，全球商品价格下跌和经济疲软导致核心通胀率显著下降。尽管经济复苏信号强烈，但目前经济实际产出仍小于潜在产出，对通胀起到抑制作用。尽管未来两年经济疲软给通胀带来下行压力，但出现全球性通缩的可能性不大。2010 年，美国核心通胀率将降至 1% 左右，欧元区为 1% 以下，而日本依然持续通缩。

(四)就业市场持续低迷

失业率将持续走高，但上升步伐减缓。2010 年底，OECD 经济体中失业人数预计比 2007 年底增加 2100 万人。危机之后的失业率有长期性和结构性的特点。尽管未来两年各项经济指标均会有所好转，但长期来看，各国依然面临失业率上升的风险。2010 年，美国的失业率预计为 9.9%，日本为 5.6%，欧元区为 10.6%。

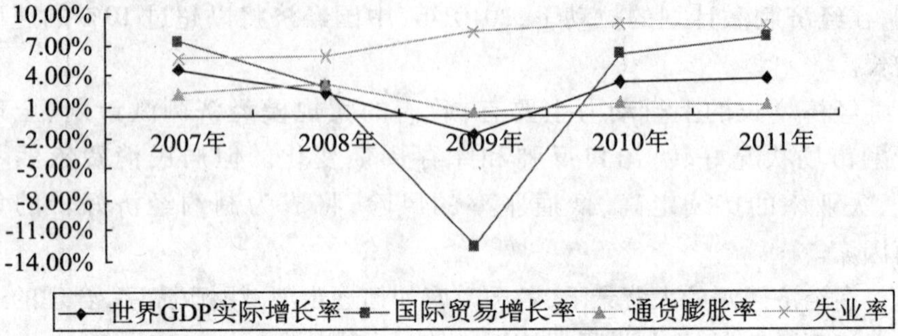

图 6 OECD 国家经济指标

五、英国共识公司(Consensus Forecast)世界经济展望

(一)世界经济将缓慢恢复

岁末年初,英国共识公司发布了最新一期的全球及主要国家经济运行预测报告,报告显示,2010 年世界经济将从 2009 年的阴霾中逐步恢复,全年世界经济将增长 2.9%,扭转了 2009 年下降 2.2% 的局面。

美欧日经济将全面复苏。初步预计,2010 年美国经济将稳步复苏,从 2009 年的下降 2.4% 上升为 2010 年的 2.7%。欧元区经济增长将达 1.3%。日本经济是三大经济体中受冲击和影响最大的,2009 年下降了 5.7%,2010 年将增长 1.5%。

亚洲国家依然是推动世界经济增长的重要力量。2010 年,大部分发展中大国都将在 2009 年的高位上高速运行。中国在 2009 年经济增长 8.5% 的基础上,2010 年经济增速将达 9.6%,续写 30 多年经济高速增长的神话。印度 2009 年经济增长 6.6%,2010 年将达 7.7%。印度尼西亚、马来西亚、新加坡、韩国、泰国及中国香港、台湾等经济增长都将保持在 4% 以上。2010 年,除日本以外的亚洲国家经济增长将达到 7.7%,比上年提高 2.5 个百分点。

(二)通货膨胀将保持在适度水平

2009 年,随着世界经济的衰退,主要发达国家通货出现紧缩,美国消费物价比上年下跌 0.4%,日本下跌 1.3%,德国、法国、意大利比上年仅上升0.3%、0.1%和0.8%。亚洲主要发展中国家物价也维持较低水平。2009年,亚洲(不含日本)的消费物价上涨1.8%,其中,中国下跌0.7%,泰国下跌0.9%。马来西亚、新加坡、韩国等也基本维持在2.8%以下。2010年,随着世界经济的复苏,各国物价水平也随之上升,基本维持在2%以上。

共识公司预计,2010年,世界消费物价将上涨2.4%,比上年的1.4%提高1个百分点。

(三)国际原油价格将微幅上扬

2009年12月7日,美国西德克萨斯中级石油每桶价格收于73.9美元,比11月9日的每桶79.4美元下降了5.5个百分点。尽管这一时期,中国和印度经济表现较好,美国和欧洲经济也都出现了复苏的苗头,对原油的需求增加,但国际原油的价格还是有小幅下降。原因之一是轰动一时的迪拜危机,国际社会部分观点认为会引发新的一轮全球经济危机;二是11月末美国原油库存增加。但2010年,随着世界经济复苏的预期增大,以及OPEC国家原油生产能力的稳定,国际原油价格会有一定幅度的上扬。共识公司初步预计,2010年3月末,西德克萨斯中级石油期货每桶会升至75.7美元,12月末,会升至79.9美元。

六、亚洲开发银行(以下简称亚行)世界经济展望

(一)亚洲引领世界从衰退中复苏,但经济仍存在下行风险

亚洲发展中国家应对危机的表现好于预期,将引领全球从经济衰退中复苏。亚行初步预测,2009年,亚洲发展中国家经济增长率为3.9%,2010年将回升至6.4%。这主要得益于1997年亚洲金融危机后采取的措施使该地区在全球金融危机爆发时有相对健康的金融体系。另外政府和中央银行的财政刺激和货币政策也被认为是行之有效的。

分地区看,东亚地区走在了经济复苏的前列,2010年经济增长将达到7.1%,东南亚地区将达4.3%,中亚地区将达3.6%。此外,亚行还对世界主要发达国家的经济进行了预测。初步预计,2010年,主要工业国经济增长率将提升至1.1%。其中美国经济增长率将达1.6%,欧元区将达0.5%,日本将达1.1%。

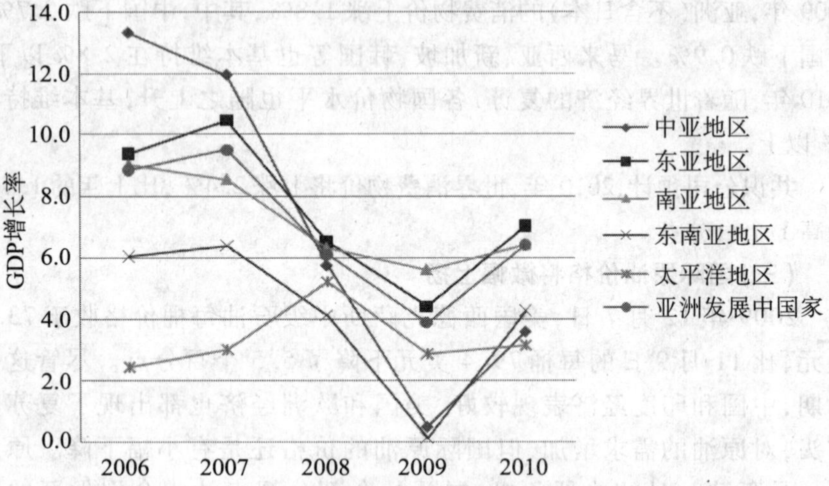

图 7 亚洲发展中国家 GDP 增长率

(二)经济增长将推动价格上升

2010 年,亚洲国家伴随经济增长将面临温和的通货膨胀。初步预计,亚洲发展中国家通货膨胀率将达到 3.4%,比 2009 年的 1.5% 高 1.9 个百分点。其中,中亚 2010 年通货膨胀率为 7.3%,太平洋地区为 5.2%,南亚为 4.9%,东南亚和东亚分别为 4.1% 和 2.6%。

(三)原油价格将温和上涨

随着经济缓慢回升,国际贸易日渐活跃及交通行业对原油需求的加大,2009 年 3 月以来,国际原油价格稳步上升。但据亚行预测,2010 年,国际原油价格上升幅度不会太大。一是全球对能源的需求仍被抑制,二是原油库存水平居高不下,三是 OPEC 国家原油的产能预计将会有较大提升。综合这些因素,初步预测,2009 年,布伦特原油价格为每桶 63.2 美元,2010 年,将上升至每桶 72.9 美元。

(四)亚洲发展中国家出口恢复无力,经常账户盈余减少

由于发达国家经济恢复缓慢,使得亚洲发展中国家出口恢复无力。初步预计,2009 年,亚洲发展中国家经常账户余额占 GDP 的比重为 5%。2010 年将进一步减少到 4.3%。

表1　经常账户盈余占GDP比重　　单位:%

	2006	2007	2008	2009	2010
中亚地区	3.2	1.3	9.3	1.9	2.7
东亚地区	7.5	8.7	7.6	7.0	6.1
南亚地区	-1.3	-1.7	-3.1	-1.7	-2.2
东南亚地区	7.9	7.6	6.8	5.4	4.6
太平洋地区	11.6	40.0	-3.8	-12.6	-13.1
亚洲发展中国家	5.9	6.5	5.5	5.0	4.3

资料来源:《2009年亚洲发展展望》报告。

表2　2007-2010年世界主要经济指标及预测①　　%

机　构	GDP增长率				CPI上涨率				世界贸易增长率			
	2010	2007	2008	2009	2010	2007	2008	2009	2010	2007	2008	2009
联合国	3.9	1.9	-2.2	2.4	2.1②	3.1②	0.1②	1.3②	6.9	2.9	-12.5	5.4
国际货币基金组织	5.2	3.0	-0.8	3.9					7.3	3.0	-11.9	2.5
世界银行	3.9	1.7	-2.2	2.7	2.0③	3.1③	-0.2③	1.1③	7.2	3.0	-14.4	4.3
经济合作与发展组织	4.6	2.2	-1.7	3.4	2.3④	3.2④	0.5④	1.3④	7.3	3.0	-12.5	6.0
共识公司	3.9	2.0	-2.2	2.9	3.2	4.9	1.4	2.4				
亚洲开发银行⑤	9.5	6.1	3.9	6.4	4.4	6.9	1.5	3.4				

注:①各国际组织2009、2010年数据为预测数。②为发达国家。③为G-7数据。④为OECD国家通胀率数据。⑤为亚洲发展中国家数据。

（执笔:郑泽香、杨家亮、解明明）

三、国际比较研究

国际地位大幅提高
国际影响深刻变化

新中国成立60年来,我国经济社会发生了翻天覆地的历史性变化,综合国力显著增强,人民物质文化生活水平大幅提高。经济总量、人均收入在世界主要国家和地区中的位次大幅上升;主要工农业产品产量名列前茅;对外贸易长足发展;外汇储备迅速增加。中国对世界经济发展做出了积极贡献,国际地位大幅提高,国际影响显著增强。

一、经济增长率远高于世界平均水平 经济总量跃居世界第三

新中国成立60年,我国的社会主义建设事业经历了不同的发展时期。1949年以前,我国战乱不止,贫穷落后。新中国成立后,党中央、国务院大力推进经济恢复和建设,国民经济获得长足发展。1978年,党的十一届三中全会隆重召开,实现了新中国成立以来我们党历史上具有深远意义的伟大转折,开启了我国改革开放的历史新时期。1979－2008年,我国经济快速增长,年平均增长率达到9.8%,比同期世界经济平均发展水平快6.8个百分点。

1952年,我国国内生产总值(GDP)300亿美元。1960年,达到614亿美元。之后,每年的GDP总量呈稳步小幅上升态势。1972年突破1000亿美元,之后用了10年的时间达到2021亿美元(1982年)。从此以后,我国GDP总量逐年稳步大幅增加,2008年达到38600亿美元。从1960年到2008年,我国GDP占世界的比重大幅上升。1960年,我国GDP占世界的比重为4.6%,1987年曾一度跌至1.6%,此后逐年上升,从2000年的3.7%提高到2008年的6.4%。

1978年,我国GDP总量居世界第11位。2000年,我国GDP超过意大利,居世界第六位,是美国的12.3%,日本的25.7%,德国的63.1%,英

专栏3

2008年中国GDP总量居世界第三位 人均GDP超过3000美元

国际货币基金组织(IMF)2009年4月22日公布的《世界经济展望》数据显示,2008年中国国内生产总值(GDP)居世界第三位,人均GDP提升至105位,经济增长率为9%。

一、中国GDP居世界第三位

2008年中国战胜各种艰难险阻,积极应对国际金融危机的严重冲击,国民经济继续保持较快增长,经济总量达到44016亿美元,居世界第三位。2008年GDP居世界前十位的国家分别是美国、日本、中国、德国、法国、英国、意大利、俄罗斯、西班牙和巴西(见表1)。中国GDP突破4万亿美元,占世界GDP的比重从2007年的6.2%提高到7.3%,与美国GDP的比率从2007年的24.5%提升到2008年的30.9%,提高了6.4个百分点。IMF同时预计2009年中国GDP总量将超过日本,跃居世界第二位。

表1 2008年GDP居世界前十位国家

	位次		GDP(亿美元)		占世界比重(%)	
	2008年	2007年	2008年	2007年	2008年	2007年
世 界			606898	548409	100.0	100.0
美 国	1	1	142646	138076	23.5	25.2
日 本	2	2	49238	43844	8.1	8.0
中 国	3	3	44016	33824	7.3	6.2
德 国	4	4	36675	33209	6.0	6.1
法 国	5	6	28657	25938	4.7	4.7
英 国	6	5	26741	28034	4.4	5.1
意大利	7	7	23139	21175	3.8	3.9
俄罗斯	8	11	16766	12944	2.8	2.4
西班牙	9	8	16118	14400	2.7	2.6
巴 西	10	10	15728	13335	2.6	2.4

二、中国人均GDP居世界第105位

2008年中国人均GDP首次突破3000美元,达到3315美元,在国际货币基金组织统计的181个国家和地区中位居第105位,比上年提升了1位。人均GDP居

世界前十位的国家分别是卢森堡、挪威、卡塔尔、瑞士、丹麦、爱尔兰、冰岛、阿联酋、瑞典和荷兰(见表2)。2008年中国人均GDP仅相当于第一位卢森堡的2.9%。

表2 2008年人均GDP居世界前十位的国家 单位:美元

	位次		人均国内生产总值	
	2008年	2007年	2008年	2007年
卢森堡	1	1	113044	103591
挪威	2	2	95062	82226
卡塔尔	3	3	93204	76374
瑞士	4	6	67385	58513
丹麦	5	7	62626	57004
爱尔兰	6	5	61810	60209
冰岛	7	4	55462	64959
阿联酋	8	19	54607	40147
瑞典	9	8	52790	49661
荷兰	10	10	52019	46774
中国	105	106	3315	2560

三、中国经济增长率远高于世界平均水平

2008年中国经济继续保持较快增长,增长率为9%(见表3),远高于世界主要发达国家美国的1.1%、日本的-0.6%、德国的1.3%、法国和英国的0.7%;也远高于世界平均水平2.1%;也明显高于新兴经济大国俄罗斯的5.6%、印度的7.3%和巴西的5.1%。

表3 2008年GDP居世界前十位国家的经济增长率 单位:%

	2000年	2005年	2006年	2007年	2008年	2009年②
世界①	4.2	3.4	3.9	3.8	2.1	-2.5
美国	3.7	2.9	2.8	2.0	1.1	-2.8
日本	2.9	1.9	2.0	2.4	-0.6	-6.2
中国	8.4	10.4	11.6	13.0	9.0	6.5
德国	3.2	0.8	3.0	2.5	1.3	-5.6
法国	4.1	1.9	2.4	2.1	0.7	-3.0
英国	3.9	2.1	2.8	3.0	0.7	-4.1
意大利	3.7	0.7	2.0	1.6	-1.0	-4.5
俄罗斯	10.0	6.4	7.7	8.1	5.6	-6.0
西班牙	5.1	3.6	3.9	3.7	1.2	-3.0
巴西	4.3	3.2	4.0	5.7	5.1	-1.3

注:①按汇率法计算。②为预测数据。

(执笔:任小燕)

表1　1961－2008年世界主要国家和地区经济增长率比较　单位：%

国家和地区	1961年	1979年	1990年	2000年	2006年	2008年	1961－2008年平均增长率
世界总计	4.6	4.2	2.9	4.1	3.9	2.1	3.6
美　国	2.7	3.2	1.9	3.7	2.9	1.1	3.2
欧元区	6.6	3.9	3.5	3.9	2.7	0.9	3.2
日　本	12.0	5.5	5.2	2.9	2.2	－0.6	4.4
中　国	－27.1	7.6	3.8	8.4	11.6	9.0	7.8
中国香港	14.9	11.6	3.9	8.0	7.0	2.5	7.0
韩　国	4.9	6.8	9.2	8.5	5.1	2.2	7.0
新加坡	13.8	9.4	9.2	10.1	9.4	1.1	7.8
马来西亚	7.6	9.3	9.0	8.9	5.9	4.6	6.5
印　度	3.9	－5.2	5.5	4.0	9.7	7.3	5.0
俄罗斯联邦			－3.0	10.0	7.4	5.6	0.4
巴　西	10.3	6.8	－4.3	4.3	3.7	5.1	4.4

注：俄罗斯联邦为1990至2008年增长率。

资料来源：世界银行数据库，2008年数据来自于国际货币基金组织WEO数据库。

国的83.1%，法国的90.2%。2005年，我国GDP超过英国和法国，居世界第四位，是美国的18.1%，比2000年提高5.8个百分点；是日本的49.3%，接近一半，比2000年提高了近一倍；是德国的80.5%，比2000年提高17.4个百分点。2008年，我国GDP超过德国，跃居世界第三位，但已是位于世界第二位的日本的78.6%，比2005年提高29.3个百分点。60年来，我国经济总量与主要发达国家之间的差距不断缩小。

表2　1960－2008年国内生产总值（GDP）居世界前十位国家比较

单位：亿美元

位次	1960年			2008年		
	国家和地区	国内生产总值（GDP）	占世界比重（%）	国家和地区	国内生产总值（GDP）	占世界比重（%）
	世界总计	13488	100	世界总计	601155	100
1	美　国	5205	38.6	美　国	142043	23.6
2	英　国	723	5.4	日　本	49093	8.2
3	法　国	627	4.6	中　国	38600	6.4
4	中　国	614	4.6	德　国	36528	6.1
5	日　本	443	3.3	法　国	28531	4.7
6	加拿大	411	3.0	英　国	26456	4.4
7	意大利	404	3.0	意大利	22930	3.8
8	印　度	366	2.7	巴　西	16125	2.7
9	澳大利亚	168	1.2	俄罗斯联邦	16078	2.7
10	巴　西	152	1.1	西班牙	16042	2.7

资料来源：世界银行数据库。

二、人均国民总收入(GNI)增长了38.6倍

建国60年来,随着我国经济总量的大幅提高,人均GNI水平也大幅提升。据世界银行统计,1962年,我国人均GNI只有70美元,到1978年也只达到190美元。但改革开放后,人均GNI水平大幅提升。2001年突破1000美元,2008年又迈上新的台阶,达到2770美元,比1962年增长了38.6倍。人均GNI水平与世界平均水平的差距逐渐缩小,1978年相当于世界平均水平的10.1%,2008年相当于世界平均水平的32.3%,比1978年提高了22.2个百分点。在世界银行209个国家和地区的排序中,居世界的位次由1997年的145位提升到2008年的130位。

表3 1997－2008年中国与世界前十位国家和地区人均国民总收入比较

单位:美元

位次	1997年		2008年	
	国家和地区	人均国民总收入	国家和地区	人均国民总收入
1	列支敦士登	50000	列支敦士登	①
2	卢森堡	47740	百慕大	①
3	瑞士	44440	挪威	87070
4	日本	38420	卢森堡	84890
5	挪威	36920	海峡群岛	68640
6	百慕大	35990	瑞士	65330
7	丹麦	34670	丹麦	59130
8	开曼群岛	32000	卡塔尔	①
9	美国	29910	瑞典	50940
10	新加坡	27180	荷兰	50150
	中国	750(145)	中国	2770(130)

注:①无数据,近似排位。

资料来源:世界银行数据库。

专栏4

2008年我国人均GNI比2007年前进五位

世界银行近日公布的《2009年世界发展指标》报告显示,2008年我国经济在国际的地位进一步提高,国民总收入(GNI)①总量居世界第3位,比2007年前进了1位;人均GNI居世界第127位,比2007年前进了5位,属于世界中等偏下收入国家。

一、我国GNI总量比2007年前进一位

世界银行按Atlas方法(即三年汇率平均)推算,2008年我国GNI总量为38993亿美元,居世界第3位,首次超过德国,排在美国、日本之后,占世界的比重为6.8%,比上年提高0.7个百分点;分别相当于美国、日本GNI总量的26.9%和79.9%,经济总量差距逐渐缩小。世界银行同时公布了按购买力平价(PPP)方法推算的GNI结果。按此方法推算,2008年我国GNI总量为79840亿美元,居世界第2位,仅次于美国,占世界的比重为11.5%。

世界银行公布的数据还显示,按Atlas法推算,2008年巴西GNI总量居世界第9位,俄罗斯、印度分别列第11、12位;按购买力平价方法推算,印度、俄罗斯、巴西分别列世界第4、7、9位,均跻身世界前10位国家的行列。

表1　2008年GNI总量居世界前十位国家比较

国家	按Atlas法			国家	按PPP法		
	位次	GNI(亿美元)	占世界比重(%)		位次	GNI(亿美元)	占世界比重(%)
美国	1	144661	25.2	美国	1	142827	20.6
日本	2	48792	8.5	中国	2	79840	11.5
中国	3	38993	6.8	日本	3	44977	6.5
德国	4	34857	6.1	印度	4	33749	4.9
英国	5	27872	4.9	德国	5	29521	4.3
法国	6	27022	4.7	英国	6	22184	3.2

① 国民总收入(GNI)即国民生产总值,指一个国家(或地区)所有常住单位在一定时期内收入初次分配的最终结果。它等于GDP加上来自国外的净要素收入。GNI是收入概念,而GDP是生产概念。

续表

国家	按 Atlas 法			国家	按 PPP 法		
	位次	GNI（亿美元）	占世界比重(%)		位次	GNI（亿美元）	占世界比重(%)
意大利	7	21091	3.7	俄罗斯	7	22163	3.2
西班牙	8	14565	2.5	法　国	8	21345	3.1
巴　西	9	14112	2.5	巴　西	9	19331	2.8
加拿大	10	13900	2.4	意大利	10	18108	2.6
世　界		576375	100.0	世　界		693090	100.0

二、我国人均 GNI 比 2007 年前进五位

世界银行按 Atlas 方法推算，2008 年我国人均 GNI 为 2940 美元，居世界第 127 位，比 2007 年前进了 5 位，相当于世界平均水平的 34%。根据世界银行的收入分组标准①，属于中等偏下收入国家。按购买力平价法推算，我国人均 GNI 为 6020 美元，居世界第 122 位，相当于世界平均水平的 58%。我国人均 GNI 水平不仅与发达国家存在很大的差距，而且也低于俄罗斯和巴西，经济发展任重而道远。

表 2　2008 年 GNI 总量前十位国家的人均 GNI 比较

国　家	按 Atlas 法		国　家	按 PPP 法	
	人均 GNI(美元)	在世界位次		人均 GNI(美元)	在世界位次
美　国	47580	14	美　国	46970	11
英　国	45390	18	英　国	36130	28
德　国	42440	22	德　国	35940	29
法　国	42250	23	日　本	35220	32
加拿大	41730	25	法　国	34400	34
日　本	38210	30	意大利	30250	39
意大利	35240	32	俄罗斯	15630	71
西班牙	31960	37	巴　西	10070	95
巴　西	7350	82	中　国	6020	122
中　国	2940	127	印　度	2960	155
世　界	8613		世　界	10357	

（执笔：余芳东、任小燕）

① 按 Atlas 法计算，人均 GNI 在 975 美元以下的为低收入国家，在 976 至 3855 美元之间的为中等偏下收入国家，在 3856 至 11905 美元之间的为中等偏上收入国家，在 11906 美元以上的为高收入国家。

三、主要工农业产品产量跃居世界前列

新中国成立时,科技落后,生产力水平极低。新中国成立后到改革开放前,进行了大规模的建设工作,工业生产体系基本形成。但这段时间,我国的工业生产及主要产品产量在世界上比较落后,与发达国家差距较大。改革开放极大地解放了我国的工业生产力,促进了工业生产的迅猛增长和工业产品的极大丰富,各项工业产品产量先后跃居世界前列。

2007 年,我国主要工业产品产量与 1949 年相比均大幅增加。棉布产量增长了 35 倍;煤产量增长了 78 倍;发电量增长了 762 倍;原油产量增长了 931 倍;水泥产量增长了 2061 倍;钢产量增长了 3057 倍;化肥产量增长了 9707 倍。电视机产量从无到有,1978 年只生产 4000 台,到 2007 年已达到 8478 万台,实现了巨大的飞跃。

60 年来,我国主要工业产品产量居世界的位次均大幅提升。钢产量 1949 年居第 26 位,1978 年提升到第 5 位,2007 年进一步提升到第 1 位。煤产量 1949 年居第 9 位,1978 年提升到第 3 位,2007 年进一步提升到第 1 位。原油产量 1949 年居第 27 位,1978 年提升到第 8 位,2007 年进一步提升到第 5 位。发电量 1949 年居第 25 位,1978 年提升到第 7 位,2007 年进一步提升到第 2 位。化肥、水泥、布等产品产量飞速发展,目前均稳居世界第 1 位。

表 4　1949 - 2007 年我国主要工业产品产量居世界位次　　单位:万吨

工业产品	1949 年		1978 年		2007 年	
	产　量	位　次	产　量	位　次	产　量	位　次
钢	16	26	3178	5	48928	1
煤	3200	9	61800	3	252600	1
原油	20	27	10405	8	18632	5
发电量①	43	25	2566	7	32816	2
水泥	66		6524	4	136117	1
化肥	0.6		869	3	5825	1
布②	19		110	1	675	1
电视机③			0.4	8	8478	1

注:①亿千瓦小时。②亿米。③万台。

资料来源:联合国数据库。

建国初期,我国是贫穷落后的农业大国。60年后,无论是从经济结构还是城乡人口比重来看,与世界其他国家相比,我国仍是农业大国。但60年的建设和发展,我国主要农产品产量大幅增长。1961-2007年,我国谷物产量增长了3.2倍,肉类产量增长了25.9倍。1949-2007年,大豆、花生、油菜籽、棉花、茶叶、甘蔗分别增长了1.5、9.3、13.5、16.3、27.5、41.8倍。水果产量增长了150倍。主要农产品产量在世界各国中居领先地位。1949年,以上农产品的产量均在世界前5位,2007年,除甘蔗、大豆居世界第3位和第4位外,其余均居世界第1位。

表5 1949-2007年我国主要农业产品产量居世界位次 单位:万吨

农业产品	1949年		1978年		2007年	
	产量	位次	产量	位次	产量	位次
谷物			27304	2	45632	1
肉类			1109	3	6866	1
棉花	44	4	217	2	762	1
大豆	509	2	757	3	1273	4
花生	127	2	238	2	1303	1
油菜籽	73	2	187	2	1057	1
甘蔗	264		2112	7	11295	3
茶叶	4.1	3	27	2	117	1
水果①	120		657	9	18136	1

注:①不包括瓜类。

资料来源:粮农组织数据库。

四、进出口贸易取得长足发展

新中国成立之初,与世界各国的贸易往来非常少。1950年,我国的进出口贸易总额为11亿美元,居世界的第28位。1950-1977年累计,我国货物进出口贸易额只有1606亿美元,相当于2008年的6.3%。1978年十一届三中全会后,我国与世界各国的经济往来和贸易交往逐年增加。到2008年,对外贸易取得了长足发展,在世界进出口贸易中所占份额越来越大。

货物贸易进出口额逐年大幅增长。1950-1977年,我国货物贸易进出口额年均增长10%,而改革开放后,1978-2008年,我国货物贸易进出口额年均增长 17.4%，比同期世界平均水平的 8.7% 高 8.7 个百分点；比居世界第一位的美国平均增速高 9.3 个百分点；比第二大发展中国家印度的平均增速高 5.1 个百分点。尤其在进入二十一世纪的八年中，我国货物贸易进出口额更是在高位上逐年大幅增长，年平均增长速度达到 22.4%。

货物贸易进出口额占世界贸易总额的比重逐年提高。1950 年，我国货物贸易进出口额为 11 亿美元，占世界贸易总额的比重为 0.9%。1978 年，我国货物贸易进出口额为 211 亿美元，占世界贸易总额的 0.8%。到 2008 年，我国货物贸易进出口额已达 25615 亿美元，占世界贸易总额的 7.9%。与美国、德国的差距逐渐缩小。1950 年，我国货物贸易进出口额只相当于美国的 5.5%，相当于德国（西德）的 23.4%。1978 年，我国货物贸易进出口额只相当于美国的 6.4%，相当于德国的 8%。2008 年已分别提高到 73.9% 和 95.9%。

货物贸易进出口额居世界位次不断提升。1978 年，我国货物贸易进出口额居世界的第 29 位，1990 年提升到第 15 位，2000 年提升到第 8 位，2004 年提升到第 3 位并保持至今。近几年，与第 2 位的德国货物贸易进出口额的差距逐年缩小，2004 年两国货物贸易差额为 4711 亿美元，2005 年为 3261 亿美元，2006 年为 2544 亿美元，2007 年已缩小到 2122 亿美元，2008 年进一步缩小到 1099 亿美元。

表 6　1950－2008 年货物贸易总额居世界前十位国家比较　　单位：亿美元

	1950 年			2008 年		
位次	国家和地区	贸易总额	占世界比重（%）	国家和地区	贸易总额	占世界比重（%）
	世界总计	1260	100	世界总计	325420	100
1	美国	199	15.8	美国	34665	10.7
2	英国	136	10.8	德国	26714	8.2
3	法国	62	4.9	中国	25615	7.9
4	加拿大	61	4.9	日本	15443	4.7
5	德国	47	3.7	法国	13164	4.0
6	荷兰	40	3.2	荷兰	12079	3.7
7	比利时－卢森堡	36	2.9	意大利	10960	3.4
8	前苏联	33	2.6	英国	10899	3.3
9	澳大利亚	32	2.6	比利时	9468	2.9
10	意大利	27	2.1	加拿大	8748	2.7
28	中国	11	0.9			

资料来源：世界贸易组织数据库。

改革开放前,我国服务贸易十分落后。改革开放后,我国服务贸易以年均 17.7% 的速度增长,获得了巨大发展。1982 年,我国服务贸易进出口额为 43 亿美元,居世界第 34 位,占世界服务贸易进出口额的比重为 0.6%;2000 年,我国服务贸易进出口额扩大到 660 亿美元,居世界第 11 位,占世界服务贸易进出口额的比重为 2.2%;到 2007 年,我国服务贸易进出口额扩大到 2556 亿美元,居世界第 5 位,占世界的比重上升到 4%。

表 7　1982－2007 年服务贸易总额居世界前十位国家比较　　单位:亿美元

位次	1982 年			2007 年		
	国家和地区	贸易总额	占世界比重(%)	国家和地区	贸易总额	占世界比重(%)
	世界总计	7674	100	世界总计	63164	100
1	美国	880	11.5	美国	7900	12.5
2	德国	653	8.5	英国	4567	7.2
3	法国	620	8.1	德国	4427	7.0
4	日本	539	7.0	日本	2930	4.6
5	英国	513	6.7	中国	2556	4.0
6	意大利	305	4.0	法国	2505	4.0
7	荷兰	301	3.9	意大利	2255	3.6
8	沙特阿拉伯	219	2.9	西班牙	2243	3.6
9	比利时－卢森堡	193	2.5	荷兰	1799	2.8
10	加拿大	186	2.4	爱尔兰	1796	2.8
34	中国	43	0.6			

资料来源:世界贸易组织数据库。

五、吸引外商直接投资和外汇储备跃居世界前列

1978 年前的 29 年,我国基本上没有外商直接投资。改革开放后的 30 年,我国投资环境不断改善,吸引外商直接投资逐年增加。1979 年我国 FDI 总量只有 8 万美元,1980 年为 0.57 亿美元,1990 年上升到 34.9 亿美元,比 10 年前增长了 60 倍;2000 年进一步提高到 407.2 亿美元,又比 10 年前增长了近 11 倍;2008 年我国的 FDI 达到了 924 亿美元,比 2000 年又翻了一番多。1979－2008 年,我国吸引外商直接投资累计达 8526.2 亿美元,是发展中国家中吸引 FDI 最多的国家。

表8 1979－2007年外商直接投资居世界前十位的国家(地区)比较

单位:亿美元

位次	1979年		2000年		2007年	
	国家和地区	FDI	国家和地区	FDI	国家和地区	FDI
1	美国	87	美国	3140	美国	2328
2	英国	65	德国	1983	英国	2240
3	加拿大	53	英国	1188	法国	1580
4	法国	27	比利时－卢森堡	887	加拿大	1087
5	巴西	24	加拿大	668	荷兰	994
6	德国	17	荷兰	639	中国	835
7	荷兰	17	中国香港	619	中国香港	599
8	澳大利亚	15	法国	433	西班牙	534
9	西班牙	14	中国	407	俄罗斯联邦	525
10	埃及	12	西班牙	396	德国	509
126	中国	8①				

注:①万美元。

资料来源:联合国贸发会议外商直接投资数据库。中国数据除1979年,均来自《中国统计年鉴》。

1952年,我国外汇储备只有8万美元,到1978年,也只有16亿美元,只相当于当时世界第1位德国的3.7%。十一届三中全会后,随着我国改革开放程度的不断加深和综合国力的增强,外汇储备大幅增加。2000年,我国外汇储备增加到1656亿美元,位居世界第2位,相当于当时世界第1位日本的47.7%;2001年我国外汇储备超过2000亿美元,达到2122亿美元;2006年底突破万亿美元大关,达到10663亿美元,超过日本成为全球外汇储备最多的国家。2008年,我国外汇储备达到19460亿美元,比第二位的日本超出9423亿美元。1979－2008年,我国外汇储备年均增加648亿美元。尤其是2001－2008年,年均增加2226亿美元。

表 9　1978－2008 年外汇储备居前十位国家和地区比较　　　单位：亿美元

位次	1978 年		2000 年		2008 年	
	国家和地区	外汇储备	国家和地区	外汇储备	国家和地区	外汇储备
1	德国	424	日本	3472	中国	19460
2	日本	289	中国	1656	日本	10037
3	瑞士	174	中国香港	1075	俄罗斯联邦	4115
4	沙特阿拉伯	167	中国台湾	1067	中国台湾	2917
5	英国	155	韩国	959	印度	2466
6	巴西	114	新加坡	797	韩国	2005
7	伊朗	109	德国	497	巴西	1928
8	意大利	105	印度	373	中国香港	1825
9	西班牙	98	墨西哥	351	新加坡	1736
10	法国	83	英国	342	阿尔及利亚	1431
38	中国	16				

资料来源：国际货币基金组织 IFS 数据库。

六、国际出入境旅游人数和国际旅游收支规模不断壮大

1978 年以前，我国出入境旅游人数较少，国际旅游收支有限。十一届三中全会以后，随着我国对外开放程度的提高，到我国旅游观光的外国人逐年增多。1978 年，我国国际入境(过夜)旅游人数为 72 万人次，到 2008 年已达到 5305 万人次，比 1978 年增长了 73 倍，每年平均增加 174 万人次。30 年来，国际入境(过夜)旅游人数呈加速增长的态势。1987 年我国国际入境(过夜)旅游人数首次跨过 1000 万人次大关，此后，用了 7 年时间跨过 2000 万人次大关，又用了 6 年时间跨过 3000 万人次大关，用了 4 年时间跨过 4000 万人次大关，用了 3 年时间跨过 5000 万人次大关。

国际入境(过夜)旅游人数居世界的位次大幅提升，由 1995 年的第 7 位上升为 2007 年的第 4 位。同时，国际旅游外汇收入增长迅猛，由 1978 年的 2.6 亿美元增加至 2007 年的 411 亿美元，增长了 157 倍，年均增加 14.1 亿美元。占世界国际旅游收入总额的比重，由 1995 年的 1.8%，提高到 2007 年的 4%，提高了 2.2 个百分点。国际旅游收入居世界的位次由 1995 年的 14 位，提升到 2007 年的第 7 位。

表10 旅游收入及旅游人数

位次	国际旅游收入(亿美元)				入境旅游人数(万人次)			
	1995年		2007年		1995年		2007年	
	国家和地区	收入	国家和地区		国家和地区	人数	国家和地区	人数
	世界总计	4861	世界总计	10284	世界总计	53597	世界总计	91147
1	美国	937	美国	1448	法国	6003	法国	8194
2	法国	313	西班牙	651	美国	4349	西班牙	5897
3	意大利	304	法国	636	西班牙	3492	美国	5599
4	英国	276	英国	471	意大利	3105	中国	5472
5	西班牙	274	德国	469	英国	2172	意大利	4365
6	德国	241	意大利	461	墨西哥	2024	英国	3087
7	奥地利	145	中国	411	中国	2003	德国	2442
8	澳大利亚	119	澳大利亚	291	波兰	1922	乌克兰	2312
9	瑞士	114	奥地利	213	奥地利	1717	俄罗斯联邦	2291
10	荷兰	106	土耳其	206	加拿大	1693	土耳其	2225
14	中国	87						

资料来源:世界银行数据库。

改革开放后,随着我国经济的快速发展,国民收入水平不断提高,消费结构逐步升级,出境旅游人数逐年增多,国际旅游支出快速攀升。1995年,我国出境(过夜)旅游人数只有452万人次,到2007年已达到4095万人次,比1995年增长8倍,每年平均增加304万人次。12年间,我国出境(过夜)旅游人数呈加速增长的态势。2000年我国出境(过夜)旅游人数首次跨过1000万人次大关,此后,用了3年时间跨过2000万人次大关,又用了2年时间跨过3000万人次大关。2007年,突破4000万人次大关。2008年,我国出境旅游人数达4584万人次,比上年增加489万人次。

我国出境旅游人数居世界的位次大幅提升,由1995年的第17位升为2007年的第6位。同时,国际旅游外汇支出增长迅猛,由1995年的37亿美元增加至2007年的333亿美元,增长了8倍,年均增加24.7亿美元。占世界国际旅游支出总额的比重,由1995年的0.8%,提高到2007年的3.6%,提高了2.8个百分点。

表 11 国际旅游支出及出境旅游人数

位次	国际旅游支出(亿美元)				出境旅游人数(万人次)			
	1995 年		2007 年		1995 年		2007 年	
	国家和地区	支出	国家和地区	支出	国家和地区	人数	国家和地区	人数
	世界总计	4582	世界总计	9187	世界总计	57927	世界总计	110037
1	德国	665	美国	1096	美国	5129	香港	8068
2	美国	609	德国	935	英国	4135	德国	7040
3	日本	470	英国	885	波兰	3639	英国	6945
4	英国	307	法国	445	俄罗斯联邦	2133	美国	6405
5	法国	207	日本	373	马来西亚	2064	波兰	4756
6	意大利	172	中国	333	法国	1869	中国	4095
7	荷兰	132	意大利	328	加拿大	1821	俄罗斯联邦	3429
8	加拿大	127	加拿大	314	日本	1530	意大利	2773
9	奥地利	117	俄罗斯联邦	243	匈牙利	1308	加拿大	2516
10	俄罗斯联邦	116	西班牙	242	荷兰	1231	斯洛伐克	2384
25	中国	37			中国(17)	452. 0		

资料来源:世界银行数据库。

七、我国经济社会发展对世界做出积极贡献

1978 年后,随着改革开放不断深入,我国综合国力显著增强,对国际社会的贡献和影响越来越大,极大地影响世界经济增长格局。

改革开放后的 30 年,我国国民经济保持了长期高速稳定增长,对世界经济增长做出了积极贡献。30 年来,我国的 GDP 总量翻了 4 番多,对世界经济的贡献率也大幅提升。1978 年,我国经济对世界经济的贡献率为 2. 3% ,到 2007 年,我国经济对世界经济的贡献率已上升到 19. 2% ,超过世界所有国家。比美国高 3. 5 个百分点,比欧元区高 6. 3 个百分点,比日本高 11. 7 个百分点。1978 年,我国经济对世界经济增长的拉动为 0. 1 个百分点,而同期美国经济对世界经济增长的拉动达到 1. 7 个百分点,到 2007 年我国经济对世界经济增长的拉动已提高到 0. 7 个百分点,高于所有国家位居第一。

专栏5

2009年中国GDP超过日本了吗?

2008年,中国根据第二次全国经济普查结果调整后的GDP为314045亿元人民币,按年均汇率1美元折合6.9512元人民币折算,相当于45178.6亿美元;日本GDP为5075272亿日元,按年均汇率1美元折合103.3515日元折算,相当于49106.9亿美元,中国相当于日本的92%,差距较小。预计2009年日本GDP将明显下降,而中国GDP将有所增长,此消彼涨,似乎中国GDP已在2009年超越日本而上升至世界第二位。但实际情况是,由于2009年日元对美元大幅升值,而人民币则保持相对稳定,因此,中国GDP2009年不会超过日本,但两者差距进一步缩小,为今后实现超越奠定了坚实的基础。

要估计中日两国2009年的经济规模,涉及三个问题,一是经济增长率,二是汇率的变动,三是两国价格水平的变化。从经济增长率来看,按照世界银行、英国共识公司、国际货币基金组织和经济合作与发展组织最新预测的平均结果,即2009年日本GDP下降5.8%,而中国初步核算结果为GDP增长8.7%,则2009年中、日两国按照2008年价格计算的GDP分别为49109亿美元和46280亿美元,中国相当于日本的106.1%。从汇率来看,2009年日元对美元升值10.3%,而人民币对美元升值1.7%,汇率因素对日本有利,使得日本美元现价GDP相对于中国扩大8.5%。从价格变化来看,估计2009年日本CPI下跌1.3%,而中国CPI下跌0.7%,价格因素对中国有利,使得中国现价GDP相对于日本扩大0.6%。综上所述,估计2009年中国美元现价GDP相当于日本的比例为106.1% ÷1.085% *100.6% =98.4%,中国依然低于日本,两者差距非常小。

这一估算结果与国际货币基金组织(IMF)的测算结果基本一致。2009年10月份,IMF在其发布《世界经济展望》秋季报告中预测,2009年按现价美元计算的中国和日本GDP分别为47577.4亿美元和50486.3亿美元,中国仅相当于日本的94.2%;2010年分别为52633.3亿美元和51874.6亿美元,中国相当于日本的101.5%,从而首次超过日本成为世界第二大经济体。此测算未考虑我国第二次经济普查对于2008年GDP所作调整,如果将其关于中国的测算结果同时乘以104.4%,则2009年和2010年中国美元现价GDP相当于日本的比重分别调整为

98.4%和105.9%,结果依然是中国2009年超不过日本,但2010年会实现超越。

中国与日本GDP比较　　单位:亿美元

	2008	2009	2010
按照2008年美元价格计算			
中　国	45178.6	49109.1	53455.2
日　本	49106.9	46279.9	46858.4
中国相当于日本的%	92.0	106.1	114.1
按照现价美元计算			
中　国	45178.6	49594.3	
日　本	49106.9	50383.1	
中国相当于日本的%	92.0	98.4	
参考项(国际货币基金组织)			
中　国	45178.6	49670.8	54949.1
日　本	49106.9	50486.3	51874.6
中国相当于日本的%	92.0	98.4	105.9

注:中国2008年数据均为按照第二次全国经济普查结果调整后的结果。

国际货币基金组织数据来源于《世界经济展望》2009年10月。

(执笔:闫海琪)

新中国成立60年,扶贫事业取得了巨大成就。从建国初期解决不了温饱问题,到目前只剩下1000多万贫困人口,贫困发生率降至1%左右。党的十七大立足社会主义初级阶段的基本国情,提出了到2020年"绝对贫困现象基本消除"的目标,更为我国的扶贫事业确立了政策保证。新中国成立后,在全国开展了声势浩大的扫盲运动。改革开放以来,中国政府把扫除青壮年文盲作为教育发展的重大任务。2000年,中国实现了全国基本普及九年义务教育、基本扫除青壮年文盲的战略目标,全国成人文盲率降至9.1%,青壮年文盲率降至4%以下。进入21世纪,进一步加大对九年义务教育的投入力度,把农村地区作为普及义务教育的重中之重,有效防止了新文盲的产生;建立了政府主导、社会参与的扫盲工作机制,平均每年减少文盲200万名。2008年,全国文盲率降至6.7%。这些成绩的取得,对世界减贫和扫盲事业做出了巨大的贡献。

(执笔:郑泽香)

金融危机下的世界贸易

据世界贸易组织(WTO)初步统计,受金融危机和世界经济增长大幅放缓的影响,2008年世界货物贸易量比上年仅增长2%。预计2009年世界货物贸易量将比2008年下降9%,成为二战以来最大的降幅。金融危机对世界贸易的影响是多方面的,所产生的贸易保护主义倾向是极为危险的,危机当头,只有增强合作,保持国际贸易渠道畅通,才是解决危机之正道。

一、2008年世界货物贸易增长速度明显放缓

2008年世界货物贸易量比上年增长2%(扣除价格变动等因素),远低于2007年6%的增长速度,也低于1998-2008年5.7%的平均增长速度。以美元计价(包含价格变动等因素),2008年世界货物贸易出口总额为15.8万亿美元,比上年增长15%。其中,欧洲为6.46万亿美元,比上年增长12%;亚洲为4.36万亿美元,比上年增长15%;北美为2.05万亿美元,比上年增长10%;中东为1.05万亿美元,比上年增长36%;独联体为0.7万亿美元,比上年增长35%;中南美为0.6万亿美元,比上年增长21%;非洲为0.56万亿美元,比上年增长29%。总体来看,发展中国家在世界货物贸易总额中所占份额上升到38%,创出历史最高水平,发达国家和发展中国家在世界货物贸易总额中所占份额呈现出此消彼长的态势。

2008年我国货物贸易出口总额为14285亿美元,比上年增长17.2%,居世界第二位;进口总额为11331亿美元,比上年增长18.5%,居世界第三位。增长速度均高于世界平均水平。

二、世界货物贸易增长速度大幅下降的原因

2008年,美国次贷危机演变为金融危机并导致的世界经济大幅放缓

等一系列连锁反应,对世界贸易的影响主要体现在以下几个方面。

(一)需求减少

全球金融危机导致高收入国家同时进入经济衰退,而发展中国家的增速也大大减慢,导致需求大幅减少。国际货币基金组织(IMF)最近发布的《世界经济展望》,预测2009年世界经济增长率为-1.3%,发达国家增长率为-3.8%,发展中国家增长率为-1.6%,发达国家消费物价指数为-0.2%,将整体进入通货紧缩。这都是二战后的最糟糕记录。全球经济活动放缓,发达国家进口需求萎缩,这首先就影响到出口导向型新兴市场国家的经济增长,导致其对能源与初级产品的进口需求下滑,而能源和初级产品需求减少、价格持续下跌又造成许多发展中国家的出口收入减少,购买力下降,经济增长下滑。

(二)信贷紧缩

贸易融资对贸易有强大的乘数效应,现在世界上大约有90%的国际贸易依赖于短期信贷融资。世界贸易组织在与私人银行、国际金融机构和出口信贷机构的调查中已证实,目前贸易融资市场形势已严重恶化,提供贸易信贷融资的流动性非常短缺,在新兴市场经济国家的贸易商和银行家中感受最为深刻,而且贸易融资的形势在今后几个月中还可能进一步恶化。当前贸易融资利率高于伦敦同业拆借利率300个基点以上,即使在这样高的价格下,发展中国家也难以获得融资。贸易融资已变得非常难以获取,巴西政府已经被迫提供约200亿美元的出口信贷,以确保出口商有能力在海外销售商品。已经有例证表明,商业银行的进出口信贷正在枯竭,出口应收账款越来越难获得保险。

(三)贸易保护主义

面对日益恶化的外部环境,自2008年11月,20国集团(G20)领导人召开会议时就曾宣布要避免发生贸易保护主义,今年4月2日的G20领导人会议继续就此问题提出了更为严肃的警告和声明。然而,据世界银行的统计,自金融危机爆发以来,全球各国推出或拟推出的保护主义措施大约有78项,其中47项已付诸实施。自今年4月初的G20会议以来,已有9个G20成员国已采取或在考虑23项限制贸易的措施,这些国家包括美国、巴西、阿根廷、印度、俄罗斯、法国、英国、德国和意大利。有些国家是一边取消限制,一边又施加其它限制。这些贸易保护主义措施主要包括提高关税、贸易禁令、出口补贴以及多种形式的非关税贸易壁垒。发达国家的贸易保护措施基本上都采取补贴方式，而发展中国家则更多采取提高关税、贸易禁令等传统贸易保护主义做法。有些并未计入上述贸易保护措施的做法也呈现抬头趋势，如2008年下半年各国提起的反倾销措施快速增加，全年全球反倾销调查发起数量比2007年增加了15%，最终被认定为倾销并课以惩罚性关税的案件数增加了22%。

对于贸易依存度较高的发展中国家来说，除了要应对发达国家的贸易保护主义，还要面对发展中国家自身的贸易保护主义倾向，如印尼开始至少对500种产品实施进口限制措施，还要求进口上述产品须持有特别许可证，并要求提高进口税。俄罗斯已开始提高进口汽车、家禽及猪肉产品的关税。阿根廷和巴西正在寻求提高葡萄酒、纺织品和皮革制品及桃子等多种产品进口关税。如果未来贸易保护主义泛滥，使严峻的形势雪上加霜，造成的后果很难预料。

三、金融危机对中国贸易进出口的影响

中国作为一个经济高速增长、贸易规模不断扩大的发展中国家，在这次金融危机中也日益受到不利影响。尽管2008年我国进出口实现了正增长，但与2007年相比增速明显回落。2008年最后两月的进出口还同比下降9%和11.1%。2009年一季度，中国对外贸易延续去年11、12月持续下降的态势，且降幅明显扩大，进出口总额4287.4亿美元，比去年同期下降24.9%。国际金融危机还在发展和蔓延，世界经济短期内明显复苏的可能性不大，美欧日经济很可能在底部震荡一段时间，中国对外贸易发展面临的困难依然很多。主要体现在外部需求萎缩，国际贸易融资困难和贸易保护主义势头加剧等方面。

国际经济金融形势恶化对中国进出口的影响可能进一步加深，但保持外贸平稳较快发展仍有不少有利条件和积极因素。首先，在过去的一段时间里，部分能源和资源品的价格下降了一半甚至更多，这使我国下一轮经济增长的成本变得更低。其次，改革开放以来，我国涌现了一批具有国际竞争力的产业和企业，劳动力比较优势明显。第三，世界经济增长放缓将首先影响到高档产品的需求，而我国出口的产品大部分中低档日用消费品，在性能价格等方面仍有明显的优势。第四，近年来人民币升值和

出口退税率下调等不利因素已使我国企业应对外部环境变化的能力明显增强。第五，新兴和发展中国家市场还有很大潜力。

四、世界贸易展望

全球经济衰退已严重影响到国际贸易，自2008年第四季度开始，绝大多数国家货物贸易出口出现下跌。由于出口增速放缓，日本连续多个月出现贸易逆差。新兴市场和发展中国家出口下降更为明显，特别是最后两个月，俄罗斯、阿根廷、土耳其和南非等国家的出口降幅均超过20%。全球经济下滑也正在扩散到非洲、独联体国家和中东欧地区，东欧危机即是明显例证。

WTO预计，2009年全球贸易量将大幅下滑9%，创下自二战以来的最高跌幅。其中，发达国家的经济下滑形势将尤为严重，预计2009年的贸易量将会下滑10%；而对发展中国家来说，由于其经济增长对贸易的依赖性远低于发达国家，因此其2009年出口总额将下滑2%到3%左右。根据世界银行的报告，全球贸易下降，东亚损失最大，发展中经济体在这次全球经济危机中将受长期影响。

五、对策建议

(一)只有贸易开放才能化解危机

世界贸易组织指出，这次全球性经济危机的起源，并不是来自于贸易开放，而是来自于金融业以及对金融业监管的缺失。金融现在比以往更加开放，应辅以更加开放和平等的贸易，就可以实现经济的恢复和发展。要打击贸易保护主义的任何势头。保护主义并不能保护一国的需求。一国如果要保护自己的进口，它的邻国也会这么做，最终所有的国家都会受害。1930年-1933年那场由美国主导、损失惨重的世界贸易大战就是例证。1930年6月，美国国会通过了《斯姆特-霍利关税法》，大幅提高超过2万种外国商品的进口关税，结果引发各国之间的贸易战争，加剧了世界经济大萧条。事实证明，法案并不是救命良药，而是一剂可怕的毒药，而且受伤的是整个世界。美国的贸易保护主义措施，引起了其他国家同样的贸易保护主义报复。面对危机，各国以邻为壑，全球贸易额大幅缩减，很快伤及当时最大的出口国——美国自身。全球贸易总额从1929年的360亿美元缩小到1932年的120亿美元，而美国的出口总额也从1929年的52亿美元左右缩减到1932年的12亿美元。道琼斯指数从法案通过时的250点，跌至1932年时的最低点41点。贸易保护主义救不了经济危机，这是上世纪大萧条留给世人最深刻的教训之一。

从当前看，全球警惕贸易保护主义抬头的做法值得肯定，更是"以史为鉴"的深刻教训换来的。保持一整套连续的国际贸易合作机制，遏制各国国内贸易保护主义，对应对这次经济危机非常重要。危机当头，重要的是各国携手共克时艰，而非互相指责，以邻为壑。当前加强磋商、增强合作，保持国际贸易渠道畅通，才符合各国的根本利益。国际贸易的健康发展，是推动世界经济复苏的重要力量。当年罗斯福政府实行新政，与贸易保护主义决裂，带领美国经济走出低谷，推动了全球经济的增长。

(二)采取多种措施应对金融危机带来的挑战

在这场前所未有的世界金融危机中，中国与其他国家一样都受到严重冲击。去年第三季度以来，经济增速放缓，出口大幅下滑，就业压力加大。中国政府出台了一系列促进经济增长的政策，对外贸领域也给予了高度关注。包括进一步改善对外贸易环境、采取必要措施支持优势企业和产品出口、鼓励金融机构增加对中小出口企业贷款以及拓宽中小企业直接融资渠道等。

目前需要着重解决的问题：一是密切监测国外市场需求的变化，及时反映进出口变动情况和国外市场需求的变化，为进出口企业经营决策提供信息服务。二是转变思路来适应当前的经济形势，提升企业自身的竞争力，以自有的核心技术、一流的服务、诚信的商誉来赢得市场。三是挖掘新兴市场的潜力，在当前欧美等主要经济体市场需求疲软的情况下，把眼光更多地转向非洲、南美、南亚等还有相当的潜力新兴经济体。四是有的放矢的贸易政策创新，有选择地调整出口退税等贸易政策，为进出口企业创造一个稳定的环境，调控重点落在有利于产业结构升级的，有长期发展潜力的产业和产品上。扩大进口的重点应放在以刺激内需而引起的大规模产业改造或产业升级的需求上。总之，我们应与世界各国一道，以开放迎接挑战，以合作应对危机，共克时艰，推动世界经济走向新的繁荣。

附表 1　2006－2008 年 GDP 和货物贸易量增长率

单位:%

	GDP			出口			进口		
	2006	2007	2008	2006	2007	2008	2006	2007	2008
世界	3.7	3.5	1.7	8.5	6.0	2.0	8.0	6.0	2.0
北美	2.9	2.1	1.1	8.5	5.0	1.5	6.0	2.0	-2.5
美国	2.8	2.0	1.1	10.5	7.0	5.5	5.5	1.0	-4.0
中南美①	6.1	6.6	5.3	4.0	3.0	1.5	15.5	17.5	15.5
欧洲	3.1	2.8	1.0	7.5	4.0	0.5	7.5	4.0	-1.0
欧盟 27 国	3.0	2.8	1.0	7.5	3.5	0.0	7.0	3.5	-1.0
独联体	7.5	8.4	5.5	6.0	7.5	6.0	20.5	20.0	15.0
非洲	5.7	5.8	5.0	1.5	4.5	3.0	10.0	14.0	13.0
中东	5.2	5.5	5.7	3.0	4.0	3.0	5.5	14.0	10.0
亚洲	4.6	4.9	2.0	13.5	11.5	4.5	8.5	8.0	4.0
中国	11.6	11.9	9.0	22.0	19.5	8.5	16.5	13.5	4.0
日本	2.0	2.4	-0.7	10.0	9.5	2.5	2.0	1.5	-1.0
印度	9.8	9.3	7.9	11.0	13.0	7.0	8.0	16.0	12.5
新兴工业化国家和地区②	5.6	5.6	1.7	13.0	9.0	3.5	8.0	6.0	3.5

注:①中南美包括加勒比海。②新兴工业化国家和地区包括中国香港、韩国、新加坡和中国台湾。

资料来源:世界贸易组织。

附表 2　2008 年世界主要国家和地区货物贸易进出口额

单位:亿美元

	出口				进口			
	出口额	增长率(%)			进口额	增长率(%)		
	2008	2000－2008	2006	2007	2008	2008	2000－2008	2006	2007	2008
世界	157750	12	16	16	15	161200	12	15	15	15
北美	20490	7	13	11	10	29090	7	11	6	7
美国	13010	7	15	12	12	21660	7	11	5	7
加拿大	4560	6	8	8	8	4180	7	11	9	7
墨西哥	2920	7	17	9	7	3230	7	15	10	9

续表

	出口					进口				
	出口额	增长率(%)				进口额	增长率(%)			
	2008	2000-2008	2006	2007	2008	2008	2000-2008	2006	2007	2008
中南美①	6020	15	21	14	21	5950	14	22	25	30
巴西	1980	17	16	17	23	1830	15	23	32	44
其他中南美国家地区	4040	14	23	13	20	4130	14	21	23	24
欧洲	64560	12	13	16	12	68330	12	15	16	12
欧盟27国	59130	12	13	16	11	62680	12	14	16	12
德国	14650	13	14	19	11	12060	12	17	16	14
法国	6090	8	7	11	10	7080	10	7	14	14
荷兰	6340	13	14	19	15	5740	13	15	18	16
意大利	5400	11	12	18	10	5560	11	15	14	10
英国	4580	6	16	-2	4	6320	8	17	4	1
独联体	7030	22	25	20	35	4930	25	30	35	31
俄罗斯	4720	21	25	17	33	2920	26	31	36	31
非洲	5610	18	19	18	29	4660	17	16	24	27
南非	810	13	13	20	16	990	16	26	12	12
其他非洲国家	4810	19	20	17	32	3670	18	13	28	31
石油出口国	3470	21	21	18	36	1370	21	9	31	37
非石油出口国	1330	15	18	15	22	2290	16	15	27	28
中东	10470	19	22	16	36	5750	17	12	25	23
亚洲	43550	13	17	16	15	42470	14	16	15	20
中国	14285	24	27	26	17	11331	22	20	21	19
日本	7820	6	9	10	10	7620	9	12	7	22
印度	1790	20	21	22	22	2920	24	21	25	35
新兴工业化国家和地区②	10330	10	15	11	10	10930	10	16	11	17

注:①中南美包括加勒比海。②新兴工业化国家和地区包括中国香港、韩国、新加坡和中国台湾。

资料来源:世界贸易组织。

附表3　2008年世界前十位国家和地区货物贸易进出口额排行榜

单位:亿美元

位次	国家和地区	出口额	占世界份额(%)	比上年增长(%)	位次	国家和地区	进口额	占世界份额(%)	比上年增长(%)
1	德国	14650	9.1	11	1	美国	21660	13.2	7
2	中国	14285	8.9	17	2	德国	12060	7.3	14
3	美国	13010	8.1	12	3	中国	11331	6.9	19
4	日本	7820	4.9	10	4	日本	7620	4.6	22
5	荷兰	6340	3.9	15	5	法国	7080	4.3	14
6	法国	6090	3.8	10	6	英国	6320	3.8	1
7	意大利	5400	3.3	10	7	荷兰	5740	3.5	16
8	比利时	4770	3.0	10	8	意大利	5560	3.4	10
9	俄罗斯	4720	2.9	33	9	比利时	4700	2.9	14
10	英国	4580	2.8	4	10	韩国	4350	2.7	22

资料来源:世界贸易组织。

(执笔:高析)

2009 年全球外国直接投资锐减 中国位次升至第 2 位

据联合国贸易与发展会议(UNCTAD)估计,2009 年全球外国直接投资(FDI)流入从 2008 年的 16974 亿美元下跌到 10403 亿美元,下降了 39%。我国 FDI 实际使用金额为 900.33 亿美元,居世界的位次从上年的第四位上升到第二位。预计 2010 年全球 FDI 流入将有小幅反弹,很多国家投资条件将有所改善。

一、2009 年全球外国直接投资锐减 39%

受国际金融危机和经济深度衰退的影响,2009 年全球 FDI 从 2008 年的 16974 亿美元下跌到 10403 亿美元,锐减了 39%。2009 年跨国收购兼并活动减少最为明显,相关资金流量为 2400 亿美元,大幅下降 66%。总体上看,流入发达国家的 FDI 下跌了 41%,其中英国 FDI 流入量减少了 93%。发展中国家 FDI 流入量在连续 6 年增长后,2009 年下跌 35% 至 4050 亿美元,其中,拉丁美洲和加勒比国家两大经济体巴西(-50%)和阿根廷(-41%)最为显著;亚洲国家和地区中,除中国比较抗跌,香港(-43%)、马来西亚(-67%)、泰国(-54%)均有较大减少;非洲约减少了 36%。

在 FDI 流入的国家排名方面,美国以 1350 亿美元遥遥领先;中国 900 亿美元,小幅下降 2.6%,由上年的第 4 位攀升至第 2 位;法国 650 亿美元,下降了 36%,由上年的第二位退居第三位;位列第四、五位分别是俄罗斯(414 亿美元,跌 41%)、荷兰(378 亿美元)。

表 1　2009 年位居世界前 20 位的外国直接投资流入国家（地区）

国家/地区	2008 年		2009 年	
	位　次	金额（亿美元）	位　次	金额（亿美元）
美　国	1	3161	1	1359
中　国	4	924	2	900
法　国	2	1007	3	650
俄罗斯	5	703	4	414
荷　兰	35	-35	5	378
中国香港	7	630	6	360
比利时	8	597	7	351
德　国	12	249	8	351
印　度	11	416	9	336
意大利	17	170	10	299
西班牙	6	655	11	258
巴　西	9	451	12	228
新加坡	14	227	13	183
瑞　典	10	437	14	155
爱尔兰	37	-200	15	140
波　兰	19	165	16	134
墨西哥	15	219	17	130
智　利	18	168	18	129
日　本	13	244	19	114
丹　麦	22	109	20	113

二、2009 年全球 FDI 变化的特点

（一）所有经济体的 FDI 流量均有所下降

2009 年，发达国家、发展中国家和新兴经济体的外国直接投资受到经济危机的冲击，普遍都有所下降。发达国家外国直接投资流入继 2008 年经历了严重的下滑后，在 2009 年继续大幅下跌，降幅超过 41%。发展中国家和新兴经济体的 FDI 流入 2008 年还是上升的，而受到全球金融和经济危机的冲击，在 2009 年分别下降了 35% 和 39%。公司利润的不断缩水和股票价格的大幅下跌使得全球性的跨国并购的规模和价值大幅减少。

（二）发展中国家 FDI 流入在全球所占比重逼近 50%

值得关注的是，在国际金融危机冲击下，发展中国家的外国直接投资

流入量虽较上年有所下降,但占全球外资流入量的比重却大幅上升。2009 年,发展中国家与经济转轨体 FDI 流入占全球 FDI 流入量的 45.6%,所占比重比上年提高 2.6 个百分点,逼近 50%。

发展中国家与经济转轨体吸收 FDI 占全球比重上升的主要原因,一是经济衰退导致构成发达国家 FDI 的主体,即跨国并购明显减少,约 80% 的全球并购发生在发达国家之间。二是跨国公司不断撤资以降低成本,重组生产布局,对发达国家 FDI 流入影响更大。三是新兴市场国家经济总体表现好于发达国家。与经历了"二战"以来最严重衰退的发达国家相比,得益于中国和印度的持续快速增长,2009 年,新兴市场国家经济总体表现良好,它们在某种程度上,呈现出与发达国家"脱钩"的迹象。

表 2 2008 年—2009 年国家及地区的 FDI 流入和跨国并购(十亿美元)

国家/地区	FDI 流入			跨国并购		
	2008	2009	增长率(%)	2008	2009	增长率(%)
世界	**1697.4**	**1040.3**	**-38.7**	**706.5**	**239.9**	**-66.0**
发达国家	**962.3**	**565.6**	**-41.2**	**581.4**	**195.4**	**-66.4**
欧洲	518.3	373.5	-27.9	273.3	127.1	-53.5
欧盟	503.5	356.7	-29.2	251.2	109.6	-56.4
奥地利	13.6	9.8	-27.8	1.3	1.8	35.4
比利时	59.7	35.1	-41.2	2.5	12.1	385.3
捷克共和国	10.7	4.0	-63.0	5.2	2.7	-48.4
丹麦	10.9	11.3	3.2	6.1	1.6	-74.3
芬兰	-4.2	3.0	1.2	0.5	-55.9	—
法国	100.7	65.0	-35.5	4.6	1.3	-72.4
德国	24.9	35.1	40.7	31.9	2.4	-92.6
匈牙利	6.5	-4.2	-165.2	1.6	1.9	18.7
爱尔兰	-20.0	14.0	2.9	1.4	-50.5	—
意大利	17.0	29.9	75.5	-2.4	1.1	—
荷兰	-3.5	37.8	-8.2	22.6	—	—
波兰	16.5	13.4	-19.2	1.0	0.5	-51.6
罗马尼亚	13.3	6.1	-54.4	1.0	0.0	-97.7
西班牙	65.5	25.8	-60.6	33.7	31.5	-6.6
瑞典	43.7	15.5	-64.4	18.8	1.0	-94.5
英国	96.9	7.0	-92.7	147.7	24.9	-83.2
美国	316.1	135.9	-57.0	227.4	39.9	-82.5
日本	24.4	11.4	-53.4	9.3	-5.9	-163.5

续表

国家/地区	FDI 流入			跨国并购		
	2008	2009	增长率%	2008	2009	增长率%
发展中国家与转轨国家	735.1	474.7	-35.4	125.1	44.5	-64.4
非洲	87.6	55.9	-36.2	21.2	5.7	-73.1
埃及	9.5	8.2	-13.9	15.9	0.6	-90.2
摩洛哥	2.4	1.0	-56.6	-0.1	0.3	—
南非	9.0	6.8	-24.6	6.7	4.2	-36.9
拉丁美洲和加勒比海	144.4	85.5	-40.7	15.5	-4.4	-128.5
阿根廷	8.9	5.1	-42.7	-3.3	0.1	—
巴西	45.1	22.8	-49.5	7.6	-1.4	-118.2
智利	16.8	12.9	-23.0	3.2	0.8	-74.5
哥伦比亚	10.6	8.6	-18.6	-0.1	-1.6	—
墨西哥	21.9	13.0	-40.8	2.3	0.1	-95.6
秘鲁	4.8	6.2	28.1	0.3	0.0	-86.9
亚洲和大洋洲	388.7	264.1	-32.1	68.2	36.5	-46.5
西亚	90.3	51.3	-43.1	16.3	2.3	-85.9
土耳其	18.2	7.9	-56.3	13.2	1.6	-87.7
东亚南亚和东南亚	297.6	202.8	-31.8	52.6	34.1	-35.1
中国	92.4	90.0	-2.6	5.4	11.2	108.5
中国香港	63.0	36.0	-42.8	8.7	2.1	-75.3
印度	41.6	33.6	-19.0	10.4	6.2	-40.5
印度尼西亚	7.9	5.1	-36.0	2.1	1.3	-34.9
马来西亚	8.1	2.7	-66.6	2.8	0.2	-93.0
新加坡	22.7	18.3	-19.5	14.2	9.7	-32.1
泰国	10.1	4.6	-54.3	0.1	0.3	142.4
东南欧和独联体	114.4	69.3	-39.4	20.3	6.8	-66.6
俄罗斯	70.3	41.4	-41.1	13.5	5.0	-62.6
乌克兰	10.7	4.8	-55.2	5.9	0.2	-97.0

资料来源：联合国贸发会议。

①初步预计数。

②不包括金融。

注：2009 年世界 FDI 流入是 153 个国家或地区提供的预测数。预测数是根据他们提供的 2009 年前两季度或前三季度的数据年度基础换算出来的。2009 年的数据是根据 2008 年各国或各地区流入占总流入的比例推算的。

（三）跨国并购下降最为显著，绿地投资降幅较小

受到全球金融危机和经济衰退的严重影响，跨国公司现金短缺，跨国并购持续下降。2009 年，全球跨国并购下降了 66%；国际绿地投资的项目数量降幅较小，仅为 23%，并在第四季度出现了小幅回升，但仍低于 2008 年同期水平。

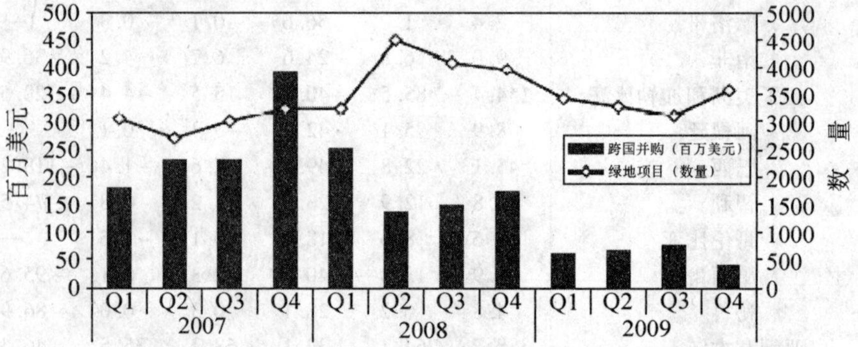

图 1　2007 年第一季度—2009 年第四季度跨国并购和国际绿地项目

资料来源：联合国贸发会议。跨国并购的数据来自各跨国公司，信息来自金融时报有限公司；外国直接投资市场的绿地项目的数据来源于 www. fdimarkets. com。

注：2009 年绿地项目的数据是根据 10 月和 11 月提供的数据预测的。

（四）分季度看，全球 FDI 先降后升，反弹乏力

全球 FDI 继 2009 年第一季度急剧下降后，在第二季度出现了小幅反弹，第三季度则略有下降。反映全球 FDI 的分季指数第三季度为 110. 8，环比降低 2. 6 点，同比大幅降低了 36. 3 点，比历史峰值 2007 年第四季度低了约 182 点。从地域上看，加拿大、荷兰、挪威、英国和美国第三季度的 FDI 流量显著增长，而比利时、中国香港和西班牙则大幅下跌。2009 年第四季度的 FDI 流量没有回升迹象。与 FDI 股本资本流动高度相关的跨国并购在几个季度的略有改善之后，于 2009 年第四季度骤降。

表3　全球 FDI 按季指数(2005 = 100)

季　度	指　数
2008Q1	211.0
2008Q2	158.1
2008Q3	147.1
2008Q4	139.8
2009Q1	65.1
2009Q2	113.4
2009Q3	110.8

资料来源:贸发会议《全球投资趋势监测》报告。

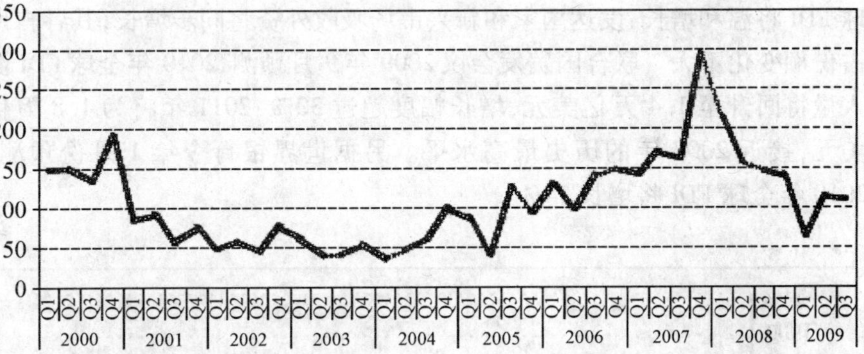

图2　2000 年第一季度到 2009 年第三季度全球 FDI 按季指数(2005 = 100)

三、今明两年全球 FDI 预测

随着各国应对金融危机的政策措施逐步产生效果,2009 年下半年,世界经济开始复苏。始于 2008 年年中的大规模撤资行动,包括收回投资、偿还母公司债务等,自 2009 年 6 月以来已基本停止,这大体可以看作是全球经济企稳的信号。根据 IMF 在 2010 年 1 月发布的《世界经济展望》(WEO),预计 2009 年世界经济将收缩 0.8%,而 2010 年世界经济将增长 3.9%。总体而言,金融危机并未使全球 FDI 政策发生大的转变,投资保护主义也并未在世界范围内大量兴起。随着世界经济持续复苏,国际投资环境也趋于改善,各跨国公司也会调整自己的投资策略从而扩大近期对外投资。但经济复苏仍很脆弱,主要是刺激政策作用的结果,自主增长动力不足,所以预计 2010 年外国直接投资的回升也将比较缓慢,但中长期前景还是令人乐观的。

据联合国贸发会议 2009 年 9 月的《世界投资前景调查》报告显示,多数跨国公司预计其 FDI 支出将于 2010 年逐步恢复,于 2011 年重现增长势头;一半以上的公司甚至预计,2011 年的 FDI 就会超过 2008 年的水平。报告认为,美国以及中国、印度、巴西和俄罗斯("金砖四国")将引领 FDI 的回升。此外,在全球经济复苏之时,随着公共和政府资金从其救助的受困企业中撤出,将会引发新一轮的跨国并购。预计跨国并购将在 2010 年缓慢回升,跨国公司的 FDI 活动将在 2010 年有所恢复。因此,2010 年全球 FDI 将温和增长,发达国家和新兴市场吸收外资将同步增长,其各自所占份额变化不大。联合国贸发会议 2009 年 9 月预测,2010 年全球 FDI 流入量将回升至 1.4 万亿美元,增长幅度超过 30%;2011 年将为 1.8 万亿美元,接近 2007 年的历史最高水平。另据世界银行今年 1 月份预测,2010 年全球 FDI 将增长 14%。

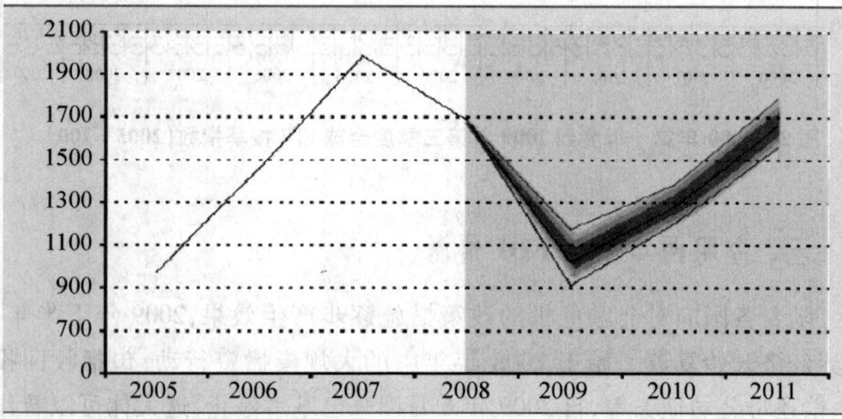

图 3　2009 年 -2011 年全球 FDI 预测

资料来源:联合国贸发会议《2009 年世界投资报告》。

四、全球 FDI 变化趋势对我国的影响及政策建议

此次经济危机对于我国的 FDI 既是机遇又是挑战。据联合国贸发会议的调查,2009～2010 年,最受跨国公司青睐的前十大投资国依次是:中国、印度、美国、俄罗斯、巴西、越南、德国、印尼、澳大利亚和加拿大。"金砖四国"均进入前五,而欧盟国家仅德国进入前十名。长远来看,稳定的经济增长、庞大的国内市场、低成本劳动力以及市场开放等因素,将使中国继续成为最具吸引力的 FDI 东道国,中国依然位居最具投资吸引力国家榜首。由于周边新兴国家具有更低廉的成本,中国传统的劳动密集型和高能耗产业正面临激烈竞争。而在以研发为代表的高端产业又面临着发达国家的竞争。如何既保证国内就业,同时也尽快推动产业升级,这是需要重点关注的地方。

因此,为了进一步加强我国的外国直接投资,一是抓住后危机时代世界产业大调整、要素大重组和新一轮产业转移的机会,完善利用外资政策,努力保持利用外资向好的势头;二是加大对技术含量高的外资项目的引进,提高利用外资的质量和水平,更加注重促进经济质量的提高和结构的优化,以引资全面带动先进技术、高端人才、现代管理模式的引进;三是着力扩大服务业利用外资的水平,大力承接服务外包业务,推动中国早日成为全球服务外包强国。

（执笔:郭瑾）

中国仍为全球跨国公司首选对外投资目的地

联合国贸易和发展会议(UNCTAD)近期发布的《2009－2011年世界投资前景调查》报告显示,全球金融危机和世界经济危机对跨国公司短期内的对外投资计划造成了很大的负面影响,但多数跨国公司认为外国直接投资(FDI)在2010年会出现缓慢复苏,并于2011年有望出现反弹;我国仍为FDI首选目的地。

一、全球FDI短期前景暗淡 但中期依然看好

本次世界投资前景调查旨在了解当前金融及经济危机对世界跨国公司2009年至2011年国际投资战略的影响。设计调查对象为全球最大的5000家跨国公司(按资产额排序),采用分层比例抽样(PPS)方法,选取2272家企业进行调查,实际回答的公司有241家,回答率为11%。241家公司的地区分布为发达国家占87%,其中欧洲为48%,北美为18%,日本为19%;发展中国家占12%,其中亚洲发展中国家占10%。数据采集时间为2009年2月至5月。调查结果在《2009－2011年世界投资前景调查》报告中发布。

联合国贸发会议报告指出,从短期来看,金融和经济危机对FDI的负面影响将处于主导地位,并将继续导致2009年整体FDI继续呈现下降态势。由于受到目前经济及金融危机的消极影响,再加上一些不确定性因素,85%的调查对象认为全球经济衰退和金融危机对其投资计划造成负面影响,约有58%的公司计划在2009年减少对外直接投资,其中近三分之一的公司将大幅减少对外投资(即降幅超过50%)。

然而,一些积极因素,如便宜的资产价格、工业重组、新兴国家和石油出口国的雄厚资金实力、新型能源和同环境有关的产业的迅速发展,经过

一定时间后会再次激发国际投资加快流动，加上跨国公司追求国际化的长期趋势不变，将推动 FDI 在 2011 年出现全面反弹。与 2008 年水平相比，42% 的公司预期其 2010 年 FDI 将减少，19% 的公司预期其 2011 年 FDI 将减少；相对应地，33% 的公司预期其 2010 年 FDI 将增长，超过半数的跨国公司预期其 2011 年 FDI 将增长。

面临着金融危机所造成的很大的不确定性，跨国公司都急于降低成本和开支以克服此次金融危机带来的负面影响，倾向于采用规避风险的投资战略——非股权投资方式，如采用合作或授权以及外包的方式来发展它们的国际商务合作。而在诸如并购和新建项目这类股权投资上则更为谨慎。

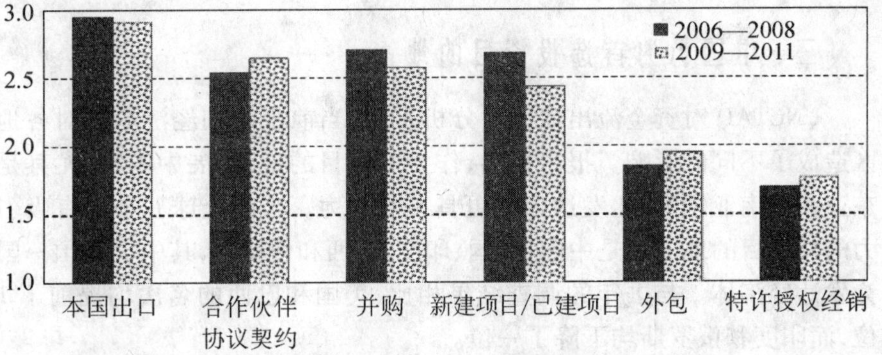

图 1　跨国公司开拓国外市场的不同方式

资料来源：联合国贸发会议调查报告。

注：1 = 不使用；5 = 常使用。

多数跨国公司认为 2010 年 FDI 将开始回升，并在 2011 年出现大幅反弹，主要原因：一是做出答复的跨国公司对 2011 年全球投资环境的演变持积极乐观的态度；二是跨国公司坚持国际化的中长期目标。

基于此次调查，UNCTAD 构建了投资意愿合成指数，其取值区间为 -4 至 4，其中，-4 为比 2008 年投资水平大幅减少（即降幅超过 50%）；4 为比 2008 年投资水平大幅增长（即增幅超过 50%）。今年这个指数为 -1；2010 年回升至 -0.4；2011 年进一步回升到 0.5，意味着 2011 年全球 FDI 水平将超过 2008 年的水平。

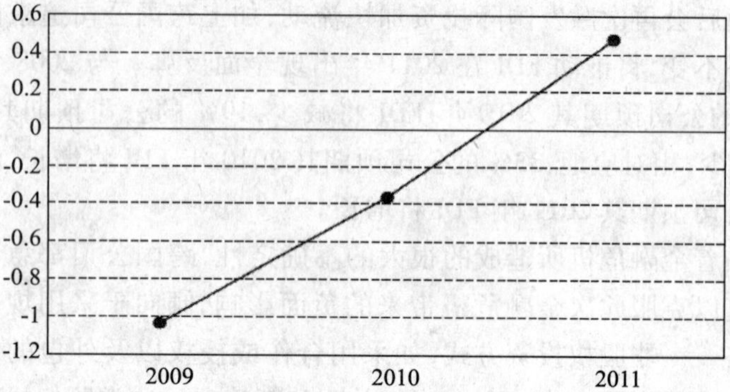

图 2　2009－2011 年跨国公司投资愿意合成指数(与 2008 年投资规模相比)

资料来源:联合国贸发会议调查报告。

注:－4＝大幅下降(超过 50%);＋4＝大幅上升(超过 50%)。

二、中国仍为首选投资目的地

UNCTAD 对资金流出地区的分析表明,当前金融和经济危机对各地区造成了不同的影响。报告指出,作为 FDI 目的地,发展中国家,尤其是东亚和东南亚国家,比发达国家更具有吸引力。当前全球五个最有吸引力的外资目的地分别是中国、美国、印度、巴西和俄罗斯,其中仅美国一国为发达经济体。与去年的调查结果相比,美国和巴西的名次均提前了 1 位,而印度和俄罗斯均下降了一位。

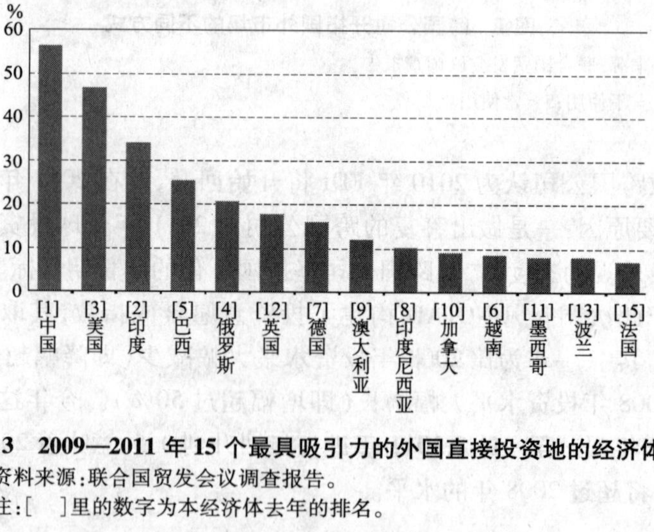

图 3　2009—2011 年 15 个最具吸引力的外国直接投资地的经济体

资料来源:联合国贸发会议调查报告。

注:[　]里的数字为本经济体去年的排名。

跨国公司选择 FDI 目的地时主要考虑因素有:经济增长速度、本地市场规模、进入国际或地区市场的便捷程度、是否有供应商和合作伙伴、商业环境(包括政府效率、政治的稳定和基础设施的质量)、技术和人才、廉价劳动力、自然资源、资本市场和激励措施。这些被跨国公司认为最有吸引力的投资地不仅具有一些相同的优势,如经济增长速度、本地市场规模,还有不同于其他国家自有优势。

表 1 2009 - 2011 年被认为最具吸引力的投资地前十五位国家的优势比例(%)

	供应商和合作伙伴	竞争对手	技能/人才	廉价劳动力	本地市场规模	国际化/区域市场	经济增长速度	自然资源	资本市场(金融)	政府效率	激励措施	基础设施的质量	稳定和谐的商业环境	合计
中国	10	6	7	11	19	9	21	2	2	3	3	3	4	100
美国	11	5	10	1	17	8	9	3	7	7	1	9	13	100
印度	11	5	11	13	19	9	24	1	1	1	1	1	3	100
巴西	10	3	6	9	20	10	19	3	2	2	4	3	8	100
俄罗斯	11	7	1	2	31	9	31	3	—	—	3	1	1	100
英国	9	4	12	—	17	10	9	2	7	6	—	11	14	100
德国	12	5	13	—	21	11	7	1	3	5	1	12	11	100
澳大利亚	9	3	4	1	14	8	9	12	4	9	3	11	12	100
印度尼西亚	10	5	7	13	16	10	20	15	—	2	—	—	3	100
加拿大	10	3	9	—	19	6	12	4	6	7	1	9	14	100
越南	10	6	6	16	14	6	22	2	2	4	4	2	8	100
墨西哥	9	2	12	9	19	16	16	5	—	—	2	2	7	100
波兰	8	5	5	5	24	11	26	5	—	3	3	3	3	100
法国	13	4	11	—	18	9	11	2	—	4	2	13	11	100
泰国	10	—	10	10	8	12	20	2	4	—	6	10	8	100
世界平均	10	5	8	6	17	10	16	4	3	5	2	6	9	100

资料来源:联合国贸发会议调查报告。

自 2002 年起,中国连续 8 年成为 FDI 首选地。当前中国的主要优势在于:

一是较快的经济增长速度。在世界经济普遍低迷的情形下,中国经济的平稳增长尤其引人注目。有 21% 的公司由此而选择我国作为投资目的地,高出各国平均水平 5 个百分点。

二是巨大的市场。在市场规模方面,中国是世界上人口最多的国家,市场发展潜力最大,在全球处于领先地位。有 19% 的公司因此而选择我国作为投资目的地,高出各国平均水平 2 个百分点。

三是大量的廉价劳动力。有 11% 的公司因此而选择我国作为投资目的地,高出各国平均水平 5 个百分点。

三、经济周期特征明显的行业遭受金融危机打击更为严重

从投资活动看,对商业周期较敏感的汽车、冶金、化工等行业的跨国公司受危机影响最严重,对 FDI 前景表现最悲观;而需求周期波动较小的食品和服务业以及市场增长前景良好的制药业,受危机影响较小。

从发展趋势来看,投资活动有望扩大的领域主要集中在以采矿业、农业和服务业为主的初级产品部门,而制造业的前景则相对悲观。

四、所有国家和地区的跨国公司均受到金融危机冲击

跨国公司正缩减在全球各地区的投资,尤其是对发达国家的投资。发达国家 FDI 流入降幅高于发展中国家,主要原因在于:首先,金融危机对发达国家的市场冲击更为严重,由此引发的深度经济衰退阻碍了新的投资。与此相反,许多发展中国家的市场却保持适度增长。其次,跨国并购是发达国家 FDI 流入的主要形式,其受金融危机的冲击最为显著。与此相反,跨国公司进入发展中国家通常用新建项目的投资方式,这种模式更具弹性,有较强的适应性。今年第一季度,发达国家 FDI 流入降幅大于发展中国家。在全球 26 个主要经济体中,15 个发达国家的 FDI 流入同比下降了 57%,而 11 个发展中国家和经济转型国家仅下降了 45%。

跨国公司表示,由于经济和金融危机,使得他们在发达国家的投资计划变得更为谨慎。认为北美洲和欧盟 15 国是 FDI 计划受到金融危机的消极影响最为显著的跨国公司分别占 47% 和 44%;其次是东亚和东南亚,占 35%;再次为独联体和东南欧,占 20%。

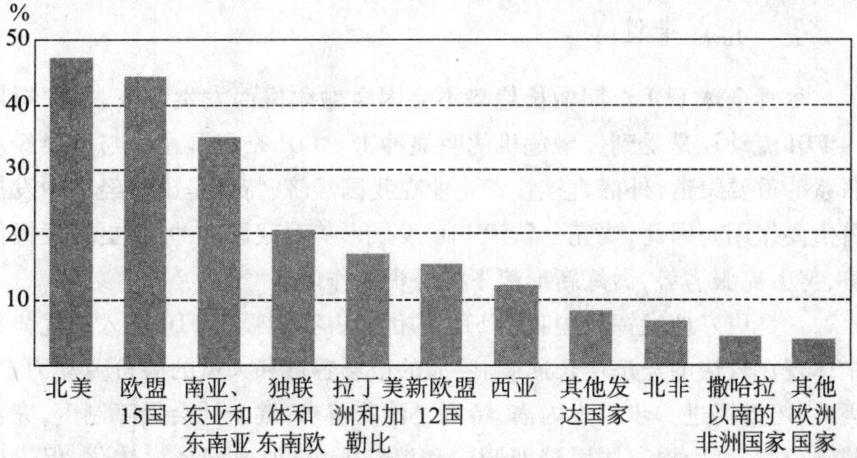

图4 2009—2011年跨国公司投资计划受金融危机冲击最严重的国家和地区

资料来源：联合国贸发会议调查报告。

注：由于是复合问卷，数字总计可能多于**100%**。

跨国公司表示2010－2011年会在南亚、东南亚、拉丁美洲、欧盟12国和西亚增加投资计划，而在发达国家和地区会减少投资计划，特别是欧洲国家及北非和撒哈拉以南的非洲国家。

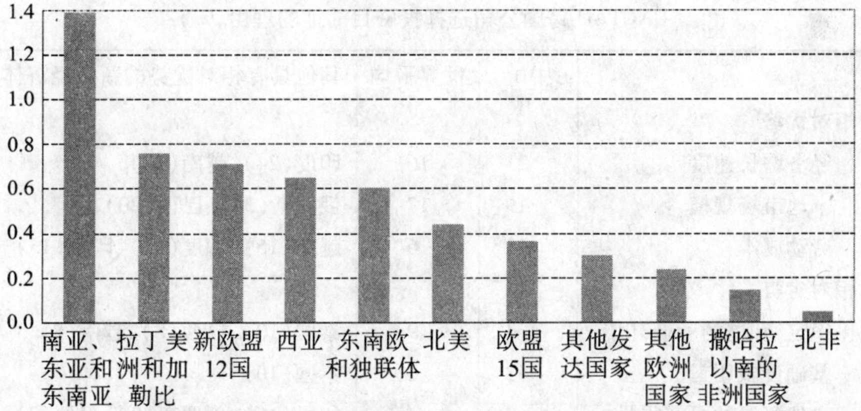

图5 主要国家/地区FDI的增长前景

资料来源：联合国贸发会议调查报告。

注：4＝超过50%的显著增加；0＝不增加。

五、几点建议

尽管全球FDI长期增长趋势不会因金融危机而发生改变,但中短期内FDI流动还是受到金融危机的明显冲击。FDI是我国经济与世界经济联系的重要渠道,外商直接投资企业在我国经济,特别是出口经济中发挥着重要作用。因此,要充分认识FDI发展形势对我国的冲击,更好发挥优势,努力克服劣势,做好新形势下的外资工作。

一是更好地发挥我国吸引FDI的优势。我国吸引FDI流入的优势集中体现在较快的经济增长速度、巨大的市场容量和大量的廉价劳动力上。因此,还需要进一步扩大内需,特别是消费需求;健全社会保障制度,完善收入分配制度,提高居民消费倾向和消费能力;加速城乡一体化,促进劳动力自由流动。

二是努力克服劣势。我国的相对劣势有商业环境、基础设施质量、政府效率、自然资源和资本市场的可获得性等,其中提高政府效率、改善基础设施质量及营造稳定、和谐的商业环境是中短期内通过努力有望实现的目标。

表2 中国在吸引FDI方面的优劣势

(UNCTAD跨国公司选择投资目的地的理由,%)

	中国	世界平均	其他具有相对优势的新兴经济体
相对优势			
经济增长速度	21	16	印度(24)、越南(22)
本地市场规模	19	17	俄罗斯(34)、巴西(20)
劳动成本	11	6	越南(16)、印度(13)、印尼(13)
相对劣势			
稳定、和谐的商业环境	4	9	泰国(10)、巴西(8)、越南(8)
基础设施质量	3	6	泰国(10)
自然资源的可获得性	2	4	印尼(15)、俄罗斯(3)、巴西(3)
政府效率	3	5	越南(4)、泰国(4)
资本市场的可获得性	2	3	泰国(4)

资料来源:联合国贸发会议。

三是抓住机遇,坚定实施“走出去”战略,扩大对外资源方面的投资。金融危机造成重大危害,同时也带来了一定的机遇。随着我国重化工业化的进展,资源和环境对我国经济发展的制约作用进一步显现,而国外资源行业目前面临着资金方面的困难。我国拥有超过2万亿美元的巨额外汇储备,扩大对外资源投资不仅有利于提高能源和资源长期供给安全,同样有利于我国经济的可持续发展。

四是做好承接新一轮国际产业转移的准备,着力提高引进外资的技术含量。面临金融危机的冲击,当前发达国家制造业面临着巨大的调整压力,相关跨国公司正在筹划调整生产的全球布局,其流向发达国家的FDI中短期将减少,而流向发展中国家的FDI将持续扩大。我国作为跨国公司首选投资目的地,吸引FDI的潜力巨大。要进一步改善商业环境,继续开放投资领域,重点吸引一批具有国际竞争力、有利于我国产业升级的国际资本投资,从而既保证FDI流入总规模的稳定增长,又着力提高引进外资的质量。

(执笔:闫海琪、郭瑾)

2007 年中国人文发展指数居世界第 92 位

人文发展指数(HDI)是由反映人类生活质量的三大要素指标(即出生时预期寿命、受教育程度、实际人均 GDP)合成的一个复合指数,通常作为衡量人类发展的综合尺度。联合国开发计划署(UNDP)近日公布的《2009 年人文发展报告》显示,2007 年世界人文发展指数平均值为 0.753。其中,中国的人文发展指数为 0.772,高于世界平均水平,位居世界第 92 位,排名比 2006 年提高了七位。

一、人文发展总指数国际分类

《2009 年人文发展报告》依据人文发展指数值的高低,将纳入统计的 182 个国家和地区人文发展水平划分为四类,分别是:

(一)超高人文发展水平(HDI 值为 0.900 及其以上)。此类国家和地区有 38 个,其平均 HDI 值为 0.955;

(二)高人文发展水平(HDI 值为 0.800 - 0.899)。此类国家和地区有 45 个,其平均 HDI 值为 0.833;

(三)中等人文发展水平(HDI 值为 0.500 - 0.799)。此类国家和地区有 75 个,其平均 HDI 值为 0.686;

(四)低人文发展水平(HDI 值为 0.500 以下)。此类国家和地区有 24 个,其平均 HDI 值为 0.423。

根据此分类,2007 年人文发展指数居世界前三位的国家是挪威、澳大利亚、冰岛。其中,挪威人文发展指数为 0.971,排名世界榜首,澳大利亚以 0.970 位居第二,冰岛以 0.969 位列第三。排在世界第四至第十位的国家依次为:加拿大、爱尔兰、荷兰、瑞典、法国、瑞士和日本。中国以 0.772 位居世界第 92 位,比上年提高了 7 位,属于中等人文发展水平。

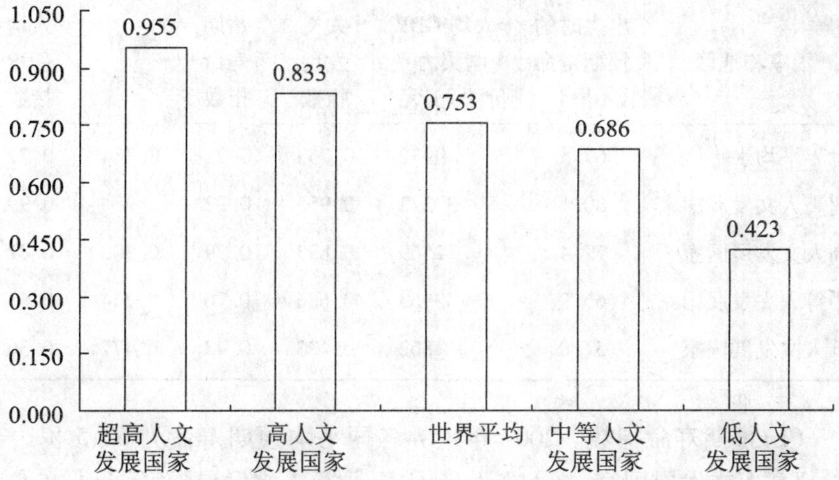

图1　不同类别国家人文发展指数均值比较

二、人文发展总指数国际比较

综合比较2007年世界各个国家和地区的人文发展指数，可以看出，其呈现出以下明显的特点：

1. 不同类别国家发展水平差距明显

根据联合国开发计划署(UNDP)的划分标准，四个类别的国家人文发展指数有着不小的差距。超高人文发展水平国家的平均人文指数为0.955，比高人文发展国家(0.833)高出14.6%；比世界平均水平(0.753)高出26.8%；比中等人文发展国家(0.686)高出39.2%，是低人文发展国家(0.423)的2.26倍。

从具体国家来看，这种差距则更加明显。2007年世界182个国家和地区中，人文发展指数最高的是挪威的0.971，最低的是非洲的尼日尔，仅为0.340，前者是后者的2.86倍，呈现出更为明显的差距。

2. 不同类别国家各项指标普遍存在差距

人文发展指数是由预期寿命指数、教育指数、人均GDP指数三个分项指数共同合成的复合指标。《2009年人文发展报告》的数据显示，四个不同类别的国家在各项指标上，都存在着较大的差距。

表1　2007 年不同类别国家人文发展指数构成比较

国家和地区	出生时的预期寿命（岁）	人均 GDP（购买力平价法，美元）	人文发展指数	预期寿命指数	教育指数	人均 GDP 指数
世界平均水平	67.5	9972	0.753	0.71	0.784	0.77
超高人文发展国家	80.1	37272	0.955	0.92		0.99
高人文发展国家	72.4	12569	0.833	0.79	0.902	0.81
中等人文发展国家	66.9	3963	0.686	0.70	0.744	0.61
低人文发展国家	51.0	862	0.423	0.43	0.477	0.36

(1)预期寿命指数。2007 年世界各国平均预期寿命为 67.5 岁。其中，超高人文发展国家、高人文发展国家、中等人文发展国家、低人文发展国家平均预期寿命分别为 80.1、72.4、66.9、51.0 岁；超高人文发展国家比低人文发展国家多达 29.1 岁，显现出预期寿命的较大差距。

(2)教育指数。2007 年世界各国教育指数的平均水平是 0.784，其中，高人文发展国家、中等人文发展国家、低人文发展国家平均指数分别为 0.902、0.744 和 0.477，高人文发展国家是低人文发展国家的 1.89 倍，两者之间的差距可见一斑。

(3)人均 GDP 指数。2007 年人均 GDP 按购买力平价方法计算，世界平均水平为 9972 美元。超高人文发展国家、高人文发展国家、中等人文发展国家、低人文发展国家人均 GDP 分别为 37272、12569、3963、862 美元，超高人文发展国家是低人文发展国家的 43.2 倍，显示出不同国家间的巨大差距。

三、中国人文发展指数的特点

改革开放 30 年以来，我国人文指数发展较快，无论是增长速度，还是国际排名都有了显著的进步，但和世界领先国家相比还存在一定差距。具体呈现出以下四个明显的特点：

1. 中国人文发展指数增长较快

自 1980 年以来，中国人文发展指数一直呈上升趋势，尤其是在 1980

专栏 6

经济不仅仅是 GDP

2009 年 9 月，法国总统萨科齐要求法国国家统计局（INSEE）在测算国家经济总量时要更多地考虑并核算生活和环境质量因素。萨科齐是在收到一个高级专家组的研究报告①后做此要求的，他指定这个专家组评估法国当前使用 GDP 来制定法国财政和社会福利标准、政策是否合适。

该报告指出："对 GDP 的过度关注推动了当前金融危机的发生；政策制定者热衷于提高经济增长率，而忽略了那些显示家庭和商业的非持续债务增长等数据"。

萨科齐总统在巴黎大学演讲时说，他将鼓励其他国家来检验这些结论，法国将把它安排到所有的国际会议及其讨论会上，目的是创造一项新规则。萨科齐在 2008 年 2 月创建了这个专家组，专门研究这项课题。OECD 和欧盟也在研究新经济的测量。

由哥伦比亚大学的史蒂格利茨（Stiglitz）教授（克林顿总统的前顾问）和哈佛大学的阿马蒂亚・森（Amartya Sen）教授这两位诺贝尔经济学奖获得者出任主席的专家组指出，GDP 是不充分的，还应该测算经济的可持续性和人们的福利。

史蒂格利茨先生在接受访谈时说，报告的主要观点是远离对 GDP 的迷信，因为 GDP 有很多局限，我们的社会还有很多 GDP 不能包括的方面。

GDP 是对经济中所有货物和服务的市场价值的测量，在二十世纪 30 年代产生（当时美国政府正在寻找新的工具用来更加准确地测量国家收入和产出），它被认为是宏观经济学最重要的进步之一。但是，对 GDP 长期存在的批评指出，虽然 GDP 能够准确捕捉经济的增长或经济的全貌，但是它只是描述社会健康状况的简单工具。例如，美国是世界最大的经济体，GDP 排名第一，但是在其他的测量指标

① 该报告的全称为《衡量经济效益和社会进步委员会报告》，是受法国政府委托，由美国著名经济学家斯蒂格利兹和阿马蒂亚森，以及法国著名经济学家菲图西担任牵头人，会同世界主要国家及国际组织的 25 名专家共同完成的报告。该报告总撰写人为法国国家统计局（INSEE）著名经济学家让・艾蒂安。

里却排名靠后。联合国开发署的人文发展指数只是把GDP作为标准之一,而爱尔兰、挪威和加拿大居2008年指数的前三位,美国排名第十五位。人文发展指数还吸收了反映长期和健康生活的指标,如获得的知识和好的生活水平。

史蒂格利茨教授指出,最近美国普查数据显示2000至2008年美国的中等家庭收入下降4%,但是媒体和政府关心的同期GDP却在上升。

不过,史蒂格利茨先生也同时指出,"把新指标综合在一起不是一夜之间就能完成的",因为这需要收集和检验数据。此外,前任OECD统计局局长,现任意大利国家统计局局长的乔瓦尼尼认为:"没有单一的指标能够涵盖一切,现在的问题不是取代GDP,而是用能够测量生活福利的指标来完善它"。

史蒂格利茨研究小组的这份名为"经济表现的测量和社会进步的再观察"的报告说,使用经济增长作为衡量生活水平的指标的最大问题之一是它排除了环境方面的非持续活动对社会和经济的损害。例如,发展中国家可能被鼓励允许外国的矿业公司来本国采矿,虽然国家只有很低的税收、环境可能被破坏,以及矿藏暴露会威胁健康,但是这样做会增加GDP。

他们也指出GDP和其他"标准"测量指标的可靠性,即数据与人们实际感受之间的差距。在最近的几十年,即使中等可支配收入(个人收入的代表)在一些国家在下降,而世界绝大多数地方的GDP却在上升,这说明经济增长的收益主要集中在富人手里,而社会的中下层却未享受到经济增长带来的好处。报告特别提到,GDP的测算在每个国家应该都是相同的。如果一个国家的统计机构测算GDP与其他国家不同,往往是在政府服务增加值的测算方面有很大的差异。他们警告说,这样会潜在地导致出台错误的政策。

他们写道,"我们的测量影响我们所做的,如果我们的测量有缺陷,我们的决策可能会失误。政策应该致力于增加财富,而不是GDP。"

(执笔:刘冰、杨红军)

年至2000年间,中国人文发展指数增长迅速。HDI值由1980年的0.533快速上升为2000年的0.719,并在1999年首次超过世界平均水平。2000年后,中国HDI指数及各分项指数依然保持上升态势。2007年中国人文发展指数达到0.772,为历年来的最高值。

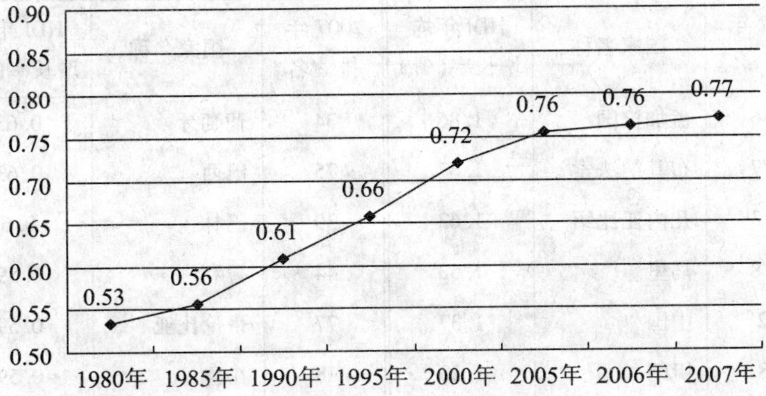

图 2　1980－2007 年中国人文发展指数变化图

按照联合国开发计划署(UNDP)关于中等人文发展水平(HDI 值为 0.500－0.799)的划分标准,我国 HDI 在该类别国家中,已由末游水平(0.533)上升为较高水平(0.719)。中国人文发展指数的快速增长,既显示了我国人文发展水平的不断提高,也反映了改革开放 30 年来我国在社会经济和人文环境方面所取得的巨大成就。

2. 中国人文指数增速位居世界前列

根据联合国开发计划署(UNDP)的统计,2007 年中国人文发展指数(0.772)比 2000 年(0.719)增长 7.37%,比 1990 年(0.608)增长 26.97%,比 1980 年(0.533)增长 44.81%;1980 至 2007 年年平均增长率为 1.37%。这样的平均增速,在世界前 100 名国家地区的排名中,位居榜首;即使在全部 182 个国家和地区中,也仅次于尼泊尔、孟加拉国、几内亚比绍、布基纳法索、马里等五个排名靠后的国家,位居第六位,显示出中国人文指数增长速度一直位居世界前列。

3. 中国人文指数国际排名提升较快

由于人文发展指数是衡量一个国家人民生活质量的综合指标,并不会因某个指标的变化而大起大落,因此,其国家间的排名在一段时间呈现出较强的稳定性。

表 2 1980－2007 年 HDI 平均增长率前 30 名国家(地区)

2007 年排名	国家名称	HDI 年均增长率(%)	2007 年排名	国家名称	HDI 年均增长率(%)
146	孟加拉国	1.86	34	葡萄牙	0.63
177	布基纳法索	1.67	75	巴西	0.63
173	几内亚比绍	1.62	39	巴林	0.6
178	马里	1.53	44	智利	0.59
92	中国	1.37	77	哥伦比亚	0.59
88	伊朗	1.23	78	秘鲁	0.59
98	突尼斯	1.09	94	萨摩亚	0.53
26	韩国	0.97	5	爱尔兰	0.52
79	土耳其	0.93	38	马耳他	0.50
66	马来西亚	0.81	80	厄瓜多尔	0.48
96	约旦	0.73	53	墨西哥	0.45
35	阿联酋	0.72	27	以色列	0.44
90	多米尼加	0.72	31	科威特	0.44
23	新加坡	0.68	54	哥斯达黎加	0.42

在高人文发展水平国家中,2007 年,居世界前五位的国家名次没有发生任何变化,在前二十名、前四十名国家中,只是名次上有一、两位的轻微波动,但并没有出现国家更替的现象。中等人文发展中国家中,也只是呈现出名次上的上下浮动,但幅度大都在两、三位之间。在低人文发展水平国家中,24 个国家与去年竟然完全相同。在此情况下,2007 年中国人文指数国际排名由上年的第 99 位提升至 92 位,大幅度前进了 7 个位次,实属难能可贵,来之不易。

4. 人均 GDP 是制约中国人文指数提高的最重要因素

由上可知,人文发展指数是由预期寿命指数、教育指数、人均 GDP 指数三个分项指数合成的复合指数。2007 年中国的这三项指数在与世界各个国家和地区的比较中,呈现出"较好、中等、较差"的不同特点。

表3 2006-2007年世界前40位国家(地区)及中国人文指数位次变化

国家和地区	2007年位次	2006年位次	国家和地区	2007年位次	2006年位次
挪威	1	1	英国	21	21
澳大利亚	2	2	德国	22	22
冰岛	3	3	新加坡	23	24
加拿大	4	4	中国香港	24	23
爱尔兰	5	5	希腊	25	25
荷兰	6	7	韩国	26	26
瑞典	7	6	以色列	27	28
法国	8	11	安道尔	28	27
瑞士	9	9	斯洛文尼亚	29	29
日本	10	10	文莱	30	30
卢森堡	11	8	科威特	31	31
芬兰	12	13	塞浦路斯	32	32
美国	13	12	卡塔尔	33	34
奥地利	14	16	葡萄牙	34	33
西班牙	15	15	阿联酋	35	37
丹麦	16	14	捷克	36	36
比利时	17	17	巴巴多斯	37	39
意大利	18	19	马耳他	38	35
列支敦士登	19	18	巴林	39	38
新西兰	20	20	爱沙尼亚	40	40
中国	92	99			

较好：预期寿命指数。2007年我国预期寿命指数为0.80，比世界最高水平0.96（日本）落后16个百分点，比世界平均水平0.71高了14个百分点，比中等人文发展国家的平均水平0.70高出10个百分点，其世界第75位的排名也高于人文指数综合排名第92的位次。这是三项指数中，无论是排名、还是数值均表现最好的一项。

中等：教育指数。2007年我国教育指数为0.85，比世界最高水平0.99（澳大利亚等国）落后14个百分点，比世界平均水平0.78高了7个百分点，比中等人文发展国家的平均水平 0.74 高出 11 个百分点，但其世界第 93 位的排名却比排名第 92 的人文指数低了一个位次。呈现出数值高于世界平均水平，但位次排名却稍差的反差状况。

表 4　2007 年中国人文发展分项指数与世界前十位国家（地区）比较

位次	国家和地区	预期寿命指数	位次	国家和地区	教育指数	位次	国家和地区	人均 GDP 指数
1	日本	0.96	1	澳大利亚	0.99	1	挪威	1.00
2	中国香港	0.95	2	新西兰	0.99	2	爱尔兰	1.00
3	冰岛	0.95	3	芬兰	0.99	3	卢森堡	1.00
4	瑞士	0.95	4	古巴	0.99	4	美国	1.00
5	澳大利亚	0.94	5	丹麦	0.99	5	列支敦士登	1.00
6	意大利	0.94	6	加拿大	0.99	6	瑞士	1.00
7	法国	0.93	7	挪威	0.99	7	新加坡	1.00
8	瑞典	0.93	8	韩国	0.99	8	文莱	1.00
9	西班牙	0.93	9	爱尔兰	0.99	9	卡塔尔	1.00
10	以色列	0.93	10	荷兰	0.99	10	中国香港	1.00
75	中国	0.80	93	中国	0.85	102	中国	0.67
	世界	0.71		世界	0.78		世界	0.77

较差：人均 GDP 指数。2007 年我国人均 GDP 指数为 0.67，比世界最高水平 1.00（挪威等国）落后 33 个百分点，比世界平均水平 0.77 低了 10 个百分点，仅比中等人文发展国家的平均水平 0.61 高出 6 个百分点，世界排名更是位于 102 位，比排名第 92 的人文指数低了十个位次。是三项指数中无论是排名、还是数值表现最差的一项。这也与我国 GDP 总量世界第三，但人均 GDP 世界排名位次则在百名之外的国情基本相符。

由此可见，人均 GDP 指数已是当前制约我国人文指数进一步提高的最重要因素。因此，尽快提高我国人均 GDP 水平，不仅是提高我国综合国力的长期重要目标，也是提升我国人文指数的前提条件。

（执笔：李敏）

金融危机下的世界500强企业

《财富》杂志公布的2008年世界500家最大企业(以下简称世界500强企业)排行榜资料显示,受金融危机和世界经济衰退的影响,2008年世界500强企业营业总额增速缓慢,利润总额大幅下降。世界500强企业及其排位在企业和行业、国家和地区分布总体稳定的基础上,出现了一些新的变化。中国企业(包括中国香港和中国台湾)上榜数量达到43家,比上年增加8家。

一、世界500强企业营业总额增速缓慢,利润总额大幅下滑

2008年世界500强企业营业总额和利润总额在2007年双双上升的基础上缓慢增长和大幅下降。其中,营业总额达到251755亿美元,比上年增长6.6%;利润总额达到8217亿美元,比上年下降48.3%。

2008年是《财富》杂志公布世界500强企业排名以来的第15年①,与1995年相比,营业总额增长1.2倍,年均增长6.3%;利润总额增长1.5倍,年均增长7.4%。企业的分布也从26个国家和地区扩展到37个国家和地区。

二、超强企业稳步前进,石油精炼业营业额和利润额双双列各行业之首

2008年,在世界500强企业的51个行业中,石油精炼业的营业额和利润额均超过银行业,居各行业首位。

(一)超强企业连续领先,前三甲企业与上年相同

2008年世界500强企业排行榜显示,名列前三甲的企业没有出现太

① 注:1994年只公布营业额资料。从1995年开始,同时公布营业额和利润额资料。

表 1 1994－2008 年世界 500 强企业营业总额和利润总额及其增长情况

年 份	营业额		利润额	
	总 计（亿美元）	比上年增长（%）	总 计（亿美元）	比上年增长（%）
1994 年	102460	—	—	—
1995 年	113784	11.1	3233	14.7
1996 年	114348	0.5	4044	25.1
1997 年	114535	0.2	4520	11.8
1998 年	114634	0.1	4403	-2.6
1999 年	126960	10.6	5540	25.7
2000 年	140650	10.8	6670	20.4
2001 年	140100	-0.4	3060	-54.1
2002 年	137290	-2.0	1330	-56.0
2003 年	148824	8.4	7291	4.5 倍
2004 年	167981	12.9	9295	27.5
2005 年	189294	12.7	12149	30.3
2006 年	209003	10.4	15292	25.9
2007 年	236185	13.0	15929	3.9
2008 年	251755	6.6	8217	-48.3

大变化，其中，荷兰皇家壳牌石油公司以年营业额 4584 亿美元超过美国石油巨头埃克森美孚石油公司和连锁零售商沃尔玛公司，跃居榜首，埃克森美孚公司和沃尔玛公司分别居第二位和第三位。

在排名前十强企业中，有 7 家是石油公司，他们分别是皇家壳牌石油公司、埃克森美孚公司、英国石油公司、雪佛龙公司、道达尔石油公司、康菲石油公司和中国石油化工集团公司；一般商品零售、银行、汽车公司各 1 家，他们分别是沃尔玛公司、荷兰国际集团和丰田汽车公司。

（二）石油精炼业营业额和利润额均居各行业首位

从营业额来看，2008 年世界 500 强企业中营业额最高的行业是石油精炼业，营业总额达 44618 亿美元，比上年增长 27.8%；占世界 500 强企业的 17.7%，比上年下降了 0.5 个百分点。

营业额排在第 2 位至第 5 位的行业依次是：银行业（营业额为 35453 亿美元，占世界 500 强企业营业总额的 14.1%）、汽车及汽车零配件业

（营业额为 18895 亿美元，占 7.5%）、食品杂货业（营业额为 11352 亿美元，占 4.5%）和电信业（营业额为 11111 亿美元，占 4.4%）。

从利润额来看，石油精炼业位居各行业榜首。2008 年石油精炼业入围世界 500 强的企业有 49 家，比上年增加 10 家，其实现利润额在 51 个行业中是最好的。实现利润额 2342 亿美元，占世界 500 强企业利润总额的 28.5%，比上年提高了 5 个百分点。这是自 1995 年以来，石油精炼业首次超过银行业，居各行业之首。

利润额排在第 2 位至第 5 位的行业依次是：电信业（利润额达 847 亿美元，占世界 500 强企业利润总额的 10.7%）、制药业（利润额达 780 亿美元，占 9.5%）、矿及原油生产（利润额达 680 亿美元，占 8.3%）和能源业（利润额达 457 亿美元，占 5.6%）。

值得注意的是，自 1995 年以来，银行业的利润额一直居各行业首位，由于受到金融危机的影响，2008 年挤出世界 500 强的银行 11 家，银行业的利润额排名居世界 500 强企业各行业的第八位。

表 2　2008 年世界 500 强企业中营业额和利润额最高的十个行业

营业额最高行业	企业数（家）	营业额（亿美元）	比上年增长（%）	利润额最高行业	企业数（家）	利润额（亿美元）	比上年增长（%）
石油精炼业	49	44618	27.8	石油精炼业	49	2342	-31.5
银行业	62	35453	7.0	电信业	21	847	-1.0
汽车及汽车零配件业	30	18895	-3.6	制药业	12	780	0.7
食品杂货业	22	11352	9.0	矿及原油生产	13	680	16.2
电信业	21	11111	9.8	能源	11	457	-11.7
电子及电器设备	16	9151	0.6	食品消费产品	5	340	12.0
公用设施	19	8628	19.4	金属	20	328	-14.8
人寿与健康保险（股份）	14	7654	-2.4	银行业	62	294	-32.7
金属	20	6975	25.5	航空和国防业	12	242	12.6
能源	11	6191	34.9	计算机软件	2	232	

三、发达国家企业仍占主导地位，新兴市场和发展中国家企业势头强劲

2008 年世界 500 强企业分布在 37 个国家和地区。其中，发达国家和

地区企业上榜428家，占85.6%，营业额占500强企业的87.6%，利润额占69.7%，在500强企业中仍占绝对统治地位。但新兴市场和发展中国家无论是企业上榜数，还是营业额和利润额占500强企业的份额，都保持了较快的增长势头。

（一）美国上榜企业进一步减少，营业额和利润额双双下降

2008年美国企业在金融危机的冲击下，上榜企业数量从上年的153家减至140家，是自《财富》于1995年开始公布世界500强以来最少的一年。2008年实现营业额75437亿美元，比上年下降2.5%；占世界500强企业的30.0%，比上年下降2.8个百分点。实现利润额2002亿美元，比上年下降54.5%；占世界500强企业的24.4%，比上年下降3.2个百分点。2008年金融危机导致美国企业大量落榜，其中包括美国国际集团、全国金融服务公司、房地美、雷曼兄弟、美林证券、美联银行，以及华盛顿互助银行等17家公司，占世界500强落榜企业的32.1%。尽管上榜企业进一步减少，但2008年美国仍有140家企业上榜（这个数字是其他任何国家的两倍），并以28%的企业数创造了30%的营业总额，说明美国企业的竞争力仍较强，在世界经济中的主导地位未变。

（二）欧洲上榜企业减少，利润大幅下降

2008年欧洲上榜企业达到178家，比上年减少了6家。营业总额99086亿美元，比上年增长2.3%；利润总额2997亿美元，下降57.7%。营业总额和利润总额占世界500强企业的比重分别为39.4%和36.5%，比上年下降1.6和7.9个百分点。

从欧洲几个主要国家看，法国上榜企业最多，有40家，比上年增加1家，营业额和利润额分别为21658亿美元和732亿美元，比上年增长2.6%和下降41.8%。德国上榜企业数39家，比上年增加2家，营业额和利润额分别为22586亿美元和126亿美元，比上年增长8.3%和下降86.4%。

（三）日本企业表现不佳，利润额出现亏损

2008年世界500强企业中，日本上榜企业68家，比上年增加4家。营业总额29796亿美元，比上年增长14.7%；占世界500强企业的11.8%，比上年提高0.8个百分点。利润总额负56亿美元。上榜企业数和营业总额都仅次于美国，居第2位。

(四)新兴市场和发展中国家上榜企业增加,营业额和利润额所占比重进一步提高

随着新兴市场和发展中国家经济实力逐渐雄厚以及企业竞争力增强,上榜企业数量继续上升。2008 年新兴市场和发展中国家上榜企业增加已上升到 66 家,比上年增加 15 家。实现营业额 31283 亿美元,比上年增长 47.5%;实现利润额 5725 亿美元,增长 1.6 倍。营业额和利润额占世界 500 强企业的 12.4% 和 30.3%,分别比上年提高 3.5 个和 16.4 个百分点。可见,发展中国家已成为世界经济中最活跃和最有发展潜力的地区,对未来世界经济发展的影响越来越大。

值得一提的是"金砖四国"上榜企业数量延续了前几年的良好增长势头。中国上榜企业 43 家(包括中国香港和中国台湾),是新兴市场和发展中国家上榜企业数最多的,上榜企业总数次于美国(140 家)、日本(68 家),首次超过法国(40 家)和德国(39 家),位居世界第三位。俄罗斯 2008 年有 8 家公司上榜,印度有 7 家,巴西 6 家。

表 3 世界 500 强企业最多的前五个国家的情况

位次(按企业数排列)		国家	企业数		营业额(亿美元)	占世界 500 强企业的比重(%)		利润额(亿美元)	占世界 500 强企业的比重(%)	
2008 年	2007 年		2008 年	2007 年		2008 年	2007 年		2008 年	2007 年
1	1	美国	140	153	75437	30.0	32.8	2002	24.4	27.6
2	2	日本	68	64	29796	11.8	11.0	-56	-0.7	7.1
3	5	中国	43	35	18559	7.4	5.6	970	11.8	7.6
4	3	法国	40	39	21658	8.6	8.9	732	8.9	7.9
5	4	德国	39	37	22586	9.0	8.8	126	1.5	5.8

四、中国上榜企业稳中有增,位次进一步提升

2008 年,中国上榜企业 43 家,比上年增加 8 家。其中,中国内地上榜企业 34 家,中国香港 3 家,中国台湾 6 家。内地 34 家企业中,新上榜企业有 9 家,它们分别是中国中钢集团公司、河北钢铁集团、中国中信集团公司、中国联合网络通信集团有限公司、中国华能集团公司、中国航空工业集团公司、中国南方工业集团公司、江苏沙钢集团和交通银行。唯一一家落榜的公司是去年首次上榜的联想集团。作为中国为数不多的全球化

运营的公司,联想集团去年受到金融危机的打击尤其严重,公司在截至2009年3月31日结束的财年出现了自公司成立以来最大规模的亏损。新上榜的九家公司中,江苏沙钢集团是中国内地唯一一家上榜的民营企业。中国香港的3家企业分别是和记黄埔、来宝集团和怡和洋行。中国台湾共有6家企业上榜,分别是鸿海精密工业股份有限公司、国泰人寿保险股份有限公司、台湾中油股份有限公司、台塑石化股份有限公司、广达电脑公司和华硕电脑公司。

(一)中国内地企业位次提升较快

2008年,中国内地上榜的34家企业中,有3家企业进入世界前20强,他们分别是中国石油化工集团公司、中国石油天然气集团公司和国家电网公司。受国际油价持续走高的影响,中国内地两家石油巨头的排名也创出了新高。2008年,中国石油化工集团公司以2078亿美元的营业额名列第9位,比上年的提升了7位,取得了中国公司在世界500强企业排行榜上的最高位次。中国石油天然气集团公司以1811亿美元的营业额名列第13位,比上年提升了12位。国家电网公司以1641亿美元的营业额名列第15位,也比上年提升9位。

(二)营业额进一步上升,但利润额有所下降

2008年中国上榜企业营业总额达到18559亿美元,比上年的13158亿美元增长41.0%;利润总额970亿美元,比上年的976亿美元下降0.6%。显然,尽管2008年中国经济增长率仍然达到9%,但企业盈利却受到金融危机不小的冲击。2008年,人民币对美元和其他主要国际货币都有不同程度的升值,这也使得那些以中国本土为主要市场的中国公司在排名上获益。与此同时,行业间盈利相差悬殊,利润额最多的是中国工商银行,达159亿美元,而最低的台湾中油股份有限公司,为负38亿美元。

总之,在全球经济因为金融危机而陷入低增长甚至负增长的时候,中国政府迅速做出了反应,包括4万亿的投资刺激计划、大幅降低利率、宽松的货币政策,以及十大产业振兴计划等等。随着中国经济继续保持平稳较快增长,中国进入世界500强企业会不断增加,从而使中国经济实力不断增强。

(执笔:王 强、张 杨)

附表 1

2008 年中国企业在世界 500 强企业中的排名情况

	企业数（家）	企业名称	位次		营业额		利润额	
			2008	2007	百万美元	比上年增长%	百万美元	比上年增长%
中国内地	34	中国石油化工集团公司	9	16	207814.5	30.5	1961.2	-52.9
		中国石油天然气集团公司	13	25	181122.6	39.5	10270.8	-31.2
		国家电网公司	15	24	164135.9	23.5	664.5	-85.0
		中国工商银行	92	133	70567.5	37.0	15948.5	48.8
		中国移动通信集团公司	99	148	65015.1	38.2	11442.0	35.8
		中国建设银行	125	171	57976.9	40.4	13323.7	46.8
		中国人寿保险(集团)公司	133	159	54534.1	25.5	473.0	-83.9
		中国银行	145	187	51317.2	31.9	9260.5	25.2
		中国农业银行	155	223	48063.2	41.1	7406.4	28.7
		中国中化集团公司	170	257	44457.2	47.2	672.3	4.3
		中国南方电网有限责任公司	185	226	41083.0	21.3	560.0	-64.1
		宝钢集团有限公司	220	259	35516.6	18.6	2313.8	-19.0
		中国中铁股份有限公司	242	341	33758.4	42.2	160.5	-61.4
		中国铁建股份有限公司	252	356	32538.4	39.4	524.3	26.9
		中国电信集团公司	263	288	31813.6	14.2	-50.6	-102.3
		中国建筑工程总公司	292	385	29806.7	34.7	350.2	-45.8
		中国海洋石油总公司	318	409	28027.0	35.8	4816.4	32.8
		中国远洋运输(集团)总公司	327	405	27430.3	31.6	1892.8	-48.5
		中国五矿集团公司	331	412	26667.2	30.0	542.2	6.3
		中粮集团有限公司	335	398	26445.6	24.7	500.9	2.3
		中国交通建设股份有限公司	341	426	25982.8	30.0	601.8	35.7
		上海汽车工业(集团)总公司	359	373	24882.2	10.1	52.9	-92.1
		中国中钢集团公司	372		24163.6	49.7	155.9	-47.2
		河北钢铁集团	375		24033.7		129.7	
		中国冶金科工集团公司	380	480	23767.3	35.7	413.6	7.8
		中国第一汽车集团公司	385	303	23664.4	-10.3	555.8	-15.8
		中国中信集团公司	415		22229.1	54.6	2050.2	-2.2
		中国联合网络通信集团有限公司	419		21980.6	70.4	2840.5	283.2
		中国华能集团公司	425		21780.7	43.3	-512.6	-277.2
		中国航空工业集团公司	426		21737.5		568.4	
		中国南方工业集团公司	428		21675.4	18.2	296.9	81.3

续表

	企业数（家）	企业名称	位次		营业额		利润额	
			2008	2007	百万美元	比上年增长%	百万美元	比上年增长%
		江苏沙钢集团	444		20897.0	37.6	483.9	-43.2
		交通银行	494		18677.0	41.9	4085.4	53.3
		中国铝业公司	499	476	18578.7	5.7	-744.0	-168.1
中国香港	3	来宝集团	218	349	36090.2	53.6	577.3	123.6
		和记黄埔有限公司	281	286	30239.6	7.9	2268.5	-42.2
		怡和集团	411	437	22362.0	15.0	666.0	-63.6
中国台湾	6	鸿海精密工业股份有限公司	109	132	61860.6	19.4	1748.6	-26.1
		国泰人寿保险股份有限公司	291	300	29852.2	19.4	-62.6	-108.8
		台湾中油股份有限公司	306	324	28451.9	14.7	-3823.8	-1161.7
		台塑石化股份有限公司	323	395	27769.3	30.1	481.9	-77.3
		广达电脑公司	342	344	25966.7	9.7	641.6	14.2
		华硕电脑公司	436	363	21173.9	-7.9	521.9	-37.9

附表2

2008年世界500强企业中前100家企业排行榜

次位		企业名称	国家	营业额		利润额	
2008	2007			百万美元	比上年增长%	百万美元	比上年增长%
1	3	皇家壳牌石油	荷兰	458361.0	28.8	26277.0	-16.1
2	2	埃克森美孚	美国	442851.0	18.8	45220.0	11.4
3	1	沃尔玛	美国	405607.0	7.1	13400.0	5.3
4	4	英国石油公司	英国	367053.0	25.9	21157.0	1.5
5	6	雪佛龙	美国	263159.0	24.8	23931.0	28.1
6	8	道达尔	法国	234674.0	25.3	15500.4	-14.1
7	10	康菲石油	美国	230764.0	29.2	-16998.0	-242.9
8	7	荷兰国际集团	荷兰	226577.0	12.4	-1067.0	-108.4
9	16	中国石油化工集团公司	中国	207814.0	30.5	1961.2	-52.9
10	5	丰田汽车	日本	204352.0	-11.2	-4349.3	-128.9
11		日本邮政	日本	198700.0	124.7	4208.5	73.3
12	12	通用电气	美国	183207.0	3.7	17410.0	-21.6
13	25	中国石油天然气集团公司	中国	181123.0	39.5	10270.8	-31.2
14	18	大众汽车	德国	166579.0	11.8	6956.9	23.4
15	24	国家电网公司	中国	164136.0	23.5	664.5	-85.0
16	19	德克夏银行	比利时	161268.8	9.2	-4868.2	-240.4

续表

次位		企业名称	国家	营业额		利润额	
2008	2007			百万美元	比上年增长%	百万美元	比上年增长%
17	27	埃尼集团	意大利	159348.5	32.2	12917.0	-5.7
18	9	通用汽车	美国	148979.0	-18.3	-30860.0	
19	13	福特汽车	美国	146277.0	-15.2	-14672.0	
20	22	安联集团	德国	142395.0	1.3	-3577.2	-132.8
21	20	汇丰控股	英国	142049.0	-3.0	5728.0	-70.1
22	47	俄罗斯天然气公司	俄罗斯	141454.7	51.3	29864.1	16.1
23	11	戴姆勒	德国	140328.0	-20.8	1973.0	-63.8
24	21	法国巴黎银行	法国	136096.0	-3.3	4421.8	-58.7
25	33	家乐福	法国	129134.0	11.7	1861.5	-40.9
26	52	意昂集团	德国	127278.0	34.9	1853.0	-81.2
27		委内瑞拉石油	委内瑞拉	126364.0	31.3	7451.0	38.7
28	39	安赛乐米塔尔	卢森堡	124936.0	18.7	9399.0	-9.3
29	29	美国电话电报公司	美国	124028.0	4.3	12867.0	7.7
30	37	西门子	德国	123595.0	2.8	8595.1	69.8
31	42	墨西哥石油	墨西哥	119234.6	14.7	-10055.6	
32	41	惠普	美国	118364.0	13.5	8329.0	14.7
33	49	瓦莱罗能源公司	美国	118298.0	22.3	-1131.0	-121.6
34	63	巴西石油公司	巴西	118257.0	34.8	18879.0	43.7
35	58	西班牙国际银行	西班牙	117803.0	31.9	12992.3	4.8
36	59	国家石油公司	挪威	116210.9	30.2	7664.2	1.8
37	28	美国银行	美国	113106.0	-5.1	4008.0	-73.2
38	36	苏格兰皇家银行	英国	113087.4	4.3	-43166.9	-385.8
39	17	花旗集团	美国	112372.0	-29.4	-27684.0	-865.4
40	38	三星电子	韩国	110350.0	4.1	5027.3	-37.0
41	30	伯克希尔哈撒韦	美国	107786.0	-8.8	4994.0	-62.2
42	44	麦克森公司	美国	106632.0	4.8	823.0	
43	43	兴业银行	法国	104378.0	0.9	2942.0	127.0
44	54	日本电报电话公司	日本	103684.0	10.9	5362.0	-3.6
45	46	国际商用机器	美国	103630.0	4.9	1233.4	18.4
46	23	农业信贷银行	法国	103582.0	-14.0	1498.8	-72.9
47	34	忠利保险	意大利	103103.0	-9.4	1260.1	-68.4
48	57	雀巢	瑞士	101564.6	13.3	16669.6	87.8
49	32	摩根大通	美国	101491.0	-12.8	5605.0	-63.5
50	56	麦德龙	德国	101217.0	12.1	589.9	-47.8
51	40	本田汽车	日本	99652.0	-5.2	1363.8	-74.0
52	48	日立	日本	99544.0	1.3	-7873.2	
53	193	法国燃气苏伊士集团	法国	99419.0	164.8	7109.3	110.1

续表

次位		企业名称	国家	营业额		利润额	
2008	2007			百万美元	比上年增长%	百万美元	比上年增长%
54	55	德国邮政	德国	98708.0	9.1	-2470.7	-230.0
55	53	韦里孙通讯公司	美国	97354.0	3.8	6428.0	16.4
56	51	特易购	英国	94300.4	-0.4	3751.0	-11.8
57	68	法国电力集团	法国	94084.0	15.3	4976.5	-35.3
58	77	意大利联合信贷银行	意大利	94036.0	22.1	5872.0	-28.0
59	73	巴斯夫集团	德国	91193.0	15.0	4262.3	-23.4
60	60	卡地纳健康集团	美国	91091.0	3.1	1300.6	-32.6
61	64	德国电信	德国	90260.0	5.5	2170.6	178.7
62	109	意大利电力公司	意大利	90004.6	50.6	7747.3	42.3
63	80	CVS Caremark	美国	87472.0	14.6	3212.1	21.8
64	71	菲亚特	意大利	86913.6	8.5	2359.5	-11.7
65	90	卢克石油	俄罗斯	86340.0	28.5	9144.0	-3.9
66	76	西班牙电信国际集团	西班牙	84814.7	9.8	11112.3	-8.8
67	50	日产汽车	日本	83982.0	-11.4	-2326.4	-155.1
68	79	宝洁	美国	83503.0	9.2	12075.0	16.8
69	67	LG 集团	韩国	82081.8	0.0	829.8	-16.4
70	26	德意志银行	德国	81360.0	-33.7	-5613.2	-163.3
71	81	联合健康	美国	81186.0	7.6	2977.0	-36.0
72	86	鲜京	韩国	80810.4	14.3	259.3	-82.8
73	15	安盛公司	法国	80257.0	-50.7	1351.0	-82.6
74	89	蒂森克虏伯集团	德国	80210.0	16.6	3295.4	17.9
75	66	标致	法国	79560.0	-4.1	-502.0	-141.4
76	92	雷普索尔-YPF 公司	西班牙	79176.6	18.2	3968.1	-9.1
77	84	法国电信	法国	78290.0	8.0	5955.7	-30.9
78	78	宝马	德国	77864.0	1.5	474.2	-88.9
79	72	松下电器	日本	77298.0	-2.7	-3772.2	-252.8
80	95	马来西亚石油公司	马来西亚	76965.4	16.2	15308.9	-15.5
81	75	索尼	日本	76945.0	-0.9	-984.8	-130.4
82	87	克罗格公司	美国	76000.0	8.2	1249.4	5.8
83	70	巴克莱银行	英国	75135.5	-6.5	8035.2	-9.1
84	83	美国邮政	美国	74932.0	0.2	-2806.0	N. A.
85	88	诺基亚	芬兰	74223.5	6.2	5837.2	-40.8
86	108	马拉松石油公司	美国	73504.0	22.4	3528.0	-10.8
87	82	现代汽车公司	韩国	72541.8	-3.1	780.4	-54.7
88	99	好市多公司	美国	72483.0	12.6	1282.7	18.5
89	114	莱茵集团	德国	71851.0	23.1	3744.1	2.9
90	65	家得宝公司	美国	71288.0	-15.9	2260.0	-48.6

续表

次位		企业名称	国家	营业额		利润额	
2008	2007			百万美元	比上年增长%	百万美元	比上年增长%
91	96	美国人伯根公司	美国	70594.0	6.8	250.6	-46.6
92	133	中国工商银行	中国	70568.0	37.0	15948.5	48.8
93	158	阿彻丹尼尔斯米德兰公司	美国	69816.0	58.6	1802.0	-16.7
94	85	沃达丰	英国	69138.4	-2.9	5188.3	-61.2
95	98	慕尼黑再保险公司	德国	67515.0	4.2	2199.9	-58.3
96	115	日本生命保险公司	日本	66621.0	15.1	1513.9	-33.1
97	91	东芝集团	日本	66239.0	-1.3	-3419.8	-406.5
98	101	博世集团	德国	66052.0	4.2	503.5	-86.7
99	148	中国移动通信集团公司	中国	65015.0	38.2	11442.0	35.8
100	102	塔吉特公司	美国	64948.0	2.5	2214.0	-22.3

2008 年世界 1000 家最大银行排名与统计分析

根据英国《银行家》杂志公布的按照一级资本额排序的 2008 年世界 1000 家最大银行(以下简称 1000 家大银行)排行榜和相关分析资料，在国际金融危机的冲击下，世界 1000 家大银行的税前利润总额和一级资本回报率的增速大幅回落，终结了长达十年的增长周期，但得益于各国政府对金融机构的救助政策和措施，1000 家大银行总资产和一级资本总额继续上升;美欧银行的资本实力和资产规模仍然具有显著优势，金融危机没有改变美欧银行主导全球银行产业的竞争格局;以中国为代表的新兴市场国家银行凭借广阔的国内市场、较少涉足高风险业务和政府政策性及流动性支持等优势，成功地规避了金融危机的影响，资本实力和盈利能力都有了较大的提高。共有 52 家中国内地银行进入 1000 家大银行排名，比上年增加 7 家。随着国际金融危机影响的日益深化，国际贸易保护主义开始抬头，直接影响中国的对外贸易进出口，给中国银行业带来的潜在风险不容忽视，必须采取多种措施，不断提高中国银行业的抗风险能力和竞争力。

一、世界 1000 家大银行排名的理论依据

(一)以“一级资本”指标为主要衡量标准

历年《银行家》杂志 1000 家大银行排名都是通过计算各家银行“一级资本”指标，并以“一级资本”为标的进行排序的。一级资本，从最广泛意义上讲，包括普通股、优先股、次级债和其他长期债、商誉和无形资产等，是衡量银行资本充足状况和银行资本实力的指标。

一级资本相对于市值、利润额等指标来讲，可以更清晰地反映单个银行的实力和全球银行业的竞争格局。正是因为一级资本对于银行全球竞

争力的重要性，美欧国家才不惜代价地注资银行甚至收购银行不良资产。同时还选取其他辅助指标，如“资产”指标，反映银行的规模；“资本充足率”指标，测算银行的健康状况；“税前利润”指标，表现银行的盈利能力；“资本回报率”指标，衡量资金的使用效果；“资产回报率”指标，评估银行相对其总资产的盈利能力；“不良贷款率”指标，考察银行收回贷款的风险等。

（二）一级资本的界定标准

《银行家》杂志认为，作为一个衡量的指标，广义的一级资本已变得如此宽松以至于我们不能再将其用于判断某家银行规避风险的能力。在金融危机期间，那些倒闭（或接近倒闭）的银行之前都被认为是资本金充足。在美国，批评者认为，部分银行大量补充资本金试图提高以广义标准衡量的一级资本，这种做法被认为是“在持续地降低资产质量，并夸大资本价值”，其结果是，美国政府在以巴塞尔资本充足率标准进行压力测试后，许多银行被发现处于极度不健康状态，被要求补充数百亿美元资本金。

巴塞尔委员会是1974年由十国集团中央银行行长倡议建立的，其成员包括十国集团中央银行和银行监管部门的代表。自成立以来，巴塞尔委员会制定了一系列重要的银行监管规定，经过一段时间的检验，鉴于其合理性、科学性和可操作性，得到世界各国监管机构的普遍赞同和广泛采用。巴塞尔委员会于1988年通过的《关于统一国际银行的资本计算和资本标准的报告》，将银行的资本划分为核心资本（即一级资本）和附属资本两类，对各类资本按照各自不同的特点进行明确地界定，确定了资本对风险资产的比重不低于8%，其中核心资本对风险资产的比重不低于4%，该标准一直沿用至今，被认为对现代商业银行风险控制具有实实在在的意义。

与一级资本最宽泛定义相比，《银行家》杂志在1000家银行的排名榜中，使用的一级资本的定义要严格得多，以巴塞尔委员会的划分标准为基础，仅包括银行的核心实力：普通股、公开储备和未分配利润，而累积优先股、重估储备、隐藏储备、次级和其他长期债以及商誉都被排除在外。根据严格定义的一级资本所排序的1000家大银行，是金融机构和各国政府重组和振兴银行体系的巨大努力取得成效的确凿证据。

二、世界 1000 家大银行发展的特点和趋势

金融危机下，世界 1000 家大银行一级资本总额稳步上升，资本回报率大幅降低，总资产额继续增长，资产回报率下降，税前利润大幅下降，资本/资产比率上升，未来银行业的发展主要取决于西方国家摆脱经济衰退和实现经济增长的能力，中国等新兴经济体的银行在 1000 家大银行中的排名将继续攀升，资本金将更加受到各国监管部门的关注。

表 1　1996－2008 年世界 1000 家大银行一级资本、总资产、税前利润、资本回报率及其增长情况

单位：亿美元

年　份	一级资本		总资产		税前利润		资本回报率(%)	
	总计	比上年增长(%)	总计	比上年增　长(%)	总计	比上年增　长(%)		比上年增　长(%)
1996 年	14956		327000		2161		14.44	
1997 年	14881	－0.05	332000	1.52	2049	－5.18	13.77	－0.05
1998 年	16758	12.61	355000	6.92	1744	－8.27	10.11	－0.27
1999 年	17848	6.50	367000	3.38	3097	77.58	17.35	0.72
2000 年	17700	－0.83	379000	3.27	3170	2.36	17.91	0.03
2001 年	18314	3.47	396000	4.49	2228	－2.97	12.34	－0.31
2002 年	19742	7.80	439000	10.86	2524	14.09	12.79	0.04
2003 年	23773	20.42	524000	19.36	4174	65.37	17.56	0.37
2004 年	27395	15.24	605000	15.46	5441	30.35	19.86	0.13
2005 年	28413	3.71	638258	5.50	6451	18.56	22.70	0.14
2006 年	33651	18.40	742322	16.60	7863	21.90	23.37	0.03
2007 年	38994	15.90	902560	21.60	7808	－0.70	20.02	－0.14
2008 年	42760	9.70	963950	6.80	1150	－85.30	2.69	－0.87

资料来源：英国《银行家》。

(一)一级资本总额稳步上升

2008 年，世界 1000 家大银行的一级资本总额为 42760 亿美元，比上年增长了 9.7%，低于上年 15.9% 的增长速度，但在如此严峻的国际经济

金融环境下,此增长速度仍然相当可观,大大超出了人们的预期。1000家大银行按一级资本的排列次序基本稳定,在结构上没有明显突出的变化,前25名大银行中,除了三家新进入的银行(高盛集团、摩根士丹利、中国农业银行)外,其他22家银行仍与上年相同,且大多是来自西方国家,还有少量日本和中国的银行。美国和英国的银行占据了排行榜前五名,摩根大通居第一位,随后是美洲银行、花旗集团、苏格兰皇家银行和汇丰控股。

1000家大银行的一级资本总额稳步上升主要原因在于:第一,金融危机下,银行金融机构纷纷要求政府提供帮助以充实其资本基础,政府对银行的注资绝大部分为非累积优先股,被计入银行的一级资本;第二,各国金融监管部门也一直敦促银行金融机构增加资本金,所以银行机构在资本市场的筹资活动一直都比较高涨;第三,金融机构间的收购兼并活动此起彼伏,例如摩根大通公司通过收购贝尔斯登和华盛顿互惠银行,一举成为全球一级资本最多的银行,美洲银行通过对美林公司的收购排名升至第2位,富国银行通过收购美联银行从而使其排名从全球第23位跃升至第6位。

(二)资本回报率大幅降低

近10年来,世界1000家大银行的一级资本回报率(税前利润总额/一级资本总额)一直稳定保持在10-25%之间,且呈现出逐年上升的趋势,2006年最高达创纪录的23.37%,2007年虽有所下滑,但仍然高达20.02%,反映出世界银行业总体盈利能力强劲增长。然而,金融危机发生后,2008年1000家大银行的整体资本收益率已下降到仅2.69%,全球金融体系中比较健康部分的盈利能力未能抵消掉欧美金融机构产生的损失。

(三)总资产额继续增长,资产回报率下降

与一级资本总额增长态势相仿,2008年1000家大银行的总资产额达到963950亿美元,比上年增长了6.8%,低于上年21.6%的增长速度。按总资产规模排序的前25名银行也几乎没有什么变化。苏格兰皇家银行以35000亿美元的总资产规模排在第一位,主要是缘于其对荷兰银行的收购案,但其总资产较上年减少8%。排在第2-5名的分别是:德意志银行、巴克莱银行、法国巴黎银行和汇丰控股。有3家银行新进入总资产前25名,分别是美国富国银行、中国农业银行和中国银行。

2006 年和 2007 年 1000 家大银行的总资产分别经历了 16.6% 和 21.6% 的高增长，2007 年达到创纪录的 902560 亿美元，与 2003 年 1000 家大银行的总资产相比，规模增加了 1 倍以上，这种高增长很大程度上是基于当时金融市场的泡沫，而当前全球银行业仍在遭受资产非理性增长的后遗症。相对于银行业资产的规模，市场对当前银行资产质量更为担忧，1000 家大银行的总资产回报率从上年的 0.87% 大幅下降至 0.12%。各银行的坏账注销和资产减计一直在进行，按总资产规模排序的前 15 名银行都对资产进行了减计，而且许多银行的资产负债表仍然包含需要减计的结构性产品投资组合资产，其中一些由经营单一险种的保险公司提供保险，而这些保险公司已被降至垃圾级别甚至濒临破产边缘。

（四）税前利润大幅下降

世界 1000 家大银行的税前利润总额在经历了 2003 - 2006 年连续四年两位数的高速增长后，2007 年基本与前一年持平，仅微降了 0.7%。但 2008 年形势急转直下，1000 家大银行税前利润总额由上年的 7808 亿美元急剧减少到 1150 亿美元，下降幅度高达 85.3%，充分暴露了全球银行体系遭受金融危机冲击的程度之严重。排在前 25 位的大银行（其一级资本占 1000 家大银行的约 40%、总资产占约 45%）共亏损 323.7 亿美元；排在前 5 位的大银行（其一级资本占 1000 家大银行的 13.4%、总资产占 12.3%）共亏损 958 亿美元。这种情况在 1000 家大银行排名的 39 年历史中尚属首次，以往排名在前的大银行往往也是创造利润的大户，而此次排名中情况正好相反，大银行却成为产生亏损的主力。2008 年税前利润亏损额最多的是苏格兰皇家银行，亏损 593 亿美元；其次是美国花旗集团，亏损 530 亿美元；再次是美国富国银行，亏损 477 亿美元。

（五）资本/资产比率上升

整体而言，2008 年 1000 家大银行的一级资本/资产比率上升至 4.43%。在按照一级资本排序的前 25 家大银行中，12 家银行的一级资本/资产比率上升，1 家银行与上年持平。两家新转为银行控股公司的大金融机构——高盛和摩根士丹利，在前 25 名中拥有最高的一级资本/资产比率，分别为 7.08% 和 7.68%。

预计得益于投资者和监管部门提高了其所期望的合理安全资本金水平的标准，未来银行业一级资本/资产比率总体上将继续上升。会计准则的改变也会进一步提高1000家大银行中365家欧洲银行的一级资本/资产比率，这是因为相对于与美国银行实行的一般公认会计准则（GAAP），在欧盟国家逐步推行的国际财务报告准则（IFRS）允许扣除的净额结算的衍生品资产要少很多。

（六）全球银行业前景展望

金融危机下，以中国为代表的亚洲新兴市场国家对全球经济恢复增长的重要性日益显现，该地区银行业的实力持续上升，标志着全球金融秩序的继续重建。受益于广阔的国内市场，充足的流动性和支持性的政府政策，中国内地银行将是未来美国银行霸主地位的最终取代者。仅仅在几年前，中国银行体系还因巨额的不良贷款而压力重重，而后成功地从其资产负债表中剥离了坏账。但许多人担心，目前为了抵消出口下降的影响，中国政府向经济中注入大量流动性的负面效应可能会给银行带来新的不良资产。

在排名前25名的银行中，有4家中国内地银行，其中有3家排在前12位，然而六年前，中国内地银行在世界前25名中还不见踪迹。但是中国内地银行要取代美欧的银行的领先地位可能还为时尚早，毕竟就规模与实力而言，西方银行依然主导着全球银行业排行榜。

更重要的是，此次世界1000家最大银行排名是根据2008年末的数据排列的，这是自上个世纪大萧条以来全球银行业最糟糕的一年，进入2009年，全球经济和银行业的基本面有所改善，各银行普遍损失减小，盈利增加，处于恢复性增长过程中。所以2008年1000家大银行排名中出现的种种极端情形在下年度可能不会出现。未来银行业的发展很大程度上取决于西方国家摆脱经济衰退和实现经济增长的能力，中国等新兴经济体的银行在1000家大银行中的排名将继续攀升，西方国家一度陷入困境的银行也将表现出重塑自己以跟上全球变化的创新能力。

（七）资本金将更加受到监管部门关注

随着监管者吸收本次金融危机的经验教训，监管者将更加关注银行资本金是否充足。资本金对于银行的稳健经营和风险防范的重要性日益凸显，银行业对风险的认识和风险管理在银行经营管理中的地位显著增强。金融危机下，经济金融活动的不确定性日益增强，银行经营面临的风险范围和程度不断扩大，银行经营中所面临的风险来源越来越复杂，各国银行业监管部门都会充分认识到必须强化风险认识、加强风险管理，将使监管和控制风险的能力得到进一步加强。在今后的一段时间内，银行资本金问题将上升到政治高度以及进入监管者的议事日程，政策制定者将会在约束银行资本过快增长与充分发挥银行在促进经济增长中的作用之间寻求平衡和解决方案。

三、世界各地区银行业发展情况的统计分析

与上年相比，2008 年世界 1000 家大银行的地区分布结构基本稳定。其中，美国上榜银行数为 159 家，占 15.9%，比上年减少 10 家；欧盟上榜 258 家，占 25.8%，比上年减少 8 家；亚洲（不包括日本）为 193 家，占 19.3%，比上年增加 9 家；日本为 97 家，占 9.7%，比上年减少 1 家；欧洲其他地区为 107 家，占 10.7%，比上年增加 4 家；中东为 88 家，占 8.8%，比上年减少 9 家；拉丁美洲为 49 家，占 4.9%，比上年增加 2 家。

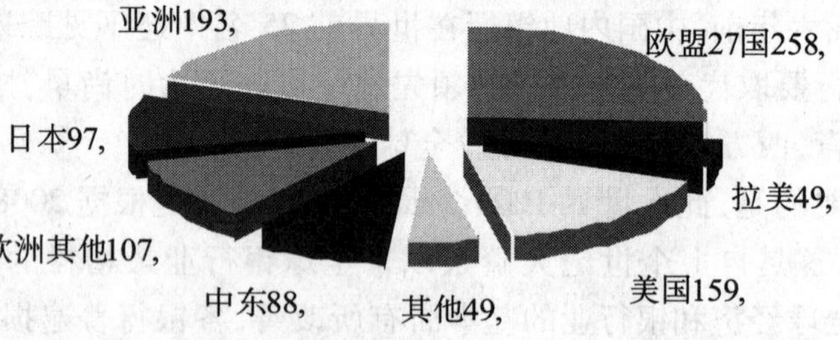

图 1　2008 年 1000 家最大银行中分地区银行家数

（一）大规模购并巩固美国银行业地位

金融危机下，美国银行业大规模的购并活动巩固了美国银行在世界上的地位。排在第一位的摩根大通，在 2008 年收购了贝尔斯登和华盛顿互助银行，一级资本额达到 1361 亿美元，比上年增长 53%，几乎是中国工商银行两倍；排在第二位的美洲银行收购了美林公司，一级资本额达到 1208 亿美元，增长 45%；富国银行通过收购美联银行提高了一级资本和排名。但美国银行的盈利情况与其规模严重不匹配，以往排名中，美国银行都是 1000 家大银行中税前利润领先者，而此次税前利润前 25 名中，只有两家美国银行，分别排在第 22 位和第 25 位。

表2 2008年按地区分组的世界1000家大银行一级资本、总资产和税前利润及其所占比重

单位:亿美元

地区	银行数(家)	一级资本		总资产		税前利润
		总计	所占比重(%)	总计	所占比重(%)	
欧盟	258	15821.2	37	491614.5	51	-161.0
美国	159	8979.6	21	125313.5	13	-908.5
亚洲(不含日本)	193	7269.2	17	134953.0	14	1460.5
日本	97	3848.4	9	96395.0	10	161.0
欧洲其他地区	107	2565.6	6	48197.5	5	-80.5
中东	88	1710.4	4	19279.0	2	230.0
拉美	49	855.2	2	9639.5	1	172.5
世界其他地区	49	1710.4	4	38558.0	4	276.0
世界总计	1000	42760.0	100	963950.0	100	1150.0

资料来源:英国《银行家》。

(二)政府援助支撑欧盟银行业

欧盟上榜的前三家银行仍然与上年相同,只是位次稍有变化。苏格兰皇家银行排在第一位,比上年提高一位,一级资本达1020亿美元,比上年增长14.5%;汇丰控股排在第二位,比上年下降一位,一级资本为953亿美元,比上年减少9.18%;法国农业信贷银行仍然排在第三位,一级资本为716亿美元,比上年增加4.3%。政府支持成为欧盟银行业的显著特点,苏格兰皇家银行如果不是得到政府注资,只有不到720亿美元的一级资本,而汇丰控股的一级资本则全部来自自身;排在欧盟第17位的英国最大房屋贷款商苏格兰哈利法克斯银行与排在欧盟第22位的劳埃德TSB集团合并,英国政府持有新集团43%的股权;瑞士联合银行集团在2008年底收到政府54亿美元的注资,一级资本提高了7.6%,升至欧盟第14名;荷兰ING银行得益于政府100亿欧元的注资,从欧盟第9名升至第8名。

(三)日本银行业深受全球经济衰退影响

雷曼兄弟破产后,市场观察者认为,日本银行业保守经营策略新的时代已经到来。西方的金融危机似乎给了资本状况良好的亚洲银行业一个绝佳的机会,通过廉价的海外并购,实现其梦寐以求的全球发展战略。日本 NOMUDARA 资产管理公司迅速接管了雷曼兄弟在西欧和亚洲的业务,三菱 UFG 金融集团收购了摩根士丹利 20% 的股权,日本三井住友金融集团收购美国花旗集团在日本的证券业务。然而事实并非那么简单,随着几个月来大量并购活动的出现,日本银行业在全球经济衰退中也深受其害。由于陷入二战后最严重的经济衰退,日本高度依赖出口的经济增长模式日益受到全球需求萎缩的困扰。除了经济衰退和国内信贷成本上升的影响外,日本股市的暴跌也产生很大连锁反应,日经 225 股票指数在 2008 年 10 月跌至 26 年来的最低点,给广泛交叉持股的国内各大银行以致命打击。三菱日联金融集团、瑞穗金融集团和日本三井住友集团都出现严重亏损,在 2009 年 3 月结束的财政年度中,分别亏损 26.7 亿美元,61.5 亿美元和 39 亿美元。

(四)盈利银行区域向亚洲转移

如果以全球视野来观察 2008 年 1000 家大银行的盈利能力,表现卓越者大多是那些专注从事基础业务的银行,即在各自的本国或本地区市场吸收存款和发放贷款为主要业务和利润来源的银行。在这方面亚洲等地区银行业表现出色,亚洲(不含日本)共有 193 家大银行进入 1000 家大银行排名,比 2007 年增加 9 家,比 2006 年增加 19 家。来自其他地区的银行共有 49 家进入 1000 家排名,2007 年为 36 家,2006 年为 33 家,尽管绝对数较少,但他们能够陆续登上国际舞台,显示出蓬勃增长的发展中经济体及金融机构的活力和潜力。中国银行业更为出色,按照税前利润排名,前 5 名中有 3 家银行来自中国,前 25 名中有 5 家银行来自中国,超过其他任何国家。很多专家和学者认为,金融危机只是全球银行业盈利能力和综合实力从西方向东方、从欧美发达国家向新兴市场国家转移的一个过程,此次 1000 家大银行排名则非常能够说明问题。中国进入前 1000 家排名的银行以 845 亿美元的税前利润引领全球,日本和巴西银行业分别以 165 亿美元、117 亿美元分居第二、三位。

四、中国银行业的发展情况和存在的问题

从上世纪九十年代亚洲金融危机,到此次波及全球的金融危机,中国银行业在短短的十多年中经历了两次危机的洗礼。亚洲金融危机让中国政府下决心对中国银行业进行彻底的改革,经历了不良资产的剥离、国家注资、股份制改造、引进战略投资者、公开上市等过程,中国银行业的整体面貌焕然一新。目前,中国金融体系进入了重大的改革和发展阶段,适应市场经济体制的银行体系初步形成,银行业在提供的金融产品、金融技术和金融服务上也有长足的进步,实力不断增强。进入全球1000家大银行排行榜的银行数从2002年的15家增加到2003年的16家,2004年的19家,2005年的25家,2006年的31家,2007年的45家,2008年的52家。中国上榜银行的突出表现,显示了中国经济的强大实力和增长潜力。

(一)中国内地上榜银行增加

2008年,进入1000家大银行排名的中国内地银行由上年的45家增加到52家。其中进入世界前25位的银行及其一级资本额分别为:中国工商银行,747亿美元,列第8位;中国银行,649亿美元,列第11位;中国建设银行,631亿美元,列第12位;中国农业银行,399亿美元,列第24位。

与2007年相比,2008年有11家中国内地银行在1000家最大银行中的排名得到提升,其中名次跃升最多的三家中国内地银行分别为:盛京银行,由2007年的第749名上升到2008年的第698名,上升51位;大连市商业银行,由2007年的第644名上升到2008年的第605名,上升39位;南昌市商业银行,由2007年的第790名上升到2008年的第758名,上升32位。

按照一级资本额增幅排名前三位的中国内地银行分别是,徽商银行、中国农业银行和中信银行,一级资本额增幅分别达到278.5%,229.7%和152%。

(二)中国内地银行盈利能力大为增强

2008年初的中国南方雨雪冰冻灾害,5月的汶川大地震,9月的美国华尔街动荡并引发至全球的金融危机,11月的中国政府4万亿投资计划……中国银行业与中国一起,经历了跌宕起伏、不平凡的一年。然而,在

不利的国内外环境下，中国银行业的盈利能力明显增强。自此次 1000 家大银行排名中，中国工商银行以 213 亿美元的税前利润额位居第 1 位，中国建设银行以 175 亿美元的税前利润额居第 2 位；中国银行以 126 亿美元的税前利润额居第 4 位。据中国银监会统计，2008 年，中国银行业金融机构在大规模计提拨备金的情况下，资本回报率仍高达 17.1%，比 2007 年和 2006 年分别提高 0.4 和 2.0 个百分点，预计将显著高于全球银行业平均水平。2008 年银行业金融机构税后净利润 5834 亿元，比上年增长 30.6%。资本充足率达标资产占比从 2003 年底的 0.6% 上升到 2008 年末的 99.9%；主要商业银行不良贷款从 2003 年底的 17.9% 下降到 2008 年末的 2.4%，资产回报率和资本回报率达到甚至超过了国际先进银行标准。

（三）中国内地银行在改制后实力大为增强

《银行家》杂志指出，中国主要商业银行的重组改制及首次公开募股（IPO）融资活动，对其排名的提升起到重要作用。2006 年 10 月，中国工商银行 A 股和 H 股同步上市，募集资金 198.7 亿美元；6 月和 7 月，中国银行先后在 H 股和 A 股市场上市，募集资金达 111.9 亿美元。工商银行和中国银行的两项 IPO 也成为当年全球最大的两项 IPO。工商银行上市后，其市值一度超过了此前市值排名第一的美国花旗银行，成为全球市值最高的上市银行。农业银行作为最后一家改制的国有商业银行，其股份制改革和首发上市工作也在紧锣密鼓地进行之中。中信银行、华夏银行、兴业银行、宁波银行、南京银行、北京银行等 6 家中小银行也在近年成功上市。银行业改革的目的是使国有商业银行实现脱胎换骨的变化，建设富有竞争力的银行体系。经过多方努力，各银行在改善公司治理结构、转变经营发展理念、提升业务创新能力、优化收入结构等方面都取得了重要进展，资本充足率、资产质量、盈利能力等指标显著改进，部分银行已经达到或接近国际先进水平。

（四）中国内地银行存在的一些问题

尽管如此，我们对中国银行业应冷静分析、理性评估，不能过分乐观，更不能盲目乐观。从此次《银行家》杂志世界 1000 家大银行排名公布的数据和分析报告也可以看出中国内地银行在经营中存在的一些问题。第一，银行之间发展不均衡。银行业市场结构呈现典型的寡头垄断特征，潜在的金融风险较为突出；第二，政策依赖性较强。中国银行业的迅速成长很大成度上得益于中国经济的长期持续高速增长和优越的政策环境，不良资产的剥离、资本的注入、战略投资者的引进全过程中，政府投入了大量的资源；第三，国际化程度还很低。中国银行业涉足国际金融市场不深，与国际先进银行相比，在金融创新产品开发、定价和交易方面还大大处于劣势，这虽然在一定程度规避了此次金融危机的冲击，但未来世界经济走上正轨后，西方银行的恢复速度会明显加快；第四，风险管理还需向国际先进银行学习。中国商业银行还没有完全建立全面风险管理的能力和框架，在风险管理方法上更多使用的是定性分析，风险管理的数据积累和挖掘还处于初学阶段，独立性还有待加强；五是公司治理还需不断完善。虽然国内银行股份制改造后，董事会、监事会、股东大会等各组织架构都已经搭建起来，但仍处于"形似"向"神似"的发展过程中，与改革目标还存在较大的距离。

五、中国银行业发展的对策建议

2008 年是中国改革开放 30 周年华诞，30 年来，中国经济和金融改革波澜壮阔，银行业临风历浪、历练成熟。这 30 年，中国银行业从长期封闭发展到全面对外开放，发展历程跌宕起伏、波澜壮阔。走过了专业银行企业化经营阶段，完成了向国有独资商业银行的转化，开启了全面建设现代商业银行和股份制改造的新征程。目前，国内外金融市场的结构面临着深刻的调整，为银行业的发展提供了新的机遇和发展空间。我们要牢牢把握这个机遇，实现中国银行业的科学发展。

（一）积极发挥银行业在国民经济中的作用

金融是现代经济的核心，在整个经济发展和社会生活中的地位日益凸显。银行业是金融业的主体，在建设社会主义和谐社会中应该有所作为、也能够有所作为。经过三十年的改革与发展，特别是加入世界贸易组织以来的市场磨砺，我国目前已建立了国有商业银行、股份制商业银行、城市商业银行、农村商业银行、农村合作银行和城乡信用社以及外资银行竞争发展、功能互补、层次多样的银行服务体系。银行业在增进金融服务与创新、支持社会主义新农村建设、改善小企业融资服务、促进消费信贷发展等方面做出了许多新的探索，取得了很大成绩。在新的国际环境下，要继续用新的理论和目标推进银行业科学监管,努力实现银行业和谐发展,保障存款人和金融消费者权利,促进金融稳定,夯实社会和谐的金融服务基础。不断促进银行业提高服务质量、改善小企业融资服务、加大金融创新力度、加快消费信贷业务发展,扎实推动银行业自身和谐建设、支持构建社会主义和谐社会。

(二)坚持对银行业实行宏观审慎的监管

要密切关注宏观经济中的薄弱环节,与时俱进地采取适当的预防性监管措施。本次1000家最大银行排名显示出的欧美银行业绩的大幅下滑,和前些年金融市场泡沫推高资产价值有密切关系。因此,要更加注重监管政策的反周期调节功能,体现宏观审慎监管和微观审慎监管的统一。在经济繁荣时期要及时采取审慎举措,防止银行在此期间过度积聚风险,防止资本市场风险向银行体系的传递,严禁银行信贷资金进入股市,并严密监测用于抵押品的股权价格变动情况。保持银行体系和资本市场的适当隔离,防止风险在货币市场和资本市场之间相互传递。对金融创新产品进行必要监管,对银行业金融机构进行必要的投资者教育。始终坚持审慎的和最基本的监管原则,关注银行业金融机构的公司治理、资本充足水平、大额集中度风险管理、资产准确分类、拨备充足率和透明度建设,从源头上夯实风险监管的基础。

(三)完善激励约束机制

充分认识银行激励机制对于金融稳定的至关重要性。金融危机暴露出来欧美银行业高官的薪酬设计和实施缺陷助长了短期风险偏好盛行,而所付出的代价是损失了股东长期价值和金融稳定。因此,必须开始重新审视银行高管人员的薪酬结构,推动高管人员薪酬和银行长期、全面的绩效水平挂钩,确保银行家们不会以牺牲银行长期、整体利益为代价从事高风险、高波动性业务,避免动摇银行系统的稳定性。

(四)与时俱进地推动金融创新

此次金融危机中也有诸多诱因与不审慎、不负责的金融创新相关,一些金融创新行为不仅未能发挥有效的风险对冲作用,反而进一步放大了市场波动性,对实体经济产生直接影响,造成整体上的经济失衡。危机再一次告诫我们金融创新是一把双刃剑,没有金融创新,金融市场将失去效率和活力,但缺乏有效制衡的金融创新很可能产生更大的风险。

我国银行业推进金融创新,一是要寻求新的发展空间和创新空间。在全球危机的冲击下,新兴市场仍然是亮点纷呈,都蕴含着巨大的市场潜力;我国总体处于工业化和城镇化快速推进阶段,有丰富的生产要素资源和巨大的消费市场,经济基本面是健康的,后续的发展仍然具有强劲的动力;加强对环保、基础设施建设、高新技术产业等领域的支持和投资,创新金融服务模式,在支持经济又好又快发展当中实现金融业持续健康发展。二是要特别注意加强风险管理的创新。要将风险管理能力转变为金融机构比较竞争优势能力建设的重要内容,更加关注金融机构在风险的冲击下、在危机中的生存能力如何,能否实现金融机构的长治久安,通过先进的风险管理系统保持银行业持续、稳定发展的局面。

(执笔:高析)

附表　世界 1000 家最大银行排行榜前 25 家银行

排名	银　行	国家	洲/地区	一级资本（百万美元）	增长率（%）	总资产（百万美元）	增长率（%）	资本资产比率（%）	税前利润（百万美元）	增长率（%）	资本回报率（%）	资产回报率（%）	成本收入比率（%）	BIS 资本充足率（%）	不良贷款比率（%）
1	摩根大通	美国	美洲	136104	53.4	2175052	39.2	6.3	2773	-87.8	2.5	0.1	64.7	14.8	
2	美洲银行	美国	美洲	120814	44.9	1817943	6.0	6.7	4428	-78.8	4.3	0.2	57.1	13.0	1.8
3	花旗集团	美国	美洲	118758	33.1	1938470	-11.4	6.1	-53055	-3213.6	-51.0	-2.7	134.7	15.7	
4	苏格兰皇家银行	英国	欧洲	101818	14.6	3500950	-8.1	2.9	-59281	-398.9	-62.2	-1.7	208.9	14.7	
5	汇丰控股	英国	欧洲	95336	-9.2	2418033	2.7	3.9	9307	-61.6	9.3	0.4	60.1	11.4	2.6
6	美国富国银行	美国	美洲	86397	135.6	1309639	127.6	6.6	-47788	-511.0	-77.7	-3.7	114.5	11.8	
7	三菱日联金融集团	日本	亚洲	77218	-6.8	2025830	11.5	3.8	1173	-88.5	1.5	0.1	60.9	11.8	
8	中国工商银行	中国	亚洲	74701	12.7	1427685	20.1	5.2	21260	34.6	30.2	1.5	29.5	13.1	2.3
9	法国农业信贷银行	法国	欧洲	71681	4.3	2239370	-1.3	3.2	5388	-55.5	7.7	0.2	71.0	9.9	2.7
10	西班牙国际银行	西班牙	欧洲	65267	11.6	1460866	8.7	4.5	15825	-1.5	25.6	1.1		13.3	
11	中国银行	中国	亚洲	64961	15.6	1017718	24.1	6.4	12620	1.6	20.8	1.2	33.6	13.4	2.7
12	中国建设银行	中国	亚洲	63113	20.7	1105471	22.4	5.7	17520	26.9	30.4	1.6	36.8	12.2	2.2
13	高盛集团	美国	美洲	62637		884547		7.1	2336			0.3	89.5	18.9	
14	法国巴黎银行	法国	欧洲	58175	5.1	2888728	15.8	2.0	5461	-66.5	9.6	0.2	67.2		
15	英国巴克莱银行	英国	欧洲	54300	-1.1	2992682	21.7	1.8	8859	-37.5	16.2	0.3	61.5	13.6	
16	日本瑞穗金融集团	日本	亚洲	48752		1494960		3.3	4956		10.2	0.3	83.6	11.7	1.8

续表

排名	银行	国家	洲/地区	一级资本(百万美元)		总资产(百万美元)		资本资产比率(%)	税前利润(百万美元)		资本回报率(%)	资产回报率(%)	成本收入比率(%)	BIS资本充足率(%)	不良贷款比率(%)
					增长率(%)		增长率(%)			增长率(%)					
17	摩根士丹利	美国	美洲	48085		626023		7.7	2287			0.4	90.8	18.2	3.6
18	意大利联合信贷银行	意大利	欧洲	47529	-0.7	1455270	-3.3	3.3	6952	-49.5	14.6	0.5	58.8	10.7	
19	日本三井住友金融集团	日本	亚洲	46425	6.1	1219544	13.7	3.8	301	-96.8	0.7		48.0	11.5	
20	荷兰国际集团	荷兰	欧洲	44564	1.7	1853393	26.7	2.4	-2070	-131.6	-4.7	-0.1	87.8	12.8	
21	德意志银行	德国	欧洲	43276	3.8	3065307	3.1	1.4	-7990	-162.0	-18.8	-0.3	134.6	12.2	
22	荷兰合作银行	荷兰	欧洲	42252	0.8	851942	1.4	5.0	1655	-63.1	3.9	0.2	60.8	13.0	
23	法国兴业银行	法国	欧洲	42203	32.6	1572721	-0.3	2.7	5578	100.9	15.1	0.4	71.0	11.6	-3.9
24	中国农业银行	中国	亚洲	39998	229.7	1026300	23.9	3.9	7659	71.8	29.4	0.8	44.7	9.4	4.3
25	意大利联合圣保罗银行	意大利	欧洲	37681	5.4	885363	5.0	4.3	1471	-85.4	4.0	0.2	72.1	10.2	

资料来源:英国《银行家》。

四、热点问题研究

全球实施退出策略为时尚早

在世界各国力度空前的经济政策措施刺激下，近期国际金融风险持续缓解，实体经济开始局部复苏。在此背景下，国际社会关于经济刺激政策"退出策略"的议论持续增多。由于世界经济复苏的基础不稳固，地区和领域不平衡，前景不确定，现在实施"退出策略"为时尚早。从经济的基本面和国际社会的认知度看，继续坚持既定的经济刺激政策是可能的。因此，现阶段关于"退出策略"还是应以理论探讨为主，实际实施还需等到世界经济出现稳定复苏。

一、刚刚开始的世界经济复苏不平衡

据 OECD 统计，第一季度发达国家 GDP 环比下降 2.1%，第二季度降幅收窄至 0.002%。据 OECD9 月 3 日预测，七国集团第三季度总体 GDP 环比由负转正，环比折年率增长 1.2%，发达国家将整体出现复苏。由于发达国家经济是世界经济的主要组成部分[①]，因此，可以判断世界经济在今年第二季度见底并将于第三季度复苏。刚刚开始出现的世界经济复苏不平衡，主要体现在地区和领域的不平衡上。

(一) 地区不平衡

一类国家和地区率先复苏，主要集中在亚太和拉美地区。第二季度，马来西亚 GDP 环比增长 4.7%，新加坡增长 4.8%，韩国增长 2.3%，中国香港增长 3.3%，巴西增长 1.9%，澳大利亚增长 0.4%，日本增长 0.9%，德国和法国均增长 0.3% 和 1.9%，其中澳大利亚和韩国是继今年第一季度后连续两个季度增长，马来西亚和巴西为去年第三季度以来首

① 按汇率法 GDP 加权汇总，发达国家经济总量占世界的 72%；按购买力平价法 GDP 加权汇总，发达国家占世界的 56%。按两种方法计算，发达国家均为构成世界经济的主体。

专栏 7

退出战略必须渐进协调

——摘自 OECD《经济展望》报告

2009 年 11 月，OECD 发布了《经济展望》报告。报告除了例行的经济形势回顾和展望外，还就“退出战略”进行了专门论述。报告指出，“退出战略”的筹划已刻不容缓，刺激政策措施拖延过久的后果十分严重。一旦在某国率先退出某些政策措施，可能会对他国产生“溢出效应”，所以要求相关国家加强合作与协调，其中个别措施更是难以在一国单独实施，这就要求相关国家采取一致行动。同时，充分的准备和沟通将有利于增强市场对于政府解决退出问题的信心，准确表述政策目标可避免市场误读政策信号。各类措施的退出将有先有后，甚至有必要交替退出，但多数措施的退出要等到 2010 年下半年，甚至更晚。

传统货币政策必须适应国内经济形势的需要。目前，一些国家初步感受到资产和消费者价格上涨的压力并已开始实施紧缩。对于多数 OECD 成员国来讲，由于目前和今后一段时期价格水平仍处于控制目标区间，直至价格压力开始显现，回归中性货币政策才有必要，因此近期紧缩的必要性和力度都不大。具体讲，直至 2010 年下半年，多数经济体当前按近于零利率的政策才需要调整，而日本的调整还需要等到 2011 年之后。紧缩传统货币政策的“溢出效应”表现在：一国政策利率的调整会影响到其他国家，因为利率的差别可能导致国际资本向利率较高的国家流动，且先于周期而采取升息措施的国家会较早感受到资产价格下行压力，而货币政策相对宽松的国家可能受到“溢出效应”的影响而使得资产价格上升。

非传统的货币政策导致流动性大量积累。金融危机期间，为应对流动性偏好增强、解决市场流动性不足从而确保金融系统稳定，很多发达国家陆续采取了注资、存贷款担保和量化宽松等非传统货币政策。一旦金融市场正常化了，就有必要消除由于非传统政策而产生的过剩流动性。这要求统筹设计政策措施，并且准确向市场释放政策目标信号。由于取消存款担保可能会削弱国内银行业的国际竞争力，几乎没有哪个国家愿意独自采取行动，所以这方面的国际协调尤其重要。报告认为，在货币政策调整时有必要采取非传统货币政策退出和传统政策交替退出的做法。

要逐步改善政府财政收支状况，削减赤字和降低公共债务。金融危机期间，一方面税收减少，另一方面为刺激经济复苏而采取了减税和增支的应对措施，两者共同导致各国财政状况恶化。预计2011年OECD整体公共债务将达GDP的103.5%，其中美国和欧元区分别达99.5%和93.2%，而日本将达惊人的204.3%。由于经济已开始复苏，各国政策重点应从刺激增长转向逐步有效改善财政状况、阻止政府债务上升上来。但是，如果任何遭受危机严重冲击的国家均不能以损害经济复苏为代价而达到改善财政状况的目的。OECD认为，只有少部分国家需要在2011年之前实施改善财收支的计划。

要促进银行处置问题资产，加强金融监管，提高资本充足率，降低风险偏好和杠杆比率。需要继续对银行业保持一定的压力，以促进其冲减或出售问题资产。目前提高核心资本充足率的趋势需要保持，但各国提升速率可以有所差别。金融救援措施造成的道德风险之一就是政府不允许规模庞大或关联程度过高的金融机构倒闭。可通过提高资本缓冲和应用可转债等方法来降低对风险的偏好，这样也可部分防止银行盲目求大。

（执笔：闫海琪）

次增长，其他国家和地区为去年第一季度以来首次环比增长。

第二类国家和地区是第二季度仍处于衰退，但第三季度有望复苏。美国第二季度GDP环比折年率下降1%，欧元区下降0.3%，西方七国集团总体下降0.1%，OECD预测其第三季度将分别增长1.6%、0.3%和1.2%。

第三类是前苏联东欧国家，第二季度GDP加速下滑，第三季度仍将继续衰退。俄罗斯第二季度同比下降10.9%，第三季度降幅将有所收窄。

（二）领域不平衡

一方面，全球工业、服务生产和个人消费出现增长。全球工业生产早已于今年4月份开始环比增长，美国7月份工业生产环比增长0.5%。8月份全球服务业产业活动指数为50.5，上升4点，为15个月以来新高，为国际金融危机以来首次高于50的景气临界值。7月份，美国个人消费支出环比增长0.2%，上月为零增长；日本工人家庭个人消费支出环比增长2.8%，上月为下降2.3%；欧元区第二季度个人消费支出环比增长0.2%，为金融危机以来首次正增长。

另一方面，投资需求和外需依然低迷。住房和设备投资是遭受危机打击最为严重的两大需求，均为拖累主要发达经济第二季度GDP下滑的首要因素，其复苏相对滞后。据国际货币基金组织统计，今年6月份发达国家出口同比下降29.5%，略低于第一季度30.3%；进口下降32.2%，降幅高于第一季度的30.9%。9月10日，反映国际大宗贸易货运量的波罗的海干散货运价指数为2492点，虽比2008年12月份的22年历史低位回升两倍以上，但仍比上月同期低193点，仅相当于去年历史高位的20%左右。

（三）金融市场表层风暴缓解，深层矛盾尚待解决

一方面，金融风险持续缓解。美元三个月伦敦同业拆借利率（Libor）与美国国债利差已连续1个多月回落到次贷危机以前的水平；Libor与隔夜指数掉期（OIS）利差也连续近两个月回落到国际金融危机以前的水平；公司利差持续缩小，但仍高于危机以前的水平。资本市场继续回升。8月份全球股市上涨3%，升幅低于上月的8%。美国房地产市场已经触底。7月份美国私人住房支出增长2.3%，增幅比上月扩大1.8个百分点，连续两个月增长。住房价格在波动中上升，销售大幅上升，待售住房明显减少。

另一方面，金融危机的深层次问题尚待解决，消费者和企业去杠杆化、惜借和惜贷持续发展。撇帐率和逾期率持续上升。据美联储调查，今年第二季度美国全部贷款的拖欠率为6.49%，比上季度上升0.91个百分点；撇账率为2.65%，上升0.62个百分点。破产银行仍在增加。截至9月1日，今年美国有84家银行破产，约为去年全年破产数的2.4倍。第二季度问题银行达416家，比上季度增长37%。美联储调查结果显示，7月份银行对大企业放贷标准净收紧比例（即收紧减去放松的比例）为32%，中小企业为34%，尽管净比例比4月份有所下降，但仍为收紧趋势。欧洲央行调查结果表明，第三季度对大企业 收紧的比例为25%，中小企业为21%，也延续收紧趋势。美国商业信贷余额8月17日为6.9万亿美元，比1月平均值减少4.2%，比去年7月平均值减少1.1%；日本7月末为429万亿日元，比1月末减少1.1%，比去年7月末减少2.5%；欧元区7月末为10.8万亿欧元，比1月末减少1.0%。

二、坚持既定的经济刺激政策的必要性

消费和投资增长乏力,加上失业率保持升势,实体经济自主增长动力薄弱。

(一)消费增长乏力

一是个人收入增长乏力。7 月份美国个人可支配收入环比下降 0.02%,同比下降 2.4%,去年 9 月份以来的 10 个月中有 7 个月环比下降。二是负财富效应持续产生作用。据估计,与 2006 年的高位相比,美国股市和房市的财富蒸发 13 万亿美元以上,几乎相当于美国 2008 年的 GDP 总量。三是储蓄率总体维持升势。7 月份美国个人储蓄率为 4.2%,比上月降低 0.3 个百分点,但远高于去年全年的 2.7% 和 2005 年 1.4% 的历史低位。

(二)企业投资增长乏力

企业设备利用率低下,过剩产能尚需一定时间来消化。7 月份,美国工业生产能力利用率为 68.5%,仅比上月的历史最低位回升 0.4 个百分点;欧元区生产能力利用率为 69.5%,比去年第三季度降低 12.7 个百分点,为有纪录以来的最低点。

(三)失业率持续上升

8 月份美国失业率为 9.7%,为 1983 年 7 月份以来的最高点;7 月份欧元区为 9.5%,1995 年 5 月份以来最高点;7 月份日本为 5.7%,为战后最高点。

(四)国际市场初级产品价格上升成为制约经济复苏的因素

尽管初级产品需求仍低迷,但价格再度上升。8 月份国际市场能源和非能源初级产品价格环比分别上涨 9.9% 和 6.6%,7 月份分别下降 6.4% 和 1.6%,今年的累计涨幅分别达 46.2% 和 17.2%。

总之,当前世界矛盾经济错综复杂,既有金融市场持续好转和实体经济增长乏力的矛盾,还有实体经济复苏在地区和领域上不平衡的矛盾;有即期通缩压力和预期通胀压力的矛盾,还有实体经济低迷与初级产品价格上升的矛盾;通过金融危机对实体经济失衡的调整并不顺利,甚至还出现披着刺激政策和环境保护外衣的贸易和投资保护主义抬头的新情况和新问题。目前世界经济局部复苏的主要力量是各国采取的一揽子经济刺

激措施,特别是第二季度开始实施的、部分到期的退税和支持汽车更新的临时性措施。因此,过早实施“退出策略”,很有可能引发世界经济的二次探底,后果将十分严重。

三、坚持既定的经济刺激政策的可能性

随着金融形势的好转和实体经济开始局部复苏实,国际社会关于经济刺激政策“退出策略”的议论持续增多。最早关于“退出策略”的论述可追溯到今年初美国旧金山储备银行行长珍妮特·耶伦(Janet Yellen),她在美联储酝酿实行量化宽松政策时就指出,“尽管(美联储)还有(应对金融危机和经济衰退的)充足的弹药,但必须考虑退出策略”。4 月份 IMF 发布的《全球金融稳定报告》呼吁各国“必须保证具备周密制定和全球协调一致的‘退出策略’”。9 月 4 日至 5 日举行的 G20 财长和央行行长会议,“退出策略”成为会议关注和讨论的焦点,尽管各国普遍认为目前实施的时机还不成熟,但部分国家关于刺激政策和退出策略的侧重点明显不同:德法两国认为,但应尽早制定“退出策略”,以防财政赤字上升和螺旋式通货膨胀的发生;英国则强调“继续维持刺激措施以确保明年全球经济步入持续增长轨道”,金砖国家也认为必须坚持刺激措施。预料 9 月 24 日至 25 日举行的 G20 匹兹堡峰会还将有一场关于“退出策略”的激烈辩论。

从通胀压力不大的条件和国际社会的认知度看,继续坚持既定的经济刺激政策是可能的。

当前和今后一段时期,全球通胀上升的压力不大,使得各方面有可能保持经济刺激措施的力度。一是通胀预期有所回落。9 月 11 日,美国通胀预期(5 年期国债收益率与 5 年期通胀担保债券收益率之差)为 2.26%,比今年 6 月份以来的最高点 2.51% 降低 25 个基点,低于 2.34% 的长期趋势。二是年内国际市场初级产品价格涨幅有限。供大于求的基本面、高位全球库以及 9 月份 OPEC 会议继续维持现有生产配额等因素决定了年内石油价格升幅有限。世界粮食丰收预示年内国际粮食价格将稳中略降,据美国农业部预测,2009/10 年度全球粮食产量为 26.3 亿吨,增长 1.5%;期末库存为 4.5 亿吨,增长 0.9%。三是全球产能利用率较低和失业率维持升势也制约着通胀的上升。

国际社会就保持刺激措施力度已基本形成共识,为全球继续坚持刺激措施构建了比较稳定的外部环境。9月4日至5日举行的二十国集团财长和央行行长会议认为,世界经济已经走出了衰退"最黑暗"的时期,但也面临诸多风险,复苏前景不明。如果处理不当,世界经济就有可能再次衰退,当前各国要保持经济刺激力度以确保全球经济尽快走向复苏。9月4日,IMF总裁表示世界经济正在逐步摆脱数十年来最严峻的衰退形势,但现在断言复苏胜局已定并退出危机应对措施还为时尚早。

(执笔:文兼武、闫海琪;成文于:2009年9月)

未来几年世界经济有望恢复增长

进入21世纪以来,世界经济走过了不平坦的发展道路,经历了2001-2002年衰退期、2003-2007年繁荣期和2008-2009年又重陷衰退期。2009年下半年以来,在全球强有力的经济政策刺激下,世界经济逐渐走出衰退,开始缓慢复苏。预计未来几年,世界经济将进入复苏和恢复增长阶段,全球通胀相对温和,总体形势趋好,但国际竞争更趋激烈,发展道路曲折缓慢。今后一段时期,国际经济环境好转,为我国经济持续平稳较快增长提供新的机遇,但面临的挑战和压力不容乐观。

一、世界经济恢复增长,总体形势趋好,但发展道路曲折缓慢

自2008年秋季以来,由美国次贷危机引发的国际金融危机,使世界经济陷入二战以来最为严重的衰退之中,发达国家经济普遍收缩,主要发展中国家经济增速急剧回落。2009年下半年以来,国际金融市场和房地产市场持续好转,主要国家工业生产由持续下降转为增长,消费支出由降转增,全球贸易止跌回升,预警指标从收缩区间上升到景气区间,世界经济开始缓慢复苏。预计2010年世界经济将恢复增长,2011-2014年增速将有所加快,总体形势趋好,但增长步伐明显放慢。

支持未来几年世界经济恢复增长的积极因素有:

(一)各国实施积极的政策调控措施,是未来几年世界经济恢复增长的重要保证

目前各国密切关注经济形势变化,适时调整经济政策,以巩固刚刚开始的经济复苏势头。在货币政策方面,美国、欧元区、日本等主要国家央行将继续执行宽松的货币政策,并根据形势变化,调整定量宽松政策的力度和范围。在财政政策方面,继续实行一揽子财政刺激政策,促进经济增长,增加就业。美国已通过关于延长失业者享受救济金时间、延长并放宽

首次购房退税政策等法案，以推动经济进一步复苏。与此同时，发达国家通过发展绿色经济，调整经济结构，推进技术创新和体制改革，为经济长期增长注入新的动力。主要发展中国家为应对金融危机，更加注重扩大国内投资和消费，增加教育、医疗、社会保障等公共支出和基础设施建设投资，提高经济增长的可持续性。政策环境相对宽松，是未来几年世界经济恢复增长的有利条件。

（二）科学技术创新和变革，是推动未来几年世界经济恢复增长的力量源泉

为应对全球气候变化、保护环境，发达国家在全球掀起了发展“绿色经济”浪潮，加大对新能源技术、节能技术和环保技术的研究和开发投入力度，发展高端层次的绿色产业，提升整体竞争力。通过发展绿色经济，把刺激经济增长和增加就业岗位的短期政策与持久的经济繁荣结合起来。据估计，在全球经济刺激方案中，与节能减排和气候变化有关的绿色投资占总投资的 15.6%。全球绿色经济浪潮将对未来世界经济产生重大而深远的影响，它不仅渗透到生产活动的各个领域，而且将改变人们的生活方式，蕴藏着强大的生产力和巨大的消费市场，成为推动未来几年世界经济增长的重要力量。在以新能源技术、节能技术和环保技术为核心的“绿色技术”领域中，发达国家继续保持世界领先地位，抢占经济科技领域制高点，试图通过技术革新，把传统的制造业改造成具有全球竞争力的“绿色产业”，重塑世界经济霸主地位。

（三）经济周期性变化，将未来几年世界经济推进到恢复增长阶段

历史经验表明，在每一次世界经济衰退之后，经过改革和调整，过去沉淀的问题逐步得以解决，矛盾和压力得以释放，从而迸发出新的活力，涌现出新的经济增长点，世界经济将由衰退期转入增长期。纵观美国近 30 年经济增长路程，实际上是在衰退到繁荣、再陷衰退的循环反复过程中不断发展。美国在 1980 - 1982 年经济衰退之后，出现长达 7 年的经济扩张期；在 1990 - 1991 年经济衰退之后，出现长达 9 年的经济扩张期；在 2001 - 2002 年经济衰退之后，出现持续 5 年的经济扩张期。经济周期性变化规律显示，未来几年世界经济可能进入一个新的扩张期。

（四）内需不断扩大，将成为未来几年世界经济增长的主要拉动力

随着世界经济走出衰退、开始复苏，投资和消费信心逐步回升，经济自主增长能力不断加强。特别是主要发展中国家为应对金融危机，加大经济改革和结构调整力度，增加公共开支规模，国内投资和消费对经济增长的拉动作用明显，经济增长的可持续增强。2009 年 2 季度，巴西在出口下降 11.4% 的情况下，在居民消费和政府消费的带动下，GDP 环比增长 1.9%，结束持续两个季度的负增长；从 2008 年 2 季度到 2009 年 3 季度，印尼政府消费支出同比平均增长 17%，以推动经济回升。新兴市场和发展中国家内需扩大，将对未来几年世界经济恢复增长作出重大贡献。

此外，经济全球化不断推进，国际贸易往来不断深化，国际间政策协调和合作不断加强，也为未来几年世界经济恢复增长创造良好的国际环境。

但是，鉴于此次世界经济衰退程度深、持续时间长、涉及范围广，居民消费和企业投资增长滞缓，未来几年世界经济复苏和恢复增长将是缓慢而曲折的。阻碍世界经济恢复增长的主要因素有：

一是劳动力市场恶化，失业率居高不下，消费信心不足。10 月份美国失业率升至 10.2%，预计今后几个月可能继续上升；欧元区失业率也将升到两位数的高位上。这是拖累未来几年居民消费的主因。

二是金融危机阴影尚未完全摆脱，房地产市场恢复还尚需时日。目前美国、欧洲金融体系仍没有恢复正常运行，信贷条件偏紧，大量小企业和银行倒闭，商业新增贷款和消费信贷规模减少；房价持续低迷，居民财富的负效应仍在扩散。

三是各国产能过剩问题比较突出。2009 年前三个季度，美国工业生产能力利用率平均为 70.7%，低于 1987 - 2008 年平均 81.1%。2009 年上半年欧元区制造业生产能力利用率为 70%，低于 2000 - 2008 年平均 82%。

四是发达国家财政赤字和公共债务规模扩大，对未来几年经济增长的刺激力度减弱。据 IMF 统计，2009 年、2010 年美国财政赤字占 GDP 比重高达 12.5% 和 10%，今后几年可能维持在 4% 以上。今、明两年发达国家财政赤字占 GDP 比重在 8% 以上，公共债务占 GDP 比重接近 100%。巨额的财政赤字和公共债务规模，加上定量宽松货币政策形成的流动性问题，可能造成新的经济泡沫，提高未来通胀预期，拖累世界经济恢复增长。

分析表明，上述不利因素将在世界经济恢复增长过程中逐步化解，总体形势趋好。主要国际组织和预测机构对世界经济前景趋于乐观，连续几次上调预测结果。国际货币基金组织2009年10月份预测，按PPP法加权汇总，2009年世界经济收缩1.1%，2010年增长3.1%，2011－2014年增长4%以上，平均增速要低于2003－2007年繁荣时期4.7%的水平，高于1980－2008年3.1%的长期水平；按汇率法加权汇总，2009年世界经济收缩2.3%，2010年增长2.3%，2011－2014年增长3%以上。英国共识公司预测，按汇率法汇总，2009年收缩2.3%，2010年增长2.7%；美国穆迪公司预计，世界经济在2009年收缩2.5%之后，2010－2012年分别增长2.3%、3.7%和4.5%。

二、发达国家在世界经济中占主导地位的基本格局没有改变，新兴市场和发展中国家经济地位稳步提升，对世界经济增长的推动作用明显增强

不同发展水平的国家表现出不同的经济增长速度。预计未来几年，发达国家经济将保持平稳低速增长；新兴市场和发展中国家经济将保持平稳较快增长。发展中国家不仅是推动未来几年世界经济恢复增长的主要动力，也是拉动发达国家经济增长的重要因素。金融危机之后，美国、欧元区、日本居民消费支出恢复增长的速度明显低于2003－2007年繁荣时期；而工业生产增长加快，对外需的依赖增加。据英国共识公司预测，2010－2014年，美国居民消费支出年均增长2.4%，而工业生产年均增长3.8%；欧元区分别为1.3%和2.8%；日本分别为1.1%和5.6%。预测数据显示，主要发达国家工业生产增长不仅快于国内居民消费增长，而且也快于2003－2007年的平均增速。发达国家将利用其超强的制造业技术优势和国际竞争力，扩大出口，推动国内工业生产发展和经济增长。外需有可能成为驱动今后一段时期发达国家经济恢复增长的重要力量。

随着经济快速增长，发展中国家经济规模不断扩大，在世界经济的地位稳步上升；发达国家在世界经济中的比重有所下降，但主导世界经济的基本格局没有改变。目前，占世界人口15%的发达国家，经济总量占世界的70%；而占世界人口近85%的发展中国家，经济总量只占30%。预

计到 2015 年,发达国家占世界经济总量的比重下降到 64%,而发展中国家的比重则提高到 36%。与 2003 - 2007 年世界经济繁荣时期相比,由于恢复增长相对缓慢,发展中国家在世界经济中地位提高的速度明显放慢。

三、全球通胀相对温和,处在可控范围以内

2009 年下半年以来世界经济开始缓慢复苏,主要发达国家消费者价格稳中有升,通缩压力明显减轻,预计未来几年全球通胀比较温和。在世界经济危机之后,一方面,各国的高失业率状况将持续滞后一段时期,工资增长迟缓,消费信心不足,抑制了需求对通胀的拉动作用;另一方面,各国经济实际增长率低于潜在增长率,产能过剩问题比较突出,限制了企业投资支出,成本推动型的通胀难以形成。未来几年通胀压力不大,长期通胀预期比较稳定。

国际初级品价格走势是影响未来几年全球通胀变化的重要因素,也是最大的不确定因素。在供求基本面上,世界经济增长缓慢,以及为应对全球气候变化,各国调整经济结构、制定新能源政策、提高能源使用效率,在一定程度上抑制未来能源消费需求。这是遏制国际油价高位持续上涨的基础因素。据国际能源署《2009 年世界能源展望》报告预测,2009 年全球石油需求量为 8460 万桶/日,比上年下降 1.7%;2010 年为 8610 万桶/日,增长 1.7%;2010 - 2015 年世界石油需求量年均增长 1.0%,低于 2003 - 2007 年的 1.8%。但是,金融风险、美元趋贬、投机炒作等推高国际油价上涨的现实因素和潜在因素很多,特别是新兴市场和发展中国家石油消费需求增加,可能造成新的石油供求紧张关系。预计今后几年国际石油价格继续在高位上波动。美国能源署预测,2015 年石油价格可能升至每桶 110 美元。鉴于各国对石油涨价因素的承受能力增强,非供求因素对石油价格上涨的影响是短期的,很难形成推动全球通胀的趋势性因素。

基于上述分析,初步判断,未来几年全球通胀相对温和。据国际货币基金组织预测,2010 - 2014 年世界通胀率为 2.9%,要低于 2003 - 2007 年平均 3.8%,也低于 2008 - 2009 年平均 4.8%。美国、欧元区、日本通胀率将在央行控制目标以内,主要发展中国家通胀率明显回落。

四、世界贸易增长缓慢,国际竞争更加激烈

金融危机导致世界经济衰退,各国需求萎缩,世界贸易大幅下滑。据IMF统计,2008年世界贸易量增长3%,2009年则下降11.9%,预计2010年恢复增长2.5%,2011-2014年平均增长6.4%,低于2003-2007年平均8.1%。在世界经济衰退中,发达国家贸易下滑的幅度要大于新兴市场和发展中国家。未来几年,发达国家在世界贸易中的比重有所下降,但占主体地位的总体格局没有变化;新兴市场和发展中国家对外贸易更加活跃。据OECD预计,OECD国家占世界出口的比重从2003年的70.6%下降到2010年的63.3%,进口比重则从73.4%降至66.3%;非OECD国家出口比重从29.4%上升到36.7%,进口比重从26.6%上升到33.7%。2009年,美国出口占世界的比重有所上升,而进口比重则有所下降。

国际金融危机后,发达国家需要依靠增加出口来拉动经济增长。据IMF预测,美国经常项目逆差规模将呈缩小趋势,占GDP的比重从2008年的4.9%,下降到2010年的2.2%,2014年为2.7%。这意味着世界最大的进口国——美国要增加出口,减少进口。

五、国际经济环境对我国的挑战和压力不容忽视

未来几年,世界经济将恢复增长,总体形势趋好,有利于我国继续扩大对外贸易、引进外国先进技术,为我国经济持续平稳较快发展带来新的机遇。经过金融危机之后,我国经济的国际地位、竞争力和影响力进一步提升,也为我国加快资本市场开放步伐、推进人民币国际化进程带来新的机会。预计今后一个时期,我国经济将继续保持平稳较快增长,对世界经济恢复增长作出更大贡献。据IMF预计,2009年我国经济增长8.5%,2010年增长9.0%,2011-2014年平均增长9.6%;2009年我国通胀率为-0.1%,2010年为0.6%,2011-2014年在2%左右。随着世界经济恢复增长,今后几年我国有可能进入"高增长、低通胀"的发展机遇期。

但是,在国际金融危机之后,世界经济形势复杂多变,增长格局发生变化;发达国家将在"绿色技术"领域拥有明显的竞争优势;新兴市场和发展中国家加快经济发展步伐,国际竞争更趋激烈。在不断变化的国际经济环境中,我国面临着更大的挑战和压力。

1. 对外贸易形势不容乐观。一是对发达国家的出口增速可能放缓。美国、欧盟、日本等发达国家是我国主要出口市场，约占我国出口总额的46%。发达国家消费需求回升缓慢，影响我国扩大出口。二是国际社会以“全球经济再平衡”为借口，加大对我国的贸易投资保护措施，进一步要求加快人民币升值步伐，削弱我国出口竞争力。我国是世界最大的贸易顺差国和外汇储备国，在激烈的国际竞争中自然是众矢之的。三是发达国家拟将征收碳关税，设置“绿色标签”，抬高进口门槛，增加我国出口难度和出口成本。四是我国在传统制造业领域中的比较优势正在减弱，来自新兴市场和发展中国家的贸易竞争压力较大。

2. 发达国家在全球绿色经济浪潮中继续处于技术领先地位，对我国提高技术创造能力、增强经济可持续发展提出更高、更紧迫的要求。近几年，美国、欧盟和日本等发达国家加大对新能源技术、节能技术和环保技术的开发研究，作为推动未来经济发展的战略目标。如果我国在全球绿色经济浪潮中不能迎头赶上，社会经济发展将受到很大的牵制，将拉大与发达国家的科技、经济和社会差距。

3. 美元波动趋贬，国际石油价格高位波动，使我国经济调控政策的环境变得更加复杂。在诸多因素作用下，美元贬值成为长期的必然趋势，国际石油价格将高位波动，这不仅加大我国通胀的外部压力，增加经济发展成本，而且使我国汇率政策和货币政策调控变得更加复杂，决策风险增大。

4. 国际资本投机活动频繁，加大了我国金融市场和资产泡沫的风险。未来几年我国将继续成为国际资本最有吸引力的国家，投机资本伺机而动，对我国资本市场和资产市场造成一定的冲击。

总之，今后几年是我国经济社会发展的关键时期，应积极从容应对国际经济环境的挑战，以全球眼光和战略思维，密切关注世界经济发展趋势，制定长远发展战略，缩小与发达国家科技、经济和社会差距。同时，应加强国际经济、贸易和技术合作，增强在复杂多变的国际经济环境中决策的能力，变外部压力为内在发展动力，趋利避害，不断寻求新的发展机遇。

（执笔：余芳东；成文于：2010 年 1 月）

从国际对比角度分析扩大我国居民消费支出的潜力

众所周知，消费、投资和净出口是拉动经济增长的三大需求要素。长期以来，我国居民消费率偏低，投资率和出口依存度偏高，经济发展具有明显的出口导向型特征。在世界经济繁荣时期，这一发展模式对促进我国经济快速增长发挥了十分重要的作用；但在世界经济低迷或衰退时期，也为我国经济持续平稳较快发展带来严峻的挑战和巨大的压力。受外部环境影响，经济增长的不确定性、不稳定性和波动性比较明显。因此，完善经济发展模式，扩大居民消费，增强居民消费对经济增长的贡献，既是当前世界经济衰退形势下保持经济持续平稳较快增长的迫切任务，也是提高居民生活水平、实现经济发展阶段跨越式转变的必然要求。国际对比研究发现，在诸多因素限制下，我国居民消费在规模、水平、增长速度和结构上与发达国家存在较大差距。同时也说明，扩大内需、提高居民消费对经济发展贡献的潜力和空间较大。在当前形势下，应将外部环境的压力转化为内部调整的动力，提高经济自主增长能力，增强经济可持续发展。

一、我国居民消费与世界先进国家和地区的差距较大

居民消费率（即居民消费支出占 GDP 比重）、人均消费水平和增长速度以及消费支出结构等指标的国际对比分析显示，现阶段我国居民消费水平较低、增速较慢、消费能力较弱，消费结构有待优化升级。

1. 我国居民消费率低于世界平均水平

2008 年我国居民消费支出占 GDP 比重为 35.3%，不仅低于世界平均水平，也低于低收入国家平均水平。数据显示，居民消费率的高低与一个国家的收入水平、经济发展阶段和增长模式有着密切关系。

一是在低收入国家，较低的收入水平只能用于维持基本生活需要，居

民的消费倾向和消费率很高。据世界银行统计,2000 年至 2007 年,低收入国家居民消费率平均为 75%,要高于世界平均水平的 61.5%。

二是在高收入国家,居民消费率相对也较高,消费支出是拉动经济增长的主要因素。2000 年至 2007 年,高收入国家居民消费率平均为 62%,相当于世界平均水平。其中,美国为 70%,英国为 65%,日本和欧元区为 57%。

三是在中等收入国家,由于工业化和城镇化步伐加快、基础设施投资建设力度加大,固定资本形成总额占 GDP 比重较高,而居民消费率不仅低,而且呈下降趋势。2000 年至 2007 年,中等收入国家居民消费率平均为 57.5%,低于世界平均水平,7 年间下降了 5 个百分点。其中,俄罗斯居民消费率为 49%,略高于 2000 年的水平;巴西则从 64% 降到 61%;我国从 46.3% 降至 35.6%;印度也从 64% 降到 54%。

四是对外依存度越高的国家,居民消费率越低。在高收入国家中,日本和欧元区出口依存度相对要高于美国,居民消费率则低于美国;比利时、新加坡的货物和服务出口占 GDP 比重接近 200%,而它们的居民消费率只有 40% 左右。多数中等收入国家由于实行出口导向型的经济发展战略,对海外市场的依赖较大,净出口占 GDP 比重较高,国内消费需求明显不足。

表 1　主要国家和地区居民消费支出占 GDP 比重(%)

	1990	1995	2000	2005	2006	2007
中国	48.8	44.9	46.4	37.7	36.3	35.6
美国	66.7	67.8	69.0	70.4	70.2	70.3
日本	52.5	55.0	56.2	57.0	57.1	56.3
欧元区	57.4	57.4	57.6	57.5	57.1	56.5
德国	57.6	57.7	58.9	59.1	58.5	56.7
法国	57.1	56.6	55.7	56.9	56.8	56.7
英国	62.0	63.3	65.1	64.3	63.6	63.1
新加坡	45.9	41.5	42.2	40.6	38.9	38.1
韩国	51.7	52.2	53.7	53.4	54.4	54.7
俄罗斯	48.9	52.1	46.2	49.6	48.9	49.1
巴西	59.3	62.5	64.3	60.3	60.4	61.0
印度	65.6	63.7	64.1	57.5	56.4	54.2
世界平均	60.0	60.8	61.3	61.1	60.7	
低收入国家	77.8	75.3	75.2	74.8	73.4	74.1
中等收入国家	60.3	59.7	59.8	56.1	54.7	54.6
高收入国家	59.8	60.8	61.5	61.9	61.7	

资料来源:世界银行数据库。

2. 我国居民消费规模相对较小、增长缓慢

我国居民消费支出总量在世界的位次要低于 GDP 总量的国际地位，增速要慢于 GDP 的增速。据世界银行统计，2007 年，我国居民消费支出总额为 1.2 万亿美元，居世界第 7 位，而 GDP 总量居世界第 4 位；人均居民消费支出为 882 美元，而人均国民收入（GNI）为 2370 美元。1990 年到 2007 年，我国居民消费支出总量和人均水平年均增长率分别为 7.6% 和 6.6%，比同期 GDP 和人均 GDP 年均增长率低 2.4 个百分点。两者之间的差幅呈扩大趋势。居民消费支出总量增速慢于 GDP 增速的差幅从 1990 年至 2000 年的 2.3 个百分点扩大到 2000 年至 2007 年的 4.8 个百分点；人均水平的差幅从 2.2 个百分点扩大到 3.6 个百分点。居民消费支出水平低、增长缓慢，对经济增长的拉动作用逐渐减弱。

在世界其他主要国家和地区，居民消费支出总量在世界位次与 GDP 的位次基本一致，增长速度也基本同步，而且多数国家居民消费增速要略快于经济增速。1990－2007 年，世界居民消费和 GDP 年均增长率都为 2.9%；美国、日本、法国、俄罗斯、巴西等国家的居民消费增长要快于经济增长；在英国、德国和印度，前者要慢于后者，但差幅要比我国小得多。

表 2　主要国家和地区居民消费与 GDP 的增速比较（1990－2007 年）

	居民消费年均增长率（%）	GDP 年均增长率（%）	差幅（百分点）
中　国	7.6	10.0	－2.4
美　国	3.2	2.9	0.3
日　本	1.7	1.6	0.1
英　国	2.0	2.4	－0.4
德　国	1.5	1.9	－0.4
法　国	2.6	1.9	0.7
俄罗斯	3.6	0.3	3.3
巴　西	3.4	2.4	1.0
印　度	5.0	6.3	－1.3
世界平均	2.9	2.9	0.0
低收入国家	3.7	4.1	－0.4
中等收入国家	4.6	4.6	0.0
高收入国家	2.6	2.5	0.1

资料来源：世界银行数据库。

3. 我国居民消费结构有待优化升级

从纵向看，我国居民生活水平和消费水平不断提高，居民消费结构明显改善，城镇居民家庭恩格尔系数（即食品消费支出占总消费支出比重）从1990年的54.2%下降至2008年的37.9%，农村居民家庭从58.8%下降到43.7%。居民消费结构逐渐从以生存为主的温饱型转向小康型的消费模式，城镇居民的享受性消费模式日益显现。从横向看，我国居民消费结构与发达国家的差距比较明显，特别是占总人口55%的农村居民消费结构还比较落后，生活条件相对较差。

一是吃、穿消费比重相对较高，具有明显的小康型消费结构特征。2007年，我国城镇居民用于食品（不含酒类和烟草）消费支出比重为33.4%；美国为13.7%，英国和德国为12.2%；受消费习惯和饮食偏好影响，法国、日本、韩国食品消费支出比重相对较高，超过20%。我国服装类消费支出比重为10.4%，而主要发达国家在3.7%至6.4%之间。

二是居住类和交通类消费比重偏低，享受性消费支出不足。在居住方面，我国城镇居民居住类消费支出（包括实际房租、水电、气和其他燃料、居住维修等）比重为9.8%，美国、德国、法国、日本在15%左右。与发达国家相比，我国住房消费水平较低，居住空间小、居住条件相对较差。初步统计，我国每人拥有居住间数（包括卧室、餐厅、起居室、书房、可居住阁楼等面积不小于4平方米的房间，不包括通道、阳台、大厅、卫生间、厕所等）不到1间，而发达国家平均为2间。据世界银行统计，我国还有35%的居民生活缺乏必要的卫生设施，12%的居民缺乏净化过的安全饮用水源，这一比例要低于中等收入国家平均水平，但远远高于发达国家。发达国家所有居民基本上都享有必要的卫生设施和安全的饮用水源。

在交通方面，我国城镇居民用于交通消费的比重为7.6%，而美国为22.9%，英国为17.2%，德国和法国约为15%。在实物量指标上，表现为我国每百人小汽车拥有量较少，公路和铁路交通设施不足。家用汽车是居民享受性消费的主要支出项目，也是现代文明生活的重要标志。根据国际道路协会统计，2006年，我国城镇居民每百人小汽车拥有量为1.8辆，高于印度（0.8辆），但低于巴西（13.6辆）、俄罗斯（18.8辆），与德国（55辆）、法国（49辆）、美国（46辆）、英国（45辆）差距更大，日本和韩国分别为44辆和24辆。我国公路密度(即公路里程与陆地面积之比)每平方公里为0.36公里,低于美国(0.68)、英国(1.71)、德国(1.85)和日本(3.16)。我国铁路营业里程为7.8万公里,低于美国(20.6万公里)和俄罗斯(8.6万公里);如果按铁路密度和居民拥有铁路里程数来计算,与发达国家之间的差距则更大。我国交通运输紧张、运力不足的问题比较突出,不仅制约经济发展,而且也限制居民享受性消费。

三是居民教育和医疗卫生消费比重明显偏高,用于发展性和保障性消费支出的负担较重。2007年,我国城镇居民用于教育消费支出的比重为6.4%,而发达国家平均不到4%。其中,法国为0.4%,德国和英国分别为1.1%和1.5%,美国和日本分别为3%和4.2%。我国城镇居民用于医疗卫生消费支出的比重为7%,而发达国家不到5%。其中,英国仅为1.4%,美国、德国、法国和日本在4%左右。居民用于教育和医疗卫生消费支出的负担重,不仅挤占了居民用于其他消费项目支出,而且由于教育和医疗卫生消费支出的不可预知性和不确定性,居民不得不积累大量的预防性储蓄,降低即期消费倾向。

结构分析表明,在我国小康型消费结构中,吃和穿仍是居民消费支出的主体,住和行等享受性消费支出相对不足,教育和医疗卫生等发展性和保障性消费支出的负担较重。在发达国家,居住、交通和文化娱乐等享受性消费是居民消费支出的主体;食品消费支出退居其次;由于拥有比较完善的国民教育体系和医疗卫生保障体系,居民个人用于教育和医疗卫生的消费支出比重相对较低。

表3 中国和主要国家居民消费构成(%)

(2007年)

	中国城镇	美国	英国	德国	法国	日本	韩国	印度城镇
食品和非酒类饮料	33.4	13.7	12.2	12.2	27.0	23.1①	23.1①	42.0
酒类和烟草	2.9	1.6	3.2	1.8	2.9			1.6
服装和鞋类	10.4	3.7	6.4	5.1	6.4	4.4	4.4	7.0
居住类	9.8	15.9	11.0	15.8	15.8	13.3	7.0	14.5
家庭设备用品及服务	6.0	4.4	8.8	5.9	6.1	3.2	3.4	4.1
交通	7.6	22.9	17.2	14.0	15.3	12.8②	14.7②	6.0

续表

	中国城镇	美国	英国	德国	法国	日本	韩国	印度城镇
通讯	6.0	3.8	3.2	3.1	2.6			2.8
医疗保健	7.0	3.6	1.4	3.9	4.3	4.4	4.1	5.9
教育	6.4	3.0	1.5	1.1	0.4	4.2	9.5	8.4
文化和娱乐	6.9	8.4	15.6	12.1	8.1	10.5	4.1	1.5
其他商品和服务	3.6	19.0	19.5	9.2	11.1	24.2	14.9	6.2

注:①包括酒类和烟草。②包括通讯。印度为 2003 年数据。

资料来源:中国统计年鉴,国际劳工组织数据库。

二、我国居民消费支出受诸多因素制约

我国居民消费率和消费水平低、增长缓慢、消费结构有待优化升级,消费对经济增长的贡献有限,是由现阶段经济发展水平、发展模式、分配机制、收入差距以及社会公共服务体系等多种因素综合作用的结果。

1. 经济发展水平因素。2007 年,我国人均国民总收入(GNI)为 2370 美元,居世界第 132 位,不到美国、德国、法国、英国的 10%,相当于世界平均水平的三分之一,属于中等收入国家。高收入国家人均 GNI 平均为 37571 美元,俄罗斯为 7730 美元,巴西为 5860 美元,印度为 950 美元。根据恩格尔定律,居民消费结构的变化与收入水平之间存在密切的相关关系,收入水平越高,食品消费支出比重越低。目前我国恩格尔系数远远高于高收入国家,低于印度,这是由我国现阶段经济发展水平决定的,与我国当前国民收入水平相一致。

2. 经济发展模式因素。在经济全球化背景下,近年来我国充分利用国内和国外在资源、市场和产业结构上的互补优势,实施出口导向型经济发展模式,推动经济持续快速增长。我国进出口贸易依存度从 2000 年的 44.2% 提高到 2007 年的 72.5%,低于德国(87.3%),高于美国(28.9%)、日本(34.9%)、英国(55.1%)、法国(54.9%)。俄罗斯、印度和巴西分别为 52.4%、48.9% 和 26.1%,低于我国。在 2005 - 2007 年三年间,我国最终消费支出(包括居民和政府消费)对 GDP 增长的平均贡献率为 39.2%,而货物和服务净出口的平均贡献率为 20%。美国、英国、法

国、俄罗斯、巴西、印度等国家最终消费支出对 GDP 增长的贡献率在 70% 以上,净出口对 GDP 增长的贡献较小,由于进口规模大于出口规模,净出口是经济增长的负拉动因素。德国、日本净出口对经济增长的贡献率分别为 54.3% 和 27.4%,要高于我国。

表 4 三大需求对 GDP 增长的平均贡献率和拉动

(2005 - 2007 年)

	对 GDP 增长的贡献率(%)			对 GDP 增长的拉动(百分点)			GDP 年均增长率(%)
	最终消费	资本形成总额	净出口	最终消费	资本形成总额	净出口	
中　国	39.2	39.8	21.0	4.6	4.6	2.4	11.7
美　国	80.7	29.8	-9.8	2.4	1.0	-0.3	3.2
英　国	74.1	34.1	-8.3	2.1	1.0	-0.2	2.6
德　国	12.1	33.6	54.3	0.3	0.7	1.0	2.0
法　国	85.6	47.4	-33.0	1.8	1.0	-0.7	2.1
日　本	47.6	25.7	27.4	1.0	0.6	0.7	2.4
巴　西	88.0	30.6	-18.6	3.7	1.3	-0.9	4.1
印　度	70.7	33.0	-3.7	6.4	3.1	-0.3	9.4

出口规模的扩大也推动了我国固定资本投资的增长。在 2003 年至 2007 年世界经济繁荣时期,我国固定资本形成总额占 GDP 的比重平均为了 41%,而美国为 19%,英国为 17%,日本为 23%,德国和法国为 18% 和 20%,世界平均为 21%。通过开拓国际市场,大力发展出口型劳动密集型行业,扩大就业规模,是增加居民收入和消费支出的重要来源。但是,由于出口和投资的增速远远快于居民消费的增速,居民消费比重下降,对经济增长的贡献趋减。

3. 收入分配机制因素。收入分配机制是影响居民消费的重要因素。在初次分配方面,2005 年,我国劳动者报酬占 GDP 的比重为 41.7%,明显低于发达国家,美国、日本、英国、法国、德国在 50% - 57% 之间。我国采掘业、食品加工制造等行业的劳动者报酬比重更低,不到 25%。营业盈余占 GDP 比重为 29.6%,明显高于主要发达国家;固定资产折旧比重为 15%,低于日本,高于美国、英国、法国;生产税净额比重为 13.6%,低于韩国,高于美国、日本、英国和德国。

表 5 主要国家 GDP 初次分配构成（%）

（2005－2008 年）

	劳动者报酬	营业盈余	固定资产折旧	生产税净额
中 国	41.7	29.6	15.0	13.6
美 国	56.6	24.5	12.7	6.2
英 国	53.8	23.1	11.2	11.9
德 国	49.5	24.6	14.7	11.2
法 国	51.8	21.4	13.2	13.6
日 本	55.1	19.3	18.7	7.0
韩 国	51.1	20.2	13.6	15.1

注：中国为 2005 年数据。

资料来源：中国统计年鉴，OECD 数据库，联合国国民核算年鉴。

在最终分配中，经过以社会保障收支、经常性转移收支等形式进行收入再分配以后，我国居民可支配收入明显提高。2005 年，居民可支配收入占 GDP 比重为 59.4%，比初次分配中劳动者报酬占 GDP 比重高出 17.7 个百分点，但仍低于主要发达国家。美国居民可支配收入占 GDP 比重为 74.2%，德国为 69.6%，法国和日本分别为 65.6% 和 64%。在居民可支配收入中，我国居民消费和储蓄比重分别为 64.4% 和 35.6%。主要发达国家居民消费占可支配收入比重在 80% 以上，消费意愿很强，储蓄率很低，美国仅为 5%，英国则不到 1%，德国和法国在 15% 左右，日本和韩国在 10% 左右。

在初次分配中，劳动者所得偏低、企业所得偏高的问题比较突出；在最终分配中，居民消费倾向低、储蓄倾向高的现象十分明显，是导致居民消费支出水平低、增长缓慢的主要原因。

表 6 居民可支配收入占 GDP 比重(2005 年)

	居民可支配收入占 GDP 比重（%）	居民可支配收入	
		消费比重（%）	储蓄比重（%）
中 国	59.4	64.4	35.6
美 国	74.2	95.0	5.0
英 国	62.4	99.4	0.6

续表

	居民可支配收入占 GDP 比重(%)	居民可支配收入	
		消费比重(%)	储蓄比重(%)
德　国	69.6	83.7	16.3
法　国	65.6	84.5	15.5
日　本	64.0	90.2	9.8
韩　国	56.2	89.6	10.4
巴　西	65.9	94.0	6.0

资料来源:联合国国民核算年鉴。

4. 收入差距因素。收入差距对居民消费支出的影响较大,通常,低收入居民的消费倾向高于高收入居民,农村居民的消费倾向高于城镇居民。据统计,2008 年,我国城镇居民最低 10% 收入组居民消费倾向(居民消费支出与可支配收入之比)为 0.96,而最高 10% 收入组为 0.63;农村居民为 0.78,城镇居民为 0.73。世界银行公布的数据显示,2005 年我国基尼系数为 0.42,不仅高于发达国家,而且超过了 0.4 的国际警戒线;最高 20% 收入组所占的收入相当于最低 20% 收入组的 8.3 倍,高于欧元区平均水平(4.4 倍)。此外,我国城乡居民收入差距较大,城镇居民人均可支配收入相当于农村居民人均纯收入的倍数从 1990 年的 2.2 倍扩大到 2008 年的 3.3 倍,城乡居民二元消费结构特征十分明显。各阶层之间、城乡之间居民收入差距过大也是抑制消费支出的因素之一。

5. 公共教育、医疗卫生和社会保障体系因素。公共教育、医疗卫生和社会保障体系对于稳定和刺激居民消费支出有着十分重要的作用。发达国家拥有完善的国民教育体系、公共医疗卫生体系以及政府失业、养老等社会保障体系,有效解决了居民生活的“后顾之忧”,保证居民大部分可支配收入能用于消费。这是提高即期消费、降低储蓄率的基本前提。与发达国家相比,我国公共教育体系、公共医疗卫生体系和社会保障体系相对比较薄弱,社会公共服务支出明显不足。2006 年,我国公共教育经费支出占 GDP 比重为 3.0%,而发达国家在 4% -6% 之间,巴西、俄罗斯、印度等主要发展中国家也在 3% 以上。我国公共医疗卫生经费支出占 GDP 比重为 2.4%,而发达国家在 6% -9% 之间;在我国医疗卫生总支出中,个人支出所占比重从 2000 年的 59% 降到 2006 年的占 49.3%,仍远远低于发达国家。日本、英国、德国、法国等政府公共医疗卫生支出占总支出比重在 75% 以上,政府承担居民医疗卫生支出的绝大部分。我国社会保障支出占 GDP 比重为 5.1%,也远远低于发达国家。据统计,目前我国约 75% 的劳动者没有基本养老保险,85% 以上的居民没有基本医疗保险。在德国和法国,政府用于失业救济和养老等社会保障支出占 GDP 比重高达 24%,美国和英国约为 12%,日本为 18%。完善的社会保障体系被称作宏观经济的"自动稳定器",在经济收缩期,是支撑居民消费支出的重要保障,也是减轻经济波动的安全保护网。

表 7 公共教育、医疗卫生经费和社会保障支出占 GDP 比重

(%,2005 - 2006 年)

	公共教育经费支出	公共医疗卫生经费支出	社会保障支出
中国*	3.0	2.4	5.1
美国	5.6	7.0	12.2
英国	5.5	7.2	12.7
德国	4.6	8.2	24.6
法国	5.7	8.8	23.1
日本	3.6	6.6	17.8
韩国	4.6	3.6	
巴西	4.5	3.6	
印度	3.2	0.9	
俄罗斯	3.8	3.3	

注:* 公共教育经费支出为财政性教育支出。公共医疗卫生经费包括政府预算卫生支出和社会卫生支出。社会保障支出包括财政支出、社会保险基金、其他社会保障。

资料来源:中国统计年鉴,世界银行数据库,IMF 财政统计年鉴。

国际比较研究表明,我国公共教育、公共医疗卫生体系以及社会保障体系比较薄弱,政府公共服务支出相对不足,居民用于教育和医疗卫生支出的负担较重,失业和养老没有充分保障。在此情况下,居民必然会降低即期消费,增加储蓄。特别在经济低迷时期,在面临失业和收入增长缓慢的环境压力下,居民储蓄倾向更高,扩大消费更为困难。

三、扩大我国居民消费的基本路径

综合分析来看，制约我国居民消费的因素很多，既有经济发展水平因素，也有发展战略因素；既有结构性因素，也有体制和机制因素。在当前世界经济衰退、对外贸易下滑、净出口对经济增长的贡献减弱的严峻形势下，扩大居民消费对保持经济持续平稳较快增长具有十分迫切的重要意义。在扩大内需、促进经济增长过程中，财政和货币政策应注重短期刺激和长期调整相结合，通过提高居民收入、调整消费结构、加大民生工程投资力度以及改革分配机制、缩小收入差距、完善社会公共服务体系等综合措施，充分挖掘我国居民消费潜力，提高居民消费对经济发展的拉动作用，推进我国经济发展阶段的跨越性转变。

1. 千方百计保持经济持续平稳较快增长，提高居民收入，是扩大居民消费的重要保证。在经济发展方式上，保持外需与内需、投资与消费之间的平衡关系。在扩大内需的同时，不断提高对外开放水平，积极开拓世界市场，调整出口市场结构和出口产品结构，实施出口市场多元化战略，在充分发挥我国劳动力资源优势的同时，提升出口产品技术的自主创新能力，提高我国在国际贸易市场的地位。历史经验表明，在经济全球化下，扩大对外开放，是缩小我国科技和管理水平与发达国家差距、实现产业结构升级、提升核心竞争力的有效途径。

2. 加强民生工程投资建设，促进居民消费结构的优化升级，释放居民对交通、居住等享受性消费能力。消费是投资和生产的起点和归结，以消费促生产、增投资，提高生产和投资的效果。一是加大公路、铁路等交通设施的投资建设，着力解决长期存在的交通运力紧张问题。二是开拓汽车消费市场，发展适应我国城市和农村市场的汽车产业。三是加强居民保障性住房建设，解决居民住房紧张问题，提高居民住房的舒适度。四是加快农村住房卫生设施、安全饮用水源工程改造，改善农村居民居住条件和居住环境。

3. 增加公共教育经费和公共医疗卫生经费支出，完善社会保障体系，减轻居民用于发展性和保障性消费的支出负担。在增加公共教育经费总支出的同时，着重调整政府对基础教育和高等教育公共支出结构，适当加强基础教育投入，扩大公共教育经费支出对居民的受惠面，提高全体公民的基础教育水平。增加公共医疗卫生支出,扩大社会医疗保险范围,逐渐降低个人卫生支出比重。在社会保障方面,一方面要形成由政府、企业和个人同共承担的社会保障收入来源;另一方面,增加社会保障支出项目、扩大社保的覆盖面。应强化政府在公共教育、医疗卫生和社会保障方面的职能,为居民生活构建"学有所教、病有所医、老有所养、困有所帮"的社会安全保护体系。这既是提高居民即期消费倾向、降低储蓄率的前提,也是减缓外部冲击、增强经济增长稳定性的有力保障。

4. 改革收入分配机制,提高居民消费水平,加快增长速度。在初次分配中,通过劳动立法等手段,提高劳动者报酬在GDP初次分配中的比重,特别对一些劳动密集型行业,设立最低工资界线,保证劳动者应有的收入。在再分配中,通过社会保障收支、经常转移收支等再分配形式,增加居民可支配收入。

5. 缩小收入差距,扩大居民消费。完善税收调节机制,缩小行业之间、各个阶层之间居民收入差距。其中,缩小城乡居民收入是扩大居民消费的重点和关键。应大力发展农村经济,增加农村居民收入和消费能力。一是夯实农业基础,增加农业生产的补贴,提高农业生产能力,确保农产品生产安全。二是做好农村劳动力转移和安置工作,保障进城打工农民的合法权益。三是落实以工哺农、以城带农的各项支农惠农政策,逐渐建立和完善农村公共教育、医疗卫生和社会保障制度,提高农村劳动力素质和技能,推进新农村建设,维护农村社会稳定。

参考文献:

[1] 中国统计年鉴,历年

[2] 中国城市生活与价格年鉴,中国农村住户调查年鉴

[3] World Development Indicators, by World Bank

[4] World Economic Outlook, Government Finance Statistics, by IMF

[5] Statistics Yearbook of European Union

[6] National Accounts Statistics, by UN

[7] 国际劳工组织(ILO)数据库

(执笔:余芳东;成文于:2009年7月)

人均国民总收入 3000 美元时的居民消费分析

据世界银行最新统计,2008 年我国人均国民总收入(以下简称人均 GNI)达到 2770 美元,接近 3000 美元。人均 GNI3000 美元是一个国家经济结构、消费结构等发生重大变化的时期。本文选取了世界上一些主要国家在人均 GNI3000 美元时的居民消费情况进行了比较研究。结果显示,人均 GNI 达到 3000 美元之前,几乎所有国家居民消费率都呈下降趋势,我国居民消费率走势符合国际规律;但我国居民消费率在世界 150 多个国家中倒数第 10,水平很低。从主要国家经验看,人均 GNI3000 美元以后,大多数国家居民消费率会上升。当前,我国居民消费率已近谷底,继续下降的空间较小。

一、主要国家人均 GNI3000 美元时的居民消费特点

(一)人均 GNI3000 美元之前的居民消费率都呈下降趋势

在选择的世界 12 个主要国家中,虽然各国达到人均 GNI3000 美元的时间相差很大,而且各国的经济发展水平和经济结构也互不相同,但普遍来说,人均 GNI3000 美元之前的居民消费率都呈下降趋势。

表 1　人均 GNI3000 美元时各国居民消费率比较　　单位:%

国　家	年　份	人均 GNI	居民消费率
美　国[①]	1967	4160	61.9
日　本	1973	3460	49.9
英　国	1973	3450	60.9
德　国[②]	1973	4530	55.1
法　国	1970	3010	56.1

续表

国　　家	年　份	人均 GNI	居民消费率
澳大利亚	1970	3130	54.2
韩　　国	1987	3320	51.5
新 加 坡	1978	3370	54.9
泰　　国	1996	3050	54.3
马来西亚	1993	3220	48.3
巴　　西	1994	3050	59.3
俄 罗 斯	2004	3420	50.2
中　　国	2008	2770	35.3

注：①美国 1967 年开始有数，自有数开始就超过 3000 美元，实际年份估计早于 1967 年。

②德国 1973 年开始有数，自有数开始就超过 3000 美元，实际年份估计早于 1973 年。

资料来源：世界银行 WDI 数据库，中国数据来源于国家统计局。

发展中国家选了韩国、新加坡、泰国、马来西亚、巴西和俄罗斯六个国家，除俄罗斯起伏波动较大外，其他国家均呈下降趋势。从人均 GNI 达到 3000 美元之前的 15 年来看（各国从 1979 年有完整的数据），韩国从 72.8% 降为 51.5%，新加坡从 62.5% 降为 54.9%，泰国从 63.8% 降为 54.3%，马来西亚从 55% 降为 48.3%，巴西从 70% 降为 59.3%。分别下降了 21.3、7.6、9.5、6.7 和 10.2 个百分点。

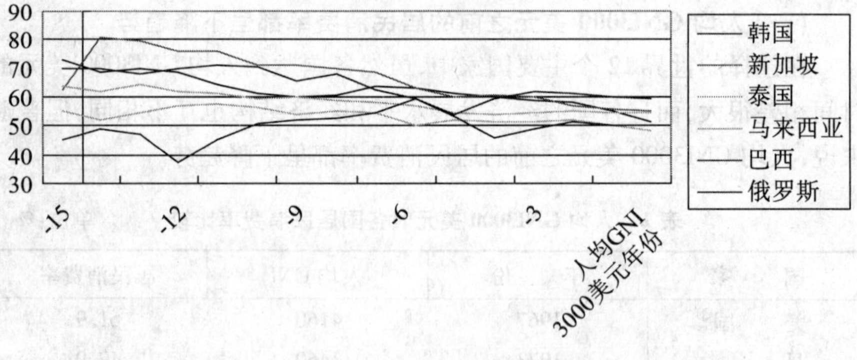

图 1　主要发展中国家人均 GNI3000 美元之前的居民消费率

发达国家由于人均 GNI 达到 3000 美元的时间较早，之前只有几年的居民消费率数据。在选择的六个发达国家中，只有法国的趋势略微不同，其他五个国家人均 GNI 达到 3000 美元之前居民消费率均表现出明显的先升后降趋势。

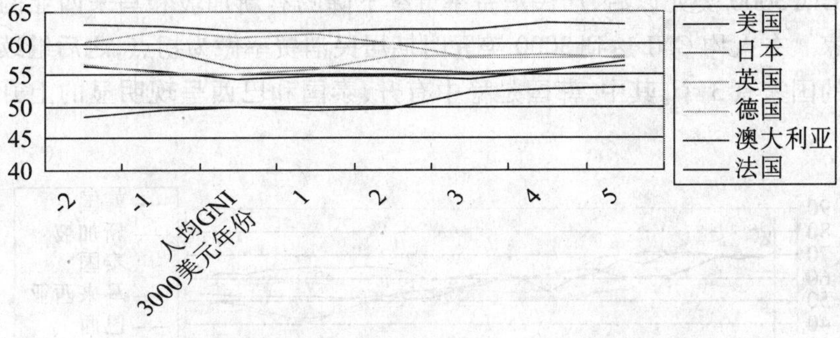

图 2 主要发达国家人均 GNI3000 美元前后的居民消费率

(二)人均 GNI3000 美元时的居民消费率普遍较低

在选择的 12 个国家中,有 10 个国家在人均 GNI3000 美元之前五年的平均居民消费率高于当年水平。有 7 个国家在人均 GNI3000 美元之后五年的平均居民消费率高于当年水平。有 6 个国家在之前及之后五年的平均消费率都高于当年水平。这说明,人均 GNI3000 美元时,主要国家居民消费率水平较低。

表 2 人均 GNI3000 美元前后各国居民消费率比较 单位:%

国家	年份	人均GNI	当年居民消费率	之前5年平均	比当年高(百分点)	之后5年平均	比当年高(百分点)
美国	1967	4160	61.9	63.2	1.27	62.5	0.57
日本	1973	3460	49.9	50.2	0.30	51.4	1.50
英国	1973	3450	60.9	61.0	0.13	58.9	-1.97
德国	1973	4530	55.1	54.9	-0.24	57.4	2.26
法国	1970	3010	56.1	58.8	2.74	55.9	-0.16
澳大利亚	1970	3130	54.2	55.5	1.37	55.3	1.14
韩国	1987	3320	51.5	58.7	7.18	51.6	0.08
新加坡	1978	3370	54.9	58.6	3.65	48.6	-6.40
泰国	1996	3050	54.3	54.5	0.21	55.6	1.36
马来西亚	1993	3220	48.3	51.6	3.30	45.8	-2.48
巴西	1994	3050	59.3	59.6	0.32	64.2	4.88
俄罗斯	2004	3420	50.2	50.1	-0.10	49.2	-0.10

资料来源:世界银行 WDI 数据库。

(三)人均 GNI3000 美元之后发展中国家居民消费率有升有降

从韩国、新加坡、泰国、马来西亚、巴西五个国家来看,在人均 GNI 达到 GDP3000 美元以后,居民消费率继续下降的有新加坡和马来西亚两个国家。在人均 GNI 达到 3000 美元时期居民消费率做为拐点,之后继续上升的国家有 3 个,其中,韩国是稳中有升,泰国和巴西呈现明显的上升趋势。

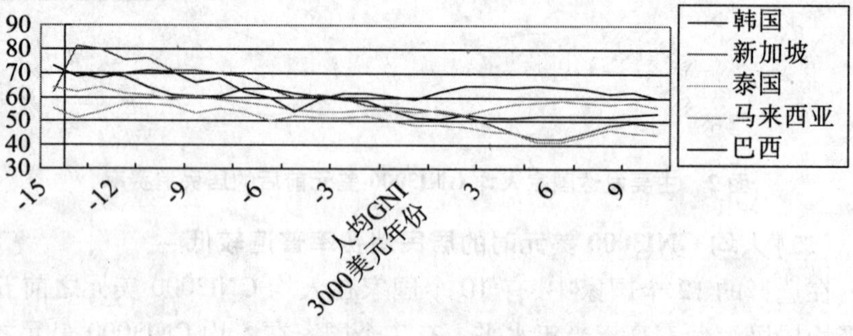

图 3　主要发展中国家居民消费率

(四)人均 GNI3000 美元之后发达国家居民消费率均稳步上升

发达国家人均 GNI3000 美元之后居民消费率均呈上升趋势,从人均 GNI 达到 3000 美元的年份,美国 2007 年上升到 70.6%,日本 2007 年上升到 57.1%,英国 2004 年上升到 63.1%,德国 2004 年上升到 56.7%,法国 2007 年上升到 56.7%,澳大利亚 2007 年上升到 56%。分别上升了 8.7、7.2、2.2、1.6、0.6 和 1.8 个百分点。

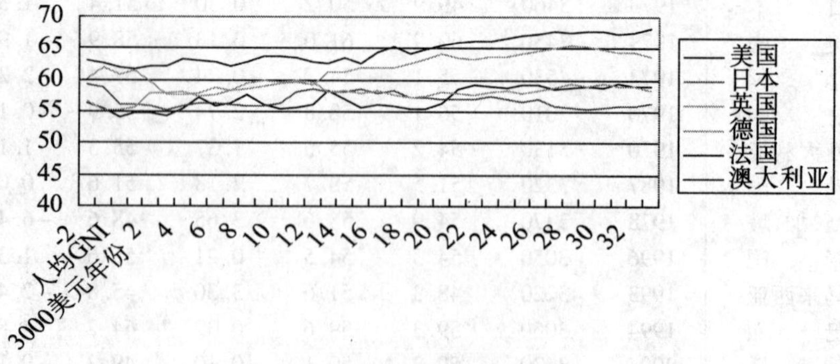

图 4　主要发达国家居民消费率

二、人均 GNI3000 美元时我国居民消费特点

(一)我国居民消费下降趋势符合国际规律

2008 年下半年爆发的国际金融危机,不仅对世界其他国家经济产生了巨大的影响,也对我国经济产生了较大的冲击。原来主要由投资和出口拉动的高速经济增长,由于出口的下降而明显减缓,一直以来处于较低水平的居民消费再度成为关注的焦点。我国居民消费率从 1952 年的 65.4%一路下滑到 2008 年的 35.3%,这种趋势是否正常呢?从国际比较来看,它不是我国所独有的,本文前面的分析已经证明在人均 GNI3000 美元时世界主要国家都是这种趋势,尤其是在人均 GNI 达到 3000 美元之前,世界主要国家居民消费率都是下降趋势。之所以我国的居民消费率目前引起格外的关注,一是因为在当前这种特殊的国际经济环境下,人们期望居民消费在拉动经济增长方面发挥更大的作用;二是我国的居民消费率已到了一个很低的水平。

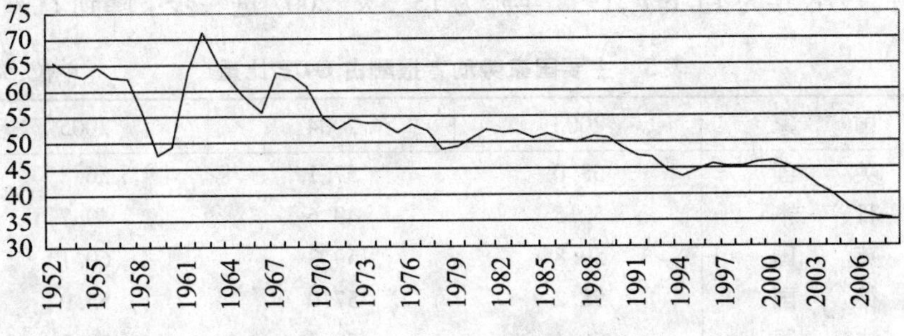

图 5 1952－2008 年我国居民消费率

(二)居民消费水平远远低于其他国家

虽然我国居民消费率持续下降的趋势与其他国家相比并不特别,但消费水平在世界上确是很低的。在选中的 12 个国家中,在人均 GNI3000 美元的年份,我国的居民消费率比最高的美国低 26.6 个百分点,比最低的马来西亚也低 13 个百分点。2006 年,世界平均居民消费率为 60.7%,比我国高 27.3 个百分点。在有数据的 150 个国家排序中,2006 年,我国居民消费率倒数第 10 位。

(三)居民消费继续下降的空间有限

从所选的 12 个国家来看,居民消费率较低的水平一般围绕在人均

GNI3000 美元左右的年份,即使马来西亚、新加坡、俄罗斯在人均 GNI3000 美元之后的若干年份还继续下降,但其最低水平也高于 50%。其他的 9 个国家在人均 GNI3000 美元之后,居民消费率均呈上升态势。所以,从国际比较来看,近年的超低水平应基本上是谷底,继续下降的空间不是太大。

三、影响我国居民消费的原因分析

(一)国民收入初次分配中劳动者报酬偏低

一般来说,衡量一国国民收入初次分配是否公平,分配率是一个主要指标,分配率是指劳动报酬总额占国内生产总值的比重。如果劳动者的报酬总额占 GDP 的比重越高,说明国民收入的初次分配越公平。发达国家此项指标所占比重都很高。美国、英国、德国、法国等的分配率基本接近 60%。我国的分配率基本维持在 50% 左右,低于大多发达国家。此外,职工工资总额(劳动者报酬中的主体)占国内生产总值的比重在逐年下降,1978 年为 15.6%,1995 年降为 13.3%,2007 进一步下降到 11%。

表 3　主要国家劳动者报酬占 GDP 比重　单位:%

国　家	2003	2004	2005
美　国	58.0	57.1	56.8
日　本	50.5	49.6	49.7
英　国	59.8	59.3	60.1
德　国	58.2	57.0	55.9
法　国	58.4	58.2	58.2
韩　国	50.0	49.6	50.6
巴　西	45.7	45.8	
中　国	49.2	47.0	50.6

资料来源:联合国国民核算年鉴,中国数据来源于国家统计局。

从另一个角度也能说明我国初次分配中劳动者报酬水平较低,政府消费率是政府消费支出占 GDP 的比重,政府消费支出中工资和津贴是主要组成部分。在人均 GNI3000 美元时,与其他国家相比我国的政府消费率偏低。西方发达国家基本在 18% 左右,巴西、俄罗斯了也在 17% 左右,我国只有 13.3%。

表 4 主要国家人均 GNI 达到 3000 美元时的政府消费率比较 单位:%

国 家	年 份	人均 GNI	政府消费率
美 国	1967	4160	18.5
日 本	1973	3460	11.9
英 国	1973	3450	18.8
德 国	1973	4530	18.5
法 国	1970	3010	17.2
澳大利亚	1970	3130	13.8
巴 西	1994	3050	17.9
俄 罗 斯	2004	3420	16.7
中 国	2008	2979	13.3

资料来源:世界银行 WDI 数据库。

(二)长期忽视居民消费对经济的拉动作用

消费、投资和净出口是拉动经济增长的三驾马车,我国长期过度依赖投资和出口,对居民消费对经济的拉动作用重视不够。2008 年,我国的资本形成率为 43.5%,均高于在人均 GNI3000 美元时其他国家的水平。当时最低的美国资本形成率只有 19.2%,比我国低 24.3 个百分点。巴西、俄罗斯也基本在 20% 左右,均远远低于我国的水平。

表 5 人均 GNI3000 美元时各国资本形成率比较 单位:%

国 家	年 份	人均 GNI	资本形成率
美 国	1967	4160	19.2
日 本	1973	3460	38.7
英 国	1973	3450	22.7
德 国	1973	4530	27.3
法 国	1970	3010	26.5
澳大利亚	1970	3130	33.0
韩 国	1987	3320	30.3
新 加 坡	1978	3370	39.1
泰 国	1996	3050	41.8
马来西亚	1993	3220	39.2
巴 西	1994	3050	22.1
俄 罗 斯	2004	3420	20.9
中 国	2008	2979	43.5

资料来源:世界银行 WDI 数据库,中国数据来源于国家统计局。

从出口来看,在人均GNI3000美元时,我国净出口对GDP的贡献率也保持较高的水平。2007年,我国净出口对GDP的贡献率为19.7%,仅次于韩国。当然,我国人均GNI达到3000美元的时间比其他国家晚很多,正处于世界贸易十分活跃、全球化程度很高的时期,出口对经济的拉动作用十分突出。但这不只是客观因素,与我国尤其是改革开放以来走出口导向型经济的政策引导是密切相关的。

表6 人均GNI3000美元时各国净出口对GDP贡献率比较 单位:%

国家	年份	人均GNI	净出口贡献率
美国	1967	4160	-7.56
日本	1973	3460	-13.1
英国	1973	3450	-3.8
德国	1973	4530	5.1
法国	1970	3010	5.9
澳大利亚	1970	3130	-6.8
韩国	1987	3320	18.6
泰国	1996	3050	-1.7
马来西亚	1993	3220	35.3
巴西	1994	3050	12.0
俄罗斯	2004	3420	12.9
中国	2007	2979	19.7

资料来源:联合国国民核算数据库,中国数据来源于国家统计局。

(三)居民负担重 社会保障水平低

从国际比较来看,我国居民用于医疗保健的支出占人均消费支出的比重是较高的。2007年,我国居民用于医疗保健的支出占人均消费支出的比重达到6.99%,在选择的国家中仅次于美国。近年来,我国居民家庭用于医疗方面的支出逐年增加。高价位的药品,高额的医疗服务费使居民家庭的医疗支出加大,看病已成为居民的沉重负担。近几年,住房、教育等的高额支出,也大大增加了居民的生活负担。而同时,社会保障水平又较低。我国社会保障支出占财政收入比重与其他国家相比,是很低的。2007年,我国社会保障及就业支出占财政收入比重仅为10.61%,而最高的德国2006年达到56.7%,法国达到42.1%,美国达到35.24%。

支出高、保障低，直接导致了居民紧缩消费、加大储蓄的力度。

当然，在发达国家，由于社会积累了足够的财富，所以他们对于已失去劳动力的老弱群体给予了较为充足的照顾。而我国，因为还不富裕，社会保障制度，包括医疗保险制度和养老保险制度，只能保证维持基本的生存与温饱，这无形中又加大了居民的后顾之忧。

表7　主要国家医疗保健与社会保障支出比较　　单位:%

国　家	居民医疗保健支出占人均支出比重(2007)	年　份	社会保障支出占财政收入比重
美　国	19.1	2007	35.24
日　本	4.22		
英　国	1.62	2006	21.19
德　国	4.83	2006	56.70
法　国	3.41	2006	42.10
韩　国	5.37	2005	16.16
中　国	6.99	2007	10.61①

注:①中国为社会保障和就业支出。

资料来源:OECD 数据库,IMF 财政统计年鉴,中国数据来源于 2008 年《中国统计年鉴》。

四、几点建议

(一)提高国民收入初次分配中劳动者报酬的比重

国民收入初次分配要解决的主要是货币资本的所有者与人力资本的所有者的利益分配问题，具体而言，就是提高劳动者的劳动报酬及福利待遇，让劳动者所得在 GDP 中所占比重达到一个合理水平。现阶段的中国，尤其是要解决农民、农民工及城市工薪者的待遇过低问题，使劳动者的整体工资水平有一个大幅度的提升。

(二)高度重视居民消费对经济的拉动作用

当前，全球经济的再平衡调整存在多种可能性，而最好的情况是美国储蓄率和中国居民消费双双上升。对于中国来说，最优选择是扩大居民消费，这将直接拉动内需并降低总储蓄率。在出口受阻，投资规模达到一定程度后，居民消费的重要性越发的突出。应抓住时机，采取多种措施，刺激居民消费增长。

(三)完善社会保障体系

健全的社会保障制度,完善的社会保障体系,历来是人民生活的“安全网”,也是居民放心消费的保证。因此,完善覆盖城乡的基本养老、医疗保险制度,完善失业、工伤、生育保险制度,在我国实施更加积极的社会保障政策,使居民老有所养、老有所靠,放心消费。

(执笔:郑泽香;成文于:2009 年 7 月)

金融危机下东欧国家外债风险上升

当前,国际金融危机还在蔓延和深化,越来越多的发展中国家经济正走向衰退。东欧国家本已较高的债务负担在金融危机的冲击下愈益沉重,外债风险大幅上升,但目前债务危机发生的可能性不大。

一、东欧国家债务负担沉重

据国际货币基金组织估算,按汇率法 GDP 汇总,2008 年东欧国家经济总量为 41634.3 亿美元,占世界经济总量的 6.7%;人口 3.5 亿,占世界人口的 5.3%。自上世纪八十年代末九十年代初前苏东国家向市场经济过渡后,东欧国家通过向发达国家尤其是近邻西欧国家大量举债来发展本国经济,造成东欧国家债务负担沉重。据估计,目前东欧国家的总外债达到 18273.1 亿美元,几乎所有国家负债率均超过了 20% 的国际警戒线,其中,匈牙利、拉脱维亚、爱沙尼亚和斯洛文尼亚的负债率更分别高达 127.1%、125.3%、107.1% 和 100.0%。东欧国家短期总外债达到 4211.8 亿美元,其中,白俄罗斯、斯洛伐克、保加利亚、爱沙尼亚、拉脱维亚、捷克、斯洛文尼亚、乌克兰和立陶宛短期外债占比分别达到 60.2%、38.2%、37.5%、37.0%、35.4%、31.9%、31.2%、28.5% 和 27.4%,均高于 25% 的国际警戒线。

二、金融危机造成东欧国家经济大幅下滑

当前,国际金融危机还在蔓延和深化,东欧国家遭受的冲击愈益明显。金融危机以来,东欧国家工业生产大幅下滑,经济陷入衰退,失业率骤升,主要股指大幅下挫。2009 年 1 月,捷克工业生产同比下降 23.3%,降幅比上月加快 8.7 个百分点,连续 4 个月有所下降;斯洛文尼亚下降 17.4%,同样连续 4 个月下降;匈牙利下降 21.0%,连续 8 个月下降。

2009 年 2 月，波兰和俄罗斯工业生产同比分别下降 14.3% 和 13.2%，分别连续 5 个和 4 个月有所下降。工业生产降幅持续扩大造成东欧国家经济迅速陷入衰退。2008 年第四季度，捷克、俄罗斯和波兰 GDP 同比分别增长 0.2%、1.2% 和 2.9%，分别比上个季度放慢 3.8 个、4.8 个和 1.9 个百分点；斯洛文尼亚和匈牙利 GDP 分别下降 0.8% 和 2.3%，而上个季度分别为增长 3.9% 和 0.8%。

除造成经济衰退外，金融危机还造成东欧国家失业率骤升。2009 年 2 月，捷克失业率达到 7.4%，比上月上升了 0.6 个百分点，为 2007 年 2 月以来的新高；2009 年 1 月，斯洛文尼亚失业率达到 7.8%，上升了 0.8 个百分点，达到 2007 年 4 月以来的新高；2009 年 2 月，波兰、匈牙利和俄罗斯的失业率分别达到 10.9%、9.1% 和 8.5%。

作为经济状况的晴雨表，东欧国家主要股指大幅下挫。截至 2009 年 4 月 9 日的一年期间，斯洛文尼亚 SBITOP、俄罗斯 INDEXCF、捷克 PX、波兰 WIG、匈牙利 BUX 和土耳其 XU100 股指分别下挫了 54.9%、48.6%、47.5%、45.7%、45.2% 和 36.0%。

三、东欧国家偿还外债能力下降

受需求下降和国际金融危机冲击的双重影响，东欧国家经常账户赤字上升和本币贬值，偿还外债的能力有所下降，主要表现在：一是经常账户逆差扩大、外汇储备下降降低了偿债能力。据统计，2008 年，土耳其经常账户逆差达到 416.0 亿美元，比上年上升 9.5%；波兰、匈牙利、捷克和斯洛文尼亚经常账户逆差分别达到 192.2 亿、89.0 亿、47.4 亿和 22.1 亿欧元，逆差额分别比上年增长 53.7%、36.7%、108.8% 和 51.8%。由于经济形势日益恶化，外资抽逃加速，再加上动用外汇储备救市，东欧国家外汇储备显著下降。截至 2009 年 2 月，斯洛伐克、保加利亚、俄罗斯、土耳其、斯洛文尼亚和波兰的外汇储备分别为 1.9 亿、139.2 亿、3465.8 亿、673.7 亿、7.8 亿和 562.8 亿美元，与金融危机爆发前的 2008 年 8 月比，分别下降了 98.9%、30.6%、22.3%、11.0%、9.9% 和 8.5%。二是本币持续贬值增加了外债的本币支付额，进一步加剧了外债偿付负担。截至 2009 年 4 月 18 日，波兰、匈牙利、土耳其、俄罗斯、捷克、克罗地亚、拉脱维亚、立陶宛和爱沙尼亚本币自金融危机以来对美元分别贬值 45.6%、

40.7%、36.2%、35.6%、22.0%、16.8%、13.7%、12.5%和12.4%。

四、东欧国家债务风险上升,但目前爆发债务危机的可能性不大

东欧国家的外债主要来自奥地利、比利时、意大利和瑞典四国,而这四个国家的银行资金又主要来自德国和法国两个西欧国家,斯洛文尼亚和爱沙尼亚的银行系统更是完全受西欧银行控制。据统计,东欧国家90%的外债来自西欧,因此,如果东欧国家在经济不景气的形势下发生债务违约,不仅奥地利、比利时等国会受到直接牵连,西欧国家也将承担不可承受之重,并对西欧海外分支机构所在国银行体系产生连锁反应,从而形成全球性的银行倒闭潮。

但是,在当前世界经济陷入深度衰退的大环境下,各国纷纷出台力度空前的救助措施,使得东欧国家债务风险上升为债务危机的可能性大大降低。今年4月初伦敦G20峰会后,全球积极协同救市的共识得到强化,东欧国家在当前经济困难时期必对本国银行提供国家层面的系统性支持,以避免发生灾难性后果。同时,地区性组织和国际组织积极介入东欧经济事务,对东欧国家提供救助资金也将有利于缓解东欧债务风险,避免债务风险上升为债务危机。如,2009年3月,欧盟同意将主要用于救助国际收支出现困难的东欧成员国的国际收支救助基金规模扩大一倍至500亿欧元,匈牙利和爱沙尼亚已经分别这项基金中获得65亿和31亿欧元的支持。3月,国际货币基金组织同意在去年提供50亿欧元的基础上再向匈牙利立即支付第二笔25亿欧元的救助贷款,并在今后还将按协议支付48欧元贷款。

(执笔:王金萍;成文于2009年4月)

2009年世界主要经济体房市冷热不均 形势不容乐观

在政策的调整下，与上年相比，2009年全球房地产市场持续恶化的趋势有所遏制，总体好向变化，房屋销量增加，房价跌幅收窄，一些国家出现回涨势头。世界各大经济体房市冷热不均，美国房市已走出底谷，正在艰难回升；英国、德国、法国等房价回涨；西班牙、爱尔兰、荷兰等房价继续下跌；日本房市继续恶化；亚太部分经济体房市明显升温。预计2010年，随着世界经济复苏以及刺激政策力度加大，主要经济体房市继续趋好，但受失业率居高不下、实体经济信贷条件偏紧等因素影响，全球房市前景不容乐观。

表1　世界主要经济体房价环比变动(%)

	2008年				2009年		
	1季度	2季度	3季度	4季度	1季度	2季度	3季度
美　国							
FHFA购房价格指数	-0.1	-1.8	-2.3	0.1	0.7	-2.4	0.4
Case - Shiller指数	5.9	-3.3	-4.6	-5.9	-6.7	1.8	1.9
加拿大	1.1	0.3	0.1	-0.6	-1.4	-1.3	0.3
英　国	-2.5	-2.7	-5.3	-5.1	-4.5	2.9	4.0
澳大利亚	0.7	-0.8	-2.6	-1.3	-0.8	4.2	4.2
德　国				0.7	-2.9	-1.6	0.8
法　国	-1.1	0.4	-2.9	-6.5	-1.0	3.9	-1.0
挪　威	2.4	1.2	-3.4	-7.0	4.2	5.3	1.8
瑞　典	-1.2	1.4	1.4	-3.6	-3.3	3.9	2.9
荷　兰	1.0	0.2	1.2	-0.7	-1.0	-2.3	-1.2
葡萄牙	-0.8	-2.8	-1.9	-1.0	-0.3	1.7	-0.3
西班牙	0.7	-0.2	-1.3	-2.4	-3.0	-1.9	-0.9

续表

	2008年				2009年		
	1季度	2季度	3季度	4季度	1季度	2季度	3季度
爱尔兰	-2.8	-2.8	-1.9	-2.5	-3.0	-4.2	-3.9
俄罗斯	6.7	4.9	4.2	-1.1	-2.8	-4.8	-2.6
南　非	0.7	0.3	0.0	-0.6	-1.9	-0.8	2.2
日　本		-1.3		-2.1		-2.0	
新加坡	3.8	0.2	-2.4	-5.2	-14.1	-4.7	15.8
韩　国	0.9	2.1	0.8	-1.2			
中国香港	10.8	0.7	-2.1	-12.9	0.0	8.4	8.3
印度尼西亚	0.7	0.8	0.5	0.5	0.5	0.7	0.2

注：日本为所在季的上半年和下半年数据。

一、美国房市已触底企稳，但复苏之路举步维艰

自2007年次贷危机以来，美国房地产市场持续恶化，房屋销量下降，房价下跌，住宅建筑投资锐减，并引发金融危机，将经济拖入二战以来最为严重的衰退之中。2009年美国房市继续下滑，但是在政策刺激下，房地产市场恶化的趋势得到遏制。统计数据显示，当前美国房地产市场已经触底企稳。主要表现在：

1. 房屋销量止降回升，待售房数量减少。新房销量从1月份32.9万套的历史最低水平回升到10月份的40万套，11、12月份受首次购房优惠政策到期的影响，又陡降至37和34万套；待售新房可供销售的月数从12.4的历史高点上回落到7.1。现房销量从499万套增加到11月份的654万套，12月份回落到545万套；待售现房可供销售月数从9.7回落到7.2。

2. 新房开工数量增加，住宅建筑投资由减转增。新房开工数量从1月份的48.8万套增加到12月份的55.7万套。第3、4季度住宅建筑投资环比折年率增长18.9%和5.7%，结束了2006年1季度以来持续14个季度下降趋势，成为推动经济复苏的重要力量。

3. 房价跌幅缩小，趋于稳定。与前两年房价急剧下跌的状况不同，2009年尽管仍在下跌，但跌幅明显收窄，并在波动中显现稳定的迹象。

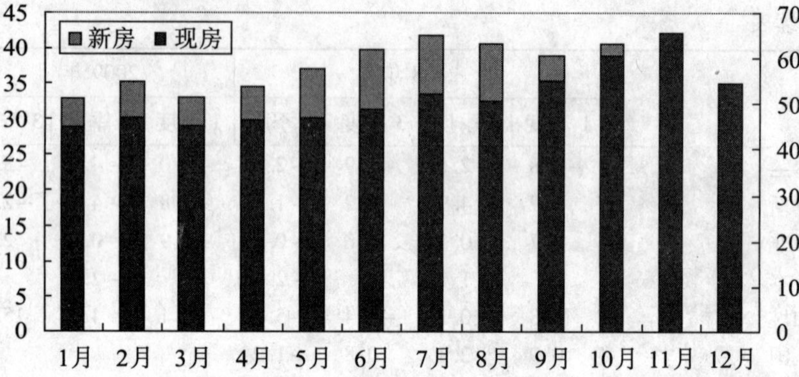

图 1　2009 年美国现房和新房销售量变化(万套)

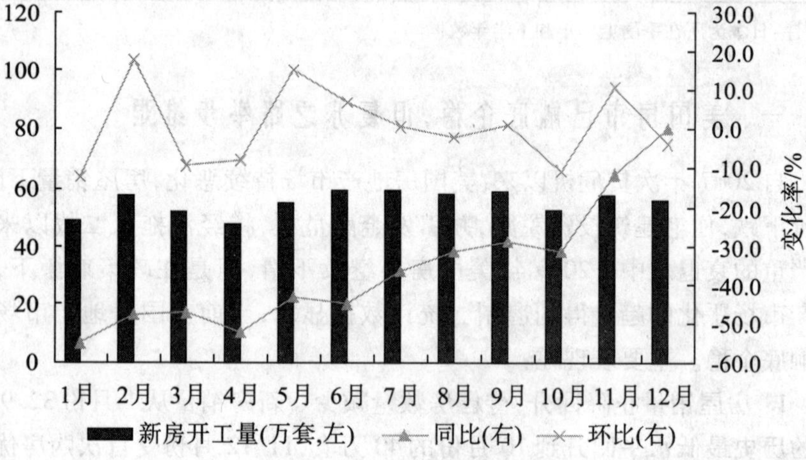

图 2　2009 年美国新房开工数量变化

新房中位数价格从 1 月份每套 20.9 万美元回升到 12 月份 22.1 万美元;现房价格从每套 16.8 万美元回升到 17.8 万美元。第 2、3 季度标准普尔(Case – Shiller)房价指数均上涨了 3.1%,结束了前 9 个季度连续下跌的趋势。美国联邦住房金融局(FHFA)购房价格指数 1 月份同比下降 7.1%,11 月份则转跌为涨,上涨 0.6%,在前 11 个月中有 7 个月实现环比上涨,其中 11 月份上涨 0.7%。

政策支持是推动美国房地产市场走出底谷、开始企稳回缓的主要因素。主要表现在:一是宽松的货币政策降低了住房抵押贷款利率,刺激住房消费需求。11 月份住房抵押贷款利率平均为 4.88%,接近历史最低水

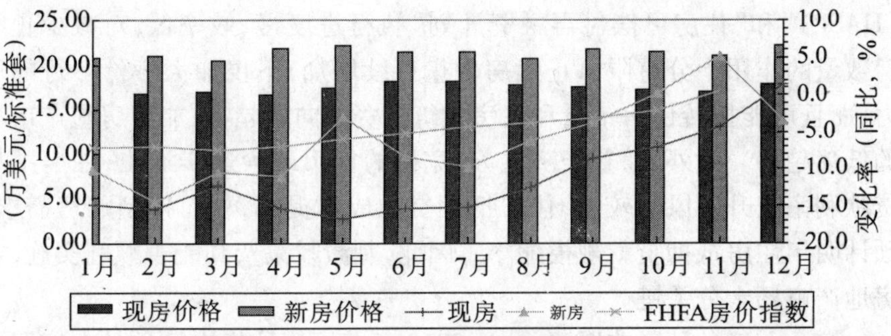

图3　2009年美国房价变动

平，加上房价低，尽管收入增长迟缓，居民住房负担能力却明显增强。前3个季度住房抵押贷款规模同比增加了36.5%。二是住房优惠政策刺激住房消费的潜在需求。在年初的一揽子财政刺激政策中，对首次购房者提供8000美元的退税政策，并且在11月份到期之后，又将其延长到2010年4月底，并进一步放宽受惠范围，加大对房地产市场的支持力度，房屋销量因此大幅增加。据估计，在该政策刺激下，在今后几个月内住房销量将增加50万套。12月份现房签约销售指数（指已经签署合同但尚未完成销售的现房数量）环比增长1.0%，同比增长10.9%，预示今后几个月现房销量将继续增加。三是实施“购房者偿付能力和稳定计划（HASP）”和“住房可偿付再融资计划（HAMP）”等政策，以减少止赎案发生的数量，抑制房价进一步下滑。总之，在这些刺激政策的作用下，美国房市恶化趋势得到遏制，并逐步走出低谷。但是，分析表明，2010年房价进一步下行的压力较大，房地产市场低迷状态还将持续一段时期，复苏之路举步维艰。

住房抵押贷款违约拖欠率居高不下、止赎房数量不断增加是当前美国房地产市场恢复的最大障碍。据美国抵押银行家协会调查，4季度住房抵押贷款违约率为9.47%，比上季度回落了0.1个百分点；止赎房比例为4.47%，比上季度上升了0.17个百分点，尽管有所回落，但仍处在最高水平上。而且，由于失业率处在高位上，收入增长停滞不前，房贷偿还能力下降，以及刺激政策执行进程十分缓慢，住房抵押贷款违约率和止赎房比例进一步上升的风险很大。据估计，目前约有420万套房屋处在抵押贷款拖欠晚期，即将进入止赎房的行列。而“购房者偿付能力和稳定计划

(HASP)”和“住房可偿付再融资计划”执行进度慢、效率低,对减少止赎房数量的作用十分有限。止赎房数量持续增加,不仅加大房价下行的压力,而且可能扭转住房销量和住房建筑投资的向好趋势,加深房地产市场的低迷趋势。此外,随着经济复苏,宽松的货币政策逐步退出,住房抵押贷款利率上升的风险较大,住房抵押贷款成本提高,从而抑制购房需求。预计明年住房抵押贷款规模缩小。因此,刺激政策及其能否顺利实施,对房地产市场十分关键。

综合上述各种影响因素,预计 2010 年美国房地产市场仍处在恢复调整阶段,住房销量回升带动住房建筑增长,但由于大量止赎房有待消化吸收,房价继续呈低迷状态。总体上,房地产市场对经济的影响已逐步从消极因素转变为积极因素,但对经济复苏的拉动作用十分有限。据美国住房抵押贷款银行协会 2010 年 1 月份预测,2010 年新房开工数为 74.3 万套,比上年增长 33.4%;现房销量为 537.8 万套,增长 3.9%;新房销量为 41.2 万套,增长 9.6%;与 2009 年相比,房价稳中略升,维持在历史较低水平上。

二、英国、德国、法国等房价回涨

从 2009 年 3 月份起,英国房价环比持续上涨,从 9 月份开始同比上涨,从而结束了持续近两年的下跌趋势。住房销量也开始增加,其中 6 月份,住房交易量比 1 月份增长了 84%。英国房价持续回涨的主要原因:一是当前利率维持在历史最低水平,推动住房抵押贷款规模扩大。央行利率从 2009 年 3 月份至今一直维持在 0.5% 的低位上,住房抵押贷款规模不断扩大,需求增加,从而推高房价。12 月份居民购房贷款申请比 1 月份增长了 85.3%。二是政府出台了一系列房市救助政策,包括免征房价每套不足 17.5 万英镑的住房印花税,降低其他价位住房的税率;实施抵押贷款拯救计划,帮助陷入房屋止赎困境的家庭;实行“资产共享计划”,为首次购房者增加贷款额度等。三是受信贷紧缩以及严格的土地规划政策限制,新房建筑进程十分缓慢,加上许多屋主因房价低廉而退出房市,市场出现供应相对不足问题,推动房价回涨。四是 2012 年伦敦奥林匹克运动会也推高部分地区房价。但是,多数经济学家认为,2009 年英国房价回涨具有一定的虚假性和不可持续性,由于失业率居高不下、需求不振、消费和投资信心不足,2010 年房价有可能重新下跌,但跌幅要小于 2009 年。

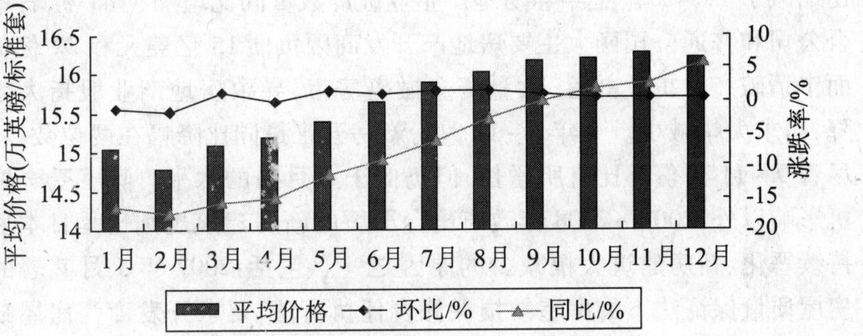

图 4 2009 年英国房价变动

德国第 3 季度房价环比上涨了 0.8%,结束了前两个季度持续下跌趋势;法国房价在波动中回涨,1、3 季度环比均下跌 1.0% 左右,2、4 季度环比分别上涨 3.9% 和 0.4%,也扭转了前期连续下跌的趋势。挪威、瑞典等国家的房价也相继出现上涨趋势。

三、西班牙、爱尔兰等国家房市形势依然严峻

今年以来,西班牙、爱尔兰、荷兰等西欧国家房价呈继续下跌趋势。第 3 季度,西班牙房价环比下跌 0.94%,同比下跌 8%,已连续 6 个季度下跌;6 月份,新房开工数同比减少了 47.6%。受金融危机和经济衰退影响,住房需求大幅减少,第 2 季度西班牙住房销量只相当于 2005 年至 2007 年季度平均数的 51%;9 月份,购房新增贷款只相当于 2005 年至 2007 年月度平均数的 40%。

第 3 季度,爱尔兰房价同比下跌 7%,环比下跌 3.9%,已连续 10 个季度下跌;荷兰同比下跌 5.1%,环比下跌 1.2%,已连续 4 个季度下跌。鉴于目前西班牙、爱尔兰等国家失业率在两位数以上,经济仍在衰退中,预计近几年内房市难以恢复。

四、日本房市加速恶化

全球金融危机严重冲击日本房地产市场,2009 年房价加速下跌,上

半年全国住宅地价环比下跌了 2.0%，同比下跌了 4.1%，自 2007 年下半年以来呈加速下跌趋势；住房销量剧减，1－8 月份东京地区公寓销量同比缩减了 19.4%。上半年房地产企业破产数量同比增加了 41%，日本联合公司和普通公司两大主要房地产开发商因负债 15 亿美元和 22 亿美元而申请破产保护。并且，大量资金撤离房市，导致房地产业股指大幅下降，需求大幅减少。今年 1－12 月份新房开工量同比降幅在两位数以上，尽管 9－11 月份环比有所增长，但仍低于 1 月份的水平。除了受金融危机影响以外，2007－2008 年政府出台严厉的新房建筑规则也是日本房市持续恶化、新房建筑大幅减少的原因之一。包括：2007 年 5 月签署的在房屋质量保证法下的房屋缺损保修责任执行法，要求开发商为房屋缺损维修提供足够的资金；2007 年 6 月推出的建筑标准法修正案，要求对房屋进行更安全的检查，延长使用期；2008 年 12 月颁布的建筑法，要求建筑师参加定期教育培训，拥有一等资格证书等。

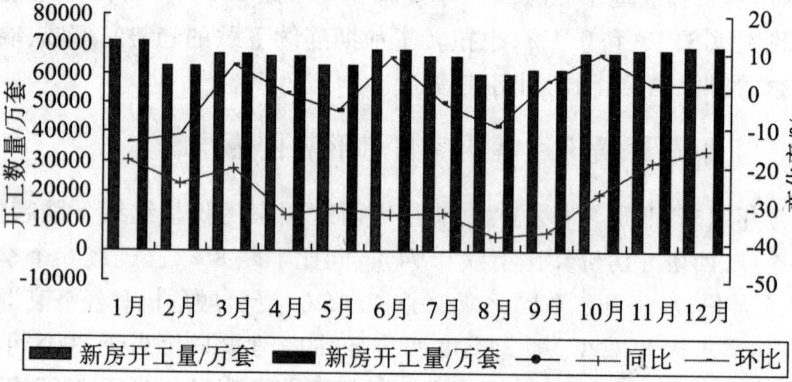

图 5　2009 年日本新房开工量变化

为恢复房地产市场，日本政府加大房市救助力度，2008 年 12 月，政府宣布将与住房抵押贷款有关的减税政策延长到 5 年，最高减税金额提高到 500 万日元；降低 2009 年至 2010 年的住房销售税额；对土地出售登记和许可证征收 1% 的税率延长到 2011 年。2009 年 4 月，在政府宣布的 15.4 万亿日元的一揽子财政刺激政策中包括为住房抵押贷款和土地购买提供更便利的融资条件，为环保型住宅建筑提供优惠政策等等。预计 2010 年日本房市要好于 2009 年。

五、亚太部分经济体房市走出底谷，明显升温

在宽松的货币政策和积极的财政政策刺激下，澳大利亚、韩国、新加坡、中国香港等亚太部分经济体房市在经历2008年下半年以来持续降温之后，开始强劲反弹，加速升温，住房价格明显上涨，住房销量大幅增加。2009年2、3、4季度，澳大利亚住房价格环比连续三个季度上涨，其中4季度上涨5.2%，结束前4个季度连续下降趋势；8月份，新房销量环比增长11.4%，明显高于前两个月的0.5%和0.1%。上半年韩国首尔地区房价已上涨了20%，房价已回到金融危机之前的水平。3季度新加坡住房价格环比上涨15.8%，涨幅为1993年以来之最，4季度继续上涨5.7%；2、3季度住房销量之和比2008年全年销量高出58.6%。2009年中国香港住房价格比上年上涨0.5%，扭转了2008年下跌的趋势。其中2、3季度分别上涨8.4%和8.5%，涨幅较大。目前香港地区平均房价接近2008年上半年的历史最高水平，其中高档豪宅价格已涨到历史新高；2009年住宅销售量增长20%。

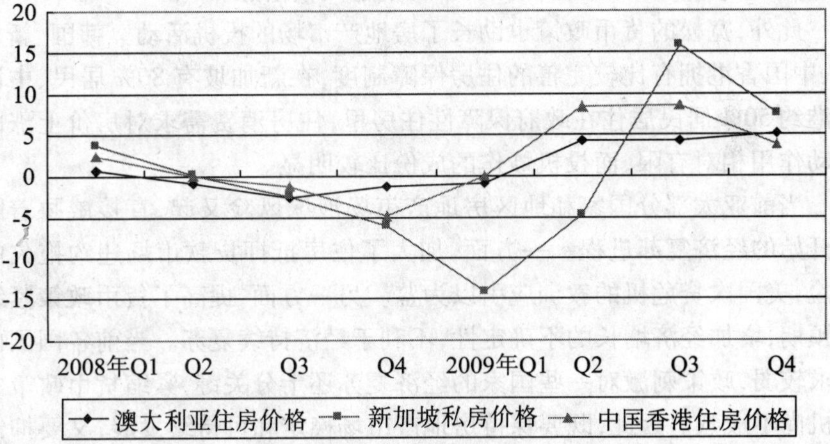

图6 亚太地区房价变动(环比，%)

房地产市场升温，在很大程度上带动住房建筑投资，促进建筑业生产繁荣和就业增加，推动经济复苏。自2009年第2季度开始，澳大利亚、韩国、新加坡、中国香港经济增长率由负转正，已走出衰退，开始复苏，这与

房地产市场升温不无关系。分析表明，亚太部分经济体房市升温的原因是多方面的，除了金融危机时期导致的低房价刺激购房需求，对当前经济复苏前景普遍看好而提升房价上涨预期等因素以外，宽松的货币政策驱动流动性和信贷增加、住房优惠政策推动潜在的消费需求，则是房地产市场重新升温的主要原因。

1. 住房优惠政策大大刺激了住房消费的潜在需求。为应对金融危机，恢复房地产市场，澳大利亚政府于 2008 年 10 月出台了加大购房补贴力度的新政策，规定首次购房者获得的补贴相当于原政策补贴额的两倍，而首次购买新房者获得的补贴提高到原政策补贴的三倍。据官方估计，截至 2009 年 8 月底，这一新政策已刺激 15.3 万澳大利亚首次购房者购买住房，首次购房人数比上年同期增加了 73%。

2. 极其宽松的货币政策导致流动性增加，购房抵押贷款成本降低，购房贷款急剧增加。2009 年以来澳大利亚住房贷款规模已达到 2007 年下半年房地产市场繁荣时间的水平。2009 年 6－10 月份香港新增的住房抵押贷款规模和增速超过 2007 年底 2008 年初房地产市场繁荣时期的水平。新加坡和韩国住房抵押贷款规模也大幅增加。

此外，宽松的货币政策也助长了房地产市场的投机活动。韩国、新加坡、中国香港拥有比较完善的住房保障制度，在新加坡有 80% 居民、中国香港约 50% 居民居住在政府保障性住房里，住房消费需求对房价上涨的拉动作用相对有限，而投机炒作的成份比较明显。

当前亚太部分国家和地区房地产市场泡沫风险又起，直接威胁着刚刚开始的经济复苏进程。一方面，加大了住房抵押贷款市场违约拖欠的风险，美国次贷危机的教训应引以为鉴。另一方面，提高了货币政策紧缩的预期，增加经济增长的不确定性，不利于经济持续复苏。当前各国国内需求较弱，政策刺激对一些国家的经济复苏还十分关键，紧缩货币政策的时机尚不成熟。因此，既要保持房地产市场稳定和可持续发展，又要抑制房价过快上涨、降低房地产市场泡沫风险，是当前亚太部分国家和地区亟需解决的迫切任务。各国和地区根据实际情况，采取一系列措施，加强监管，为房地产市场降温。

一是调转货币政策方向，开始加息。鉴于本国经济开始强劲复苏、失业率开始回落，澳大利亚储备银行从 2009 年 10 月份起已 3 次加息，将基准利率从3.0%的历史最低水平提高到3.75%。由于住房抵押贷款利率提高,加上首次购房优惠的新政策于年底期满,借贷成本上升,潜在消费需求减少,预计今后几个月澳大利亚房价上涨过快的势头将得到有效控制。

二是调整住房抵押贷款规则,压缩信贷规模。在韩国,修改住房抵押贷款的限定规则,规定住房抵押贷款超过500万韩元以上的,其债务收入比(即年度住房抵押贷款额度与收入之比)必须低于40－55%(按资产类型有所不同);抵押担保品贷款率(即获取贷款额与抵押担保品价值之比)的上限从原来的60%降至50%。

三是提高购房首付款比例。2009年10月份香港金管局将豪华住宅首付比例下限从原来的30%提高到40%。

四是增加土地供应,缓解供需矛盾。2009年9月份新加坡恢复2010上半年政府售地计划(GLS)的"正选"名单,增加备售名单的地段供应,为房地产市场炒作活动降温。

五是实施刺激房地产市场的政策退出计划。澳大利亚首次购房优惠新政策、新加坡政府关于援助房地产开发商的措施陆续到期,将不再延续。新加坡金融管理局宣布从2009年9月份起不准银行提供由开发商摊还利息的购房贷款配套(IAS)和只支付利息的贷款配套(IOL)。

六是调节税收政策。新加坡政府提出向拥有一处以上房产者加征税收的计划,但目前尚未付诸实施。

总之,亚太部分国家和地区从住房供给和需求、住房抵押贷款等不同方面,采取相应措施冷却近期不断升温的房地产市场,抑制投机活动,其实际效果也有所显现。近几个月,韩国、新加坡、中国香港住房抵押贷款规模有所放缓,房价涨幅有所收窄。同时,这些措施也为一些国家推迟实施紧缩货币政策争取了一些时间,减轻调整货币政策方向的压力。尽管从2009年10月份开始,市场对韩国央行加息的预期不断提高,但是随着各项措施的实施,房地产市场升温趋势有所缓和,到12月份利率一直维持不变。在经济复苏初期,货币政策十分宽松,一些调节措施不足以从根本上解决房产市场泡沫问题。

(执笔:余芳东、陈璇璇)

世界三大货币汇率走势预测

2008 年 9 月爆发全球金融危机以来,国际汇市大体经历了美元走强、欧元和日元走软,以及美元走软、欧元和日元走强两个阶段。从经济基本面、利差和汇市供求因素分析,短期内美元将继续走软,欧元和日元将走强;中期内美元将出现一定程度的反弹,欧元和日元将走软;长期看,近期国际汇市的发展趋势将延续,即美元将继续走软,欧元和日元将走强。

一、2009 年以来三大货币汇率走势

2009 年全球主要货币汇率走势大体分为三个阶段:

一是前两个月,由于世界经济衰退加深、短期信贷风险居高不下,国际资本大量涌入美国国债市场避险,造成了全球美元短缺,助推了美元汇率上升,欧元和日元汇率下降。截至 2 月底,与年初相比,欧元和日元对美元分别贬值 9.2% 和 6.8%。

二是 3 月份至 11 月份,随着国际金融形势的缓和以及全球实体经济的好转,国际资本对于风险偏好上升,加上美元供求形势的逆转,美元大体呈现贬值趋势,而欧元和日元则为升值趋势。截至 11 月底,与 2 月底相比,欧元和日元对美元分别升值 19.3% 和 12.9%。

三是 12 月份,在迪拜债务危机及此后部分国家信用等级下调的影响下,国际金融风险有所上升,美元再度走强,而欧元和日元则有所贬值。截至 12 月 31 日,与 11 月底相比,欧元和日元对美元分别贬值 4.4% 和 7.5%,大体回到年初水平。

第一阶段为年初金融危机深化所致,第三阶段为部分主权信用危机风险扩大所致,两个阶段的变化均为短期不可持续因素作用的结果,总共只持续了三个月。总体看,第二阶段美元持续下降应看作 2009 年国际汇

市的主旋律(见图1)。

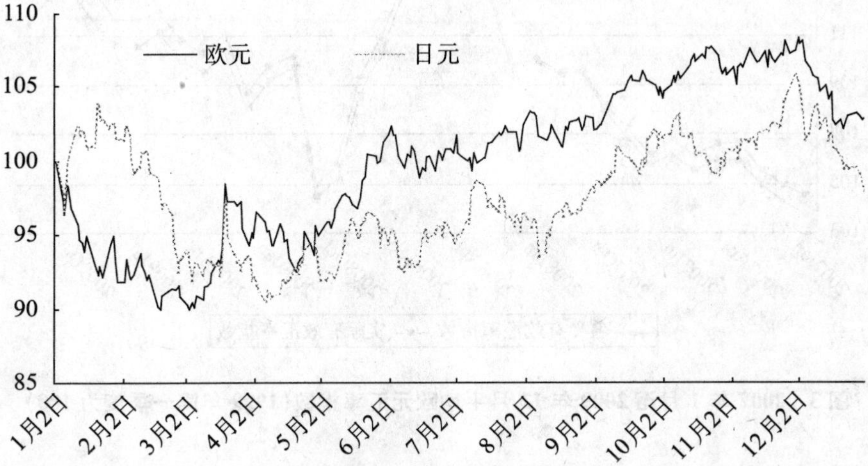

图1　2009 年欧元和日元对美元汇率走势(2009 年 1 月 2 日为 100)

从更长的时间序列来看,2009 年第二阶段国际汇市走势,实际上只是金融危机对汇市短期冲击过后,向 2002 年以来走势的回归,即美元贬值以及欧元和日元升值(见图 2、图 3 和图 4)。

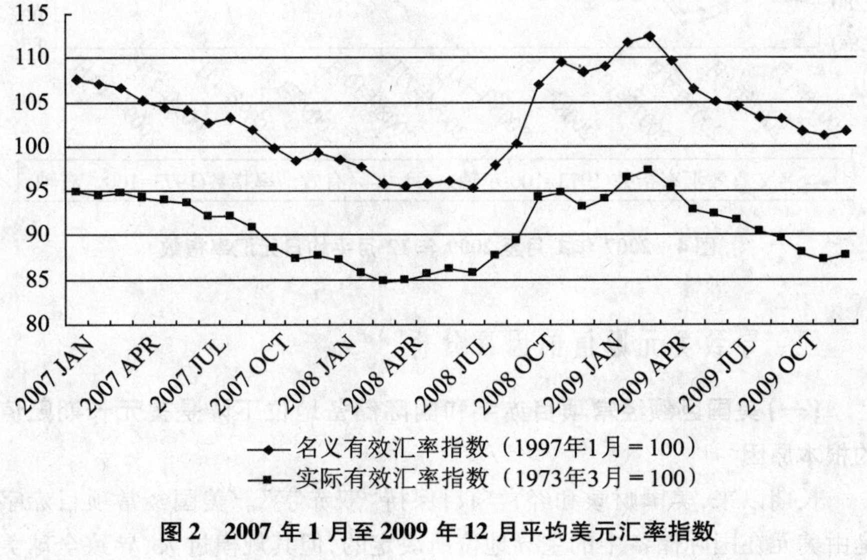

图2　2007 年 1 月至 2009 年 12 月平均美元汇率指数

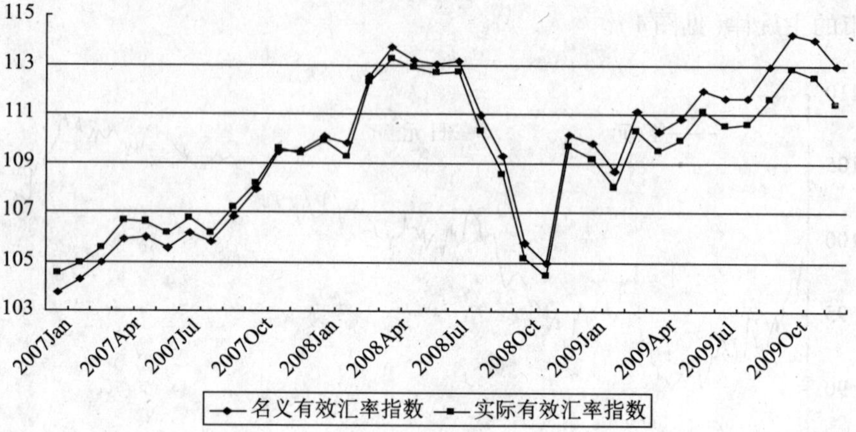

图3　2007年1月至2009年12月平均欧元汇率指数(1999年第一季度为100)

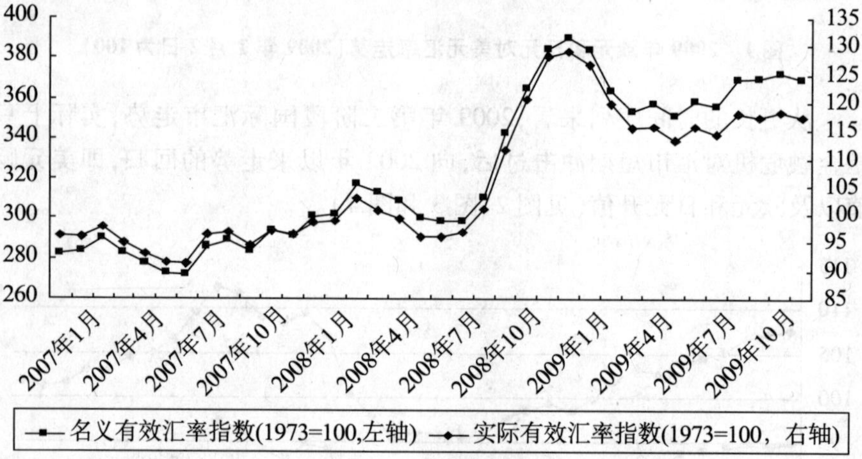

图4　2007年1月至2009年12月平均日元汇率指数

二、导致美元贬值的因素分析

(一)美国巨额经常项目赤字和国际储备地位下降是美元长期贬值的根本原因

长期以来,美国财政和经常项目保持“双赤字”。美国经常项目赤字是由美元在国际储备中的主导地位所决定的,但其规模过大,导致全球美元供应过剩，是美元长期贬值趋势的根本原因。从1992年以来，美国每年的经常项目赤字在波动中攀升：1992年赤字占GDP比重为0.8%，2006年达到创纪录的6%，2007年和2008年有所回落，预计2009年降至2.6%。经常项目赤字的背后，还有巨额财政赤字这一原凶。克林顿总统执政期间（1997年至2002年），美元尚能保持稳定甚至有所升值，主要原因是政府有效控制了财政赤字，1998年至2000年甚至连续三年实现财政盈余，只是2001年和2002年为应对经济衰退而采取逆向操作产生了一定的赤字，但规模有限，仅分别占GDP的0.4%和3.7%。乔治·布什总统执政期间（2003年至2008年），财政赤字平均占GDP的3.8%，比1997年至2002年平均水平上升了3.5个百分点。2009财年，为应对国际金融危机而大力减税和扩大支出，美国财政赤字达1.4万亿美元，占GDP比重大幅上升至10%。

美元国际储备地位下降与美元贬值互为因果。国际货币基金组织（IMF）的数据显示，截至2008年底，美元在全球各国外汇储备中所占的比重已经从2001年的73%下降至64%，而同期内欧元所占比重则从17.9%升至26.5%。2009年第二季度，美元所占比重进一步降至63%。

（二）国际资本风险偏好回升是美元短期贬值的直接原因

国际金融形势好转导致各种利差下降，国际资本不再大量涌入美国国债市场这一“避险天堂”。国际金融危机前期，金融风险迅速上升，国际资本大量进入美国国债市场，导致美国国债收益率迅速下降，2008年12月9日及12月11日，3个月和1个月的短期国债收益率更罕见地出现了负值。随着国际金融形势好转，各种利差明显下降，国际资本的风险偏好开始回升，陆续从美国国债市场撤出，开始进入债市、股市、期货市场和部分国家的房地产市场。2008年10月10日，反映短期信贷风险的三个期限伦敦同业拆借利率与相应期限美国国债收益率达332个基点的历史纪录，2009年12月31日回落到20.3个基点；反映信贷市场资金短缺程度的美元三个月伦敦同业拆借利率（Libor）与隔夜指数掉期（OIS）的利差2008年10月10日高达364个基点的最高纪录，2009年12月31日大幅下降至8.86个基点；两者均回落到美国次贷危机以前的水平。美国高收益公司债收益率与相应期限美国国债收益利差2008年12月达到创纪录的2200个基点，2010年初回落到640个基点，回落到金融危机以前的水平;2010 年初,全球发展中国家平均借贷利率为 7.56%,回落到 2008 年 6 月份的水平。与此同时,股市在波动中回升。截至 2009 年 12 月 31 日,与 3 月 9 日的年内低点(同样为国际金融危机以来的最低点)相比,全球股指上涨 73.4%;与 3 月 10 日的年内低点(同样为国际金融危机以来的最低点)相比,发达国家股指上涨 69.7%;与 2008 年 10 月 27 日的金融危机以来的最低点相比,发展中国家股指上涨 117.3%。

国外净购买美国长期证券减少。2009 年前 11 个月,国外从美国净购买包括美国国债、债券和股票在内的长期证券 5573.1 亿美元,同比减少 18.2%。在外国债券和股票交易方面,2008 年前 11 个月为国外净买入 1423.6 亿美元,而 2009 年同期则为国外净卖出 325 亿美元。

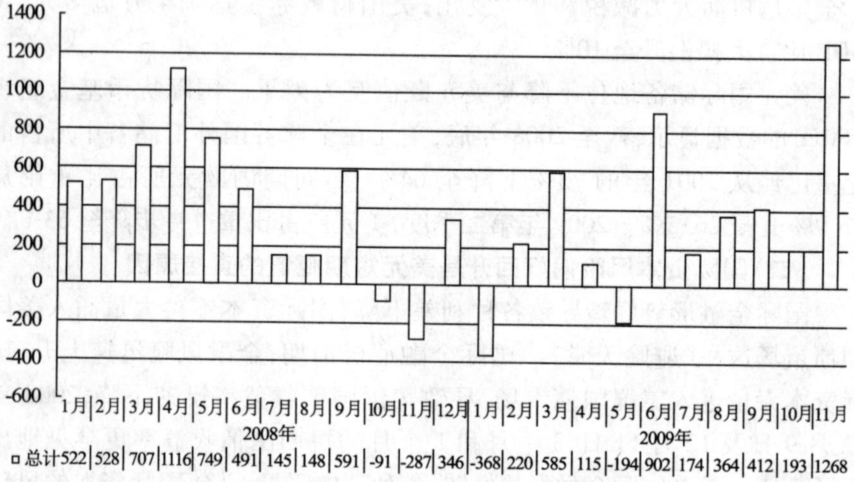

图 5　国外从美国净购买长期证券

从净国际资本流动来看,2009 年前 11 个月,除 3 月、8 月、9 月、11 月美国为净流入外,其余 7 个月均为净流出。9 月份净流入为 1332.76 亿美元,为年内净流入之最;1 月份为净流出 1339.5 亿美元,为年内净流出之最。

美元套利交易活跃。2009 年以来,美国联邦基金实际利率接近于零,市场预期美元大体稳定或趋于贬值,国际投机资本纷纷借入美元,用于债市、期市和汇市等投机活动,寻求更高的投资回报,进一步弱化了美元。

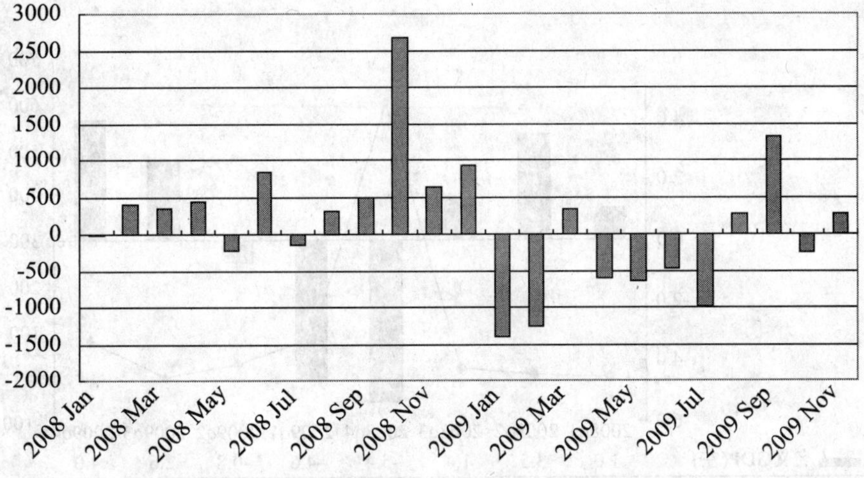

图6　美国国际资本净流入在2009年发生逆转(亿美元)

(三)美元基础货币投放迅速增长

美国金融救援政策扩大了全球美元供应量。2009年3月18日,美联储做出了维持基准利率在0-0.25%不变以及通过购买长期债券的办法来实行量化宽松货币政策的决议。在会议上,美联储表示,将收购至多3000亿美元的长期美国国债,从而启动量化宽松的货币政策。4月6日,美国联邦储备委员会、欧洲央行、英国央行、日本央行和瑞士央行等西方五大央行宣布总额为2870亿美元的货币互换协议,以改善金融市场的信贷状况,美联储可通过支出美元购买其他央行的货币储备,无论从规模还是影响力来看,美国均为此项全球合作政策的中心环节。出于金融救援的目的,美国基础货币供应在短时间内迅速增长,2008年第四季度环比折年率增长近6倍,2009年第一季度达82.9%,预计2009年第四季度为77.2%,基础货币供应量增长速度远远超过了同期名义GDP增长速度。

(四)利差因素导致国际资本从美国流向欧洲和发展中国家

与美国相比,欧洲央行的相关金融救援政策力度要小得多。目前欧元区基准利率为1%,比美国高出近100个基点;量化宽松货币政策的规模只有600亿欧元,远小于美国的3000亿美元。

欧元与美元利差扩大吸引国际资本从美国流出。从2007年1月至

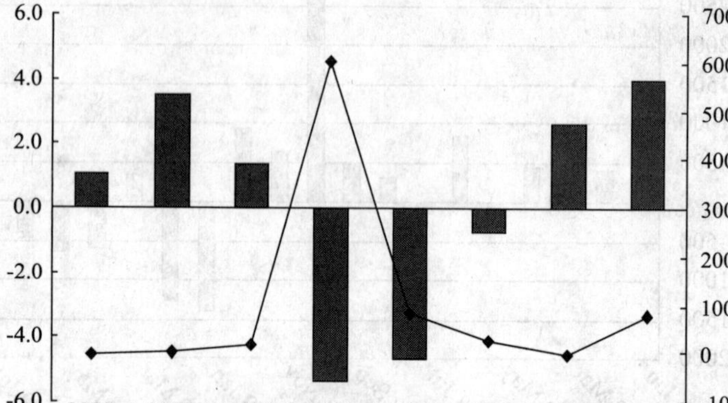

	2008q1	2008q2	2008q3	2008q4	2009q1	2009q2	2009q3	2009q4*
名义GDP(左)	1.0	3.5	1.4	-5.4	-4.6	-0.8	2.6	4.0
基础货币供应量(右)	-1.1	2.9	17.4	604.9	82.9	26.7	-2.2	77.2

图 7　美国名义 GDP 与基础货币供应量增长速度(环比折年率,%)

注:2009 年第四季度名义 GDP 为预测值。

2008 年 7 月,国际金融市场两年期欧元计价资产的收益率与美元计价资产的收益率从负 200 个基点上升为正 200 个基点,对于近期美元走强和欧元走弱发挥了重要作用。2009 年 12 月初,这一利差已收窄到 46 个基点,但仍对欧元有利。

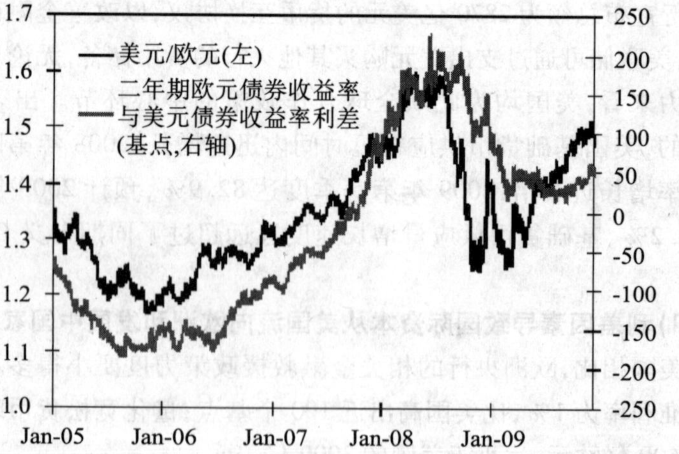

图 8　2005 年以来欧元与美元债券利差及欧元/美元汇率走势

发展中国家股市回升和部分国家房地产价格回升吸引了部分国际资本从美国流出。与年内低点相比,发展中经济体股指 2009 年年底升幅达 108.3%,比同期发达国家股指涨幅高出 38.6 个百分点。这主要是发展中国家经济形势好于发达国家所致,但热钱加速涌入也是重要因素。此外,澳大利亚和新西兰房价上涨较快。截至 11 月的一年中,澳大利亚的墨尔本房价上涨了 15%。11 月底,新西兰的奥克兰平均房价创下 23 个月来的新高,达到 55 万新西兰元。

三、美元对欧元和日元汇率走势预测

(一)导致近期美元贬值的因素

2009 年 12 月以来,因迪拜债务危机及随后希腊主权信用等级下调而一度导致美元回升,目前看,这一作用的影响有限。这一风波过后,美元将回归弱势。如上所述,二年期欧元债券与美元债券收益率利差仍为 46 个基点,将在今后 3 至 6 个月左右削弱对于美元资产的需求,从而支持欧元升势。

(二)导致中期美元升值的因素

市场普遍预期美联储将在 2010 年底或 2011 年初回归到中性货币政策,导致二年期欧元债券与美元债券收益率利差回落甚至逆转,从而在中期内对美元形成支撑。

目前,美国实体经济表现强于日本和欧元区,这种趋势在中期内将持续。其中,美国失业率将在 2010 年上半年见顶,而欧元区的失业率将在 2011 年见顶。实体经济表现的差异将对美元形成支撑。

(三)导致长期美元贬值的因素

金融危机引发的国际金融秩序调整才刚刚开始,其中一个重要方面就是美元的国际储备地位下降,而欧元、日元,甚至人民币地位上升,从而减少全球对于美元资产的需求。目前,印度、俄罗斯及部分石油输出国组织成员国已开始或计划将部分美元储备资产转换为非美元资产。

由巨额经济刺激计划和金融救援计划而导致美国产生巨额财政赤字和政府债务上升,必将通过国际金融市场融资来解决,从而使得美国对外汇的需求快速增长。2009 财年美国政府财政赤字达 1.4 万亿美元,相当于 GDP 的 10%;2010 年和 2011 年财政赤字相当于 GDP 的比重仍将分别达到 10.7% 和 9.4%。预计 2011 年美国公共债务占 GDP 比重将达 99.5%，比欧元区高出 6.3 个百分点。据穆迪公司估计，2010 年美国国债发行量将达 2.5 万亿美元；今后三年内，预计将有 40% 的现有国债，即 2.1 万亿美元到期需要偿还。

（四）美元对欧元和日元汇率中短期走势预测

据预测，2010 年 4 月底，美元对欧元将小幅贬值，但对日元小幅升值，期末汇率分别为：1 欧元兑 1.467 美元，高于 2010 年 1 月 11 日的 1.455 美元/欧元；1 美元兑 92.4 日元，高于 2010 年 1 月 11 日的 91.93 日元/美元；2010 年第二季度起，美元对欧元和日元均小幅回升，2011 年 1 月底汇率分别为：1 欧元兑 1.433 美元，1 美元兑 97.25 日元。

表 1　美元对欧元和日元汇率及走势预测

期末汇率	美元/欧元	日元/美元
实际值		
2005 年	1.184	117.5
2006 年	1.320	118.9
2007 年	1.460	111.7
2008 年	1.392	90.8
2009 年	1.433	93.1
预测结果		
2010 年 3 月底	1.467	89.98
与 2010 年 1 月 11 日相比对美元升值(%)	+0.9	-0.5
2010 年底	1.445	95.86
与 2010 年 4 月底相比对美元升值(%)	-1.5	-5.5

四、三大货币汇率变化对我国的影响

从中短期来看，三大货币汇率虽然有所变化，但幅度不大，总体对我国保持出口稳定增长有利。但是，日元贬值趋势相对明显，日本是我国近邻和重要贸易伙伴，中日两国出口存在一定竞争关系，因此可能对于我国扩大对日出口不利，同时使我国在对第三地出口中，与日本相比处于相对不利地位。

从长期来看,美元贬值何时到位以及如何到位,将对世界经济金融形势产生重大影响。一旦美元快速贬值,将产生重大负面影响:一是助推了国际市场初级产品价格上涨,加重我国生产者和消费者负担,不利于我国调整通胀预期;二是造成人民币升值压力,削弱我国出口竞争力,影响我国的出口,不利于我国经济平稳较快增长;三是可能导致国际债务危机和国家信用危机,成为新的国际金融不稳定因素,影响我国的外部经济环境;四是造成我国巨额美元储备资产明显缩水。

(执笔:阎海琪;成文于:2010 年 2 月)

五、统计数据

1.01 国际市场初级产品价格指数

（2000 年=100）

年份 月份	能源	非能源			
			农产品	肥料	金属矿
2001 年	**89.2**	**94.8**	**97.0**	**94.4**	**90.3**
2002 年	**87.7**	**100.7**	**107.3**	**93.7**	**88.0**
2003 年	**103.6**	**111.7**	**117.6**	**113.5**	**99.2**
2004 年	**135.8**	**133.0**	**130.0**	**137.2**	**138.6**
2005 年	**188.2**	**148.9**	**133.5**	**163.4**	**178.7**
2006 年	**220.9**	**192.1**	**150.4**	**168.6**	**280.3**
2007 年	**244.8**	**224.7**	**180.3**	**240.1**	**314.0**
2008 年	**342.0**	**272.0**	**229.5**	**566.7**	**325.7**
1 月	312.2	260.9	219.7	354.1	334.8
2 月	328.4	282.2	238.3	384.2	360.8
3 月	352.6	301.0	251.8	489.9	380.5
4 月	376.6	306.3	254.7	574.7	381.7
5 月	421.6	295.0	257.4	646.5	329.0
6 月	455.2	299.2	267.7	651.0	321.9
7 月	462.8	299.4	262.5	719.4	325.0
8 月	400.9	279.5	240.3	763.7	303.1
9 月	354.4	265.3	228.3	740.1	285.6
10 月	266.3	217.8	189.3	602.5	231.7
11 月	207.2	197.0	177.6	505.0	202.2
12 月	165.3	181.9	169.5	417.7	181.5
2009 年	**214.3**	**213.1**	**197.7**	**293.0**	**235.6**
1 月	170.2	191.4	183.3	405.0	185.4
2 月	159.0	189.1	182.1	366.1	184.7
3 月	169.7	190.5	180.1	358.6	193.0
4 月	177.5	200.0	189.0	314.8	209.4
5 月	201.1	209.3	200.8	300.2	216.3
6 月	235.0	214.2	201.7	286.9	231.5
7 月	219.9	210.8	193.9	277.3	238.1
8 月	241.8	224.8	202.6	242.2	268.3
9 月	231.1	223.5	201.8	236.2	266.6
10 月	249.9	228.3	206.6	242.7	271.2
11 月	261.5	235.3	213.2	242.2	279.8
12 月	256.5	241.7	217.3	243.5	291.4

资料来源：世界银行数据库。

1.02 国际市场初级产品年平均价格及其预测(现价美元)

	单　位	2009 年	2010 年①	2011 年①	2012 年①	2015 年①	2020 年①
能源							
煤炭(澳大利亚)	美元/吨	71.8	80.0	85.0	75.0	75.0	80.0
原油(平均现货价)	美元/桶	61.8	76.0	76.6	76.6	77.8	79.8
天然气(欧洲)	美元/百万英国热值单位	8.7	8.3	8.5	8.8	9.5	10.0
天然气(美国)	美元/百万英国热值单位	3.9	6.0	7.0	7.5	9.0	9.5
非能源初级品							
农产品							
饮品							
可可	美分/千克	289	300	240	180	175	170
咖啡(软)	美分/千克	317	270	255	250	255	230
咖啡(硬)	美分/千克	164	178	177	175	180	150
茶(平均)	美分/千克	273	230	210	205	212	225
食品							
植物油及油品							
椰子油	美元/吨	725	750	750	800	850	715
花生油	美元/吨	1183	1325	1340	1345	1325	1110
棕榈油	美元/吨	683	660	670	700	780	715
豆粕	美元/吨	408	350	330	316	308	304
豆油	美元/吨	849	800	810	820	850	800
大豆	美元/吨	437	410	403	396	375	375
谷物							
玉米	美元/吨	128	140	145	148	160	173
稻米(泰国,5%碎粒)	美元/吨	166	166	167	168	174	175
高粱	美元/吨	555	460	462	464	470	483
小麦(美国硬红冬小麦)	美元/吨	224	225	230	235	250	260
其他食品							
香焦(美国)	美元/吨	847	850	847	826	710	605

1.02　续表

	单　位	2009 年	2010 年①	2011 年①	2012 年①	2015 年①	2020 年①
牛肉(美国)	美分/千克	264	265	270	275	290	325
柑橘	美元/吨	909	900	941	951	950	900
虾(墨西哥)	美分/千克	945	875	907	941	1050	1150
糖(ISA 世界平均)	美分/千克	40.0	35.0	34.0	33.8	34.0	38.06
原材料							
木材							
圆木(马来西亚)	美元/立方米	287	270	273	276	285	320
锯材(马来西亚)	美元/立方米	806	810	817	824	845	970
其他原材料							
棉花	美分/千克	138	137	135	138	145	140
橡胶(马亚西亚)	美分/千克	192	160	170	175	190	185
烟草	美元/吨	4223	4000	3600	3505	3500	3500
肥料							
磷酸二铵	美元/吨	323	300	310	322	360	400
磷酸盐矿石	美元/吨	122	100	90	86	80	95
氯化钾	美元/吨	630	400	300	274	255	220
磷酸三钠	美元/吨	257	270	290	298	310	340
尿素(东欧,袋装)	美元/吨	250	225	185	190	200	245
金属和金属矿							
铝	美元/吨	1665	2000	2100	2200	2500	2600
铜	美元/吨	5150	7000	7500	6500	5000	5100
金	美元/盎司	973	1000	975	950	850	900
铁矿石(加拉加斯)	美分/吨	101.0	120.0	120.0	110.0	80.0	85.0
铅	美分/千克	172	225	240	230	180	190
镍	美元/吨	14655	17500	19000	18000	15000	16000
银	美分/盎司	1469	1550	1525	1500	1350	1400
锡	美分/千克	1357	1650	1800	1700	1400	1500
锌	美分/千克	166	225	250	230	170	180

1.03 国际市场初级产品价格指数预测

（2000＝100）

	2009 年	2010 年①	2011 年①	2012 年①	2015 年①	2020 年①
按现价美元计算						
能源	214.4	260.5	264.8	265.8	270.6	278.7
非能源商品	213.1	224.4	226.0	215.5	201.3	205.4
农产品	197.7	186.2	182.9	180.7	185.2	185.8
饮料	219.9	213.1	183.9	157.9	158.0	149.3
食品	205.0	193.0	192.9	193.9	198.0	197.3
植物油及油品	216.2	201.7	199.5	200.3	206.1	195.5
谷物	214.9	201.7	203.8	205.8	213.4	218.7
其他食品	181.5	173.7	174.3	174.6	173.5	180.3
原材料	168.7	156.0	158.0	160.2	167.8	176.4
木材	138.9	137.5	138.8	140.0	143.8	164.3
其他	201.1	176.3	179.1	182.3	194.1	189.6
肥料	293.0	238.7	205.2	202.8	203.3	226.4
金属和金属矿	235.6	301.1	316.9	288.5	234.1	243.3

注：①为预测数。

资料来源：世界银行。

1.04 国际市场石油平均价格

单位:美元/桶

年份 月份	石油现货价格		石油期货价格
	OPEC 一揽子原油	北海布伦特	纽约期货市场轻质原油
2002 年	**24.36**	**24.94**	**26.15**
2003 年	**28.10**	**28.84**	**30.99**
2004 年	**36.05**	**38.20**	**41.47**
2005 年	**50.64**	**54.44**	**56.70**
2006 年	**61.08**	**65.16**	**66.25**
2007 年	**69.08**	**72.33**	**72.31**
2008 年	**94.45**	**97.64**	**99.56**
1 月	88.35	92.97	92.93
2 月	90.64	94.99	95.35
3 月	99.03	103.64	105.42
4 月	105.16	109.07	112.46
5 月	119.39	122.8	125.46
6 月	128.33	132.32	134.02
7 月	131.22	132.72	133.48
8 月	112.41	113.24	116.69
9 月	96.85	97.23	103.76
10 月	69.16	71.58	76.72
11 月	49.76	52.45	57.44
12 月	38.60	39.95	42.04
2009 年	**61.06**	**61.74**	**62.09**
1 月	41.54	43.44	41.92
2 月	41.41	43.32	39.26
3 月	45.78	46.54	48.06
4 月	50.20	50.18	49.95
5 月	56.98	57.3	59.21
6 月	68.36	68.61	69.70
7 月	64.59	64.44	64.29
8 月	71.35	72.51	71.14
9 月	67.17	67.65	69.47
10 月	72.67	72.77	75.82
11 月	76.29	76.66	78.15
12 月	74.01	74.46	74.60

资料来源:OPEC 及美国能源部数据库。

1.05 国际市场石油总供应

单位:百万桶/天

	2006 年	2007 年	2008 年	2009 年	2008 年				2009 年			
					一季度	二季度	三季度	四季度	一季度	二季度	三季度	四季度
世界	85.5	85.6	86.5	84.9	87.0	86.7	86.2	85.9	84.4	84.0	85.1	86.0
OECD 国家	20.1	19.9	19.3	19.3	19.7	19.5	18.8	19.3	19.7	19.0	19.1	19.4
北美洲	14.2	14.3	13.9	14.1	14.2	14.0	13.6	13.8	14.2	13.9	14.2	14.3
欧洲	5.3	5.0	4.8	4.5	4.9	4.8	4.5	4.8	4.9	4.5	4.2	4.4
太平洋地区	0.6	0.6	0.6	0.7	0.6	0.7	0.7	0.7	0.7	0.6	0.7	0.7
非 OECD 国家	28.0	28.5	28.7	29.3	28.8	28.8	28.7	28.7	29.0	29.2	29.4	29.7
前苏联地区	12.3	12.8	12.8	13.3	12.9	12.9	12.7	12.7	13.0	13.2	13.4	13.5
欧洲	0.2	0.2	0.1	0.1	0.1	0.1	0.1	0.1	0.1	0.1	0.1	0.1
中国	3.7	3.7	3.8	3.8	3.8	3.8	3.8	3.8	3.7	3.8	3.8	3.9
亚洲其他地区	3.8	3.7	3.6	3.6	3.7	3.6	3.6	3.7	3.6	3.6	3.6	3.6
拉丁美洲	3.9	3.9	4.1	4.3	4.1	4.1	4.2	4.2	4.3	4.3	4.3	4.4
中东地区	1.8	1.7	1.6	1.7	1.7	1.6	1.6	1.6	1.7	1.7	1.7	1.6
非洲	2.5	2.6	2.6	2.5	2.6	2.6	2.6	2.5	2.5	2.5	2.5	2.5
OPEC 国家	35.1	34.7	35.8	33.6	36.0	35.9	36.1	35.2	33.1	33.2	33.9	34.1

资料来源:国际能源署。

1.06 国际市场石油总需求

单位:百万桶/天

	2006 年	2007 年	2008 年	2009 年	2008 年				2009 年			
					一季度	二季度	三季度	四季度	一季度	二季度	三季度	四季度
世界	85.3	86.5	86.2	84.9	87.4	86.3	85.8	85.4	84.5	84.1	85.3	85.7
OECD 国家	49.5	49.2	47.6	45.5	49.0	47.4	46.6	47.3	46.6	44.4	45.0	45.9
北美洲	25.4	25.5	24.2	23.3	24.8	24.4	23.6	23.9	23.5	22.9	23.3	23.4
欧洲	15.7	15.3	15.3	14.6	15.3	15.1	15.5	15.4	14.9	14.2	14.5	14.7
太平洋地区	8.5	8.4	8.1	7.7	8.9	7.9	7.5	8.0	8.1	7.3	7.3	7.9
非 OECD 国家	35.7	37.3	38.6	39.4	38.4	38.9	39.2	38.0	37.9	39.7	40.3	39.8
前苏联地区	4.0	4.1	4.2	3.9	4.2	4.1	4.3	4.1	3.9	3.8	4.0	4.0
欧洲	0.7	0.8	0.7	0.7	0.8	0.7	0.7	0.7	0.7	0.7	0.7	0.7
中国	7.2	7.6	7.9	8.5	7.9	8.0	8.1	7.6	7.7	8.6	8.8	8.8
亚洲其他地区	9.0	9.5	9.7	9.9	9.9	9.9	9.4	9.5	9.9	10.1	9.7	9.9
拉丁美洲	5.4	5.7	5.9	6.0	5.7	6.0	6.0	5.9	5.8	6.0	6.1	6.1
中东地区	6.3	6.5	7.1	7.2	6.7	7.1	7.6	7.0	6.7	7.3	7.8	7.1
非洲	3.0	3.1	3.2	3.2	3.2	3.2	3.1	3.2	3.2	3.2	3.2	3.3

资料来源:国际能源署。

1.07　OECD 国家石油库存情况

单位:百万桶

	2005 年	2006 年	2007 年	2008 年	2008 年				2009 年		
					1 季度	2 季度	3 季度	4 季度	1 季度	2 季度	3 季度
OECD 国家石油库存总计	4072	4166	4090	4228	4101	4131	4180	4228	4294	4321	4334
OECD 国家商业石油库存	2585	2667	2566	2701	2572	2605	2658	2701	2747	2760	2771
北美洲	1257	1277	1229	1301	1216	1239	1278	1301	1348	1383	1382
西　欧	934	962	930	992	961	957	949	992	992	976	969
太平洋地区	394	429	407	407	394	409	431	407	408	401	419
OECD 国家战略石油库存	1487	1499	1524	1527	1529	1526	1522	1527	1547	1561	1564
北美洲	687	691	699	704	702	708	704	704	715	726	727
西　欧	407	412	421	416	423	414	414	416	424	427	429
太平洋地区	393	396	404	406	404	404	403	406	408	408	408

注:均为期末数据。

资料来源:OPEC 数据库。

1.08 全球主要股票指数

年份 月份	美国		欧元区	日本
	道琼斯30种股票平均价格(美元)	纳斯达克指数	德国DAX股票指数	日经225种股票平均价格(日元)
2001年	**10021.5**	**1950.4**	**5160.1**	**10542.62**
2002年	**8341.63**	**1335.51**	**2892.63**	**8578.95**
2003年	**10453.92**	**2003.37**	**3965.16**	**10676.64**
2004年	**10783.01**	**2175.44**	**4256.08**	**11488.76**
2005年	**10717.5**	**2205.32**	**5408.26**	**16050**
2006年	**12463.15**	**2415.29**	**6596.92**	**17225.83**
2007年	**13264.82**	**2652.28**	**8067.32**	**15307.78**
2008年	**8776.39**	**1577.03**	**4810.2**	**8859.56**
1月	12650.36	2389.86	6854.75	13592.47
2月	12266.39	2271.48	6748.13	13603.02
3月	12262.89	2279.1	6534.97	12525.54
4月	12820.13	2412.8	6948.92	13849.99
5月	12638.32	2522.66	7096.79	14338.54
6月	11350.01	2292.98	6418.32	13481.38
7月	11378.02	2325.55	6479.56	13376.81
8月	11543.55	2367.52	6422.3	13072.87
9月	10850.66	2091.88	5831.02	11259.86
10月	9325.01	1720.95	4987.97	8576.98
11月	8829.04	1535.57	4669.44	8512.27
12月	8776.39	1577.03	4810.2	8859.56
2009年	**10428.05**	**2269.15**	**5957.43**	**10546.44**
1月	8000.86	1476.42	4338.35	7994.05
2月	7062.93	1377.84	3843.74	7568.42
3月	7608.92	1528.59	4084.76	8109.53
4月	8168.12	1717.3	4769.45	8828.26
5月	8500.33	1774.33	4940.82	9522.5
6月	8447	1835.04	4808.64	9958.44
7月	9171.61	1978.5	5332.14	10356.83
8月	9496.28	2009.06	5458.04	10492.53
9月	9712.28	2122.42	5675.16	10133.23
10月	9712.73	2045.11	5414.96	10034.74
11月	10344.84	2144.6	5625.95	9345.55
12月	10428.05	2269.15	5957.43	10546.44

2.1.01 美国国内生产总值及其构成增长率(环比折年率)

单位:%

	2008年	2009年	2008年				2009年			
			一季度	二季度	三季度	四季度	一季度	二季度	三季度	四季度
国内生产总值	**0.4**	**-2.4**	**-0.7**	**1.5**	**-2.7**	**-5.4**	**-6.4**	**-0.7**	**2.2**	**5.7**
个人消费支出	-0.2	-0.6	-0.6	0.1	-3.5	-3.1	0.6	-0.9	2.8	2.0
耐用消费品	-4.5	-4.0	-8.9	-5.7	-11.7	-20.3	3.9	-5.6	20.4	-0.9
非耐用消费品	-0.8	-1.0	-3.0	2.2	-5.6	-4.9	1.9	-1.9	1.5	4.3
服务	0.7	0.1	1.8	0.4	-1.3	0.5	-0.3	0.2	0.8	1.7
私人投资总额	-7.3	-23.5	-7.4	-10.4	-6.9	-24.2	-50.5	-23.7	5.0	39.3
固定资产投资	-5.1	-18.4	-6.3	-2.7	-8.3	-20.2	-39.0	-12.5	-1.3	3.5
非住宅投资	1.6	-17.9	1.9	1.4	-6.1	-19.5	-39.2	-9.6	-5.9	2.9
建筑	10.3	-19.7	6.8	14.5	-0.1	-7.2	-43.6	-17.3	-18.4	-15.4
设备和软件	-2.6	-16.9	-0.5	-5.0	-9.4	-25.9	-36.4	-4.9	1.5	13.3
住宅投资	-22.9	-20.4	-28.2	-15.8	-15.9	-23.2	-38.2	-23.3	18.9	5.7
库存变动										
净出口										
出口	5.4	-9.9	-0.1	12.1	-3.6	-19.5	-29.9	-4.1	17.8	18.1
货物	5.9	-12.5	4.2	14.1	-1.8	-25.5	-36.9	-6.3	24.6	28.1
服务	4.2	-4.2	-9.0	7.8	-7.7	-4.3	-13.6	0.1	5.6	0.0
进口	-3.2	-14.2	-2.5	-5.0	-2.2	-16.7	-36.4	-14.7	21.3	10.5
货物	-3.9	-16.3	-3.5	-4.6	-3.7	-19.6	-41.0	-16.5	25.1	14.5
服务	0.7	-3.8	3.0	-7.1	6.1	-0.9	-11.5	-7.5	7.0	-5.2
政府支出	3.1	1.9	2.6	3.6	4.8	1.2	-2.6	6.7	2.6	-0.2
联邦政府	7.7	5.2	8.1	7.8	13.2	6.5	-4.3	11.4	8.0	0.1
国防	7.8	5.4	8.2	7.0	19.8	3.8	-5.1	14.0	8.4	-3.5
其他	7.3	4.7	8.1	9.6	0.1	12.7	-2.5	6.1	7.0	8.1
州及地方政府	0.5	-0.1	-0.5	1.2	0.1	-2.0	-1.5	3.9	-0.6	-0.3
备注										
国民总收入	0.6		-1.1	0.2	-1.8	-6.7	-6.6	-1.0	3.0	

注:季度数据为经季节调整后折合年率的环比增长速度。

资料来源:美国商务部经济分析局。

2.1.02 美国国内生产总值及其构成增长率(同比)

单位:%

	2008 年	2009 年	2008 年				2009 年			
			一季度	二季度	三季度	四季度	一季度	二季度	三季度	四季度
国内生产总值	**0.4**	**-2.4**	**2.0**	**1.6**	**0.0**	**-1.9**	**-3.3**	**-3.8**	**-2.6**	**0.1**
个人消费支出	-0.2	-0.6	0.9	0.6	-0.7	-1.8	-1.5	-1.7	-0.2	1.1
耐用消费品	-4.5	-4.0	0.8	-1.2	-5.4	-11.8	-8.9	-8.8	-1.5	4.0
非耐用消费品	-0.8	-1.0	0.0	0.7	-1.2	-2.9	-1.7	-2.7	-0.9	1.4
服务	0.7	0.1	1.3	0.9	0.3	0.3	-0.2	-0.2	0.3	0.6
私人投资总额	-7.3	-23.5	-2.3	-6.3	-8.1	-12.5	-25.2	-28.1	-25.9	-13.8
固定资产投资	-5.1	-18.4	-1.9	-3.4	-5.4	-9.6	-18.8	-21.0	-19.5	-14.1
非住宅投资	1.6	-17.9	7.3	4.8	0.9	-6.0	-17.4	-19.7	-19.6	-14.6
建筑	10.3	-19.7	16.5	14.5	7.9	3.2	-12.0	-18.9	-22.9	-24.7
设备和软件	-2.6	-16.9	3.1	0.2	-2.7	-10.7	-20.2	-20.2	-17.9	-8.7
住宅投资	-22.9	-20.4	-23.5	-24.2	-22.6	-21.0	-23.9	-25.6	-18.9	-12.1
库存变动										
净出口										
出口	5.4	-9.9	9.3	11.0	5.4	-3.4	-11.6	-15.0	-10.7	-1.7
货物	5.9	-12.5	9.3	11.3	7.0	-3.4	-14.8	-18.9	-13.9	-1.4
服务	4.2	-4.2	9.1	10.4	1.9	-3.5	-4.8	-6.5	-3.3	-2.2
进口	-3.2	-14.2	-0.8	-1.9	-3.3	-6.8	-16.2	-18.5	-14.0	-7.7
货物	-3.9	-16.3	-1.4	-2.3	-3.9	-8.1	-18.8	-21.4	-16.1	-8.4
服务	0.7	-3.8	2.6	0.2	-0.4	0.2	-3.6	-3.7	-3.5	-4.5
政府支出	3.1	1.9	3.1	2.9	3.2	3.0	1.7	2.5	1.9	1.6
联邦政府	7.7	5.2	6.9	7.0	7.9	8.9	5.6	6.5	5.2	3.6
国防	7.8	5.4	6.7	6.3	8.6	9.5	6.0	7.7	5.0	3.1
其他	7.3	4.7	7.1	8.3	6.3	7.5	4.8	3.9	5.7	4.6
州及地方政府	0.5	-0.1	1.0	0.7	0.5	-0.3	-0.6	0.1	-0.1	0.3
备注										
国民总收入	0.6		2.8	1.9	0.1	-2.4	-3.8	-4.0	-2.9	

资料来源:美国商务部经济分析局

2.1.03 美国国内生产总值构成对经济增长的贡献

单位:百分点

	2008 年	2009 年	2008 年				2009 年			
			一季度	二季度	三季度	四季度	一季度	二季度	三季度	四季度
国内生产总值	**0.40**	**-2.40**	**-0.70**	**1.50**	**-2.70**	**-5.40**	**-6.40**	**-0.70**	**2.20**	**5.70**
个人消费支出	-0.17	-0.40	-0.39	0.06	-2.49	-2.15	0.44	-0.62	1.96	1.44
耐用消费品	-0.36	-0.30	-0.75	-0.46	-0.95	-1.64	0.28	-0.41	1.36	-0.06
非耐用消费品	-0.13	-0.16	-0.49	0.35	-0.94	-0.78	0.29	-0.29	0.23	0.67
服务	0.32	0.06	0.85	0.17	-0.60	0.26	-0.13	0.09	0.37	0.83
私人投资总额	-1.18	-3.49	-1.20	-1.66	-1.04	-3.91	-8.98	-3.10	0.54	3.82
固定资产投资	-0.81	-2.75	-0.99	-0.41	-1.30	-3.28	-6.62	-1.68	-0.15	0.43
非住宅投资	0.19	-2.09	0.25	0.19	-0.73	-2.47	-5.29	-1.01	-0.59	0.29
建筑	0.39	-0.83	0.27	0.56	0.00	-0.31	-2.28	-0.69	-0.68	-0.52
设备和软件	-0.20	-1.27	-0.02	-0.38	-0.73	-2.15	-3.01	-0.32	0.10	0.81
住宅投资	-1.00	-0.65	-1.24	-0.60	-0.57	-0.81	-1.33	-0.67	0.43	0.14
库存变动	-0.37	-0.74	-0.21	-1.25	0.26	-0.64	-2.36	-1.42	0.69	3.39
净出口	1.20	1.08	0.36	2.35	-0.10	0.45	2.64	1.65	-0.81	0.50
出口	0.64	-1.21	-0.02	1.47	-0.48	-2.67	-3.95	-0.45	1.78	1.90
货物	0.48	-1.04	0.34	1.17	-0.17	-2.50	-3.41	-0.45	1.58	1.90
服务	0.16	-0.16	-0.36	0.30	-0.31	-0.17	-0.54	0.00	0.20	0.00
进口	0.56	2.28	0.38	0.88	0.38	3.12	6.58	2.09	-2.59	-1.41
货物	0.58	2.18	0.46	0.67	0.55	3.09	6.25	1.89	-2.41	-1.55
服务	-0.02	0.10	-0.08	0.21	-0.17	0.03	0.34	0.21	-0.18	0.14
政府支出	0.59	0.38	0.51	0.71	0.95	0.24	-0.52	1.33	0.55	-0.02
联邦政府	0.53	0.39	0.56	0.55	0.93	0.49	-0.33	0.85	0.62	0.02
国防	0.37	0.28	0.39	0.34	0.93	0.20	-0.27	0.70	0.45	-0.19
其他	0.16	0.11	0.17	0.21	0.00	0.29	-0.06	0.15	0.17	0.21
州及地方政府	0.06	-0.01	-0.05	0.15	0.01	-0.25	-0.19	0.48	-0.08	-0.04
备注										
货物	0.11	-1.31	-0.55	0.36	-1.91	-4.54	-2.19	-0.84	1.60	5.09
服务	0.94	0.30	0.94	0.96	-0.22	0.46	-0.53	0.96	0.70	1.14
建筑	-0.61	-1.42	-1.12	0.13	-0.55	-1.30	-3.70	-0.86	-0.06	-0.50
汽车	-0.52	-0.52	-0.64	-1.08	-0.15	-1.41	-1.69	0.19	1.45	0.61
计算机	0.12	0.01	0.06	0.16	-0.02	0.02	0.06	-0.04	-0.08	-0.03

注:季度数据为经季节调整后折合年率的环比贡献。

资料来源:美国商务部经济分析局。

2.1.04 美国工业生产指数和工业生产能力利用率

年份 月份	工业生产指数(2002＝100)		工业生产能力利用率(%)	
		制造业		制造业
2003	**101.3**	**101.3**	**75.8**	**73.7**
2004	**103.8**	**104.3**	**77.9**	**76.2**
2005	**107.2**	**108.5**	**80.1**	**78.6**
2006	**109.7**	**111.2**	**80.9**	**79.4**
2007	**111.3**	**112.7**	**80.6**	**79.0**
2008	**108.8**	**109.1**	**77.6**	**75.1**
1	112.3	113.4	80.5	78.5
2	112.0	112.8	80.2	78.0
3	111.6	112.7	79.8	77.8
4	111.0	111.7	79.2	77.0
5	110.7	111.5	78.9	76.7
6	110.4	111.0	78.7	76.3
7	110.4	110.8	78.6	76.1
8	109.2	109.7	77.6	75.3
9	104.8	105.7	74.5	72.5
10	106.2	106.0	75.4	72.7
11	104.8	103.6	74.4	71.1
12	102.4	100.6	72.7	69.0
2009	**98.3**	**96.9**	**70.2**	**66.9**
1	100.1	97.8	71.1	67.1
2	99.3	97.7	70.6	67.1
3	97.7	96.1	69.5	66.0
4	97.2	95.7	69.2	65.8
5	96.2	94.8	68.5	65.3
6	95.8	94.4	68.3	65.1
7	96.9	95.9	69.2	66.2
8	98.3	97.3	70.2	67.2
9	98.9	98.0	70.8	67.8
10	99.1	97.8	71.0	67.8
11	99.7	98.7	71.5	68.5
12	100.3	98.7	72.0	68.6

资料来源:美国联邦储备委员会。

2.1.05 美国劳动生产率变化

(1992 = 100)

年度	季度	非农产业		制造业		商业	
		单位劳动力产出	每小时产出	单位劳动力产出	每小时产出	单位劳动力产出	每小时产出
2003		**128.3**	**130.3**	**158.8**	**160.4**	**129.4**	**131.0**
	1	125.5	127.4	155.6	157.5	126.5	128.1
	2	127.1	129.1	157.5	159.3	128.4	130.1
	3	129.9	132.1	160.1	162.6	131.0	132.8
	4	130.6	132.6	162.1	162.1	131.5	133.1
2004		**131.9**	**134.0**	**163.8**	**164.0**	**133.1**	**134.9**
	1	131.2	132.9	162.4	161.8	132.5	133.8
	2	131.7	134.1	163.1	163.0	132.8	134.8
	3	132.0	134.4	163.9	164.2	133.1	135.0
	4	132.4	134.6	165.9	167.1	133.9	135.8
2005		**133.9**	**136.2**	**170.7**	**171.9**	**135.2**	**137.1**
	1	133.4	135.9	168.8	170.0	134.7	136.9
	2	133.5	135.7	170.0	172.0	134.6	136.5
	3	134.3	136.7	171.0	172.6	135.5	137.6
	4	134.4	136.6	172.9	173.0	135.7	137.6
2006		**135.6**	**137.5**	**174.8**	**173.7**	**136.8**	**138.5**
	1	135.5	137.5	173.4	172.6	136.8	138.5
	2	135.5	137.7	173.9	172.5	136.8	138.7
	3	135.2	137.0	175.9	174.4	136.4	138.0
	4	136.0	137.8	176.2	175.3	137.2	138.7
2007		**137.7**	**140.1**	**180.3**	**179.2**	**138.9**	**141.0**
	1	136.1	138.2	176.8	176.9	137.2	139.0
	2	137.0	139.2	179.3	178.2	138.3	140.2
	3	138.6	141.1	182.0	180.1	139.9	142.1
	4	139.1	141.8	183.0	181.6	140.3	142.6
2008		**139.4**	**142.6**	**180.9**	**180.7**	**140.7**	**143.6**
	1	139.0	141.7	183.7	182.8	140.3	142.7
	2	140.0	142.8	182.8	181.6	141.3	143.8
	3	139.5	142.8	180.8	180.3	140.8	143.9
	4	139.1	143.1	176.3	178.1	140.5	144.2
2009							
	1	138.4	143.2	173.2	177.0	139.8	144.3
	2	140.1	145.6	176.0	179.9	141.5	146.7
	3	142.3	148.5	182.2	185.7	143.8	149.7

资料来源:美国劳工统计局。

2.1.06 美国就业率和失业率

年份 月份	就业率(%)	失业率(%)		
			男	女
2003	**62.3**	**6.0**	**6.3**	**5.7**
2004	**62.3**	**5.5**	**5.6**	**5.4**
2005	**62.7**	**5.1**	**5.1**	**5.1**
2006	**63.1**	**4.6**	**4.6**	**4.6**
2007	**63.0**	**4.6**	**4.7**	**4.5**
2008	**62.2**	**5.8**	**6.2**	**5.4**
1	62.9	5.0	5.1	4.7
2	62.8	4.8	4.9	4.7
3	62.7	5.1	5.2	4.9
4	62.7	5.0	5.1	4.7
5	62.6	5.4	5.6	5.3
6	62.4	5.5	5.8	5.3
7	62.2	5.8	6.2	5.3
8	62.0	6.1	6.4	5.9
9	61.9	6.2	6.8	5.5
10	61.7	6.6	7.1	5.9
11	61.3	6.9	7.5	6.2
12	60.9	7.4	8.1	6.6
2009	**59.3**	**9.3**	**10.4**	**8.1**
1	60.6	7.7	8.5	6.9
2	60.3	8.2	9.0	7.3
3	59.9	8.6	9.6	7.6
4	59.9	8.9	10.1	7.6
5	59.6	9.4	10.5	8.1
6	59.4	9.5	10.6	8.3
7	59.3	9.4	10.5	8.2
8	59.1	9.7	11.0	8.3
9	58.7	9.8	11.0	8.5
10	58.4	10.1	11.4	8.8
11	58.5	10.0	11.2	8.6
12	58.2	10.0	11.0	8.8

注:数据经季节性调整。

资料来源:美国劳工统计局。

2.1.07 美国价格涨跌率

单位:%

年份 月份	消费者价格涨跌率		核心消费者价格涨跌率①		生产者价格涨跌率	
	环比	同比	环比	同比	环比	同比
2006		**3.2**		**2.5**		**3.0**
2007		**2.8**		**2.3**		**3.9**
2008		**3.8**		**2.3**		**8.1**
1	0.4	4.3	0.3	2.5	0.9	7.4
2	0.2	4.0	0.1	2.3	0.4	6.5
3	0.4	4.0	0.2	2.4	0.9	6.7
4	0.2	3.9	0.1	2.3	0.2	6.4
5	0.5	4.2	0.2	2.3	1.5	7.3
6	0.9	5.0	0.3	2.4	1.3	9.1
7	0.7	5.6	0.3	2.5	1.3	9.9
8	0.0	5.4	0.2	2.5	-0.5	9.7
9	0.0	4.9	0.1	2.5	-0.1	8.8
10	-0.8	3.7	0.0	2.2	-2.6	5.2
11	-1.7	1.1	0.1	2.0	-2.7	0.4
12	-0.8	0.1	0.0	1.8	-1.8	-0.9
2009		**-0.4**		**1.7**		**-2.5**
1	0.3	0.0	0.2	1.7	0.9	-0.9
2	0.4	0.2	0.2	1.8	-0.1	-1.4
3	-0.1	-0.4	0.2	1.8	-0.9	-3.4
4	0.0	-0.7	0.3	1.9	0.4	-3.5
5	0.1	-1.3	0.1	1.8	0.2	-4.8
6	0.7	-1.4	0.2	1.7	1.7	-4.4
7	0.0	-2.1	0.1	1.5	-1.2	-6.9
8	0.4	-1.5	0.1	1.4	1.9	-4.4
9	0.2	-1.3	0.2	1.5	-0.5	-4.8
10	0.3	-0.2	0.2	1.7	0.3	-1.9
11	0.4	1.8	0.0	1.7	1.8	2.4
12	0.1	2.7	0.1	1.8	0.2	4.4

注:①为不包括食品和能源的消费者价格。

资料来源:美国劳工统计局。

2.1.08 美国进出口贸易

单位:亿美元

年份 月份	进出口额	出口额	进口额	出口额减进口额
2003	**25354.2**	**10201.9**	**15152.3**	**-4950.4**
2004	**29284.5**	**11592.3**	**17692.2**	**-6099.9**
2005	**32781.9**	**12814.6**	**19967.3**	**-7152.7**
2006	**36637.3**	**14516.9**	**22120.4**	**-7603.5**
2007	**39551.8**	**16431.7**	**23445.9**	**-7014.2**
2008	**43491.3**	**18266.0**	**25225.3**	**-6959.3**
1	3600.3	1492.7	2107.6	-614.9
2	3649.8	1516.2	2133.7	-617.5
3	3602.2	1504.0	2098.2	-594.2
4	3718.1	1548.3	2169.7	-621.4
5	3737.9	1566.3	2171.6	-605.3
6	3834.3	1616.3	2218.1	-601.8
7	3937.5	1644.3	2293.2	-648.9
8	3842.2	1616.5	2225.7	-609.1
9	3641.1	1519.8	2121.2	-601.4
10	3588.1	1497.1	2091.0	-593.9
11	3263.0	1415.3	1847.7	-432.5
12	3077.0	1329.2	1747.8	-418.6
2009				
1	2849.7	1240.0	1609.7	-369.6
2	2771.5	1252.9	1518.6	-265.7
3	2746.9	1229.0	1517.8	-288.8
4	2719.3	1217.2	1502.1	-284.9
5	2728.4	1235.1	1493.3	-258.2
6	2792.9	1261.8	1531.1	-269.3
7	2902.0	1293.9	1608.1	-314.2
8	2898.4	1297.6	1600.7	-303.1
9	3024.2	1333.8	1690.3	-356.5
10	3072.1	1370.1	1702.0	-331.9
11	3128.8	1382.4	1746.4	-364.0

注:包括货物和服务贸易。因季节调整的原因,各月合计数据不等于全年数据。

资料来源:美国商务部普查局。

2.1.09 美国外国直接投资

单位:亿美元

	流入		流出		流入减流出
		同比增长(%)		同比增长(%)	
2003 年	**531.50**	**5.12**	**1293.50**	**9.47**	**-762.00**
2004 年	**1358.26**	**8.97**	**2949.05**	**20.07**	**-1590.79**
2005 年	**1047.73**	**4.88**	**153.69**	**0.50**	**894.04**
2006 年	**2371.36**	**12.20**	**2242.20**	**11.64**	**129.16**
2007 年	**2711.76**	**14.35**	**3783.62**	**68.75**	**-1071.86**
2008 年	**3161.12**	**16.57**	**3117.96**	**-17.59**	**43.16**
1 季度	578.25	212.18	921.64	-10.55	-343.39
2 季度	1019.95	18.85	1018.33	10.57	1.62
3 季度	642.44	-35.17	558.19	-22.51	84.25
4 季度	920.48	35.89	619.80	-44.26	300.68
2009 年					
1 季度	218.72	-62.18	415.96	-54.87	-197.24
2 季度	381.98	-62.55	460.5	-54.78	-78.52
3 季度	418.75	-34.82	652.46	16.89	-233.71
2009 年 1 季度					
按地区分					
加拿大	71.35		23.08		48.27
欧洲	169.88		207.41		-37.53
拉丁美洲	61.23		160.63		-99.40
非洲	-2.10		8.90		-11.00
中东	5.06		29.72		-24.66
亚洲及太平洋	-86.70		-13.77		-72.93
2009 年 2 季度					
按地区分					
加拿大	72.84		35.97		36.87
欧洲	249.10		303.20		-54.10
拉丁美洲	-4.86		68.10		-72.96
非洲	-1.22		18.89		-20.11
中东	15.99		10.82		5.17
亚洲及太平洋	50.13		23.52		26.61

资料来源:美国商务部经济分析局。

2.1.10 美国预警指标和景气指标

年份 月份	先行指标	消费者信心指数	制造业采购经理人指数	制造业订单指数	制造业库存景气指数	非制造业采购经理人指数
2007						
9	137.6	99.5	50.5	54.0	51.0	55.7
10	136.9	95.6	50.4	53.2	50.8	55.5
11	136.2	87.8	50.0	52.8	51.7	54.6
12	136.4	90.6	48.4	47.6	53.4	54.4
2008						
1	102.1	87.3	50.7	48.9	53.1	44.6
2	101.9	76.4	48.3	48.9	51.2	49.7
3	101.9	65.9	48.6	47.1	53.7	49.9
4	102.0	62.8	48.6	46.4	53.8	51.9
5	101.9	58.1	49.6	48.6	53.2	51.2
6	101.9	51.0	50.2	49.3	54.5	48.8
7	101.2	51.9	50.0	44.9	54.1	49.6
8	100.3	58.5	49.9	48.2	50.5	50.4
9	100.3	61.4	43.5	39.2	51.8	50.0
10	99.6	38.8	38.9	32.4	49.3	44.6
11	99.2	44.9	36.2	28.1	48.6	37.4
12	99.5	38.6	32.4	23.1	45.7	40.1
2009						
1	98.6	37.4	35.6	33.2	37.5	42.9
2	98.2	25.3	35.8	33.1	37.0	41.6
3	97.9	26.9	36.3	41.2	32.2	40.8
4	98.9	40.8	40.1	47.2	33.6	43.7
5	100.2	54.9	42.8	51.1	32.9	44.0
6	101.0	49.3	44.8	49.2	30.8	47.0
7	102.1	46.7	48.9	55.3	33.5	46.4
8	102.5	54.5	52.9	64.9	34.4	48.4
9	103.7	53.4	52.6	60.8	42.5	50.9
10	104.2	48.7	55.7	58.3	47.3	50.6
11	105.2	50.6	53.6	61.5	41.4	48.7
12	106.4	53.6	55.9	64.8	43.0	50.1

注:先行指标以 1996 年为 100,消费者信心指数以 1985 年为 100,采购经理人指数长期超过 50 预示着经济扩张期。

资料来源:世界大型企业联合会(Conference Board)及美国供应管理协会(ISM)。

2.1.11 美国财政指标

单位:亿美元

年份 月份	收入	收入同比增长(%)	支出	支出同比增长(%)	收入减支出
2004 财年	**18797.8**	**5.5**	**22920.6**	**6.3**	**-4122.8**
2005 财年	**21543.1**	**14.6**	**24729.2**	**7.9**	**-3186.1**
2006 财年	**24066.9**	**11.7**	**26548.6**	**7.4**	**-2481.8**
2007 财年	**25676.8**	**8.8**	**27305.0**	**4.7**	**-1628.2**
2008 财年	**25236.4**	**-1.7**	**29784.4**	**9.1**	**-4548.0**
10	1781.8	6.3	2350.1	8.3	-568.4
11	1510.6	3.6	2492.9	13.9	-982.4
12	2769.8	6.5	2287.2	4.9	482.6
1	2552.2	-2.1	2373.8	6.7	178.4
2	1057.2	-12.1	2812.9	17.1	-1755.6
3	1788.2	7.4	2270.3	-13.6	-482.1
4	4037.5	5.2	2444.7	18.7	1592.8
5	1242.7	-24.3	2902.0	25.1	-1659.3
6	2599.1	-6.0	2263.7	-9.1	335.5
7	1604.9	-5.8	2632.6	27.2	-1027.7
8	1570.2	-5.7	2689.3	-5.1	-1119.1
9	2722.3	-4.6	2264.9	30.3	-457.3
2009 财年	**21043.7**	**-16.6**	**35200.9**	**18.2**	**-14157.2**
10	1648.3	-7.5	3203.6	36.3	1555.3
11	1447.7	-4.2	2699.7	8.3	1252.0
12	2377.9	-14.2	2895.4	26.6	517.5
1	2260.9	-11.4	2895.5	22.0	634.6
2	873.1	-17.4	2811.7	0.0	1938.6
3	1289.3	-27.9	3205.1	41.2	1915.9
4	2662.1	-34.1	2871.1	17.4	209.1
5	1172.2	-5.7	3068.7	5.7	1896.5
6	2153.4	-17.1	3096.7	36.8	943.3
7	1514.8	-5.6	3321.6	26.2	1806.8
8	1545.3	-1.6	2490.8	-7.4	1035.6
9	2188.8	-19.6	2640.9	16.6	465.7
2010 财年					
10	1352.9	-17.9	3116.6	-2.7	1763.6
11	1335.6	-7.7	2538.5	-6.0	1202.9
12	2189.2	-7.9	3107.7	7.3	918.5

注:美国财年是按上年 10 月至当年 9 月计算的,所列月份为日历月份。

资料来源:美国财政部。

2.1.12 美国联邦基金利率和贴现率

单位:%

年 份	日 期	联邦基金利率	贴现率
2001 年			
	10 月 2 日	2.50	3.50
	11 月 6 日	2.00	3.00
	12 月 11 日	1.75	2.75
2002 年			
	11 月 6 日	1.25	2.25
2003 年			
	6 月 25 日	1.00	2.00
2004 年			
	6 月 30 日	1.25	2.25
	9 月 21 日	1.75	2.75
	8 月 10 日	1.50	2.50
	11 月 10 日	2.00	3.00
	12 月 14 日	2.25	3.25
2005 年			
	2 月 2 日	2.50	3.50
	3 月 22 日	2.75	3.75
	5 月 3 日	3.00	4.00
	6 月 30 日	3.25	4.25
	8 月 9 日	3.50	4.50
	9 月 20 日	3.75	4.75
	11 月 1 日	4.00	5.00
	11 月 13 日	4.25	5.25
2006 年			
	1 月 31 日	4.50	5.50
	3 月 28 日	4.75	5.75
	5 月 10 日	5.00	6.00
	6 月 29 日	5.25	6.25
2007 年			
	8 月 17 日	5.25	5.75
	9 月 18 日	4.75	5.25
	10 月 31 日	4.50	5.00
	12 月 11 日	4.25	4.75
2008 年			
	1 月 22 日	3.50	4.00
	1 月 30 日	3.00	3.50
	3 月 16 日	3.00	3.25
	3 月 18 日	2.25	2.50
	4 月 30 日	2.00	2.25
	10 月 8 日	1.50	1.75
	10 月 29 日	1.00	1.25
	12 月 16 日	0-0.25	0.50

注:2009 年 1 月 27 日,美联储决定维持现有利率水平不变。

资料来源:美国联邦储备委员会。

2.2.01 欧元区国内生产总值及其构成增长率(环比)

单位:%

	2008 年	2009 年	2008 年				2009 年		
			一季度	二季度	三季度	四季度	一季度	二季度	三季度
国内生产总值	**0.6**	**-4.0**	**0.8**	**-0.3**	**-0.4**	**-1.9**	**-2.5**	**-0.1**	**0.4**
按需求构成分类									
国内需求	0.6	-3.2	0.7	-0.6	0.1	-0.8	-2.0	-0.7	0.4
居民消费支出	0.4	-1.0	0.2	-0.4	0.0	-0.5	-0.4	0.1	-0.1
政府支出	2.0	2.0	0.5	0.7	0.5	0.6	0.6	0.6	0.6
固定资本形成	-0.5	-10.7	0.7	-1.4	-1.1	-4.0	-5.4	-1.6	-0.8
国外需求									
出口	1.0	-14.2	2.1	-0.4	-1.3	-7.2	-8.6	-1.2	3.1
进口	1.0	-12.5	1.9	-1.0	0.0	-4.8	-7.4	-2.8	3.0
按产业构成分类									
农业	1.8		1.8	-0.1	0.3	0.3	-0.3	-0.2	0.4
制造业和矿业、能源	-0.7		1.6	-1.0	-1.8	-6.5	-8.3	-1.5	2.3
建筑业	-0.7		1.7	-2.0	-1.4	-2.0	-1.0	-0.7	-0.8
贸易、修理、旅馆、交通通信	0.7		0.8	-0.5	-0.4	-2.0	-2.8	-0.1	0.2
金融不动产、租赁	1.6		0.6	0.3	-0.1	-0.6	-0.7	0.1	-0.1
公共管理、教育卫生及其他服务	1.6		0.3	0.5	0.5	0.3	-0.1	0.7	0.1

注:本表为按不变价格(1995 = 100)计算并经季节调整后的数据。2009 年年度数据为预测值。

资料来源:欧盟统计局数据库。

2.2.02 欧元区国内生产总值及其构成增长率(同比)

单位:%

	2008 年	2009 年	2008 年				2009 年		
			一季度	二季度	三季度	四季度	一季度	二季度	三季度
国内生产总值	**0.6**	**-4.0**	**2.1**	**1.4**	**0.4**	**-1.9**	**-5.0**	**-4.8**	**-4.0**
按需求构成分类									
国内需求	0.6	-3.2	1.5	0.8	0.3	-0.6	-3.2	-3.4	-3.2
居民消费支出	0.4	-1.0	1.5	0.5	0.0	-0.7	-1.3	-0.9	-1.0
政府支出	2.0	2.0	1.6	2.0	2.1	2.4	2.5	2.5	2.5
固定资本形成	-0.5	-10.7	2.6	1.1	-0.6	-5.8	-11.5	-11.7	-11.4
国外需求									
出口	1.0	-14.2	5.4	3.8	1.0	-6.9	-16.6	-17.2	-13.5
进口	1.0	-12.5	4.1	2.4	0.8	-3.9	-12.8	-14.3	-11.8
按产业构成分类									
农业	1.8		1.0	1.6	2.8	2.2	0.1	0.1	0.1
制造业和矿业、能源	-0.7		3.2	1.7	-1.0	-7.6	-16.6	-17.1	-13.6
建筑业	-0.7		1.0	0.3	-1.0	-3.7	-5.9	-4.7	-4.2
贸易、修理、旅馆、交通通信	0.7		2.8	1.4	0.3	-2.1	-5.5	-5.1	-4.6
金融不动产、租赁	1.6		2.7	2.1	1.3	0.2	-1.0	-1.2	-1.3
公共管理、教育卫生及其他服务	1.6		1.5	1.5	1.8	1.6	1.1	1.3	1.0

注:本表为按不变价格(1995 = 100)计算并经季节调整后的数据。2009 年年度数据为预测值。

资料来源:欧盟统计局数据库。

2.2.03 欧元区国内生产总值及其构成对经济增长的贡献

单位:百分点

	2007 年	2008 年	2008 年				2009 年		
			一季度	二季度	三季度	四季度	一季度	二季度	三季度
国内生产总值	**2.7**	**0.6**	**0.8**	**-0.3**	**-0.4**	**-1.9**	**-2.5**	**-0.1**	**0.4**
按需求构成分类									
国内需求	2.3	0.6	0.7	-0.6	0.1	-0.8	-2.0	-0.7	0.4
私人消费支出	0.9	0.2	0.1	-0.2	0.0	-0.3	-0.2	0.0	-0.1
政府消费支出	0.5	0.4	0.1	0.1	0.1	0.1	0.1	0.1	0.1
固定资本形成	1.0	-0.1	0.2	-0.3	-0.3	-0.9	-1.1	-0.3	-0.2
库存变化	0.0	0.1	0.4	-0.2	0.3	0.2	-0.8	-0.6	0.5
国外需求									
净出口	0.4	0.0	0.1	0.2	-0.5	-1.1	-0.5	0.6	0.1
出口	2.5	0.4	0.9	-0.2	-0.5	-3.0	-3.4	-0.4	1.2
进口	-2.1	-0.4	-0.8	0.4	0.0	1.9	3.0	1.1	-1.1
按产业构成分类									
农业	0.0	0.0	0.0	0.0	0.0	0.0	0.0	0.0	0.0
制造业和矿业、能源	0.4	-0.1	0.3	-0.2	-0.3	-1.2	-1.4	-0.3	0.4
建筑业	0.1	0.0	0.1	-0.1	-0.1	-0.1	-0.1	0.0	-0.1
贸易、修理、旅馆、交通通信	0.6	0.1	0.2	-0.1	-0.1	-0.4	-0.5	0.0	0.0
金融不动产、租赁	1.1	0.4	0.1	0.1	0.0	-0.1	-0.2	0.0	0.0
公共管理、教育卫生及其他服务	0.4	0.3	0.1	0.1	0.1	0.1	0.0	0.1	0.0

注:本表为按不变价格(1995=100)计算,季度数据为经季节调整后的环比贡献。

资料来源:欧盟统计局数据库。

2.2.04 欧元区工业生产指标

单位:%

年份	月份	工业生产增长速度		制造业生产能力利用率
			制造业增长速度	
2002 年		**-0.5**	**-0.8**	**81.0**
2003 年		**0.2**	**-0.1**	**80.8**
2004 年		**2.1**	**2.1**	**81.5**
2005 年		**1.3**	**1.3**	**81.1**
2006 年		**4.2**	**4.6**	**83.1**
2007 年		**3.7**	**4.2**	**84.1**
2008 年		**-1.7**	**-1.8**	**81.8**
	1 月	3.8	3.9	
	2 月	3.6	3.4	
	3 月	1.4	0.9	83.8
	4 月	4.8	4.3	
	5 月	-0.6	-0.6	
	6 月	-0.5	-0.3	83.3
	7 月	-0.9	-0.9	
	8 月	-1.0	-1.0	
	9 月	-2.3	-2.4	82.2
	10 月	-5.7	-5.7	
	11 月	-9.0	-9.2	
	12 月	-12.4	-13.1	78.1
2009 年				
	1 月	-16.6	-19.0	
	2 月	-19.3	-21.2	
	3 月	-19.4	-20.4	72.5
	4 月	-21.4	-22.0	
	5 月	-17.8	-18.7	
	6 月	-16.7	-17.8	70.0
	7 月	-15.9	-16.9	
	8 月	-15.1	-16.1	
	9 月	-12.7	-13.1	70.1
	10 月	-11.0	-11.6	
	11 月	-6.8	-7.0	

注:工业生产增长速度按同比计算。

资料来源:欧盟统计局数据库和欧洲央行统计月报。

2.2.05 欧元区劳动力市场

单位:%

	失业率	男	女	劳动生产率增长率
2002 年	**9.5**	**7.3**	**8.2**	**0.2**
2003 年	**9.8**	**7.7**	**8.7**	**0.4**
2004 年	**10.0**	**7.9**	**8.8**	**1.3**
2005 年	**9.9**	**8.0**	**8.9**	**0.7**
2006 年	**9.4**	**7.4**	**8.3**	**1.4**
2007 年	**8.5**	**6.6**	**7.4**	**1.0**
2008 年	**8.3**	**6.9**	**7.5**	**-0.1**
1 月	7.2	8.2	6.5	
2 月	7.2	8.1	6.4	
3 月	7.1	8.0	6.4	0.4
4 月	7.3	8.1	6.6	
5 月	7.3	8.2	6.6	
6 月	7.4	8.2	6.8	0.8
7 月	7.4	8.2	6.8	
8 月	7.6	8.3	7.0	
9 月	7.6	8.3	7.1	0.3
10 月	7.8	8.4	7.3	
11 月	8.0	8.6	7.5	
12 月	8.2	8.7	7.8	-1.8
2009 年	**9.6**	**9.3**	**9.4**	
1 月	8.5	9.0	8.2	
2 月	8.8	9.1	8.5	
3 月	9.1	9.3	8.8	-4.2
4 月	9.2	9.4	9.0	
5 月	9.3	9.5	9.1	
6 月	9.4	9.6	9.3	-4.0
7 月	9.5	9.7	9.4	
8 月	9.6	9.8	9.5	
9 月	9.8	9.8	9.7	-1.9
10 月	9.9	10.0	9.8	
11 月	9.9	10.0	9.9	
12 月	10.0	10.1	10.0	

注:除年度数据以外,劳动生产率增长率为该月份所在季度数据的同比增长率。

资料来源:欧盟统计局数据库和欧洲央行统计月报。

2.2.06 欧元区进出口贸易

单位:亿欧元

年 度 月 度	进出口额	进口额	出口额	出口额减进口额
2002 年	**20583**	**9837**	**10746**	**909**
2003 年	**20370**	**9867**	**10503**	**637**
2004 年	**22263**	**10806**	**11457**	**651**
2005 年	**24637**	**12284**	**12354**	**70**
2006 年	**27817**	**14004**	**13813**	**-191**
2007 年	**29925**	**14905**	**15020**	**115**
2008 年	**31420**	**15876**	**15544**	**-332**
1 月	2705	1368	1337	-31
2 月	2694	1346	1348	2
3 月	2623	1332	1291	-41
4 月	2736	1375	1361	-14
5 月	2662	1355	1307	-48
6 月	2687	1376	1312	-64
7 月	2751	1415	1336	-79
8 月	2678	1365	1313	-52
9 月	2686	1358	1328	-30
10 月	2604	1315	1289	-26
11 月	2431	1240	1191	-49
12 月	2345	1172	1173	1
2009 年				
1 月	2111	1083	1028	-54
2 月	2097	1063	1035	-28
3 月	2123	1072	1051	-21
4 月	2077	1037	1041	4
5 月	2039	1013	1026	14
6 月	2058	1020	1037	17
7 月	2112	1028	1084	56
8 月	2059	1020	1039	19
9 月	2134	1048	1086	38
10 月	2122	1038	1085	47
11 月	2121	1041	1080	39

注:贸易额不包括欧元区各成员国相互之间的贸易额,为经季节调整后的数据。

资料来源:欧盟统计局数据库。

2.2.07 欧元区外国直接投资

单位:亿欧元

年度	月度	流入	流出	流入减流出
2004 年		**894**	**1691**	**-796**
2005 年		**1524**	**3584**	**-2060**
2006 年		**2574**	**4176**	**-1602**
2007 年		**4083**	**4812**	**-729**
2008 年		**1375**	**3265**	**-1890**
	1 月	587	825	-238
	2 月	410	463	-54
	3 月	-109	196	-305
	4 月	-270	-32	-239
	5 月	95	147	-52
	6 月	69	225	-156
	7 月	350	260	90
	8 月	108	223	-115
	9 月	280	497	-217
	10 月	4	55	-50
	11 月	-184	354	-538
	12 月	28	64	-36
2009 年				
	1 月	118	346	-228
	2 月	130	248	-117
	3 月	165	407	-243
	4 月	725	659	66
	5 月	224	115	109
	6 月	-17	201	-218
	7 月	149	141	9
	8 月	198	150	48
	9 月	3	302	-299
	10 月	260	279	-20
	11 月	93	97	-3

注:欧元区绝对数指欧元区历年实有成员,2001 年至 2005 年为 11 个成员,2006 年为 12 个成员,2007 年为 13 个成员,2008 年为 15 个成员,2009 年为 16 个成员;外国直接投资额不包括欧元区各成员国相互之间的直接投资额。

资料来源:欧洲央行统计月报。

2.2.08 欧元区价格涨跌率

单位:%

年度	月度	消费者价格涨跌率		核心 CPI		生产者价格涨跌率	
		环比	同比	环比	同比	环比	同比
2002 年			**2.2**		**2.5**		**-0.1**
2003 年			**2.1**		**2.0**		**1.4**
2004 年			**2.1**		**2.1**		**2.3**
2005 年			**2.2**		**1.5**		**4.1**
2006 年			**2.2**		**1.5**		**5.1**
2007 年			**2.1**		**2.0**		**2.7**
2008 年			**3.3**		**2.4**		**6.1**
	1 月	-0.4	3.2	-0.8	2.3	0.8	5.1
	2 月	0.3	3.3	0.5	2.4	0.6	5.4
	3 月	1.0	3.6	0.9	2.7	0.7	5.8
	4 月	0.3	3.3	0.2	2.4	0.8	6.2
	5 月	0.6	3.7	0.2	2.5	1.2	6.9
	6 月	0.4	4.0	0.1	2.5	1.1	8.0
	7 月	-0.2	4.0	-0.4	2.5	1.4	9.1
	8 月	-0.1	3.8	0.3	2.6	-0.5	8.4
	9 月	0.2	3.6	0.3	2.5	-0.2	7.7
	10 月	0.0	3.2	0.4	2.4	-0.9	6.1
	11 月	-0.5	2.1	0.0	2.2	-2.1	2.9
	12 月	-0.1	1.6	0.3	2.1	-1.5	1.2
2009 年			**0.3**		**1.3**		**-5.1**
	1 月	-0.8	1.1	-1.1	1.8	-1.2	-0.8
	2 月	0.4	1.2	0.4	1.7	-0.5	-1.9
	3 月	0.4	0.6	0.6	1.5	-0.7	-3.2
	4 月	0.4	0.6	0.4	1.7	-0.9	-4.8
	5 月	0.1	0.0	0.0	1.5	0.0	-5.9
	6 月	0.2	-0.1	0.0	1.3	0.4	-6.5
	7 月	-0.7	-0.7	-0.5	1.2	-0.7	-8.4
	8 月	0.3	-0.2	0.3	1.2	0.5	-7.5
	9 月	0.0	-0.3	0.2	1.1	-0.4	-7.6
	10 月	0.2	-0.1	0.3	1.0	0.3	-6.6
	11 月	0.1	0.5	0.0	1.0	0.2	-4.4
	12 月	0.3	0.9	0.4	1.0	0.1	-2.9
2010 年							
	1 月		1.0				

注:①为不包括食品和能源的消费者价格。

资料来源:欧盟统计局数据库。

2.2.09 欧元区预警指标和景气指标

年份	月份	先行指标	消费者信心指数	企业家信心指数	定单指数	制成品库存指数	制造业生产预期指数
2000 年			**1.0**	**4.0**	**2**	**4**	**16**
2001 年			**-5.0**	**-9.0**	**-15**	**13**	**1**
2002 年			**-11.0**	**-11.0**	**-25**	**11**	**3**
2003 年			**-18.0**	**-10.0**	**-25**	**10**	**4**
2004 年			**-14.0**	**-5.0**	**-15**	**8**	**10**
2005 年			**-14.0**	**-7.0**	**-17**	**11**	**6**
2006 年			**-9.0**	**2.0**	**0**	**6**	**13**
2007 年			**-5.0**	**4.0**	**5**	**5**	**13**
2008 年			**-18.1**	**-9.3**	**-15**	**11**	**-2**
	1 月	102.4	-11.2	1.1	-1	7	12
	2 月	102.1	-12.3	0.5	-2	7	11
	3 月	101.7	-12.7	0.1	-1	7	8
	4 月	101.2	-12.2	-1.9	-5	9	8
	5 月	100.5	-13.7	-1.7	-5	8	7
	6 月	99.7	-15.9	-4.8	-10	10	5
	7 月	98.6	-19.2	-7.6	-13	10	1
	8 月	97.4	-19.3	-9.2	-13	12	-3
	9 月	96.1	-19.1	-12.0	-20	13	-4
	10 月	94.8	-24.3	-18.1	-26	15	-13
	11 月	93.7	-26.4	-24.7	-36	17	-22
	12 月	92.9	-30.8	-32.9	-47	21	-30
2009 年			**-24.7**	**-28.4**	**-56**	**14**	**-15**
	1 月	92.6	-30.5	-33.3	-49	20	-31
	2 月	92.8	-32.9	-36.0	-56	20	-32
	3 月	93.6	-34.2	-37.6	-61	20	-32
	4 月	94.7	-30.5	-34.9	-60	19	-25
	5 月	96.2	-28.2	-33.1	-61	18	-20
	6 月	97.8	-25.1	-31.5	-63	16	-16
	7 月	99.4	-23.1	-29.4	-61	14	-13
	8 月	100.9	-22.1	-25.3	-56	12	-8
	9 月	102.3	-19.1	-24.2	-56	10	-7
	10 月	103.5	-17.7	-20.8	-53	8	-2
	11 月	104.6	-17.3	-18.8	-51	7	2
	12 月		-16.1	-16.0	-47	5	3
2010 年							
	1 月		-15.8	-14.1	-44	3	5

资料来源:OECD 数据库及欧盟统计局数据库。

2.2.10 欧元区货币供应量增长速度

单位:%

年度	月度	M1	M2	M3
2002 年		**9.7**	**6.3**	**6.6**
2003 年		**9.1**	**6.3**	**6.4**
2004 年		**8.1**	**6.4**	**6.3**
2005 年		**18.1**	**9.4**	**8.5**
2006 年		**8.0**	**9.3**	**9.4**
2007 年		**3.8**	**10.3**	**11.4**
2008 年		**3.4**	**8.9**	**8.4**
	1 月	4.5	10.5	11.7
	2 月	3.4	10.8	11.5
	3 月	3.2	9.9	10.2
	4 月	2.2	10.3	10.4
	5 月	2.4	10.4	10.3
	6 月	1.8	9.6	9.6
	7 月	0.1	9.1	9.1
	8 月	0.9	9.4	9.2
	9 月	1.1	8.8	8.6
	10 月	3.4	9.3	8.7
	11 月	2.9	9.1	8.0
	12 月	3.0	8.1	7.4
2009 年				
	1 月	5.2	7.7	6.1
	2 月	6.6	7.2	6.0
	3 月	6.0	6.2	5.1
	4 月	8.5	6.0	4.9
	5 月	8.4	5.2	3.9
	6 月	9.3	4.9	3.6
	7 月	11.7	4.6	3.0
	8 月	13.5	4.4	2.4
	9 月	12.4	3.5	1.7
	10 月	12.2	2.4	0.3
	11 月	12.5	1.8	-0.3

注:增长速度按同比计算。

资料来源:欧盟统计局数据库。

2.2.11 欧洲央行利率

单位:%

	隔夜存款利率	欧洲央行基准利率	隔夜贷款利率
2002 年			
12 月 6 日	1.75	2.75	3.75
2003 年			
3 月 7 日	1.50	2.50	3.50
6 月 5 日	1.00	2.00	3.00
2005 年			
12 月 6 日	1.25	2.25	3.25
2006 年			
3 月 8 日	1.50	2.50	3.50
6 月 15 日	1.75	2.75	3.75
8 月 3 日	2.00	3.00	4.00
10 月 11 日	2.25	3.25	4.25
12 月 13 日	2.50	3.50	4.50
2007 年			
3 月 14 日	2.75	3.75	4.75
6 月 13 日	3.00	4.00	5.00
2008 年			
7 月 9 日	3.25	4.25	5.25
10 月 8 日	2.75	3.75	4.75
10 月 9 日	3.25	3.75	4.25
10 月 15 日	3.25	3.75	4.25
11 月 12 日	2.75	3.25	3.75
12 月 10 日	2.00	2.50	3.00
2009 年			
1 月 21 日	1.00	2.00	3.00
3 月 11 日	0.50	1.50	2.50
4 月 8 日	0.25	1.25	2.25
5 月 13 日	0.25	1.00	1.75

注:2009 年 1 月 14 日,欧洲央行决定维持现有利率水平不变。

资料来源:欧洲央行统计月报。

2.3.01 日本国内生产总值及其构成增长率（环比）

单位：%

	2007年	2008年	2008年 一季度	二季度	三季度	四季度	2009年 一季度	二季度	三季度
国内生产总值	2.4	−1.2	1.4	−2.1	−1.0	−2.7	−3.1	0.7	0.3
国内需求	1.3	−1.3	0.7	−1.8	−0.6	−0.4	−2.3	−0.7	−0.1
民间需求	1.7	−1.4	1.2	−1.7	−0.7	−0.8	−3.4	−1.3	0.1
民间消费	1.6	−0.7	0.7	−1.6	−0.1	−0.9	−1.2	1.2	0.9
家庭消费	1.8	−0.7	0.7	−1.6	−0.1	−0.9	−1.3	1.2	1.0
扣除估算租金	1.8	−1.1	0.8	−2.0	−0.3	−1.2	−1.6	1.4	1.1
民间住宅投资	−9.6	−8.2	3.8	0.2	3.9	2.5	−6.4	−9.4	−7.9
民间企业设备投资	2.6	0.1	5.1	−1.6	−4.4	−6.7	−8.4	−4.6	−2.8
政府需求	−0.2	−1.3	−0.9	−2.0	−0.1	1.1	1.1	1.3	−0.4
政府消费	1.5	0.3	−0.3	−1.2	−0.2	1.2	0.7	0.3	−0.1
政府投资	−7.4	−8.5	−4.5	−5.4	0.7	0.4	3.7	6.3	−1.6
国外需求									
出口	8.4	1.6	6.9	−4.0	−2.0	−13.9	−21.3	6.5	6.5
进口	1.6	0.8	3.5	−2.3	0.7	−1.6	−15.0	−3.4	3.3
备注：									
贸易收益/损失	−27.7	−41.4	−13.1	−13.6	−14.6	37.1	43.0	−11.5	−39.9
国内收入	1.7	−2.6	0.9	−2.8	−1.9	−0.5	−1.5	0.4	−0.7
收入	21.2	−6.7	−4.7	−3.9	−0.1	−12.1	−8.3	0.9	−8.1
支付	24.5	−12.7	−16.5	10.7	−9.8	−6.6	−7.7	−10.5	−8.7
国民收入	2.2	−2.7	0.9	−3.1	−1.6	−1.0	−1.7	0.6	−0.9
固定资本形成总额	−1.2	−2.6	3.2	−2.0	−2.5	−4.2	−6.0	−3.2	−3.2

资料来源：日本内阁府。

2.3.02 日本国内生产总值及其构成增长率(同比)

单位:%

	2007年	2008年	2008年				2009年		
			一季度	二季度	三季度	四季度	一季度	二季度	三季度
国内生产总值	2.4	-1.2	1.3	-0.3	-1.4	-4.1	-8.9	-5.8	-5.1
国内需求	1.3	-1.3	-0.2	-1.7	-1.9	-1.7	-5.5	-3.7	-3.8
民间需求	1.7	-1.4	-0.2	-1.7	-2.0	-1.5	-7.1	-5.7	-5.6
民间消费	1.6	-0.7	0.9	-1.1	-0.6	-1.8	-3.8	-1.1	0.0
家庭消费	1.8	-0.7	1.1	-1.1	-0.8	-2.0	-4.0	-1.1	0.0
扣除估算租金	1.8	-1.1	1.0	-1.6	-1.2	-2.7	-5.1	-1.6	-0.2
民间住宅投资	-9.6	-8.2	-17.5	-17.2	-6.1	11.1	0.1	-9.9	-20.3
民间企业设备投资	2.6	0.1	3.9	3.8	-0.3	-7.5	-19.7	-22.2	-20.6
政府需求	-0.2	-1.3	0.1	-1.7	-1.4	-2.0	0.0	3.2	2.9
政府消费	1.5	0.3	2.0	-0.2	-0.3	-0.4	0.6	2.0	1.9
政府投资	-7.4	-8.5	-8.6	-9.8	-6.6	-8.7	-1.8	12.6	9.4
国外需求									
出口	8.4	1.6	10.8	5.8	4.2	-13.0	-36.5	-29.3	-22.9
进口	1.6	0.8	2.5	-2.3	1.9	1.0	-18.0	-19.0	-16.4
备注:									
贸易收益/损失	-27.7	-41.4	-63.8	-62.6	-61.8	7.0	50.8	52.0	47.5
国内收入	1.7	-2.6	-0.5	-2.4	-3.6	-4.0	-7.0	-3.2	-2.6
收入	21.2	-6.7	3.2	-5.3	-6.4	-19.6	-23.1	-18.3	-25.2
支付	24.5	-12.7	-6.5	0.2	-22.8	-21.5	-13.6	-30.3	-30.5
国民收入	2.2	-2.7	-0.2	-2.6	-3.5	-4.4	-7.8	-3.4	-3.4
固定资本形成总额	-1.2	-2.6	-1.2	-1.8	-2.2	-5.3	-14.6	-15.7	-16.2

资料来源:日本内阁府。

2.3.03 日本国内生产总值构成对经济增长的贡献

单位:百分点

	2007年	2008年	2008年				2009年		
			一季度	二季度	三季度	四季度	一季度	二季度	三季度
国内生产总值	2.4	-1.2	1.4	-2.1	-1.0	-2.7	-3.1	0.7	0.3
国内需求	1.2	-1.3	0.7	-1.7	-0.5	-0.4	-2.4	-0.7	-0.1
民间需求	1.3	-1.1	0.9	-1.3	-0.5	-0.6	-2.6	-1.0	0.0
民间消费	0.9	-0.4	0.4	-0.9	-0.1	-0.5	-0.7	0.7	0.6
家庭消费	1.0	-0.4	0.4	-0.9	-0.1	-0.5	-0.7	0.7	0.6
扣除估算租金	0.8	-0.5	0.3	-1.0	-0.1	-0.6	-0.8	0.7	0.5
民间住宅投资	-0.4	-0.3	0.1	0.0	0.1	0.1	-0.2	-0.3	-0.2
民间企业设备投资	0.4	0.0	0.8	-0.3	-0.7	-1.0	-1.3	-0.7	-0.4
民间存货变化	0.3	-0.4	-0.4	-0.1	0.2	0.9	-0.4	-0.7	0.1
政府需求	0.0	-0.3	-0.2	-0.4	0.0	0.2	0.3	0.3	-0.1
政府消费	0.3	0.0	-0.1	-0.2	0.0	0.2	0.1	0.1	0.0
政府投资	-0.3	-0.3	-0.2	-0.2	0.0	0.0	0.1	0.3	-0.1
政府存货变化	0.0	0.0	0.0	0.0	0.0	0.0	0.0	0.0	0.0
国外需求									
净出口	1.1	0.2	0.7	-0.4	-0.5	-2.3	-0.7	1.4	0.4
进口	1.4	0.3	1.2	-0.8	-0.4	-2.6	-3.4	0.8	0.9
出口	-0.2	-0.1	-0.6	0.4	-0.1	0.3	2.6	0.5	-0.5
备注:									
贸易收益/损失	-0.7	-1.4	-0.5	-0.6	-0.8	2.2	1.7	-0.3	-1.0
国内收入	1.7	-2.6	0.9	-2.8	-1.9	-0.5	-1.5	0.4	-0.7
国外净收入	0.5	-0.1	0.1	-0.3	0.2	-0.5	-0.2	0.2	-0.2
收入	0.9	-0.3	-0.2	-0.2	0.0	-0.6	-0.4	0.0	-0.3
支付	-0.3	0.2	0.3	-0.2	0.2	0.1	0.1	0.1	0.1
国民收入	2.2	-2.7	0.9	-3.1	-1.6	-1.0	-1.7	0.6	-0.9
固定资本形成总额	-0.3	-0.6	0.7	-0.5	-0.6	-0.9	-1.4	-0.7	-0.7

注:为环比增长率及环比贡献。

资料来源:日本内阁府。

2.3.04 日本工业生产指标

单位:%

年份	月份	工业生产增长率	制造业增长率	制造业产能利用率指数（2005＝100）	服务业活动指数（2000 年＝100）
2000 年		**5.7**	**5.7**		**100.0**
2001 年		**−6.8**	**−6.8**		**100.9**
2002 年		**−1.3**	**−1.3**		**101.2**
2003 年		**3.3**	**3.3**	**99.9**	**96.4**
2004 年		**4.9**	**4.8**	**99.5**	**98.1**
2005 年		**1.3**	**1.3**	**100.6**	**100.0**
2006 年		**4.5**	**4.5**	**103.1**	**101.8**
2007 年		**2.8**	**2.8**	**105.3**	**102.8**
2008 年		**−3.4**	**−3.4**	**106.8**	**101.8**
	1 月	2.9	2.9	105.5	102.9
	2 月	4.0	4.0	105.6	103.1
	3 月	2.5	2.7	105.6	102.6
	4 月	2.3	2.4	105.9	102.8
	5 月	2.3	2.2	105.8	102.6
	6 月	0.2	0.3	105.8	102.0
	7 月	−0.2	−0.2	106.6	102.3
	8 月	−5.7	−5.7	106.5	101.4
	9 月	−4.0	−4.1	106.5	101.1
	10 月	−9.0	−9.0	106.4	101.1
	11 月	−14.1	−14.1	106.8	100.2
	12 月	−21.8	−21.9	106.8	98.5
2009 年		**−22.4**	**−22.4**		
	1 月	−30.0	−30.1	106.4	99.0
	2 月	−36.9	−36.9	106.4	97.0
	3 月	−35.1	−35.0	106.1	94.4
	4 月	−30.7	−30.7	104.7	96.3
	5 月	−27.6	−27.7	104.5	95.9
	6 月	−24.5	−24.6	104.5	96.1
	7 月	−22.7	−22.7	104.4	96.6
	8 月	−18.9	−18.9	104.5	96.9
	9 月	−17.3	−17.3	104.5	96.4
	10 月	−14.0	−14.0	106.2	96.8
	11 月	−5.5	−5.5	106.7	96.6
	12 月	5.4	5.4		

注:工业生产增长率和制造业增长率均为同比。

资料来源:日本央行月报。

2.3.05 日本就业人数和失业率

年份	月份	劳动力总数（万人）	就业人数（万人）	失业人数（万人）	失业率（%）
2000年		**6766**	**6446**	**320**	**4.7**
2001年		**6752**	**6412**	**340**	**5.2**
2002年		**6689**	**6330**	**359**	**5.4**
2003年		**6666**	**6316**	**350**	**5.1**
2004年		**6642**	**6329**	**313**	**4.6**
2005年		**6650**	**6356**	**294**	**4.4**
2006年		**6657**	**6382**	**275**	**4.1**
2007年		**6669**	**6412**	**257**	**3.8**
2008年		**6650**	**6385**	**265**	**4.0**
	1月	6577	6321	256	3.8
	2月	6558	6292	266	3.9
	3月	6604	6336	268	3.8
	4月	6704	6429	275	4.0
	5月	6748	6478	270	4.0
	6月	6716	6451	265	4.1
	7月	6662	6406	256	4.0
	8月	6677	6405	272	4.1
	9月	6663	6393	271	4.0
	10月	6643	6388	255	3.8
	11月	6646	6391	256	4.0
	12月	6601	6331	270	4.3
2009年		**6617**	**6282**	**336**	**5.1**
	1月	6569	6292	277	4.1
	2月	6565	6265	299	4.4
	3月	6580	6245	335	4.8
	4月	6668	6322	346	5.0
	5月	6689	6342	347	5.2
	6月	6648	6300	348	5.4
	7月	6628	6270	359	5.7
	8月	6657	6296	361	5.5
	9月	6658	6295	363	5.3
	10月	6615	6271	344	5.1
	11月	6591	6260	331	5.2
	12月	6539	6223	317	5.1

资料来源：日本统计局。

2.3.06 日本消费者价格涨跌率和生产者价格涨跌率

单位:%

年份	月份	消费者价格涨跌率		生产者价格涨跌率	
		环 比	同 比	环 比	同 比
2000 年			**-0.7**		**-0.1**
2001 年			**-0.7**		**-2.4**
2002 年			**-0.9**		**-1.6**
2003 年			**-0.3**		**-0.5**
2004 年			**0.0**		**1.5**
2005 年			**-0.3**		**2.1**
2006 年			**0.3**		**2.2**
2007 年			**0.3**		**1.8**
2008 年			**1.4**		**4.6**
	1月	-0.2	0.7	0.3	3.1
	2月	-0.2	1.0	0.5	3.6
	3月	0.5	1.2	0.5	3.9
	4月	-0.1	0.8	0.9	4.1
	5月	0.8	1.3	1.1	4.9
	6月	0.5	2.0	0.9	5.8
	7月	0.2	2.3	2.3	7.5
	8月	0.3	2.1	0.1	7.6
	9月	0.0	2.1	-0.6	7.0
	10月	-0.1	1.7	-2.1	4.5
	11月	-0.9	1.0	-1.8	2.4
	12月	-0.4	0.4	-1.1	0.9
2009 年			**-1.4**		**-5.3**
	1月	-0.6	0.0	-1.5	-0.9
	2月	-0.3	-0.1	-0.5	-1.9
	3月	0.3	-0.3	-0.2	-2.5
	4月	0.1	-0.1	-0.6	-3.9
	5月	-0.2	-1.1	-0.5	-5.5
	6月	-0.2	-1.8	-0.4	-6.7
	7月	-0.3	-2.2	0.4	-8.5
	8月	0.3	-2.2	0.0	-8.5
	9月	0.0	-2.2	0.0	-8.0
	10月	-0.4	-2.5	-0.8	-6.8
	11月	-0.2	-1.9	0.0	-5.0
	12月	-0.2	-1.7	0.1	-3.9

资料来源:日本统计局。

2.3.07 日本进出口贸易和外国直接投资

单位:亿日元

年份	月份	进出口贸易			外国直接投资		
		出口额	进口额	出口减进口	流　入	流　出	流入减流出
2000 年		**520452**	**424494**	**95958**	**8969**	**34008**	**-25039**
2001 年		**489792**	**424155**	**65637**	**7585**	**46586**	**-39001**
2002 年		**521090**	**422275**	**98814**	**11585**	**40476**	**-28891**
2003 年		**545484**	**443620**	**101863**	**7332**	**33389**	**-26057**
2004 年		**611700**	**492166**	**119533**	**8456**	**33487**	**-25031**
2005 年		**656565**	**569494**	**87072**	**3059**	**50459**	**-47400**
2006 年		**752462**	**673443**	**79019**	**-7566**	**58459**	**-66025**
2007 年		**839314**	**731359**	**107955**	**26553**	**86606**	**-60053**
2008 年		**810181**	**789548**	**20633**	**19679**	**131685**	**-112006**
	1 月	64083	65146	-1063	6244	14523	-8279
	2 月	69737	60379	9358	2058	8625	-6567
	3 月	76817	65855	10962	2384	7682	-5298
	4 月	68895	64307	4588	941	4777	-3836
	5 月	68068	64657	3411	1632	5740	-4108
	6 月	71521	70480	1041	4050	8232	-4182
	7 月	76245	75426	819	-132	9238	-9370
	8 月	70514	73657	-3143	664	6275	-5611
	9 月	73613	72703	910	1271	7109	-5838
	10 月	69148	69900	-752	-530	26470	-27000
	11 月	53235	55510	-2275	1128	6848	-5720
	12 月	48305	51527	-3222	5536	26800	-21264
2009 年		**541827**	**513749**	**28078**			
	1 月	34804	44364	-9560	428	3383	-2955
	2 月	35264	34437	827	269	3570	-3301
	3 月	41838	41747	91	1764	10864	-9100
	4 月	41958	41295	664	514	7414	-6900
	5 月	40204	37235	2968	798	2176	-1378
	6 月	45995	40937	5058	1482	6669	-5187
	7 月	48440	44665	3775	2909	10473	-7564
	8 月	45104	43288	1816	508	4086	-3578
	9 月	51102	45866	5237	902	7747	-6845
	10 月	53085	45046	8039	-592	6624	-7216
	11 月	49906	46194	3713	-178	4466	-4644
	12 月	54128	48675	5453			

资料来源:日本央行统计月报。

2.3.08 日本景气指数

年份	月份	经济先行指数	经济同步指数	经济滞后指数	消费者信心指数	企业家信心指数
2008 年						
	1 月	95.1	104.0	103.5	37.5	43.5
	2 月	93.6	104.6	104.1	36.1	44.3
	3 月	91.3	103.4	103.7	36.7	46.6
	4 月	92.3	102.5	101.9	35.2	43.1
	5 月	91.8	103.4	101.0	33.9	42.2
	6 月	90.6	102.0	99.8	32.6	40.7
	7 月	90.5	101.9	99.3	31.4	39.9
	8 月	88.5	99.1	98.2	30.1	41.4
	9 月	88.9	98.4	96.9	31.4	40.2
	10 月	84.7	96.1	96.3	29.4	37.6
	11 月	81.1	93.2	95.0	28.4	35.1
	12 月	78.7	90.6	92.3	26.2	29.4
2009 年						
	1 月	76.2	88.0	91.0	26.4	24.8
	2 月	74.1	85.2	89.6	26.7	25.3
	3 月	75.5	84.8	87.8	28.9	30.4
	4 月	76.6	86.2	86.2	32.4	30.8
	5 月	77.7	87.4	84.1	35.7	34.1
	6 月	80.9	88.6	84.1	37.6	38.0
	7 月	82.9	90.0	82.5	39.4	41.1
	8 月	84.0	91.6	83.2	40.1	41.8
	9 月	87.5	93.2	83.1	40.5	43.5
	10 月	89.4	94.3	83.7	40.5	43.4
	11 月	90.7	96.0	82.9	39.5	43.0
	12 月				37.5	40.4

注：经济先行指数、同步指数和滞后指数以 2005 年为 100。

消费者信心指数和企业家信心指数以 50 基点为的百分点差值。

资料来源：日本内阁府。

2.3.09 日本利率和汇率

单位:%

年份	月份	利率			汇率(期末数)	
		官方利率	基本贷款利率	隔夜拆借利率	美元兑日元	欧元兑日元
2000 年		**0.50**	**1.500**	**0.200**	**114.90**	**107.87**
2001 年						
	1 月 4 日	0.50	1.500	0.200		
	2 月 13 日	0.35	1.500	0.200		
	3 月 1 日	0.25	1.500	0.200		
	9 月 19 日	0.10	1.375	0.002		
2002 年		**0.10**	**1.375**	**0.002**	**119.37**	**125.08**
2003 年		**0.10**	**1.375**	**0.001**	**106.97**	**133.74**
2004 年		**0.10**	**1.375**	**0.002**	**103.78**	**141.61**
2005 年		**0.10**	**1.375**	**0.004**	**117.48**	**139.83**
2006 年		**0.10**	**1.625**	**0.275**	**118.92**	**156.50**
	7 月 14 日	0.40	1.375	0.267		
2007 年		**0.75**	**1.875**	**0.459**	**113.12**	**166.66**
	2 月 21 日	0.75	1.625	0.589		
2008 年		**0.63**	**1.675**	**0.103**	**103.39**	**152.25**
	1 月	0.75	1.875	0.508	106.74	158.41
	2 月	0.75	1.875	0.512	104.19	158.23
	3 月	0.75	1.875	0.641	99.85	157.81
	4 月	0.75	1.875	0.522	104.53	162.73
	5 月	0.75	1.875	0.527	105.46	164.10
	6 月	0.75	1.875	0.572	106.17	167.20
	7 月	0.75	1.875	0.519	108.10	168.52
	8 月	0.75	1.875	0.516	108.69	159.44
	9 月	0.75	1.875	0.544	105.94	149.17
	10 月	0.50	1.875	0.384	98.28	124.64
	10 月 31 日	0.50	1.875	0.3		
	11 月	0.50	1.675	0.318	95.46	121.18
	12 月 19 日	0.30	1.675	0.1		
	12 月	0.30	1.675	0.103	90.79	126.37
2009 年		**0.30**	**1.475**	**0.094**	**93.68**	**130.54**
	1 月	0.30	1.475	0.128	89.83	115.02
	2 月	0.30	1.475	0.109	97.74	123.76
	3 月	0.30	1.475	0.088	99.15	131.48
	4 月	0.30	1.475	0.113	98.92	130.56
	5 月	0.30	1.475	0.099	96.64	131.88
	6 月	0.30	1.475	0.11	96.61	135.40
	7 月	0.30	1.475	0.105	94.37	133.00
	8 月	0.30	1.475	0.11	94.90	135.38
	9 月	0.30	1.475	0.103	91.27	133.03
	10 月	0.30	1.475	0.112	90.37	133.93
	11 月	0.30	1.475	0.113	89.27	133.08
	12 月	0.30	1.475	0.094	89.95	131.14

资料来源:日本央行统计月报。

2.4.01 其他主要国家和地区国内生产总值增长率

单位:%

年度	季度	加拿大	英国	南非	巴西	印度	俄罗斯	韩国	墨西哥	中国香港	中国台湾	马来西亚	印度尼西亚
2003		**1.9**	**2.8**	**3.1**	**1.3**	**8.4**	**7.3**	**2.8**	**1.4**	**3.0**	**3.5**	**5.8**	**4.8**
2004		**3.1**	**2.8**	**4.9**	**5.7**	**8.3**	**7.2**	**4.6**	**4.2**	**8.5**	**6.2**	**6.8**	**5.0**
2005		**2.9**	**2.1**	**5.0**	**2.9**	**9.5**	**6.4**	**4.0**	**2.8**	**7.1**	**4.2**	**5.3**	**5.7**
2006		**3.1**	**2.8**	**5.4**	**3.8**	**9.7**	**7.7**	**5.2**	**4.9**	**7.0**	**4.8**	**5.8**	**5.5**
2007		**2.7**	**3.0**	**5.1**	**5.4**	**9.0**	**8.1**	**5.1**	**3.2**	**6.4**	**5.7**	**6.3**	**6.3**
2008		**0.5**	**0.7**	**3.1**	**5.1**	**6.7**	**5.6**	**2.2**	**1.4**	**2.5**	**0.1**	**4.7**	**6.1**
	1	1.7	2.3	4.1	6.1	8.6	8.7	5.5	2.6	7.3	6.3	7.4	6.3
	2	0.7	1.6	5.1	6.2	7.8	7.5	4.3	2.9	4.2	4.6	6.7	6.4
	3	0.3	0.3	3.8	7.1	7.7	6.0	3.1	1.7	1.7	-1.0	4.7	6.1
	4	-1.0	-2.0	1.9	0.8	5.8	1.2	-3.4	-1.6	-2.6	-8.6	0.1	5.2
2009 年			**-4.8**					**0.2**					
	1	-2.3	-5.0	-0.8	-2.1	5.8	-9.8	-4.2	-8.2	-7.8	-10.2	-6.2	4.4
	2	-3.2	-5.5	-2.6	-1.6	6.1	-10.9	-2.2	-10.3	-3.6	-7.5	-3.9	4.0
	3	-3.2	-5.1	-2.1	-1.2	7.9	-8.9	0.9	-6.2	-2.4	-1.3	-1.2	4.2
	4		-3.2					6.0					

注:印度年度 GDP 增长率为财年增长率。

资料来源:IMF 及各经济体官方统计网站。

2.4.02 其他主要国家和地区居民消费价格指数上涨率

单位:%

年份	月份	加拿大	英国	南非	巴西	印度	俄罗斯	韩国	墨西哥	中国香港	中国台湾	马来西亚	印度尼西亚
2004		**1.8**	**1.3**	**1.4**	**6.6**	**3.8**	**10.9**	**3.6**	**4.7**	**-0.4**	**1.6**	**1.4**	**6.1**
2005		**2.2**	**2.1**	**3.4**	**6.9**	**4.3**	**12.7**	**2.8**	**4.0**	**0.9**	**2.3**	**3.0**	**10.5**
2006		**2.0**	**2.3**	**4.7**	**4.2**	**5.1**	**9.7**	**2.2**	**3.6**	**2.0**	**0.6**	**3.6**	**13.1**
2007		**2.2**	**2.3**	**7.1**	**3.6**	**6.5**	**9.0**	**2.5**	**4.0**	**2.0**	**1.8**	**2.0**	**6.4**
2008		**2.3**	**3.6**	**11.5**	**5.7**	**8.1**	**13.3**	**4.7**	**6.5**	**4.3**	**3.5**	**5.4**	**11.1**
2009		**0.3**	**2.2**	**7.1**	**4.9**	**10.8**	**11.7**	**2.8**	**5.3**	**0.5**	**-0.9**	**0.6**	**4.9**
	1	1.1	3.0	8.1	5.8	10.4	13.4	3.7	6.3	3.1	1.5	3.9	9.2
	2	1.4	3.2	8.6	5.9	9.6	13.9	4.1	6.2	0.8	-1.4	3.7	8.6
	3	1.2	2.9	8.5	5.6	8.0	14.0	3.9	6.0	1.2	-0.1	3.5	7.9
	4	0.4	2.3	8.4	5.5	8.7	13.2	3.6	6.2	0.6	-0.5	3.0	7.3
	5	0.1	2.2	8.0	5.2	8.6	12.3	2.7	6.0	0.0	-0.1	3.3	6.0
	6	-0.3	1.8	6.9	4.8	9.3	11.9	2.0	5.7	-0.9	-2.0	-1.4	3.7
	7	-0.9	1.8	6.7	4.5	11.9	12.0	1.6	5.4	-1.5	-2.3	-2.4	2.7
	8	-0.8	1.5	6.4	4.4	11.7	11.6	2.2	5.1	-1.6	-0.8	-2.4	2.8
	9	-0.9	1.1	6.1	4.3	11.6	10.7	2.2	4.9	0.5	-0.9	-2.0	2.8
	10	0.1	1.5	5.9	4.2	11.5	9.7	2.0	4.5	2.2	-1.8	-1.6	2.6
	11	1.0	1.9	5.8	4.2	13.5	9.1	2.4	3.9	0.5	-1.6	-0.1	2.4
	12	1.3	2.9	6.3	4.3	15.0	8.8	2.8	3.6	1.3	-0.2	1.1	2.8
2010													
	1				4.6		8.0	3.1			0.3		3.7

资料来源:IMF 及各经济体官方统计网站。

2.4.03 其他国家和地区失业率

单位:%

年份	月份	加拿大	英国	巴西	俄罗斯	南非	韩国	墨西哥	中国香港	中国台湾	马来西亚
2004		**7.2**	**4.7**	**11.5**	**7.8**	**27.1**	**3.7**		**6.8**	**4.4**	**3.6**
2005		**6.8**	**4.8**	**9.8**	**7.7**	**26.6**	**3.7**	**3.6**	**5.6**	**4.1**	**3.6**
2006		**6.3**	**5.4**	**10.0**	**7.3**	**25.6**	**3.5**	**4.0**	**4.8**	**3.9**	**3.3**
2007		**6.0**	**5.3**	**9.3**	**6.2**	**23.9**	**3.3**	**3.8**	**4.0**	**3.9**	**3.2**
2008		**6.2**	**5.7**	**7.9**	**6.3**	**22.8**	**3.2**	**4.0**	**3.6**	**4.1**	
	12	6.6	6.6	6.8	7.8	21.9	3.3	4.3	3.9	5.0	3.1
2009		**8.3**		**8.1**	**8.4**		**3.6**	**5.5**	**5.2**	**5.9**	
	1	7.2	6.8	8.2	8.7		3.3	5.0	4.3	5.3	
	2	7.7	7.1	8.5	9.5		3.5	5.3	4.7	5.8	
	3	8.0	7.3	9.0	9.2	23.5	3.7	4.8	5.1	5.8	4.0
	4	8.0	7.6	8.9	8.8		3.7	5.3	5.3	5.8	
	5	8.4	7.8	8.8	8.5		3.9	5.3	5.4	5.8	
	6	8.6	7.9	8.1	8.3	23.6	4.0	5.2	5.5	5.9	3.6
	7	8.6	7.8	8.0	8.1		3.8	6.1	5.7	6.0	
	8	8.7	7.9	8.1	7.8		3.8	6.3	5.8	6.1	
	9	8.4	7.9	7.7	7.6	24.5	3.6	6.4	5.3	6.1	3.6
	10	8.6	7.9	7.5	7.7		3.4	5.9	5.2	6.0	
	11	8.5	7.8	7.4	8.1		3.5	5.3	5.1	5.9	
	12	8.5		6.8	8.2		3.5	4.8	4.9	5.7	

资料来源:IMF 及各经济体官方统计网站。

2.4.04 其他主要国家和地区进出口额

单位:亿美元

年份	月份	加拿大			英国			南非			巴西		
		出口额	进口额	出口减进口	出口额	进口额	出口减进口	出口额	进口额	出口减进口	出口额	进口额	出口减进口
2006		**3881.0**	**3498.0**	**383.0**	**4490.2**	**5896.6**	**-1406.4**	**580.0**	**678.0**	**-98.0**	**1373.0**	**911.0**	**462.0**
2007		**4204.0**	**3803.0**	**401.0**	**4422.0**	**6219.1**	**-1797.1**	**697.0**	**800.0**	**-103.0**	**1605.0**	**1202.0**	**403.0**
2008		**744.1**	**737.0**	**6.0**	**4657.4**	**6388.8**	**-1731.4**	**97.8**	**117.0**	**-19.2**	**285.7**	**246.6**	**39.1**
	11	391.0	379.4	10.6	302.3	421.2	-118.9	48.8	66.3	-17.5	147.5	131.4	16.1
	12	353.0	357.6	-4.6	288.5	394.7	-106.3	49.0	50.7	-1.7	138.2	115.2	23.0
2009					**3584.1**	**4843.5**	**-1259.4**	**641.2**	**658.1**	**-16.9**	**1522.5**	**1275.5**	**247.0**
	1	258.7	266.8	-8.1	266.4	375.4	-109.0	36.2	53.6	-17.4	97.8	103.1	-5.3
	2	267.6	266.6	1.0	270.3	367.7	-97.5	44.0	44.6	-0.6	95.9	78.2	17.7
	3	257.0	248.3	8.7	263.1	355.1	-92.0	52.0	52.5	-0.5	118.1	100.4	17.7
	4	251.5	253.0	-1.5	273.7	377.5	-103.7	57.7	58.2	-0.5	123.2	86.1	37.1
	5	245.9	258.2	-12.3	278.8	376.4	-97.6	49.5	47.1	2.4	119.9	93.3	26.6
	6	260.0	260.5	-0.5	299.1	405.7	-106.6	53.5	49.5	4.0	144.7	98.4	46.3
	7	270.1	282.8	-12.7	308.1	414.7	-106.6	55.9	55.4	0.5	141.4	112.2	29.2
	8	317.9	339.5	-21.6	308.9	409.4	-100.4	50.8	53.3	-2.5	138.4	107.7	30.7
	9	279.7	288.2	-8.5	317.0	434.4	-117.5	60.5	55.4	5.1	138.6	125.3	13.3
	10	295.1	291.1	4.0	330.5	445.5	-115.0	58.9	67.9	-9.0	140.8	127.5	13.3
	11	298.1	301.3	-3.2	335.3	448.1	-112.8	61.0	64.3	-3.3	126.5	120.4	6.1
	12				332.8	433.5	-100.7	61.2	56.3	4.9	137.2	122.9	14.3

资料来源:IMF 及各经济体官方统计网站。

2.4.04 续表 1

单位:亿美元

年份	月份	印度			俄罗斯			韩国			墨西哥		
		出口额	进口额	出口减进口	出口额	进口额	出口减进口	出口额	进口额	出口减进口	出口额	进口额	出口减进口
2006		**1162.0**	**1683.0**	**-521.0**	**3031.0**	**1604.0**	**1427.0**	**3254.6**	**3093.8**	**160.8**	**2505.0**	**2565.0**	**-60.0**
2007		**1428.0**	**2151.0**	**-723.0**	**3531.0**	**2186.0**	**1345.0**	**3714.9**	**3568.5**	**146.4**	**2719.0**	**2817.0**	**-98.0**
2008		**1806.5**	**3013.7**	**-1207.2**	**4914.5**	**3022.9**	**1891.5**	**4222.4**	**4353.8**	**-131.1**	**2911.3**	**3079.9**	**-168.5**
	12	126.9	202.6	-75.7	285.0	239.0	46.0	271.2	265.8	5.4	186.9	207.5	-20.6
2009		**1529.0**	**2350.7**	**-821.6**	**3064.7**	**1916.6**	**1148.1**	**3660.9**	**3227.3**	**433.6**	**2296.4**	**2344.8**	**-48.4**
	1	123.8	184.6	-60.8	196.8	103.2	93.6	211.3	249.1	-37.7	152.3	168.9	-16.6
	2	119.1	168.2	-49.1	187.3	134.5	52.8	254.0	225.8	28.2	161.2	166.1	-4.9
	3	115.2	155.6	-40.4	211.7	143.7	68.0	278.9	238.7	40.2	187.1	185.5	1.6
	4	107.4	157.5	-50.0	212.8	145.9	66.9	303.3	247.3	56.0	174.1	172.0	2.1
	5	110.1	162.1	-52.0	227.4	138.9	88.5	281.2	232.3	48.8	174.7	167.9	6.8
	6	128.2	189.8	-61.6	245.2	154.9	90.3	326.1	253.9	72.1	193.6	195.7	-2.1
	7	136.2	196.2	-60.0	262.8	160.9	101.9	320.2	276.2	44.1	179.8	192.6	-12.8
	8	142.9	226.6	-83.7	271.0	156.2	114.8	290.8	274.1	16.7	194.0	202.3	-8.3
	9	136.1	213.8	-77.7	291.6	175.8	115.8	349.7	296.0	53.7	207.4	218.2	-10.8
	10	131.9	219.9	-88.0	303.7	192.2	111.5	340.3	302.3	38.0	219.8	218.8	1.0
	11	132.0	228.9	-96.9	310.6	194.1	116.5	342.7	302.2	40.5	223.0	224.9	-1.9
	12	146.1	247.5	-101.4	343.8	216.3	127.5	362.4	329.4	33.0	229.4	231.9	-2.5
2010													
	1							310.8	315.5	-4.7			

资料来源:IMF 及各经济体官方统计网站。

2.4.04 续表2

单位:亿美元

年份	月份	中国香港			中国台湾			马来西亚			印度尼西亚		
		出口额	进口额	出口减进口	出口额	进口额	出口减进口	出口额	进口额	出口减进口	出口额	进口额	出口减进口
2006		**3168.0**	**3346.8**	**-178.8**	**2240.2**	**2027.0**	**213.2**	**1606.8**	**1311.5**	**295.2**	**1008.0**	**610.7**	**397.3**
2007		**3447.4**	**3682.2**	**-234.8**	**2466.8**	**2192.5**	**274.3**	**1762.1**	**1469.8**	**292.3**	**1141.0**	**744.7**	**396.3**
2008		**3630.0**	**3888.9**	**-258.9**	**2556.6**	**2408.2**	**148.3**	**2016.8**	**1589.6**	**427.3**	**1380.3**	**1094.4**	**286.1**
	12	265.5	280.7	-15.2	136.4	117.8	18.6	149.5	116.3	33.2	86.2	76.2	10.4
2009		**3187.4**	**3476.5**	**-289.1**	**2037.4**	**1746.2**	**290.9**	**1596.1**	**1250.8**	**345.3**	**1165.3**	**960.2**	**205.1**
	1	242.1	232.8	9.3	123.7	89.7	34.0	128.0	95.6	32.4	73.2	61.3	11.9
	2	183.0	212.9	-29.9	125.9	109.2	16.7	110.0	76.7	33.3	70.8	58.2	12.6
	3	226.3	249.8	-23.5	155.9	121.7	34.2	116.5	83.1	33.4	89.7	67.1	22.6
	4	256.8	277.9	-21.1	148.5	127.1	21.4	113.9	93.5	20.4	84.6	63.9	20.7
	5	263.7	277.9	-14.2	161.7	130.1	31.7	123.0	94.3	28.7	92.6	78.5	14.1
	6	272.4	293.7	-21.3	169.5	151.8	17.6	128.2	102.3	25.9	93.3	79.5	13.8
	7	273.9	301.8	-27.9	172.7	152.4	20.3	137.8	115.7	22.1	96.5	86.9	9.6
	8	275.2	303.4	-28.2	190.1	170.4	19.6	136.0	108.8	27.2	105.5	93.0	12.5
	9	291.4	329.0	-37.6	190.7	165.2	25.5	135.2	108.7	26.5	98.3	85.6	12.7
	10	310.7	335.5	-24.8	198.2	165.8	32.3	159.5	125.8	33.7	118.8	94.7	24.1
	11	302.0	328.8	-26.8	200.2	179.0	21.1	147.7	121.5	26.2	108.7	88.2	20.5
	12	289.9	333.0	-43.1	200.3	183.8	16.5	160.3	124.8	35.5	133.3	103.3	30.0
2010													
	1				217.5	192.5	25.0						